5-7, rue de l'Ecole-Polytechnique, 75005 Paris

www.editions-harmattan.fr

ISBN : 978-2-14-027250-9
EAN : 9782140272509

LE TRANSPORT MULTIMODAL

ÉTUDE COMPARÉE DE DROIT CHINOIS ET DE DROIT FRANÇAIS

Collection « Droit international »

Collection fondée et dirigée par Gérard Teboul,
professeur à l'université Paris-Est

Au regard du champ disciplinaire qu'elle couvre, la collection « Droit international » présente un caractère transversal : si elle accueille des ouvrages de droit international public ou de droit international privé, elle est ouverte également à des études portant sur des thématiques – nouvelles et de plus en plus nombreuses – se situant au confluent de ces deux disciplines. Par ailleurs, la collection « Droit international » n'entend aucunement privilégier des travaux de nature théorique ou de nature pratique : toute théorie maîtrisée doit reposer sur une connaissance sérieuse de la pratique tandis que toute analyse pratique ne saurait valablement éclairer une problématique juridique sans une compréhension de ses fondements théoriques. Ainsi, la présente collection se propose de contribuer à la connaissance de tous les aspects du droit international, branche du droit qui, au fil des ans, tient une place croissante au sein des disciplines juridiques.

Déjà parus

Hélène Sabalbal, *Le choix du droit applicable dans l'arbitrage d'investissement. Expérience euro-arabe*, 2022.

Bienvenu Okiemy, *La justice pénale internationale au prisme du parcours judiciaire de Jean-Pierre Bemba Gombo*, 2022.

Sinem Yargiç, *La visibilité des femmes au Parlement turc. Ordre juridique international et ordre juridique turc*, 2022

Alexandre Zourabichvili, *La sécurité nationale et le droit international. Tome 2 : La sécurité nationale dans la conduite unilatérale des États*, 2021.

Alexandre Zourabichvili, *La sécurité nationale et le droit international. Tome 1 : La sécurité nationale dans les traités internationaux*, 2021.

Nicolas Eskenazi, *La lutte contre le financement du terrorisme et les dynamiques nouvelles du droit international*, volume 1 et volume 2, 2021.

Suzanne Azizé, *L'organisation de la coopération islamique (OCI)*, 2021.

Nadia Belrhomari, *Génome humain, espèce humaine et droit*, 2013.

Jianru CAI

LE TRANSPORT MULTIMODAL

ÉTUDE COMPARÉE DE DROIT CHINOIS ET DE DROIT FRANÇAIS

Préface de Philippe Delebecque

L'Harmattan

UNIVERSITÉ PARIS 1
PANTHÉON SORBONNE

ÉCOLE DOCTORALE DE DROIT DE LA SORBONNE
École doctorale de droit privé

LE TRANSPORT MULTIMODAL
ÉTUDE COMPARÉE DE DROIT CHINOIS ET DE DROIT FRANÇAIS

Thèse de doctorat en Droit
Présentée et soutenue publiquement
Le 30 Octobre 2018
*Par*Jianru CAI

Directeur de thèse :
Monsieur Philippe DELEBECQUE
Professeur à l'Université Paris I Panthéon-Sorbonne
Président de la Chambre Arbitrale Maritime de Paris

Co-directrice de thèse :
Madame Liying ZHANG
Professeur, ancien vice-doyen de la faculté de Droit international à l'Université de Science Politique et du Droit de Chine

Membres du jury :

Monsieur Laurent FEDI,
Professeur à KEDGE Business School

Monsieur Banggui JIN
Maître de Conférences, HDR, à l'Université d'Aix-Marseille

Monsieur Éric DIBAS-FRANCK
Docteur en Droit, chargé d'enseignement à la faculté de droit de l'Université Marien Ngouabi de Brazzaville Congo

Madame Françoise ODIER
Maître de Conférences de l'Université Paris I Panthéon-Sorbonne
Présidente honoraire de l'Association Française du Droit Maritime

Avertissement

L'Université n'entend donner aucune approbation ni improbation aux opinions émises dans cette thèse. Ces opinions doivent être considérées comme propres à leur auteur.

Remerciements

Je tenais à remercier :

Mon directeur de thèse Monsieur Philippe DELEBECQUE, un homme rare d'une grande humanité et d'une grande rigueur et assiduité dans le suivi de ma thèse. J'ai beaucoup de chance de pouvoir travailler avec lui ;

Ma co-directrice de thèse Madame ZHANG Liying pour son aide et ses encouragements ;

Messieurs les Professeurs Pierre BONASSIES et SCAPEL pour leurs enseignements et leurs précieux conseils. Leurs enthousiasmes et professionnalismes m'ont fait aimer le droit maritime, et ont contribué à faire de moi une maritimiste ;

Laurent FEDI, pour ses suggestions éclairées ;

Dominique AUGEY pour sa présence et ses relectures attentives à plusieurs reprises ; Jacqueline MASSIERA, que je considère comme étant de ma famille, qui me suit tout le long de mon séjour et de mes études en France depuis 2009 ; Jeannette VILLERAY pour sa bienveillance et son amitié ;

L'équipe du Centre de Droit Maritime et des Transports de l'Université d'Aix- Marseille (désormais appelé le Pôle Transports), en particulier Monsieur Cyril BLOCH et Madame Marjorie VIAL pour leur disponibilité et leur soutien dans mes recherches juridiques, les personnes rattachées au tribunal de commerce de Marseille, pour leur délicate approche, Messieurs Bernard ORDINES, Julien LECAT, Stéphane RIVIER et Jacques FASCE, ainsi que le grand port maritime de Marseille, l'Organisation maritime internationale (situé à Londres) et la Faculté de droit de Paris pour ses conditions de travail idéales ;

La vie est un voyage, la vie est une rencontre. Grâce à cette thèse, j'ai parcouru un long chemin vers la clarté et j'ai pu rencontrer de très belles personnes que je ne peux toutes citer mais certaines ont témoigné un soutien durant mon parcours et mes travaux de recherche : Song BAI, Jérôme CORSI, Innocent Koffi DIEZOU, Jing HE, Shan JIANG, Doowon KIM, Shanming LEE, Ouqian LIU, Hervé MONIN, Tingting MO, Changhua PENG, Boris SCHWARTZ, Dan SHI, Di SHI, Weiyi SONG, Lili TAO, Roméo Hervé WATAT, Yanchao WU, Han YANG, Bai ZHAO, Chuanjuan ZHUANG ;

Sans oublier certains professeurs lors de mon apprentissage à Aix-en-Provence qui ont cru en moi dès le départ : Madame MARTIN, Monsieur

Jacques BORRICAND, Monsieur Gérard BLANC, Monsieur Banggui JIN, Monsieur Benjamin NAUDIN ; mes amis du Master I, Aurore BUON, Annie LE, Anne ROBERT, Dino SANTANIELLO et Julien THIEBAUT ;

Je remercie également Madame Françoise COULON, Madame Françoise ODIER, Madame Haiying WANG-FOUCHER, Monsieur Philippe BOUTRY et Monsieur Robin DEREUX qui m'ont apporté leurs encouragements.

Cela me remplit de bonheur.

À mes parents et mes sœurs,

RESUMÉ

Le transport multimodal n'est pas nouveau. Lieux de production et de consommation étant souvent éloignés, qui plus est dans une économie toujours davantage internationalisée, l'acheminement de la marchandise soulève inévitablement le recours à ce type de transport-ci. Le transport maritime, tout comme le transport ferroviaire et aérien, requiert nécessairement un pré-acheminement et/ou un post-acheminement. Seul le transport routier pourrait échapper à ces contraintes. Pourtant, « le transport multimodal » est un concept juridique de création moderne. On parlait auparavant de « transport combiné », « transport mixte » ou encore « *transport multimodal transimaritime* », suite à l'initiative de Monsieur le Professeur Pierre Bonassies et désormais il est fait référence au « transport international », « transport multimodal ».

L'originalité du transport multimodal a pour conséquence de soulever un certain nombre de problèmes juridiques touchant la responsabilité, l'assurance, la compétence juridictionnelle.

Cette thèse tente de répondre aux difficultés juridiques relatives à ce mode de transport. Il s'agit notamment de deux questions fondamentales : la première question est de déterminer la responsabilité de l'entrepreneur du transport multimodal et sa limitation de responsabilité. La deuxième question est de savoir quelle est la loi applicable en cas de conflit de lois et l'influence des Règles de Rotterdam. Cela notamment au regard de « *la commission de transport* » qui, si le concept est reconnu largement dans tous les pays, ne dispose néanmoins pas du même statut juridique. Le droit français distingue la notion de « commissionnaire » de celle de « transitaire ». Le « *Non-Vessel-Operation-Common Carrier*» (NVOCC) est un peu l'adaptation internationale de la notion française de commissionnaire de transport. Après les États-Unis et les Philippines, la Chine a récemment adopté la notion de NVOCC dans les « Modalités d'application du Règlement de la République populaire de Chine aux transports maritimes internationaux». Ce problème renvoie aux questions d'identification de transporteur et de sa limitation de responsabilité.

Mots clés : Commissionnaire, NVOCC, *Comprador*, Règles de Rotterdam, Retard, Contentieux

Multimodal transport: A comparative study of Chinese and French Law

Abstract

Manufacturing firms are mostly situated away from seaports and for which, the various means of transportations such as of carriage play a crucial role. Maritime transports do require a pre and post routing such as rail and air transportation. However, road transport is free from these constraints.

The term "multimodal transport" is a relatively new concept originated from the legal perspective. Originally, this term being called "multimodal transport *transimaritim"* has been proposed by Professor Pierre Bonassies. It was also called "combined transport" and/or "transport-mixed" by some other researchers. Until recently, it is widely known as "international transport" and/or "multimodal transport".

My studies focused on a number of legal issues which are particularly related to liability insurance and jurisdictions in the multimodal transport, /the latter being a heated topic for researchers around the world.

In this paper, the legal difficulties in terms of multimodal transportation will be looked at regarding two fundamental questions: the first one is to determine the liability of the carrier of multimodal transport and its limitations. The second one, is to determine the specific law being applicable where there exist conflicting rules and the influence of the Rotterdam Rules on multimodal transport. The subtle issue is "the commission of transport", which is being widely practiced in most of the countries despite of their different legal status.

For example, the French law draws a clear line between the concepts of the "broker" and the "forwarder". After the development in the following the United States and Philippines, China has recently adopted the concept of "Non-Vessel-Operation-Common Carrier" (NVOCC) in the "Modalities for the implementation of the Regulations of the People's Republic of China". This problem refers to the issues of identification of carrier and its limited liability.

Keywords: *Commissionaire*, NVOCC, *Comprador*, Rotterdam Rules, Delay, Litigation

TABLE DES ABRÉVIATIONS ET ACRONYMES

AFDI	Annuaire Français de Droit International
AFDM	Association Française du Droit Maritime
Annales de l'IMTM	Annales de l'Institut Méditerranéen des Transports Maritimes
APN	Assemblée Populaire Nationale
ASEAN	Association of Southeast Asian Nations
BTL	Bulletin des Transports et de la Logistique
Bull. Cass.	Bulletin des arrêts de la Cour de cassation
CA	Cour d'Appel
Cass.	Cour de cassation
CAF	Coût, Assurance, Frais
CE	Communauté Européenne (CEE jusqu'au 01/11/1993)
CEE	Communauté économique européenne (CE après le 01/11/1993)
CEDH	Cour européenne des droits de l'homme
Cf.	confer
Com.	Chambre commerciale de la Cour de cassation
CCI/*ICC*	Chambre de commerce internationale
CJCE	Cour de Justice des Communautés européennes
CJUE	Cour de justice de l'Union européenne
CMC	Code Maritime Chinois
CMI	Comité Maritime International
CMR	Convention relative au contrat de transport international de Marchandises par Route
CNUDCI	Commission des Nations unies pour le droit commercial international (UNCITRAL)
CNUCED	Conférence des Nations unies sur le commerce et le développement (UNCTAD)
COGSA	Carriage of Goods by Sea Act
D.	Recueil Dalloz
D.T.S.	Droit de Tirage Spécial
DMF	Droit Maritime français

ETM	Entrepreneur de transport multimodal
FOB	Franco-bord (free on board)
FIATA	Fédération Interntaionale des Associations de Transitaires et Assimilés
Ibid.	ibidem
Incoterms	International commercial terms
JCP	Jurisclasseurs périodiques (Semaine juridique)
JDI	Journal du Droit International ou Clunet
JMM	Journal de la marine marchande
JOCE	Journal Officiel des Communautés Européennes
L.	loi
MARPOL	*Marine pollution Convention*
N°	Numéro
NCPC	Nouveau Code de procédure civile
NVOCC	*Non-Vessel-Operating-Common-Carrier*
Obs.	Observations
OMI	Organisation Maritime Internationale
ONU	Organisation des Nations unies
Op. cit.	Opere citato
P.	Page
RCADI	Recueil des cours de l'Académie de droit international, La Haye
RCDIP	Revue critique de droit international privé
Revue Scapel	Revue de droit français commercial, maritime et fiscal, fondée par Paul Scapel (Marseille)
RMB	*Renminbi* (monnaie chinoise)
RPC	République Populaire de Chine
RTD Civ	Revue trimestrielle de droit civil
RTD Com.	Revue trimestrielle de droit commercial et de droit économique
S.	Suivant
SFDI	Société française pour le droit international
SOLAS	*Safety Of Life At Sea*
TA	Tribunal administratif
TGI	Tribunal de grande instance
UNIDROIT	Institut international pour l'unification du droit privé
UE	Union européenne
ZEE	Zone économique exclusive
ZPE	Zone de protection écologique

SOMMAIRE

(Une table des matières détaillée figure à la fin de l'ouvrage)

« La mer est là, magnifique, imposante et superbe, avec ses bruits obstinés. Rumeur impérieuse et terrible, elle tient des propres étranges. Les voix d'un infini sont devant vous. Rien de la vie humaine. »

Eugène Delacroix

PRÉFACE

Voici un ouvrage qui arrive à point nommé au moment où les routes de la soie reprennent vie. Issue d'une thèse de doctorat assurée en codirection avec Madame le Professeur Liying Zhang, l'étude de Madame Jianru CAI présente de nombreux intérêts. Au regard du droit des transports, bien naturellement, car l'auteur revient sur les mécanismes et thèmes fondamentaux de la matière : rôle des intermédiaires, fonction des documents, évolution des pratiques, modernisation constante des outils informatiques, responsabilité des opérateurs, accroissement du contentieux et avènement des modes alternatifs de règlement des litiges, …, tout en mettant en lumière la dimension de plus en plus internationale des opérations et leur sophistication, le transport combiné, voire intermodal ayant supplantée le multi modal traditionnel. Au regard ensuite de la nécessaire prise de conscience de la transformation de la Chine en passe de devenir la première puissance économique et politique du monde. La Chine n'est plus seulement éveillée : elle est en plein essor. Ce formidable développement est soutenu par des règles juridiques encore difficiles à connaître, du moins de l'extérieur, mais certainement rigoureuses et d'une efficacité redoutable. La thèse de Madame Cai permet de s'en convaincre dès les premières pages.

Bien construite, précisément, la présente étude s'ordonne logiquement et selon l'usage dans les facultés de droit françaises, auquel Madame Cai s'est parfaitement acclimatée, autour de deux parties. La première partie est consacrée à la structure du transport multimodal, ce qui conduit l'auteur à préciser le rôle des acteurs contractuels et en particulier le rôle du fameux *non vessel operator common carrier* (NVOCC) dont on sait le rôle qu'il a pu prendre dans l'organisation des transports en Chine. Madame Cai fait à ce sujet les rapprochements attendus avec cet outil incomparable qu'est la commission de transport. On ose espérer que la pratique chinoise s'en inspirera. En tout cas, le plaidoyer de Madame Cai ne peut qu'y contribuer. La première partie de l'étude se prolonge avec des analyses très précises sur les documents de transport au sein desquels le connaissement électronique trouve toute sa place.

Dans la seconde partie, Madame Cai s'intéresse et nous intéresse plus particulièrement aux règles applicables au contrat de transport : dénombrement des obligations, exécution des prestations et, bien entendu, responsabilité en cas de défaillances. On relèvera tout ce que dit l'auteur sur les Règles de Rotterdam et sur leur nécessaire ratification, eu égard à leur modernité et aux réponses que cet instrument est à même de donner aux besoins économiques de transport et du transport moderne. L'étude s 'achève, on ne peut plus logiquement, par des développements sur le contentieux, tant étatique qu'arbitral. Sur cet dernier aspect, on notera que les juristes chinois se tournent de plus en plus vers ce mode de règlement, sans doute parce qu'il correspond à la conception qu'ils se font du règlement des litiges : un règlement apaisé qui permet, le plus souvent, une fois la sentence rendue et tranchant la difficulté, de retravailler ensemble et épargne à l'une ou l'autre des parties de perdre la face.

La thèse de Madame Cai est assurément très utile pour les praticiens qui sont appelés à organiser les futurs trafics non seulement multimodaux transmaritimes, pour reprendre l'expression de Pierre Bonassies, mais également au cœur de l'Europe centrale et de l'Asie. Ils disposeront des outils, le plus souvent contractuels, les plus appropriés et, selon nous, les plus légitimes, pour développer leurs échanges et leur donner la sécurité juridique voulue.

Si l'on ajoute que la thèse est très bien écrite et si l'on souligne une fois encore la richesse mais en même temps la finesses de la personnalité de l'auteur, qualités qui transparaissent au fil des pages et notamment dans la postface, si charmante et poétique, on ne peut qu'être convaincu de son apport à la connaissance non seulement du droit des transports, mais aussi du droit chinois et de tout ce qu'il porte. Comme nous le dit si bien Madame Cai, « c'est bien demain qui compte » ! Etant entendu que le « demain » dans le monde asiatique a sans doute une autre épaisseur que dans le monde occidental.

Compte tenu de tous les intérêts et de toutes les dimensions qui s'attachent à l'étude que l'on a eu le plaisir de codiriger, le lecteur comprendra aisément qu'un jury unanime, composé de Madame Françoise Odier, Monsieur Banggui Jin, Monsieur Laurent Fédi, Monsieur Eric Dibas-Franck, et du soussigné, ait décidé, à l'unanimité, d'élever Madame Cai au grade de Docteur en droit avec toutes ses félicitations.

Philippe Delebecque
Professeur à l'Université de Paris-I
Président de l'Association Française du Droit Maritime

INTRODUCTION

1. Le transport multimodal a été connu auparavant sous différents noms, tels que « transport combiné », « transport mixte »[1] ou encore « *transport multimodal transmaritime* »[2], suite à l'initiative du Professeur Pierre Bonassies. Les termes de « transport multimodal » ou de « transport international » sont à présent les plus couramment utilisés. Le transport multimodal ne date pas d'hier. Un arrêt rendu en 1876 par la *Court of Appeal* britannique concernait déjà une opération de transport multimodal, puisqu'il s'agissait d'un transport maritime de Grande-Bretagne jusqu'à Montréal, suivi d'un transport ferroviaire de Montréal à Toronto[3]. Nos maîtres se sont déjà intéressés à ce phénomène au XXe siècle[4]. On a longtemps parlé de transport « mixte »[5]. Puis, on a utilisé l'expression de transport combiné[6] ou encore « *transport multimodal transmaritime* ».

D'un point de vue technique, le transport a toujours été multimodal[7]. En effet, les champs de blé ne poussent pas sur les quais et, sauf rares exceptions, les usines ne tournent pas à bord des navires. Les transports maritimes, tout comme les transports ferroviaires ou aériens[8], requièrent nécessairement un pré-acheminement et un post-acheminement. Seul le transport routier pourrait échapper à ces contraintes. Par sa flexibilité et sa capacité à livrer les marchandises destinées aux clients finaux sur le dernier kilomètre, le transport routier restera la dernière étape[9]. Pourtant, le transport multimodal

---

[1] RIPERT, *Traité*, 4e éd., 1952, tome 2, pp. 903-910. Dans son *Traité*, le Doyen Ripert consacre ainsi près de dix pages aux transports mixtes.

[2] Dénomination développée dans les années 1980 par l'Institut méditerranéen des transports maritimes, à l'initiative de Monsieur le Professeur Pierre BONASSIES.

[3] *Morr v. Harris*, 1876, 1 AC 318. Cité par P. BONASSIES et SCAPEL, *Traité de droit maritime*, L.G.D.J, 3e éd., 2016, n°1201, p. 930.

[4] De RIPERT à RODIERE, nos maîtres n'ont pas nullement ignoré ce phénomène. Mais on parlait du *transport mixte*. Le doyen Ripert a souligné la validité du contrat de transport mixte, a ainsi consacré dans son *Traité* près de dix pages aux transports mixtes. Les analyses plus approfondies sont faites dans le Traité du doyen Rodière. Il distingue du transport mixte géré par un transporteur maritime et constaté par un connaissement au transport mixte géré par un transporteur ferroviaire ou routier et constaté par une lettre de voiture internationale et régis selon le cas par la CIM ou par la CMR.

[5] Par ex., RIPERT, *Traité de droit maritime*, Rousseau, 4e éd. 1952, tome 2, n°s 2022 et s.

[6] RODIERE, *Traité général de droit maritime*, Affrètement et transports, tome 3, Dalloz, 1970, n°s 974 et s.

[7] P. BONASSIES et SCAPEL, *Traité de droit maritime, op. cit.*, n° 1200, p. 929.

[8] Seul le transport routier peut échapper à ces contraintes.

[9] La route reste le moyen le plus flexible, le plus fiable, et le plus réactif malgré son prix au kilomètre parcouru qui est de plus en plus onéreux compte tenu de l'augmentation du prix du gazole.

est une notion moderne. Il comporte plusieurs définitions, mais la plus simple et la plus complète est celle que donnent les Professeurs Pierre BONASSIES et SCAPEL dans leur traité de droit maritime. Selon ces auteurs, « *le transport multimodal est un transport qui réalise un déplacement de marchandises par au moins deux modes de transports différents sur la base d'un document unique, constaté par un document unique, couvrant le transport de bout en bout sous la responsabilité d'un opérateur unique qui est généralement convenu d'appeler l'entrepreneur de transport multimodal (ETM)* »[10]. Cependant, si dans le cadre de cette étude il ne sera traité que du transport multimodal de marchandises, il convient de préciser tout comme le Professeur Pierre Bonassies que le transport multimodal concerne aussi bien le transport de marchandises que celui lié aux personnes[11]. Si nous devions donner une devise au transport multimodal, elle pourrait être « E pluribus unum »[12], tous unis vers un même but aux côtés de l'ETM.

Depuis les années 1960, les juristes de différents pays commencent à s'intéresser à ce sujet et essayent d'élaborer des projets de conventions internationales. En effet, toutes les normes internationales d'aujourd'hui traitent uniquement du transport de marchandises. Pour des raisons, tout d'abord, commerciales puis géographiques, les marchandises transitent à travers les frontières depuis des siècles. Le commerce des marchandises se développe toujours en premier. Au fil du temps, les personnes se sont déplacées sur des distances de plus en plus importantes en direction d'horizons de plus en plus éloignés. De nos jours, apparaissent des forfaits pour voyageur qui intègrent différents types de transports, et nous pensons dans un avenir proche que des règlements internationaux sur le transport de voyageurs apparaîtront à leur tour.

2. Depuis l'antiquité, les navires de marchandises ont sillonné les mers pour échanger des biens à travers la mer Méditerranée. Les fondements du transport moderne sont déjà là, économiques bien entendu, mais aussi sur des bases d'échanges culturels et de savoir. Le but est resté le même, la survie de l'espèce et la création de richesses pour y parvenir. Ces migrations ont évolué, elles se sont perfectionnées. Les moyens de transport ont permis d'aller plus loin, plus vite. L'invention de la roue, la domestication du cheval, les premiers radeaux, les premières pirogues, tout ceci a créé l'essence du transport multimodal primaire. Les inventions ont aussi voyagé et se sont

---

[10] P. BONASSIES et SCAPEL, *Traité de droit maritime*, *op. cit.*, n° 1200, p. 929.

[11] P. BONASSIES, *Le transport multimodal transmaritime. Approche juridique*, Annales IMTM, 1988.

[12] Littéralement « un seul à partir de plusieurs », ou dans une traduction plus directe, « de plusieurs, un », est la devise qui apparaît sur le Grand sceau des États-Unis. Ce sceau est utilisé comme emblème *de facto* des États-Unis, apparaissant notamment sur les documents officiels comme les passeports.

déployées tel que l'imprimerie de Gutenberg, l'algèbre du Moyen-Orient, la poussée d'Archimède et le triangle de Pythagore. Les conséquences en ont été immenses, le monde s'est enrichi, tant du point de vue des richesses nouvelles échangées, mais aussi des idées, des connaissances. Dans ces temps anciens on circulait plus librement jusqu'à l'apparition des premières structures étatiques : la Grèce antique et l'Empire romain, mais également les grands Empires orientaux, Gengis Khan et les Huns : avec eux sont apparues les notions de nations, mais aussi de citoyens et de droits afférents. Les frontières se sont créées, des ambitions de conquêtes sont nées, d'Alexandre le Grand à tant d'autres. Les droits du commerce sont apparus à l'intérieur des frontières, suivant la notion de souveraineté. Les frontières se sont plus ou moins fermées au fil des époques, les échanges ont fluctué, des murailles se sont bâties, comme la Grande Muraille de Chine, mais aussi des murs à l'est, séparant les peuples, hermétiques aux idées des « autres », suivies par des mouvements d'ouverture, comme durant la Renaissance et la découverte du Nouveau Monde, ou plus récemment à l'émergence de la mondialisation. À mesure que les échanges commerciaux internationaux se sont développés, la définition d'un droit du commerce international est devenue de plus en plus importante. La souveraineté des États occulte la souveraineté du monde.

3. Le transport multimodal se développe de nos jours grâce à deux facteurs essentiels : la conteneurisation et l'e-commerce.

Le transport de marchandises en conteneur, a pour origine les États-Unis autour des années 1950. Dès son apparition, ce mode de transport a connu une forte croissance. Par la suite, il s'est progressivement amplifié avec l'intégration d'autres modes de transport, se transformant en transport combiné que l'on connaît aujourd'hui sous le terme de transport multimodal. Le conteneur mobile est le chaînon qui relie les modes de transport. Il existe des plateformes ou remorques mobiles qui lui sont adaptées. Des wagons ont été définis sur ses caractéristiques, des soutes d'avions, mais également les cales et les infrastructures de navires ont été conçues pour lui. Simple invention technique à l'origine, la boîte métallique aux dimensions standardisées appelée « conteneur » introduit un important changement dans le secteur du transport permettant la manutention de nombreuses et diverses marchandises dans une seule boite géante : le conteneur. La conteneurisation se transforme en innovation de procédés au sens de Schumpeter car les différents acteurs du transport maritime, armateurs de lignes régulières, commissionnaires de transport et manutentionnaires principalement, s'en emparent pour bouleverser leur métier respectif et repenser l'organisation du transport maritime, afin de l'insérer dans des chaînes de transport multimodales, qui répondent aux besoins des chargeurs industriels ou de la distribution. De ce fait, l'interdépendance est croissante entre la conteneurisation, qui est au service du commerce international, et de l'économie mondiale, les deux alimentant la globalisation. S'il manquait un lien entre le commerce international et le transport international ou multimodal, soit le « chaînon manquant » de l'évolution des échanges, ce chaînon serait le conteneur. Le conteneur est devenu le plus petit dénominateur commun de toutes les activités de transport mises en œuvre dans le transport multimodal. Le développement croissant de ce mode de transport standardisé a peu à peu imposé des règles de fonctionnement et d'organisation qui lui sont propres, indépendantes de celles du commerce international.

Il faut remarquer que le transport multimodal s'est développé, surtout, à partir de la nécessité d'assurer la continuation terrestre du fret maritime en simplifiant les manutentions portuaires. C'est du transport maritime qu'est née la standardisation du conteneur, raison pour laquelle le transport multimodal connaît aujourd'hui un bel essor. La conteneurisation l'a grandement favorisé car il n'y a pas de rupture de charge.

Du fait de la standardisation, de l'innovation et du développement des techniques, le transport de marchandises se fait aujourd'hui sur des trajets de plus en plus longs faisant intervenir plusieurs acteurs en plus du transporteur initial. Ensuite, la logistique gère les flux physiques d'une organisation, mettant ainsi à disposition des ressources correspondantes aux besoins, aux conditions économiques et pour une qualité de service déterminée, dans des conditions de sécurité et de sûreté satisfaisantes. La logistique a donc permis d'entrevoir un avenir pour le transport multimodal, puisqu'elle est à l'origine de la quasi-totalité des techniques mises en œuvre dans la chaîne des opérations de transport.

4. À côté de la conteneurisation, une force en particulier accélère encore ce mouvement vers un transport de plus en plus multimodal : la généralisation de le e-commerce. De la tablette tactile au rechargement de la batterie à distance, la science nous surprend sans cesse. Le digital s'est installé dans le secteur du commerce, même dans les magasins traditionnels, il facilite la prise de commande, et va continuer à se développer dans l'e-commerce. La crise sanitaire depuis 2020 a accéléré et amplifié ce phénomène.

Alipay[13], créé en 2004 par l'Alibaba Group, utilisé sur le site d'enchères en ligne TAOBAO du même groupe, est une plate-forme de paiement. Essentiellement axée sur le marché chinois, elle était à l'origine destinée à résoudre le problème de sécurité des transactions sur les réseaux TAOBAO. Cette nouvelle solution de paiement sur Internet est très vite devenue populaire, ce qui favorise l'e-commerce en Chine.

Jusqu'en février 2015, Alipay comptait déjà 800 millions d'utilisateurs. Cependant, depuis peu, elle tente de faire accepter par des sites occidentaux les paiements effectués par des Chinois aux États-Unis ou en Europe. Le

---

[13] En chinois "支付宝" ; en pinyin : zhīfùbǎo.

géant du e-commerce chinois a profité pleinement de la fête des célibataires, journée de soldes monstres qui dope ses vente dans son marché domestique[14]. Un nouveau record de 25,3 milliards de dollars (168,3 milliards de RMB) de chiffre d'affaire a été atteint en une seule journée en 2017 pour Alibaba, une somme astronomique qui représente plus de trois fois les *Black Friday* et *Cyber Monday* combinés, et plus de 26 fois l'Amazon Prime Day[15]. Comme de nombreux acteurs de l'e-commerce, Alibaba a tiré profit de la crise sanitaire et de l'explosion du nombre de commandes par internet. Les ventes en ligne de l' « Amazon chinois » ont marqué une hausse de 38% pour établir un nouveau record de 74 milliards de dollars porté par les opérations en Chine à l'occasion de l'édition 2020 de la fête des célibataires[16].

Le e-commerce est un phénomène incontournable. La personne derrière son écran d'ordinateur peut devenir un consommateur, à n'importe quelle heure du jour ou de la nuit en quelques clics et demander à être livrée le plus rapidement possible de produits provenant du monde entier. Nous constatons que l'essor du e-commerce repose sur deux éléments principaux. D'une part, l'accessibilité pour le consommateur à une offre pléthorique, c'est-à-dire que, par exemple, un habitant au fin fond de la Lozère peut, de chez lui, avoir accès à des vins, des livres, des vêtements en utilisant un câble et un ordinateur sans se déplacer à plus de 15 ou 50 kilomètres. D'autre part, la baisse de prix, car contrairement aux magasins traditionnels, les vendeurs d'e-commerce bénéficient de coûts fixes bien moindres en loyers et en personnels. Le consommateur peut également vérifier en permanence les prix sur le net proposés par les différents vendeurs, la concurrence jouant ainsi pleinement son rôle. Il n'y a pas de monopole « géographique ». De même, des comparateurs de prix pour les assurances, les voyages, les billets d'avion apparaissent en ligne. La base de ce succès est que l'e-commerce ouvre tous les marchés à tous les acheteurs et ce à des prix moindres. En 2016, l'e-commerce dans l'hexagone a pesé 72 milliards d'euros d'achats, 15% d'augmentation par rapport de l'année 2015. Selon la Fevad[17], la barre des 80 milliards d'euros de transactions sur le net devrait être franchie cette année en France. Pendant la crise sanitaire, le e-commerce a connu une croissance de 6% selon la Fevad tous secteurs confondus. Avec près de 2

---

[14] Le 11 novembre marque en France et dans les pays du Commonwealth la fin de la première guerre mondiale alors qu'en Chine, la fête des célibataires 光棍节(guāng gùn jié) tombe le 11 novembre. Cette fête est créée par la jeunesse chinoise, notamment les étudiants au début des années 1990, avant de devenir une fête commerciale.

[15] Voir plus d'informations sur le site : http://www.lepoint.fr/monde/chine-chiffre-d-affaires-record-de-25-milliars-de-dollars-pour-alibaba-12-11-2017-2171737_24.php

[16] Voir plus d'informations sur le site: https://www.lesechos.fr/industrie-services/conso-distribution/les-ventes-dalibaba-explosent-avec-la-pandemie-de-covid-1286970

[17] Fédération du e-commerce et de la vente à distance.

milliards de transactions via internet comptabilisées en 2020 et 40 millions d'individus touchés, la France se place en 2ème position sur le marché européen du e-commerce. Pour accompagner le développement du e-commerce, La Poste française se convertit à la livraison le dimanche, d'abord destiné aux grandes villes, via sa filiale Chronopost[18]. L'entreprise a officialisé cette nouvelle offre le 14 septembre 2017. Paradoxalement, la Poste française qui se présentait auparavant comme un acteur de proximité pour préserver le dépeuplement et la désertification, en maintenant coûte que coûte des bureaux partout dans le pays, accélère par ailleurs cette même désertification en encourageant le e-commerce. Ceci est une révolution pour l'opérateur public. Une révolution de plus chez La Poste, serait-on tenté de dire, pour faire en sorte que chaque décision stratégique engageant l'avenir de la société soit prise à l'aune de l'évolution de l'économie numérique.

5. Ces précisions apportées nous obligent maintenant à différencier les termes utilisés par les juristes. Malgré un long usage dans la pratique des termes « transport multimodal », « transport mixte » et « transport combiné » utilisés comme synonymes, ceux-ci ne décrivent pas des situations juridiques rigoureusement identiques. Pour éviter toute confusion, il convient de rappeler quelques définitions.

Un transport mixte n'est rien de moins qu'un acheminement réalisé avec des modes de transport différents. Il peut être un transport multimodal, mais il ne l'est pas nécessairement. Le transport mixte décrit en effet une réalité plus vaste, puisqu'il n'exige pas l'existence d'un document unique couvrant toutes les phases du transport.

Un transport combiné, quant à lui, est le déplacement réalisé par plusieurs voituriers dont deux au moins sont soumis à des régimes différents. À la différence du transport multimodal, l'accent est mis sur la pluralité des transporteurs ainsi que des régimes et non sur la multiplicité des moyens de locomotion. Le transport combiné vise pratiquement des situations qui s'apparentent au transport multimodal où il y a nécessairement pluralité de transporteurs et de régimes, à ceci près qu'il y ajoute l'hypothèse d'un acheminement effectué par un seul mode de transport, mais soumis successivement à des régimes juridiques différents. Tel serait le cas d'un transport par route, qui commence par un transport soumis au régime interne français pour continuer avec des transporteurs soumis au régime de la Convention relative au contrat de transport international de marchandises par route (CMR). Ce transport est un transport combiné, puisqu'il est réalisé par plusieurs transporteurs dont deux au moins sont soumis à des régimes juridiques

---

[18] « Le brief éco. La Poste va livrer des colis le dimanche », http://www.francetvinfo.fr/replay-radio/le-brief-eco/le-brief-eco-la-poste-va-livrer-des-colis-le-dimanche_2356115.html

différents, mais il n'est pas un transport multimodal car un seul mode de locomotion est utilisé.

Nous utiliserons dans notre étude l'expression « Transport multimodal » parce que, d'une part, c'est l'expression retenue par la Convention de Genève du 24 mai 1980 et la Convention des Nations Unies sur le transport multimodal international de marchandises, puis d'autre part, elle nous apparaît la plus appropriée, puisqu'elle correspond le mieux à la réalité.

6. L'originalité du transport multimodal a pour conséquence de soulever un certain nombre de problèmes juridiques touchant la responsabilité, l'assurance et la compétence juridictionnelle. Cette diversité, nous le verrons, est la source de différends, mais également, l'obstacle majeur à la résolution de ces derniers. Ces difficultés de résolution des différends font intervenir, non seulement les parties en présence, mais également la souveraineté des États dont les parties sont membres.

D'ailleurs, le transport multimodal ne fait pas l'objet d'une réglementation d'ensemble, ce que l'on peut regretter, compte tenu de son importance économique et de son caractère fréquemment international. La convention internationale signée à Genève, le 24 mai 1980 est consacrée au transport multimodal mais faute de ratifications suffisantes, elle n'est pas entrée en vigueur. C'était la première tentative de recherche d'une solution mondiale en matière de transport multimodal. Plus près de nous, les Règles de Rotterdam du XXIe siècle, adoptées en 2009, ne connaissent pas encore leur avenir, faute de ratifications suffisantes par les parties. Pourtant, au plan européen, il existe une volonté de réglementer le transport multimodal. Les chercheurs et les praticiens poussent à ratifier les Règles de Rotterdam.

7. Le transport multimodal est en perpétuelle évolution ce qui impose que les notions et concepts s'ajustent tant l'évolution des transports se complexifie. Ainsi, de nouveaux concepts tels les concepts de maritime « plus » ou air « plus » émergent.

Il s'agit en fait, qu'une fois le contrat de vente conclu, et l'incoterm[19] déterminé, le lieu de livraison des marchandises au transporteur permette d'apprécier l'étendue du contrat de transport maritime, à savoir un transport de port à port (maritime) ou de porte à porte (appelé aussi maritime « plus »). Cette hypothèse n'était pas envisagée par les Conventions maritimes antérieures aux Règles de Rotterdam.

---

[19] Les **Incoterms** : Contraction de l'expression anglaise *International commercial terms* sont des termes normalisés qui servent à définir les « droits et devoirs » des acheteurs et vendeurs participant à des échanges internationaux et nationaux. La réglementation applicable est édictée et publiée par la Chambre de commerce internationale1 (« ICC » pour International Chamber of Commerce) à Paris. La dernière réglementation, entrée en vigueur au 1er janvier 2011, s'appelle Incoterms 2010.

Selon la Convention de Bruxelles de 1924, par exemple, le contrat de transport maritime s'étend « du chargement des marchandises sur navire au port d'embarquement à leur déchargement du navire au port de destination ». C'est le principe du sectionnement juridique du transport international en trois phases, la Convention ne couvrant que la phase purement maritime de « sous palan à sous palan », les phases de pré et de post acheminement terrestre étant soumises au droit terrestre national. Pour délimiter l'étendue du contrat de transport maritime, les Règles de Hambourg de 1978 introduisent quant à elles, les notions de prise en charge et de livraison qui peuvent être antérieures au chargement ou postérieures au déchargement. Dans tous les cas, ces opérations interviennent dans les périmètres portuaires de départ et d'arrivée. Ces deux conventions restent donc des Conventions maritimes de « port à port ».

Les Règles de Rotterdam, visant à régir les transports maritimes du XXIe siècle, ont l'avantage de permettre aux parties de conclure un contrat de transport maritime de « port à port », tout en leur donnant la possibilité d'insérer les phases de transport précédées ou prolongées par des acheminements terrestres, voire aériens. Il s'agit donc d'une convention permettant le « porte à porte », ce qui est conforme à l'esprit des incoterms multimodaux avec prise en charge des marchandises par le transporteur maritime en tout lieu autre qu'à quai ou de type « bord navire » au port d'embarquement. D'un point de vue géographique, cette convention est donc plus souple que ses devancières, et peut ainsi couvrir un transport « porte à porte ». D'où le concept du « maritime plus » des Règles de Rotterdam ou transport multimodal « transmaritime ». En résumé, la nouvelle convention de 2009 s'applique aux contrats de transport international par mer et peut prévoir simultanément un autre mode de transport. Cependant, l'absence du segment maritime ne permet pas d'appliquer ce nouveau texte. Les Règles de Rotterdam ne s'appliquent qu'à la condition expresse qu'une partie du transport mette en œuvre un opérateur maritime.

8. La notion de transport multimodal définie par les Règles de Rotterdam, tout comme le code maritime chinois[20], est purement ce que l'on appelle un régime de transport « maritime plus », ou encore transport

---

[20] Le code maritime chinois est entré en vigueur le 1er juillet 1993. Comme le notent plusieurs auteurs chinois, cette loi, qui fait partie du droit civil, est conçue selon le modèle classique d'un code de commerce maritime de type européen, qui s'inspire tant des Règles de la Haye (1924) que des Règles de la Haye-Visby (1968) et des Règles de Hambourg (1978).
L'article 102 du code maritime chinois définit le contrat de transport multimodal comme suit : « *Un contrat de transport multimodal visé par le présent code désigne un contrat par lequel l'opérateur de transport multimodal s'engage à transporter les marchandises contre le paiement du fret pour l'ensemble du transport depuis le lieu de réception des marchandises jusqu'à la destination et les livrer au destinataire par deux ou plusieurs modes de transport différents, l'un d'entre eux étant le transport maritime* ».

multimodal « transmaritime » selon le Professeur Pierre BONASSIES, mais celle de transport « air plus » aurait besoin d'être également définie. À l'heure actuelle, très peu d'arrêts ont pu être commentés dans la revue Droit maritime français concernant le transport aérien inséré avec d'autres moyens de transport, alors qu'il serait possible d'utiliser un transport multimodal de type « air plus ».

Parce qu'en général les rapports de force entre chargeur et transporteur dans le domaine du transport maritime sont inégaux, les règles du transport maritime ont toujours été impératives. Cependant, tenant compte de la diversité des pratiques professionnelles, les rédacteurs des Règles de Rotterdam de 2009, en introduisant un principe de liberté contractuelle, ont eu pour souci de s'adapter à la réalité des affaires. En effet, ce principe ne fait que répondre aux préoccupations des différents secteurs d'activité, ainsi qu'aux parties aux contrats de vente et de transport maritime. Le libre choix d'une convention lors de la vente a donc une incidence directe sur le contrat de transport maritime. Dans ce contexte, une uniformisation des règles régissant la vente et le transport maritime sous couvert de liberté contractuelle ne pouvait que faciliter la mise en œuvre des règles de droit afin d'obtenir l'efficacité juridique tant recherchée.

9. Dans l'attente d'une ratification des Règles de Rotterdam par plus d'États permettant la mise en œuvre de règles communes, l'étude comparée conserve toute sa pertinence. Elle permet *a priori* une meilleure compréhension des systèmes juridiques nationaux et leurs fondements historiques. Au-delà, elle favorise une appréhension de la façon dont les différents systèmes de droit nationaux se concurrencent et se combinent. Le droit comparé est alors une technique grâce à laquelle sont mises en évidence des difficultés liées à l'attente d'une majorité des parties à la ratification.

S'il est un pays dont la ratification aurait de larges répercussions, c'est bien celui dont les navires et les produits empruntent les voies maritimes de tous les océans. Première puissance exportatrice de la planète, la Chine et son cadre juridique doivent attirer l'attention des comparatistes, notamment sur la question du transport maritime et multimodal. Le succès d'une Convention tient aux parties qui la signent, il apparait clair que l'adhésion de la Chine aux Règles de Rotterdam assurerait d'autant plus de légitimité à ce texte. Sans même parler d'adhésion, les cadres nationaux ne peuvent faire abstraction complète des cadres internationaux. À l'heure où la réflexion d'une réforme du code maritime a déjà suscité beaucoup d'intérêt, elle peut être considérée comme l'anticipation à terme de l'application des Règles de Rotterdam.

En matière de transport maritime, trois conventions maritimes internationales sont actuellement en vigueur : la convention de Bruxelles du 25 août 1924, également appelée règles de la Haye, et ses Protocoles de 1968 et 1979, appelés Règles de La Haye-Visby et la convention des Nations Unies du 31 mars 1978, dite Règles de Hambourg. La Chine n'a ratifié aucune de ces conventions maritimes, mais plusieurs chercheurs constatent que le code maritime chinois a intégré les Règles de Hambourg[21]. Nous pouvons aussi constater qu'elles ont influencé la rédaction du nouveau code civil chinois, entré en vigueur le 1er janvier 2021 qui consacre toute une partie aux transports[22].

10. La Chine s'était toujours tenue à l'écart des conventions maritimes internationales. Mais, depuis son accession à l'Organisation mondiale du commerce (OMC) en 2001, et depuis que des échanges de plus en plus nombreux se sont développés entre la Chine et le reste du monde, cette position n'était plus tenable. Le code maritime chinois, entré en vigueur en 1993, est le principal texte utilisé pour traiter les contentieux maritimes. Il semble que celui ci ait été inspiré des Règles de Hambourg.

Avec sa volonté avérée de devenir une puissance mondiale, la Chine a d'ores et déjà, à son actif, plusieurs succès en matière maritime. Le secteur portuaire/ferroviaire national demeure toutefois dans une phase de développement. Le système administratif intervenant dans la mise en œuvre de la politique chinoise des transports et des programmes est assez complexe et en perpétuelle mutation. Il manque en outre de cohérence. Contrairement à la juridiction française, l'accès restreint aux décisions de la juridiction chinoise est une véritable difficulté pour les comparatistes. Les jugements des tribunaux chinois ont connu trois phases : la première empêchant toute communication au public, la deuxième une divulgation sélective et la troisième une communication complète sauf exception[23]. L'accessibilité aux jugements des

---

[21] HE Jing, *La réforme du droit chinois du transport maritime de marchandises*, Thèse Aix-Marseille, 2016.

[22] Le législateur chinois a voté, le 28 mai 2020 à Pékin, lors de la troisième session de l'Assemblée populaire nationale, de la treizième législature suprême, l'adoption du Code civil de la République Populaire de Chine (R.P.C.). Ce dernier est la première loi qualifiée de "code" depuis la fondation de la R.P.C. en 1949 qui remplace « les Principes Généraux du droit civil » (minfa tongze 民法通则) appliquées depuis le 1er janvier 1987.

[23] En Juin 2000, la Cour suprême chinois a publié « L'approche de gestion de la Cour suprême des jugement des tribunaux», qui a, pour la première fois, clairement déclaré une diffusion sélective des décidions. Pour la divulgation non autorisée qui a un impact négatif majeur, il engage sa responsabilité. En Juin 2007, la Cour suprême a publié ses «avis sur le renforcement de la diffusion des jugements des tribunaux au public», qui prévoit que les tribunaux supérieurs devraient formuler des mesures pour publier des jugements des tribunaux selon les conditions de la région et augmenter progressivement le nombre des décisions. En novembre 2010, la Cour suprême a publié le «Règlement sur la diffusion des jugements des tribunaux populaires sur Internet». En juillet 2013, la Cour suprême a adopté les «Mesures provisoires pour la diffusion des décisions de la Cour suprême». En novembre 2013, la Cour suprême a mis « Les dispositions de la diffusion des jugements des tribunaux sur Internet », entrées en vigueur le 1er Janvier 2014. La Cour suprême a mis en place le site internet pour publier les jugements des tribunaux. Ceci a donc établi le système en ligne pour la diffusion des jugements du pays.

tribunaux chinois en ligne est possible depuis janvier 2014 grâce à la mise en œuvre du site « wenshu.court.gov.cn » (*China Judgements Online*). Cette opportunité n'est cependant possible que pour les décisions rendues depuis 2014.

11. Le problème du droit en Chine ne réside pas dans l'absence de lois, qui sont en nombre abondantes, ainsi que l'a établi Peter Howard Corne en 2002[24]. Il réside plutôt dans les difficultés de mise en œuvre du droit, ou, plus simplement, dans la surabondance d'instruments juridiques promulgués à divers échelons, ce qui crée de sérieux problèmes sur le terrain.

Heureusement, l'élaboration du projet de la réforme du code maritime chinois est actuellement en discussion[25]. Un tel texte, s'il devait être adopté, serait sans aucun doute porteur de profonds et bénéfiques changements dans les pratiques juridiques de l'industrie maritime en Chine. Est-il besoin de rappeler ici l'importance du droit comparé[26] ? Il permet une meilleure compréhension des systèmes juridiques par leur comparaison, et par l'appréhension de leurs fondements historiques, économiques et culturels.

12. On envisagera le droit positif chinois en matière des transports dans le temps pour ensuite réfléchir aux considérations dont il faut tenir compte dans les travaux législatifs.

Nous observons donc à ce stade de notre étude que la recherche d'une solution globale, applicable par tous, est nécessaire afin de faciliter et surtout de développer le transport multimodal et par là le commerce international créateur de richesse pour tous. L'attention de nombreux organismes internationaux est d'assumer la fonction de forum permanent dans les cycles de négociation. Ils ont accompagné successivement des cycles de négociations multilatérales dont l'objet était de réduire les obstacles au libre-échange qui aboutirent à la ratification de conventions par la majorité des partenaires

---

[24] Peter Howard Corne, *Creation and Application of Law in the PRC*, American Journal of Comparative Law, 2002, vol. 50, p.424.

[25] À propos de la réforme du code maritime chinois, SI Yuzhuo, Professeur, président honoraire de l'Université maritime de Dalian, a exprimé son point de vue sur la révision du Code maritime chinois. Il énonce qu'il faudrait garantir davantage un équilibre des intérêts.
Le quatrième chapitre a fait couler beaucoup d'encre et suscité de nombreux débats : est-ce que le transport fluvial doit être règlementé par ce code ? Comment concilier la question du fret avec d'autres aspects intéressants ?
Aujourd'hui, les propriétaires de marchandises, port ou navire ont chacun leurs propres exigences. Les questions qui se posent sont à savoir comment équilibrer les intérêts de ces intéressés ? Sur quels fondements se basera la responsabilité ? Depuis 40 ans, les Règles de la Haye-Visby et celles de Hambourg existent et maintenant il y a les Règles de Rotterdam. Que faire ? Quel régime juridique doit-on choisir ?

[26] DAVID, JAUFFRET-SPINOSI, M. Goré, *Les grands systèmes de droit contemporains*, 12e éd., Dalloz, 2016.
DAVID, *Le droit comparé, droit d'hier, droit de demain*, Economica, 1982.

commerciaux intéressés. C'est en effet un des rôles attribués à l'Organisation Maritime Internationale (OMI), et au Comité Maritime International (CMI).

L'OMI, située à Londres est une agence de l'ONU dont l'objet est d'établir et d'harmoniser les réglementations des États dans les domaines de la sécurité et de la sûreté des navires, en fixant les standards de construction et de prévention des pollutions de navires, les conditions de vie et de travail des marins, réglementations qui s'imposent à tous les pavillons pour limiter la concurrence de navires ne répondant pas aux normes.

Cette organisation est souvent critiquée par son manque de rapidité à mener à bien et à terme un projet. Il faudrait attendre quatre ans, voire plus, pour le réaliser. Pour avoir assisté à une séance de l'assemblé plénière des sous-commissions parmi des représentants de plus d'une centaine de pays, nous reconnaissons qu'il y a derrière chaque projet des aspects culturels, des intérêts et des orientations politiques différentes, sans compter la difficulté de communication due aux barrières des langues. Il n'est pas évident de se mettre d'accord entre tous les pays. Au sein de chaque sous-commission, c'est toujours le même scénario. Les représentants discutent, ils expriment des points de vue différents, ils ne sont pas d'accord, chacun défend ses intérêts. Une journée de réunion peut être très longue. Les négociateurs viennent avec leurs valises toujours en costume-cravate. Après un long voyage suivi d'une dure journée sans pouvoir se mettre d'accord, ils sont fatigués. Et si, à ce moment-là, quelqu'un propose « une bière ? », tout le monde dit « oui ! ». Quand le besoin se présente de répondre à une situation urgente, il est plus facile de se mettre d'accord. C'est le cas pour les résolutions du Comité de la sécurité maritime (MSC) menées par l'OMI. Un élément est cependant important à relever. En effet, l'OMI fait intervenir uniquement les États. Les acteurs du transport maritime, à savoir les « utilisateurs finaux » n'y participent pas, alors même que le sort de leur activité en dépend. Mais leurs intérêts ne sont ni représentés, ni exprimés. Ce sont les États qui discutent, avec leurs sensibilités politiques, économiques et bien entendu leur notion de souveraineté. Des observateurs peuvent assister à l'élaboration d'une convention, ainsi l'*International Chamber of Shipping ICS (association internationale des armateurs*) ou *Greenpeace.* Mais ce ne sont que des observateurs, qui n'interviennent pas, alors même que leur problématique est tout autant individuelle que mondiale, économique et commerciale pour l'ICS ou écologique pour *Greenpeace*. Que ce soit l'ICS ou *Greenpeace*, aucune de ces associations ou ONG ne port en elle la notion de souveraineté avec les implications que nous lui connaissons. Cependant, malgré les difficultés et la lenteur des prises de décision, il faut reconnaître le rôle central joué par l'OMI, tant en ce qui concerne les accidents des gens de mer, que la pollution, le sauvetage en mer ou la mise en place du FIPOL destiné à indemniser les dommages dus aux hydrocarbures. L'OMI a par ailleurs permis d'uniformiser le droit « maritime », droit extraterritorial par essence même.

Nous nous posons la question de savoir si, après trois tentatives de reprise des négociations, une nouvelle ère est enfin en vue et si la voie des conventions internationales est celle à privilégier dans ce contexte avec les parties qui y sont, à ce jour, actives.

13. Toutes ces évolutions qu'a connu et connaît le transport commercial, amenées à s'accélérer encore à l'avenir, nous rappellent qu' « il faut adapter les lois à la réalité des choses plutôt que la réalité des choses aux lois »[27]. Cela signifie que la solution recherchée doit venir des acteurs au plus proche de l'activité. Elle ne doit pas « descendre » du sommet des différentes pyramides étatiques en espérant qu'elles se rejoignent pour enfin créer une rivière, voire un fleuve qui viendrait « irriguer » le transport multimodal. Nous en retiendrons deux choses importantes :

- Le transport multimodal concerne aussi bien les marchandises que les personnes.
- La notion du transport multimodal, définie par l'article 102 du code maritime chinois[28], rejoint celle des Règles de Rotterdam, qui qualifie le transport multimodal comme un transport « maritime + », alors que le Professeur Pierre BONASSIES utilise spécifiquement l'expression « transport multimodal transmaritime ». Cette appellation permet ainsi de distinguer ce mode de transport combiné des autres modes de transport multimodaux qui n'intègrent pas le transport maritime.

14. Ainsi, le problème du transport multimodal est-il posé : comment acheminer, dans la plus grande sécurité, des marchandises en vertu d'un titre unique et en utilisant au moins deux modes de transport différents ?

Le transport multimodal ainsi défini ne fait pas appel seulement aux différents transporteurs qui y interviennent. Il nécessite également des investissements en infrastructure conséquents afin de supporter l'essor des échanges, comme nous allons le voir à présent.

Le service de transport, qui se caractérise par une forte capitalisation et par une main d'œuvre relativement peu nombreuse par rapport à son chiffre

---

[27] Législateur d'Athènes 640-658 av. J.C., cité par K. EL MACARONAS, in *La réglementation juridique du transport international multimodal de marchandises*, Thèse, Bordeaux I, 1975.

[28] L'article 102 du code maritime chinois prévoit que :
« *Un contrat de transport multimodal visé par le présent code est un contrat en vertu duquel l'opérateur de transport multimodal s'engage à transporter les marchandises, contre le paiement du fret pour l'ensemble des opérations du transport, de l'endroit où les marchandises ont été reçues à la destination et de les délivrer au destinataire par deux ou plusieurs différents modes de transport, dont l'un étant transport maritime.*
L'opérateur de transport multimodal visé à l'alinéa précédent est la personne qui a conclu un contrat de transport multimodal avec l'expéditeur, soit par lui-même, soit par une autre personne agissant en son nom. ».

d'affaire, se prête à de forts accroissements de productivité. La bonne organisation de la chaîne de transport, depuis la fabrication des produits que l'on s'efforce de rendre aisément transportable, à la fabrication de matériel de transport, en passant par le conditionnement de la marchandise, son stockage, sa maintenance, son passage en douane et sa facturation, diminue sensiblement le coût d'une marchandise dont le transport représente couramment 10% de son prix.

La recherche d'une meilleure cohérence de la chaîne conduit à constituer de nouveaux systèmes de tarification et de nouveaux réseaux, réseaux d'infrastructures (ports, aéroports, routes et voies ferrées), réseaux d'exploitation qui combinent les facteurs de production, enfin réseaux d'information qui relient les diverses parties du service de transport entre eux et avec les usagers.

Les branches du transport connaissent des transformations de structure de plus en plus rapides. Ainsi, les constructeurs de matériel de transport maritime et aérien, les ports et les aéroports connaissent de véritables mutations structurelles qui ont, en quelques décennies, bouleversé l'organisation des chaînes logistiques.

15. Du coté de la politique de l'Union européenne, on ne peut que constater la dynamisation des modes de transports, notamment par la libéralisation des voies et des marchés nationaux. La Commission européenne a encouragé l'ouverture de couloirs transeuropéens, *freeways*, notamment pour les dessertes nord-sud, ouvertes à tous les opérateurs européens de voies ferrées. Le changement de modes de gestion des entreprises ferroviaires européennes, la libéralisation de ce transport avec l'ouverture à la concurrence du transport de marchandises depuis 2006, suivie de celle du transport de personnes en 2010, attirent de nouveaux opérateurs privés sur les réseaux ferrés qui couvrent l'ensemble de l'Europe. Mais les dessertes ferroviaires du continent européen ont été jusqu'à la réforme des grands ports français intervenue en 2008, plus bénéfiques aux grands ports du nord de l'Europe qu'aux ports français de la Méditerranée, moins performants.

Les transports de pondéreux ont continué à croître dans le transport terrestre comme dans le transport maritime et même aérien. Les mesures prises dans le transport terrestre par les transports ferroviaires et par les autres transports terrestres fluviaux et routiers n'ont pas, jusqu'alors, suffi à répondre à l'accroissement de la demande. C'est le transport routier de marchandises, de plus en plus intereuropéen, étendu à l'ouest par le tunnel sous la Manche qui en bénéficie le plus. Majoritaire en Europe, le transport routier, soutenu par la Commission Européenne pour assurer la liaison des ports de l'Ouest et du Nord avec les centres industriels du cœur et de l'Est de l'Europe, est saturé, le Brexit intervenu le 1er janvier 2021 n'arrangeant en rien la situation.

16. Le transport ferroviaire est l'un des plus anciens moyens de transport terrestre de marchandises en Europe. Modernisé en France avec le plan Freycinet à la fin du XIXe siècle à l'occasion de la révolution industrielle, il est aujourd'hui très insuffisant pour assurer notamment le transport conteneurisé. Il souffre encore dans certains pays comme la France, de l'absence d'une véritable politique de coordination des transports et de l'ostracisme des chemins de fer. Les projets de relations interbassins à grand gabarit, élaborés par Bruxelles en 1996 n'ont, jusqu'alors, pour l'essentiel pas été réalisés, sauf en Belgique et en Hollande. Si le trafic fluvial a augmenté en France de 40% entre 1997 et 2007, ce développement a été spontané et tardif. Le fluvial ne représente encore, aujourd'hui en France, que 3% du trafic de transport de marchandises. Les deux grands armements maritimes, le groupe Italo-suisse MSC et le groupe français CMA-CGM ont ouvert récemment des services réguliers Rhône Saône et sur la Seine. Mais le réseau fluvial français très riche reste sous exploité malgré les qualités qu'il présente puisque moins polluant, moins bruyant et plus économique que le transport routier, serait un moyen efficace de se conformer à l'accord de Paris à l'issue de la COP21.

17. La chaîne aéronautique occidentale concurrence, quant à elle, les traditionnels modes de transport. La chaîne de transport aérien va de la production des appareils au service de transport proprement dit. Bien que le transport aérien couvre le transport de marchandises et le transport de personnes, nous nous intéressons ici spécialement au transport de marchandises. Ce manque d'efficience, dû ici, à une sous exploitation, existe aussi en Chine.

Le transport aérien assurait, en 2008, le transport de 35% de la valeur des biens échangés internationalement. Il représente au niveau mondial 32 millions d'emplois et un chiffre d'affaire de 3,5 trillions de dollars. Il connaît une croissance plus rapide que le transport maritime, dans un espace aérien, qui n'est pas « libre » comme l'espace maritime, mais limité par le droit des États sur l'espace et le trafic aérien (Convention de Chicago du 7 décembre 1944). Cette croissance se déroule dans un contexte de concurrence intercontinentale qui touche la construction aéronautique, les transporteurs aériens et les aéroports.

Il faut souligner l'importance du transport de fret. Le trafic de fret est plus instable que le trafic de passagers, ce qui a conduit les compagnies européennes à intégrer le transport dans une logique de fret « juste à temps ». Les compagnies américaines, qui avaient laissé les compagnies européennes, Air France, British Airways et Lufthansa, et asiatiques, Japan Air Line et Korean Airlines, dominer le fret international, ne s'y sont vraiment intéressées que dans les années 1980. Federal Express, devenu Fedex, est le premier transporteur mondial de fret. Il est à noter que Roissy est, pour les marchandises, un hub de Fedex et un hub d'Air France-KLM. À noter que la pandémie a fait chuter le transport aérien de personnes alors que le fret de marchandise a connu une progression depuis 2020 paradoxalement.

18. Production et transport ont tendance à s'intégrer verticalement dans une nouvelle logique de transport « juste à temps » qui a favorisé le développement du fret express. Les compagnies passent des accords avec des réseaux de transports terrestres ou maritimes pour assurer des transports combinés. Elles exercent aussi, parfois, les fonctions d'auxiliaires de transport.

La croissance du commerce international a conduit à un développement très différencié de la flotte mondiale par catégorie de navire et par domicile. La conteneurisation s'étend aujourd'hui à de nouvelles catégories de marchandises. La capacité en Tonnes de Port en Lourd des flottes de porte-conteneurs a été multiplié par quinze, entre 1980 et 2009, principalement celle des flottes assurant les liaisons Asie-Europe.

19. Le niveau d'équipement et de capacité des ports étant différent, il en résulte une compétitivité entre les ports maritimes. (Concept « ville-port », concept « port-ville »). Les ports maritimes constituent les principaux nœuds d'échanges mondiaux. Nous savons que plus de 80% des échanges physiques de biens sont réalisés par voie maritime. Rien d'étonnant dès lors qu'au cours des dernières décennies la multiplication et l'expansion de ces espaces portuaires à utilisations plurielles ont caractérisé le modèle de développement des puissances émergentes, surtout en Asie et notamment en Chine, suivant le chemin des grandes voies maritimes. Ces espaces portuaires, mi-terrestres mi-maritimes ne se résument pas à la frange côtière, mais innervent tout un *hinterland* et appartiennent avant tout à un univers industriel et marchand, lié à la circulation des biens physiques de toute nature, matière première, produits transformés. Ils génèrent leur propre activité locale en même temps que leurs voies de communication terrestres. Ceci est encouragé par la multiplication des ports francs. L'importance de ce trafic peut être aperçue par l'impact du blocage du canal suez qui a engendré des pénuries sur certains produits dans toute une partie de l'Europe en mars 2021.

De ce développement considérable naissent des problèmes que plusieurs grandes villes portuaires mondiales affrontent aujourd'hui: comment continuer à supporter les fonctions portuaires situées proche du centre-ville ? Comment maintenir les liens existant entre les populations locales et les activités portuaires de plus en plus délocalisées, et généralement non accessibles au public ?

La France est la cinquième puissance portuaire européenne, avec plus de 360 millions de tonnes de fret dont environ 50% de vrac liquides et 13% de marchandises conteneurisées traitées et 30 millions de passagers[29]. Elle compte 41 ports de commerce maritimes principaux sur son territoire dont 8 ports sur la façade méditerranéenne et à statuts différents : Marseille-Fos, Sète, Port-La-Nouvelle, Port-Vendres, Toulon, Nice, Bastia, Ajaccio.

L'État français participe activement au développement du transport maritime et, notamment par le biais de la stratégie nationale portuaire, il met en place des initiatives visant à accroître la compétitivité et l'attractivité des ports français dans le paysage européen et mondial. Les développements de ces dernières années marquent la volonté d'améliorer l'image du port de Marseille-Fos, qui est singulièrement célèbre pour ses relations sociales compliquées et conflictuelles[30]. En effet, l'interface entre la ville de Marseille et les Bassins Est du port a été pendant plusieurs années la source de nombreux conflits, jusqu'à devenir difficilement soutenable, fermant l'accès et la visibilité des fonctions portuaires à la population. Cette évolution a mené à une fiabilité limitée et une baisse des rendements du port. Afin de renverser cette tendance, l'État français a investi dans la rénovation du port de Marseille, lorsqu'en 2013 Marseille-Provence a été choisie comme capitale européenne de la culture. C'est à cette occasion que de nombreux aménagements, dont la création du Mucem et la rénovation du port, ont visé à développer le port comme la ville. C'est notamment grâce à ce type de projets d'investissement qu'au regard de la mondialisation, une ambition française pour la politique maritime intégrée s'est concrétisée. Il convient ici de nous arrêter sur cet exemple. Il est important car, en l'espèce, l'État intervient comme facilitateur du commerce international qui est créateur de richesse. En l'espèce, il peut aider la population à proximité de l'espace portuaire à y trouver des emplois, mais également celles des régions plus éloignées où les matières premières ou les produits manufacturés sont acheminés par la suite. L'État français n'est plus un régulateur, il est devenu un investisseur. À savoir un acteur extérieur qui n'intervient pas au sein du transport, mais qui le facilite et l'encourage.

Le talent des professionnels français de la logistique portuaire, la qualité des infrastructures, l'importance de la façade maritime et bien sûr la place centrale du pays dans l'Union Européenne : tous ces éléments justifient que la France ait une ambition forte pour l'avenir de ses ports. C'est le sens de la stratégie nationale portuaire, par laquelle l'État a affirmé en 2013 sa volonté de donner à la France une place de premier rang dans le commerce interna-

---

[29] J. TRORIAL, *Les ports français en 2016 : le point, le cap*, Unions des ports de France. http://www.port.fr/sites/default/files/fichiers/2016-11-30-j.trorial_academie_marine_upf.pdf

[30] Cette situation est inimaginable pour un port chinois. Un officier du port de Yangshan nous a présenté qu'il était rare que le port soit en hors-service, sauf en cas de Typhon.

tional en tant que point d'entrée (hub) de l'Europe, et de contribuer ainsi au développement économique et industriel du pays[31].

Les ports ont donc un rôle primordial à jouer dans l'aménagement, ainsi que dans le développement industriel et la logistique d'un territoire régional ou national.

20. Si nous abordons les problèmes de la logistique en Chine, il faut reconnaître que la conteneurisation est peu mentionnée. Les conteneurs sont rarement mis en œuvre dans le marché intérieur. D'une part, le développement du conteneur dans le transport ferroviaire est très difficile. Il représente seulement 2% du fret ferroviaire total. Ce qui est un niveau très bas par rapport aux pays européens ou américains qui mentionnent le transport routier de conteneurs représentant 20% à 49%. La totalité la plus élevée d'une année est estimée à seulement 480 EVP[32]. Ce qui représente un volume inférieur au total d'un port intermédiaire de conteneurs. D'autre part, les ports à conteneurs de la Chine représentent autant que la moitié de la totalité des ports du monde. Selon les statistiques de l'année 2014, dans le classement des dix principaux ports du monde, le port de Hong Kong et six ports chinois du continent ont raflé sept sièges parmi les dix premiers. Cette légion chinoise, de sept ports représente 68,6% du volume mondial. Le total atteint 202 millions d'EVP, dont 182 millions représentent la zone côtière. Cette légion chinoise a pendant plus de dix années consécutives remporté le championnat du monde. Or, le développement asymétrique du transport de conteneurs est une des raisons principales de la stagnation du transport multimodal actuel en Chine.

21. La route de la soie maritime du XXIe siècle suit l'itinéraire des ports maritimes de la Chine jusqu'en Europe, en passant par la Mer de Chine méridionale et l'Océan Indien, ainsi que celui des ports maritimes de la Chine jusqu'au Pacifique Sud, en passant par la Mer de Chine méridionale. À présent, la Chine va intensifier sa politique de constructions et d'installations de moyens de communications pour assurer le transport des marchandises entre les villes et les pays étrangers en développant les nouvelles technologies grâce à la 5G ou encore l'usage de la *blockchain* au travers du connaissement électronique.

---

[31] A. VIDALIES, *Une ambition forte pour les ports français*, Annales des Mines - Réalités industrielles, 2015/4 (Novembre 2015), p. 3-3.
URL: http://www.cairn.info/revue-realites-industrielles-2015-4-page-3.htm

[32] L'équivalent vingt pieds, ou EVP (en anglais, *twenty-foot equivalent unit* : *TEU*), est une unité approximative de mesure de conteneur qui regroupe à la fois les conteneurs de 20 pieds et de 40 pieds. On l'utilise pour simplifier le calcul du volume de conteneurs dans un terminal ou dans un navire.

Sur le plan des liaisons internationales, en rapport étroit avec le nouveau réseau de communication de « la nouvelle route de la soie », la Chine devra construire de nouvelles voies maritimes, terrestres et ferroviaires, si elle veut développer ses relations commerciales avec les pays qui l'entourent : Pakistan, Kazakhstan, Mongolie, Russie, Laos, Thaïlande, Vietnam, Nepal et d'autres pays frontaliers.

22. Malgré le changement du chef de l'État en 2013, les projets chinois restent cohérents. Fin mars 2015, le gouvernement chinois a officiellement publié le projet « One Belt, One Road » (OBOR)[33], dit « la nouvelle route de la soie » en vue d'approfondir la coopération dans tous les pays. La Chine semble avoir pris la mesure aujourd'hui en souhaitant mener une politique volontariste pour reconquérir la route de la soie maritime[34]. Est-ce une arme économique ou diplomatique ? Un expansionnisme commercial ? Est-ce un nouveau plan Marshall tel que présenté par le gouvernement chinois ou un mirage ? C'est effectivement dans un contexte concurrentiel, quasi-généralisé, qu'il faut désormais appréhender l'ensemble des activités absorbées par cette nouvelle dynamique.

Un proverbe chinois dit « pour s'enrichir, il faut d'abord tracer la voie »[35]. La Chine veut recréer une « route de la soie » entre l'Asie et l'Europe. Elle va construire des milliers de ponts, de routes, de chemins de fer et de ports à travers l'Asie centrale et le Moyen-Orient. Quarante milliards de dollars d'investissements ont été débloqués en 2015. En 2016, les acquisitions s'élèvent à un montant total de 60 milliards de dollars aux États-Unis et de la moitié en Europe. Pour 2020, ces flux sont de l'ordre de 200 milliards de dollars par an pour les deux continents[36].

Le premier train reliant la Chine à la France est entré jeudi 21 avril 2016 en gare à Lyon[37]. Ce premier train de marchandises en provenance de Chine a relancé la mythique route de la soie. Pour Pékin, c'est la dernière étape d'un projet stratégique, de l'intérieur de la Chine jusqu'en Europe. Le projet « OBOR » vise à ceinturer de liaisons ferroviaires et maritimes l'Europe pour mieux vendre ses produits manufacturés au plus grand marché du monde. Le train est 80% moins cher que l'avion et deux fois plus rapide que les gros porte-containers. C'est donc une alternative très séduisante. Il s'agit

---

[33] Le Premier Ministre chinois LI Keqiang a proposé, lors de la Foire Chine-ASEAN en 2013, de construire une Route de la Soie maritime orientée vers l'ASEAN et de créer des points d'appui stratégiques favorables au développement des régions intérieures de la Chine.

[34] Raphaëlle André, *La Chine à la conquête des ''nouvelles routes de la soie''*, Le Figaro du 8 juin 2015.

[35] 要致富，先修路。Ou traduit en « Avant de s'enrichir, d'abord conduire les routes. ».

[36] En savoir plus sur le site : https://www.lesechos.fr/08/08/2016/lesechos.fr/0211191799847_l-inexorable-montee-en-puissance-des-investissements-chinois.htm

[37] Info du 20h du 9 mars 2017 sur France 2.

d'un enjeu important car très concurrentiel entre Siemens, Alstom, CRRC notamment avec le projet de train à hydrogène[38].

Le projet « OBOR » et la coopération internationale de production sont tous deux un sujet brulant, et constitue un symbole important de la promotion du commerce extérieur de la Chine. Sur le plan politique, « Une ceinture, une route » devient même le jalon historique de la montée en puissances économique de la Chine. En effet, l'objectif est de ne plus subir les fluctuations du commerce extérieur et stabiliser sa situation macro-économique, tout en favorisant l'évolution des règles commerciales internationales. Mais la Chine devra également prendre en compte les intérêts vitaux des autres États et donner des gages de bonne foi.

23. Nous devons revenir sur un point précis. Il semblerait en effet que le transport multimodal soit « segmenté ». Autant il semble être aisé de trouver une solution globale pour établir des règles communes pour la phase maritime, autant il semble plus compliqué de le faire pour la totalité du transport multimodal qui fait intervenir les segments routiers ou ferroviaires. En effet, ceux-ci suivent les règlements internes à chaque pays et entrent, *de facto* dans le domaine de la souveraineté nationale. Tout se passe un peu comme si la phase « maritime » était extraterritoriale et ne concernait donc pas directement les États, leurs intérêts propres, ou pis encore, leur souveraineté. Cette notion d'extraterritorialité se retrouve également dans un autre moyen de transport : le transport aérien. En effet, la convention de Varsovie a été signée par 137 États qui l'appliquent[39]. Cette unanimité est à rapprocher de la convention de New York concernant le recours à l'arbitrage. Dans les deux cas, nous nous trouvons face à ce concept d'extraterritorialité. Pour ce qui concerne l'arbitrage, cette extraterritorialité se concrétise par le fait que tant la structure judiciaire, que les parties en présence ou les règles qui régissent cet arbitrage n'impliquent pas les États, et ne portent pas atteinte à leur souveraineté. Pour le transport aérien, ceci est encore plus simple. L'extraterritorialité est de facto. En effet, l'espace aérien est international, du moins pour sa partie transocéanique. On sort d'un espace aérien, on entre ensuite dans un autre espace aérien, et entre les deux on « navigue » dans un espace qui n'appartient à personne. En transport maritime, c'est la même chose, on sort d'eaux territoriales pour entrer dans d'autres eaux territoriales,

[38] CRRC est issue de la fusion de la CSR Corporation Limited et de la China CNR Corporation Limited.

[39] Il nous a paru opportun de préciser ici les règles d'applications des Conventions de Varsovie et de Montréal. La Convention de Varsovie, signée en 1929, est une convention internationale qui régit tout transport international de personne, bagages, ou marchandises, effectué par aéronef contre rémunération. La Convention de Montréal 1999, Convention pour l'unification de certaines règles relatives au transport aérien international a été mise en place dans le but de remplacer celle de Varsovie. Cependant, de nombreux États n'ont pas signé la Convention de Montréal et restent soumis au système varsovien.

mais tout au long du trajet nous voguons sur des eaux internationales, qui n'appartiennent donc à personne et ne sont sous la souveraineté d'aucun État. Cependant, des États ont, par le passé ou de nos jours, tentés de s'approprier un domaine international. Souvenons-nous de l'Italie de Mussolini et de son concept de Mare Nostrum et de ses conséquences sur la paix internationale, de l'affaire dite du Canal de SUEZ et plus récemment des visées sur la mer de Chine.

24. Nous allons aborder à présent l'aspect environnemental du transport multimodal, en raison de l'impact important et croissant des activités du transport multimodal à l'échelle du globe. Plusieurs éléments à prendre en compte doivent être préalablement évoqués ici. Parmi ceux-ci, deux sont essentiels. D'abord, la régionalisation de la réglementation concernant la pollution atmosphérique des navires (le rôle de la législation européenne en particulier qui pousse l'OMI à aller plus loin comme cela s'est passé pour le transport aérien). Ensuite, le rôle des ports également dans la lutte contre la pollution atmosphérique. Ils sont des points intermodaux très importants où se rencontrent les différents modes de transport. Pour ce qui est de l'Europe, elle n'a pas encore légiféré dans ce domaine. La législation du port de Los Angeles aux États-Unis (dite CARB) est extrêmement intéressante à cet égard.

Ces préoccupations sont particulièrement importantes pour nous et nos générations futures avec la prise de conscience collective des nécessités mondiales suite à la COP21.

25. Le développement économique entraîne une dégradation de l'environnement de la planète. L'accès à l'énergie, l'usage accéléré des ressources minérales, agricoles, forestières, halieutiques, n'ont pas seulement conduit à un épuisement de ces ressources, mais ils menacent notre environnement et notre développement économique de différentes manières, par la pollution, la réduction de la biodiversité animale et végétale et, aujourd'hui, par le réchauffement de la planète.

Les experts s'accordent sur une augmentation de 3°C durant le XXIe siècle, en l'absence de mesures radicales, ce qui entraînera de profonds bouleversements, notamment dans l'agriculture. Quel que soit l'enchaînement, encore mal connu de divers facteurs, leur interaction présente des risques graves pour la santé, le développement économique et la survie même de notre espèce. Aussi la communauté internationale a t-elle pris conscience de la nécessité de réduire les émissions de gaz à effet de serre, les Green-house Gases, GHG notamment du dioxyde de carbone, CO_2, qui sont à la fois source et effet du réchauffement, sans pour autant diminuer fatalement la croissance des économies mais en changeant ses processus. Les autorités publiques nationales et internationales prennent conscience des menaces environnementales et encouragent des technologies plus efficaces avec le développement d'énergies renouvelables et de transports moins polluants. Toutefois, le Protocole de Montréal sur les substances qui appauvrissent la couche d'ozone comme celui de Kyoto établissant un système de tarification des émissions de carbone que malheureusement, des États, grands pollueurs, comme la Chine, les États-Unis et la Russie, n'ont pas encore signés, illustre la nécessité d'une prise de conscience.

L'adaptation des économies aux nouveaux changements climatiques probablement inévitables est essentielle, spécialement pour les pays en développement, car ce sont eux qui auront le plus à en souffrir. Les problèmes sanitaires, d'approvisionnement en eau et de production d'énergie appellent un développement des infrastructures de santé, d'éducation, de transport, des réformes profondes de structures administratives et de nouvelles ressources financières dont ces pays ne disposent pas et qui devront venir en majorité de l'aide publique au développement. Une réforme des stratégies de financement des grands organismes internationaux serait nécessaire pour faire face aux menaces environnementales qui pèsent sur les pays en développement.

Les politiques économiques nationales devront s'adapter à ces menaces en participant à une meilleure exploitation des ressources de la planète, notamment en énergie et en eau. Elles devront répondre aussi aux mouvements de populations chassées de certaines zones par la sécheresse et par le réchauffement climatique cherchant à pénétrer dans les zones plus tempérées ou plus hospitalières. Nous connaissons à présent les réfugiés climatiques chassés par la monté des eaux.

Ces changements dans l'économie et la géographie de la croissance auront des répercussions sur les échanges internationaux, les réseaux et les activités de transport. En effet, les divers modes de transport du commerce international n'entraînent pas de niveaux de pollution identiques. Le transport maritime international avec ses 64 000 navires représentant 862 millions de tonnes brutes en 2009, n'est responsable que pour 2,7% de CO_2 alors qu'il assure 95% du transport international. Cette pollution maritime pourrait être encore réduite par des mesures réglementaires limitant la vitesse du transport maritime ou le développement de nouvelles technologies. L'Union européenne dans son livre blanc sur les transports de 2001 a d'ailleurs encouragé – et elle a eu raison – le report modal de la route vers la voie maritime.

Ces menaces, ainsi que les transformations rapides des conditions de développement de chaque nation, contraignent, nous le verrons, les pouvoirs publics à prendre en considération ces éléments dans la mise en œuvre de leur politique de transports.

Au final, il conviendra de préciser que l'environnement juridique a évolué également. En effet, trois événements sont intervenus récemment :

l'élaboration d'un Code des transports promulgué le 28 octobre 2010[40], la création des tribunaux maritimes par le décret n°2915-261 du 5 mars 2015, enfin la réforme du Code civil, notamment celle du droit des contrats[41] et de la responsabilité à l'avenir.

Les règlements en transport ont « officiellement » stagné en 2011, mais pour être plus précis, déjà en 2010, les Règles de Rotterdam n'étaient toujours pas entrées en vigueur, alors que le transport n'a de cesse d'évoluer à vitesse accélérée. Le transport multimodal, bien que très ancien à la naissance, doit affronter aujourd'hui des contraintes nouvelles. Il doit s'adapter et muter rapidement. La problématique du transport international est inhérente à sa naissance, à l'histoire, aux hommes et aux pouvoirs.

L'élaboration d'une convention d'harmonie, apparaîtra tôt ou tard comme une nécessité absolue. Mais, nous savons également que son élaboration en elle-même n'a aucun impact sur la décision des États de la ratifier et bien moins encore de l'appliquer.

Cependant, nous verrons que, au vu des incertitudes, des difficultés, de l'attitude des États, cette recherche peut s'apparenter à celle du Graal. Mais d'autres voies possibles pourraient également émerger, du moins dans une certaine mesure, et se développer en dehors des cycles de négociations des conventions à venir. Une de ces voies faisant appel au droit contractuel et aux parties liées au contrat de transport multimodal, mais également à la résolution en aval des différends par le recours à l'arbitrage, pourrait être choisie.

Le déséquilibre entre les différents modes de transport existe véritablement entre les provinces chinoises. Cela entraîne aujourd'hui une politique d'aménagement visant à changer cette situation. De sorte que les chercheurs essaient de réfléchir aux solutions possibles, ils explorent les voies, ils analysent les antécédents, ils sont historiens, politologues, sociologues, économistes. Les praticiens sont les utilisateurs finaux, ce sont les commerçants, les transporteurs, les industriels, les fournisseurs de matières premières. Cependant, une entité n'est pas présente: ce sont les États qui ne ratifient pas les conventions pourtant réclamées. Nous reviendrons sur cet élément dans notre étude.

26. La question des règles applicables au contrat de transport multimodal n'est pas vraiment neuve et a déjà suscité de nombreuses études[42].

---

[40] Voir la rétrospective sur la législation française de plus de 50 ans en droit maritime depuis les « décrets Rodière » au décret n°2016-1893 du 28 décembre 2016 portant partie réglementaire du Code des transports pour sa partie maritime, l'essence des analyses faites par P. BONASSIES, « Enfin, le décret vint, ou en attendant le Code de la mer… », *DMF* n°787, janvier 2017, p3.

[41] Ph. DELEBECQUE, la Gazette de la Chambre Arbitrale Maritime de Paris N°37.

[42] Le transport multimodal transmaritime, IMTM, Marseille 1988 ;

Le transport multimodal transmaritime et transaérien, Les nouvelles règles CNUCED/CCI, Marseille 1994 ;

« L'unification du droit dans le domaine du transport maritime a eu jusqu'à maintenant comme objet principal, sinon exclusif »[43], car la réglementation des obligations du transporteur qui sont relatives au chargement, au transport, à la garde, aux soins et au déchargement de la marchandise, à la mission et à la valeur probatoire du connaissement, ainsi que la réglementation de la responsabilité du transporteur pour perte ou dommage et sa limitation de responsabilité, restent au cœur des contentieux. Toutes ces études ou presque concluent à la nécessité d'œuvrer pour qu'une convention d'harmonie internationale entre enfin en vigueur.

Comment maîtriser une telle réglementation en constante évolution et ainsi prévenir les risques de contentieux ? Les données du problème ici exposées, leur intérêt et leur complémentarité nous imposent de dresser tout d'abord un état des lieux du transport multimodal (Première partie), pour débattre ensuite de la question fondamentale de l'évolution du droit de transport multimodal (Deuxième partie).

B. MERCADAL, « le transport multimodal et le concept de l'OMT », *BTL* 1986, 277 ;
J. BONNAUD, Transport multimodal, édi. Législatives, 1996 ;
M. TILCHE, « transport multimodal », BTL 1994, 323 ;
E. BOKALLI, Conteneurisation et transport multimodal international de marchandises, thèse Aix-Marseille 1989 ; G. GAMKAN, Le cadre juridique du transport multimodal international, thèse Aix-Marseille 1993.

[43] F. BERLINGIERI, « Uniformité de la loi sur le transport maritime: perspectives de succès », Etudes de droit maritime à l'aube du XXIème siècle, Mélanges offerts à P. BONASSIES, éd. Morceaux, 2001.

PREMIÈRE PARTIE
LA STRUCTURE DU TRANSPORT MULTIMODAL

27. Le transport multimodal est d'une importance capitale. En effet, près de 70 à 80 % des transports sont aujourd'hui, pris en charge par des professionnels qui l'assument de bout en bout, en combinant les voies maritimes, aériennes, routières et ferroviaires, voire fluviales[44]. Si l'on peut s'étonner de la modestie du transport multimodal transmaritime qui ne couvrirait que 5 à 10 % des opérations de transport[45], le nombre de voies qu'emprunte ce mode transport conduit à s'interroger non seulement sur la nature des documents de transport émis (Titre II), mais également sur les différents acteurs qui y participent (Titre I).

---

[44] Ph. DELEBECQUE, *Droit maritime*, 14e éd., Dalloz, 2020, n°831, p. 660.

[45] P. BONASSIES, Rapport de synthèse Colloque de l'IMTM Marseille, 7 décembre 1988, *JMM* 1989 p. 22 et s.

TITRE I
LES ACTEURS DU TRANSPORT MULTIMODAL

28. La domination de la mer était un symbole de puissance économique et politique. Aujourd'hui, optimiser la chaine logistique pour une meilleure fluidité du transport est à l'origine d'une nouvelle guerre d'économie, car un service du « *door to door* », c'est-à-dire de porte à porte, n'apparaît plus comme un horizon encore lointain. Construire et maîtriser une chaîne logistique d'envergure mondiale est toutefois un défi complexe. L'enjeu de cette bataille économique est la maîtrise du transport de porte à porte, la possibilité de coiffer tous les intervenants de la chaîne. L'arme du combat est, outre le tarif proposé, la fiabilité du service rendu. En effet, chacun s'efforce d'offrir des conditions de responsabilité et d'assurance plus attrayantes. De cette surenchère découlent deux conséquences: l'auxiliaire de transport tend à assumer la responsabilité du commissionnaire de transport du droit français, quelque appellation qu'il se donne, l'opérateur de transport tend à jouer le rôle d'un assureur tous risques. Dans le domaine du transport multimodal plusieurs instruments internationaux existent, sans qu'aucun d'entre eux ne s'avère pleinement satisfaisant. L'intérêt de la Commission Economique des Nations Unies pour l'Europe envers le statut juridique de l'entrepreneur de transport multimodal ne date pas d'hier. Ce sont à la fois l'efficacité économique et la sécurité juridique qui sont recherchées. L'efficacité économique est le fait des parties, mais la sécurité juridique ne l'est pas. Dans quelle mesure les acteurs du marché peuvent-ils agir pour une meilleure sécurité juridique, c'est en effet la question qui peut se poser.

La conclusion du contrat de transport multimodal n'appelle pas de difficultés particulières. La seule difficulté sérieuse tient à l'identification des parties; les difficultés qu'elle soulève vont être envisagées à ce titre en même temps que l'action en justice. L'exécution du contrat commence avec la prise en charge[46] par laquelle le transporteur, recevant la marchandise qu'il a accepté de transporter, en supporte désormais le risque. L'étude des parties dans le contrat de transport multimodal (Chapitre I) précèdera celle des parties issues de la commission de transport (Chapitre II).

---

[46] La prise en charge ne doit pas être confondue avec le chargement. Voir P. BONASSIES et SCAPEL, *Traité de droit maritime*, *op. cit.*, n°1009, p. 772.
Voir égal. M. RÉMOND-GOUILLOUD, *Traité de Droit maritime,* 2e éd., Pedone, 1993.

Chapitre I
Les parties contractuelles dans le contrat de transport multimodal

29. La qualité juridique des personnes susceptibles d'être liées par le contrat de transport multimodal n'est pas toujours bien définie dans le schéma contractuel du transport maritime. Cette incertitude justifie la nécessité de distinguer les parties des tiers au contrat en question pour mettre ainsi l'accent sur le rôle particulier du destinataire des marchandises (Section II). En effet, si l'identification du chargeur[47] ne pose pas de problème particulier, celle du transporteur est cependant source d'un grand contentieux (section I).

Section I
Les difficultés de l'identification du transporteur réel

30. L'entrepreneur de transport multimodal n'est pas obligatoirement un transporteur. Il est un organisateur de transport de bout en bout, qui doit prendre en charge la marchandise de l'usine du vendeur au magasin de l'acheteur, choisir les moyens de transport lui paraissant les mieux adaptés pour l'acheminement des marchandises, surveiller les différentes étapes du transport et garantir la bonne arrivée de cette-ci. Il a un rôle économique important, car il fait la liaison entre son client et les différents transporteurs et auxiliaires de transport pour la réalisation du transport multimodal. Nous examinerons tout d'abord la notion de transporteur contractuel (§ 1), ensuite le transporteur réel (§ 2).

§1. – La notion de transporteur maritime

31. Le transporteur est la personne qui conclut un contrat de transport avec le chargeur. En théorie, le transporteur est énoncé dans le connaissement, titre de transport le plus couramment émis dans le transport maritime[48], ou d'autres documents de transport.

---

[47] À côté du chargeur contractuel, les Règles de Rotterdam ont créé le chargeur documentaire, en pratique, le vendeur FOB.

[48] Nous traiterons ce titre de transport « connaissement » de manière plus approfondie dans le chapitre suivant.

La définition proposée par les dictionnaires associe très rapidement la qualité de transporteur au déplacement matériel. Dans le langage commun, le terme « transport » évoque avant tout le déplacement physique, c'est-à-dire « l'action de porter d'un lieu dans un autre », « manière de déplacer ou de faire parvenir par un procédé particulier… », et le terme « transporteur » fait naturellement référence à celui qui l'exécute par ses soins[49]. Le déplacement physique joue un rôle important dans l'attribution de la qualité de transporteur maritime.

32. Le transport maritime pèse énormément dans l'économie mondiale. La mer reste toujours l'espace de développement de la planète où se croise tous les secteurs de l'économie en répondant aux besoins de l'humanité et du mode de vie de nos sociétés. La réflexion liée au navire, à son exploitation et à sa propriété s'est posée depuis le grand Ripert. Il faut tenir compte des risques attachés aux activités liées à l'exploitation de la mer qui justifient le particularisme des contrats maritimes. Toutefois, à l'heure actuelle, l'expéditeur ne raisonne plus tant par mode de transport que par points de départ et d'arrivée de la marchandise. Il existe aujourd'hui un réel besoin de se pencher davantage sur l'étendue de la mer qui touche les usines ainsi que sur l'ensemble des activités de transports.

La question de la détermination de la qualité de transporteur est une préoccupation qui nous semble aussi vieille que l'histoire du droit maritime. En réalité, avec l'apparition de plusieurs opérateurs juridiques nouveaux, l'un est assez proche du commissionnaire de transport, appelé « Entrepreneur de transport multimodal »[50], l'autre est le *NVOCC*, cette qualification se complexifiant sans cesse.

33. La définition de la qualité de transporteur, telle qu'elle a été édictée dans l'article premier de la Convention de Bruxelles de 1924, n'est effectivement pas très claire[51]. La qualité de « transporteur » dans cet article, désigne à la fois le propriétaire du navire ou l'affréteur comme partie à un contrat de transport avec un chargeur.

---

[49] Larousse, *Dictionnaire en volume 1, Dictionnaire encyclopédique*, 1989, p.1416 et p. 1417. v. aussi Le Robert *Dictionnaire pratique de la langue française*, France Loisirs, 2002, p. 1703.

[50] Ou appelé « Organisateur de transporteur multimodal ».

[51] L'article 1 (a) de la Convention de Bruxelles dispose que *« le transporteur comprends le propriétaire du navire ou l'affréteur partie à un contrat de transport avec un chargeur ». Au paragraphe (b) du même article le contrat de transport s'entend « (...) uniquement au contrat de transport constaté par un connaissement ou pour tout document similaire formant titre pour le transport des marchandises par mer ; il s'applique également au connaissement ou document similaire émis en vertu d'une charte-partie à partir du moment où ce titre régit les rapports du transporteur et du porteur du connaissement »*.

Ayant conscience de l'insuffisance des règlementations issues de la Convention de Bruxelles, les Règles de Hambourg, émises en 1978, couvraient encore le champ d'application de la qualité de transporteur. Elles désignent par « transporteur » toute personne par laquelle ou au nom de laquelle un contrat de transport de marchandises est conclu avec un chargeur et introduit la notion de « transporteur substitué ». Il s'agit de toute personne à laquelle l'exécution du contrat de transport de marchandises est confiée par le transporteur et également de toute autre personne à laquelle cette exécution est confiée. Les règles de la Haye et celles de Hambourg relatives à la définition du transport maritime manquent de clarté. De nombreuses appellations pour désigner les principaux acteurs d'industrie maritime ajoutent à la confusion. Ainsi, un armateur, n'est pas toujours propriétaire du navire. Il n'est pas forcément un transporteur maritime, même s'il peut le devenir. Il a cette qualité, lorsqu'il devient armateur-fréteur ou armateur-cofréteur.

34. Cependant, la définition du transporteur maritime consacrée par le droit français et réitérée par la nouvelle Convention de la CNUDCI sur le contrat de transporteur international de marchandises effectué entièrement ou partiellement par mer (Règles de Rotterdam) est avant tout contractuelle : le transporteur maritime est partie à un contrat de transport maritime, « le terme ''transporteur'' désigne la personne qui conclut un contrat de transport avec le chargeur »[52].

Compte tenu de cette définition, le navire, et plus précisément le déplacement physique de la marchandise, sort complètement du périmètre qui définit les contours de la notion de transport maritime. Le transporteur maritime est donc avant tout celui qui s'engage juridiquement à effectuer le déplacement maritime, même s'il n'exécute pas nécessairement lui-même les faits matériels des obligations découlant du contrat de transport.

35. Du transporteur maritime à l' « entrepreneur de transport multimodal », nous avons assisté à l'apparition de cet opérateur juridique nouveau, qui devrait être distingué du commissionnaire de transport. C'est l'architecte central et le responsable unique vers lequel les ayants droit aux marchandises doivent diriger leur action, et il convient donc ici de saluer cette simplification du droit, même si la Convention de 1980 n'est toujours pas entrée en vigueur.

---

[52] Ph. DELEBECQUE, *Droit maritime*, *op. cit.*, n° 836, p.666.

§2. – La qualité « réelle » de transporteur maritime

36. Connaître à qui revient la qualité juridique de transporteur maritime c'est avant tout pouvoir l'identifier. Mais identifier les parties au contrat de transport maritime est beaucoup moins facile qu'on pourrait le penser.

Le Professeur Martin NDENDÉ remarque à ce propos très justement que, « *la question des difficultés d'identification des opérateurs maritimes par leurs créanciers désespérément ballottés au gré des vents est devenues une préoccupation majeure et récurrente du droit maritime...* »[53].

37. Le navire joue *a priori* un rôle primordial dans la notion juridique de transporteur maritime. En partant du navire-moyen de transport de marchandises, « centre de gravité » des activités maritimes, nous arriverons au navire – gage des créanciers du transporteur maritime, voire au navire – transporteur maritime lui-même. Lorsque le document de transport ne permet pas d'identifier le transporteur maritime contractuel, le navire et son propriétaire retrouvent une position de premier plan, c'est donc le propriétaire du navire qui tombe sous le coup de la présomption lui attribuant cette qualité. Le nom du navire figurant habituellement sur le connaissement permet, en effet, d'identifier, à coup sûr, son propriétaire enregistré.

Néanmoins, dans la pratique, de nombreux connaissements sont émis sans en-tête et conclu par un agent « *for the master* », sans que l'identité du « *master* » n'apparaisse. Ce qui pose un problème en cas d'affrètement quand le navire n'est pas exploité par son propriétaire.

Les multiples et divers types d'exploitation commerciale des navires ont fait apparaître des difficultés liées à l'identification du transporteur. L'identification du transporteur en cas d'affrètement est à l'origine de contentieux différents et persistants, souvent posés devant les tribunaux de tous les pays. Aujourd'hui, les navires sont affrétés en cascade. Un propriétaire, souvent une société de financement, loue un navire coque nue à l'affréteur qui peut être l'armateur. Celui-ci l'affrète « à temps » à un autre affréteur. En le sous-affrétant « à temps », il devient lui-même fréteur dans ce contrat. En dernier lieu, le sous-affréteur « à temps » devient à son tour fréteur lorsqu'il l'affrète au voyage. Qui est alors le transporteur ? Le propriétaire du navire ? L'armateur ? L'affréteur ?

Le navire a une « force d'attraction » telle en la matière qu'en cas d'incertitude, la qualité de transporteur maritime revient au propriétaire du navire, présumé transporteur maritime, à bord duquel la marchandise a voyagé. Le navire, absent de la définition du transporteur maritime, se révèle ainsi être un « instrument » privilégié d'identification du transporteur. Cette

---

[53] M. NDENDÉ, Evolution des structures armatoriales et difficultés d'identification du transporteur maritime, *DMF* 2006, *op. cit.*, n°668.

solution, retenue par le droit français de longue date[54] et récemment réitérée par la nouvelle Convention CNUDCI, repose, notamment, sur l'idée selon laquelle le propriétaire du navire a l'emprise la plus absolue sur son bien.

38. C'est sans doute en droit anglais, et tout particulièrement lorsque la théorie de la personnification du navire était en vogue outre-manche, que l'expression « la qualité réelle » de transporteur maritime peut être employée pratiquement au sens premier. Selon cette théorie, le navire pouvait répondre de ses fautes en qualité de transporteur maritime dans le cadre de l'action *in rem*. Cette théorie a fini par être abandonnée pour admettre que le navire n'était qu'un moyen d'attraire par le biais de l'action *in rem* le responsable devant la justice. Cependant, certaines traces de la personnification subsistent encore aujourd'hui.

L'esprit de la « *personnification theory* » n'a pas entièrement quitté le *commun law*. Le navire et donc son propriétaire semblent jouer encore un rôle important dans la perception anglaise de la notion de transporteur maritime. En attestent, entre autres, l'ensemble fréquent et la validité généralement reconnue par les magistrats anglais (et contrairement à leurs homologues français) aux « *identity of carrier or demise clauses* »[55].

La Convention internationale du 10 mai 1952 en matière de saisie conservatoire des navires semble avoir donné des suites au concept du *commun law* en consacrant l'obligation « *propter rem* »[56]. Le concept de saisie du navire « auquel la créance se rapporte » repose sur l'idée de l'existence d'un lien particulier entre la créance et le navire. « *Ainsi est-on en présence d'une catégorie particulière d'obligation, l'obligation ''propter rem'' ou l'obligation dont l'existence est rapportée à une chose* », remarque le Pro fesseur TASSEL[57].

Le navire est « l'instrument » privilégié pour connaître, au moyen de la saisie conservatoire ou de l'action « *in rem* », le propriétaire du navire ou toute autre personne intéressée à l'exploitation de celui-ci, de garantir la dette due par le transporteur maritime. Le propriétaire peut être mis en cause directement en qualité de transporteur maritime, en cas d'impossibilité d'identifier le transporteur maritime contractuel ou alors il peut être atteint indirectement par le biais de la saisie conservatoire du navire qui peut, en

---

[54] Voir par exemple CA Rouen, 11 mai 1984, Navire *Dover, DMF* 1984, p.162, note R. ACHARD ; égal. CA Rouen, 15 juin 1984, Navire *Ephestos, DMF* 1985, p. 351, obs. R. ACHARD.

[55] Vior J. WEINMANN, *The effect and validity of demise- and identity of carrier clauses in bills of lading*, 2014.

[56] Convention internationale pour l'unification de certaines règles sur la saisie conservatoire des navires de mer, signée à Bruxelles le 10 mai 1952. La Convention de Genève du 12 mars 1999 sur la saisie conservatoire des navires n'est pas encore entrée en vigueur.

[57] Yv. TASSEL, Saisie conservatoire du navire, *Juris-Classeur Transport* 2004, Fasc. 1128, §67.

effet, être directement demandée à l'encontre du propriétaire en garantie de créances contre le transporteur maritime. C'est, en fait, en quelque sorte une voie raccourcie pour l'intérêt du propriétaire de la cargaison d'obtenir la satisfaction de sa demande ou, du moins d'obtenir la garantie, sans avoir finalement à établir précisément la qualité de « véritable » transporteur maritime. C'est ainsi que la saisie du navire auquel la créance se rapporte (ou de son '*sister-ship*') peut apparaître comme une mesure intermédiaire, un palliatif en quelque sorte, en cas de difficulté à identifier le transporteur maritime contractuel[58].

La question de savoir qui est le propriétaire « véritable » du navire (transporteur maritime présumé), malgré sa simplicité apparente, est rendue difficile par les différentes pratiques de l'industrie maritime. Elle se pose notamment dans le cadre des « *single ship companies* », sociétés d'un seul navire constituées en groupe sous l'administration quasi unique d'une seule personne. Mais cette question se pose également de manière générale dans le cadre de groupes de société dont chacune ne constitue pas une « *single ship company* », mais appartient au groupe marqué par un fort degré d'intégration. Il est intéressant de constater que cette notion existe déjà en droit des procédures collectives. En effet, le créancier qui a traité avec une filiale, par exemple, ne peut, en principe[59], demander le paiement de sa créance qu'à celle-ci, alors que compte tenu de la dépendance de la filiale par rapport à la société mère en droit des procédures collectives, il lui est permis de se retourner également contre la société mère sans que cette dernière ne puisse se retrancher derrière le bouclier de sa filiale.

C'est en matière de saisie conservatoire de navire qu'il semblerait que les tribunaux français aient le plus ébranlé le principe fondateur du droit des sociétés : l'autonomie juridique des personnes morales. La jurisprudence en matière de saisie des navires apparentés est, selon l'expression du Professeur Pierre BONASSIES « *quelque peu en avance sur la jurisprudence de droit commun* »[60].

39. Contrairement à leurs homologues anglais, on peut se demander si les tribunaux français ne sont pas relativement cléments envers les débiteurs. Les théories de l'apparence et de la facticité sociétaire ont été « affûtées » par les demandeurs afin de faire échec à l'écran sociétaire et d'attribuer la

---

[58] En effet, dans la responsabilité du fait des choses, on a théoriquement l'obligation de se retourner contre le fabricant. Cependant, dans certains cas on peut se retourner contre le fournisseur du produit.

[59] La notion d'autonomie est prévue notamment par l'article 1842 du Code civil.

[60] P. BONASSIES, Le droit positif français en 1989 (première partie), *DMF* 1990, pp.17-18. Voir aussi un arrêt du 7 janvier 2010 n° 08-7984, *Sté Latitude Paper & board c/SARL Interkraft*, CA de Versailles.

qualité de transporteur maritime à une société du groupe autre que la société formellement débitrice.

La théorie d'une société factice est également appliquée, mais avec beaucoup plus de modération, de l'autre côté de la Manche. Cette théorie n'est pas reçue de façon très favorable par les magistrats anglais. En cas de comportement sociétaire « déviant », les juges anglais semblent être plus enclins à utiliser d'autres outils juridiques pour atteindre la même fin.

À la différence du droit français, le navire et sa propriété, jouent un rôle plus important dans la perception anglaise de la notion de transporteur maritime. La règle générale veut que le connaissement signé par le capitaine le soit pour le compte du propriétaire du navire ou l'affréteur coque nue, l'exploitant commercial du navire n'étant qu'un agent de celui-ci.

40. Il est intéressant de noter que la jurisprudence dite « Vomar »[61], du nom d'un navire, est largement suivie depuis cet arrêt de la Cour de cassation du 12 juillet 1987. Ce dernier établit que lorsqu'un connaissement sans en-tête ne comporte pas le nom du transporteur, on utilise le nom du navire pour identifier son armateur-propriétaire, qui est alors réputé responsable du transport, à charge pour ce dernier de se retourner vers son affréteur ou d'engager une procédure d'arbitrage à Londres. Même si le destinataire de la marchandise sait qu'il y a un affrètement grâce à la mention d'une référence de charte-partie sur le connaissement, il peut être très difficile pour lui de l'identifier, surtout s'il y a superposition d'affrètements au moment du transport considéré. Le propriétaire est le mieux placé pour savoir qui est le transporteur. La jurisprudence Vomar désigne donc le propriétaire du navire comme le transporteur, si la précision de l'identité ne figure pas sur le connaissement. Cette jurisprudence est régulièrement contestée par les armateurs, qui considèrent que l'affréteur doit être tenu comme responsable direct, mais elle est toujours la référence la plus suivie.

En somme, l'en-tête n'est pas une condition pour conférer au connaissement sa nature juridique de preuve du contrat de transport. Le détenteur du connaissement présume simplement que l'entreprise désignée par l'en-tête est le transporteur. Le connaissement peut aussi comporter une clause « *identity of carrier* » (identité du transporteur), mais la jurisprudence ne reconnaît pas systématiquement la validité de cette mention. Quand bien même les parties se seraient entendues sur l'identité et donc sur la responsabilité éventuelle du transporteur ainsi désigné, cette clause pourrait s'avérer inopérante lors d'une action en justice auprès d'une juridiction nationale. Nous reviendrons sur cet élément plus avant dans notre étude. Mais on y perçoit la différence de point de vue entre les parties qui étaient d'accord

---

[61] Cass. com. 21 juill. 1987, Navire *Vomar*, *DMF* 1987, p. 573-574, obs. P. BONASSIES, *DMF* 1988, p. 141, n° 45.

contractuellement et l'instance juridique. Une autre instance aurait-elle été plus « respectueuse » des termes du contrat ? Une instance indépendante et professionnellement proche des parties ? Nous nous poserons alors la question. Rappelons en effet qu'un des objectifs recherchés par les acteurs ou parties est la sécurité juridique.

En cas d'un connaissement sans en-tête, les tribunaux admettent que c'est le propriétaire du navire qui prend la qualité de transporteur maritime comme il a été décidé en France dans l'affaire *Julia*[62].

Le droit anglais et le droit japonais dans l'affaire *The Jasmin*[63], se montrent favorables à la clause *identity of carrier or demise clause.*

En droit maritime canadien, le propriétaire du navire est considéré comme transporteur maritime, si le capitaine a signé le connaissement en qualité d'agent du propriétaire. Toutefois, l'affréteur peut devenir transporteur maritime, s'il s'est comporté comme tel en faisant apparaître son nom sur le connaissement, en le signant ou en le faisant signer par son agent. Selon Caslav PEJOVIC[64], le problème relatif à la clause « *identity of carrier* » n'est pas clairement résolu, car tantôt le juge reconnaît sa validité, tantôt il la rejette purement et simplement[65].

41. Dans l'affaire *Jian Sheng*[66], la Cour fédérale du Canada a effectué un revirement dans sa jurisprudence. Pour la Cour, il ne peut y avoir qu'un seul transporteur, qui peut être, soit le propriétaire du navire, soit l'affréteur, mais non les deux. En droit anglais, son ambigüité a été soulignée par la doctrine dominante et plus particulièrement par TETLEY[67]. Comme la clause « *identity of carrier* », la « *demise clause* » fait l'objet d'un rejet jurisprudentiel quasi général. La jurisprudence constante américaine a toujours considéré la « *demise clause* » comme étant une fraude, en violation de l'article 3 (8) des Règles de La Haye[68]. On retiendra pour conclure qu'en

---

[62] CA Aix-en-Provence, 15 mai 1991, navire *Julia*, Inédit.
La Cour d'Appel d'Aix-en-Provence conditionne l'opposabilité « *à la certitude que les parties ait eu connaissance* ».
Voir égal. Cass. Com, 9 juillet 1991, navire *Karin Bornhoffen : Auot. Jurid.*, 13 février 1992.
La Cour de cassation affirme que le chargeur ne peut se voir « opposer une clause non reproduite dans le seul document remis avant qu'il ne confie la marchandise au transport ».

[63] C. PEJOVIC, *DMF*, 1999, n°591, numéro spécial anniversaire, note n°19, p.298.

[64] Professeur à l'université de Kyushu au Japon (Fukuoka).

[65] C. PEJOVIC, " The Idendity of Carrier Problem Under Time Charters: Diversity Despite Unification of Law", (2000) 31 *Journal of Maritime Law & Commerce*, p. 388.

[66] (1988) 3 F.C. 418, p.420, (Jian Sheng Co. v. Great Tempo S.A.).

[67] W. TETLEY, *Marine Cargo Claims*, 3e éd., Montréal, Yvon Blais, 1988, p.248.

[68] L'article 3 (8) des règles de la Haye :
« *Toute clause, convention ou accord dans un contrat de transport exonérant le transporteur ou le navire de responsabilité pour perte ou dommage concernant des marchandises provenant de négligence, faute ou manquement aux devoirs ou obligation édictées dans cet article*

droit maritime américain, le transporteur est, soit le propriétaire du navire, soit l'affréteur, soit les deux à la fois sous le rapport de la responsabilité solidaire[69].

Un transporteur réel dans la conception du droit commun est celui qui a effectivement assuré le déplacement de la marchandise. En cela il se distingue du transporteur contractuel, c'est-à-dire celui qui a conclu le contrat de transport selon la conception civiliste. Il peut être un transporteur substitué ou apparent. La confusion est très apparente en ce sens que « (s)'il est vrai que peuvent se reconnaître la qualité d'armateur le propriétaire, l'affréteur à temps ou le transporteur, chaque terme renvoie à une fonction distincte, soumise à un régime juridique propre »[70].

L'arrêt du 27 octobre 1998 rendu par la Cour de justice des communautés européennes[71], à la suite de l'affaire *Spliethoff's Bevrachtingskantoo*r *BV* exprime la recommandation du Comité Maritime International selon laquelle le destinataire ou le consignataire de la marchandise pourrait poursuivre toute personne impliquée dans l'opération de transport.

La qualification de transporteur maritime se fait généralement et objectivement à travers l'étude des contrats de transport maritime, notamment des contrats d'affrètement et de connaissement. Mais ces deux contrats ne s'excluent pas et peuvent parfois même se superposer et rendre plus difficile l'identification du véritable transporteur maritime responsable. Partant de ce constat, il s'avère difficile de définir juridiquement, dans ces conditions, le transporteur dans une industrie aux multiples acteurs et intermédiaires. La gestion du navire devient de plus en plus complexe. Les participants au transport maritime croissent en nombre et *de facto* la définition ou la solution juridique de l'identification du transporteur également.

42. Cependant, un autre contrat apparaît qui n'est pas sans avoir une certaine importance au regard du contrat de transport. En effet, ce contrat est le contrat de vente. Il fait partie de la démarche globale des échanges économiques car, en l'espèce, il est difficile d'imaginer le transport d'un objet qui n'aurait pas été préalablement vendue ce qui nécessite son transport. Mais ces deux contrats sont-ils indépendants, la question se pose. Ne peut-on con-

---

ou atténuant cette responsabilité autrement que ne le rescrit la présente convention, sera nulle, non avenue et sans effet.
Une clause cédant le bénéfice de l'assurance au transporteur ou toute clause semblable, sera considérée comme exonérant le transporteur de sa responsabilité. ».

[69] C. PEJOVIC, *op. cit.*, note n°15, p. 387.

[70] Cass. com, 26 octobre 1999, Navire Fatima, obs. de I. CORBIER, *DMF* 2000, n°601, p. 111.

[71] L'arrêt publié dans Cf. *Revue critique de droit international privé*, vol. 88, 1999, pp.322-340.
Voir égal. Yacouba Cissé, L'identification du transporteur maritime à l'épreuve de la qualification juridique, *Revue générale de droit*, volume 34, n°1, 2004

sidérer qu'il s'agit d'une démarche globale entre un vendeur et un acheteur qui s'entendent, non seulement sur la quantité et sur le prix, mais également sur le mode de livraison ? Si on prend en compte le coût généré par le transport, il peut paraître logique que cet aspect soit également évoqué lors du contrat de vente.

Un contrat de vente précède, le plus souvent, le contrat de transport. Néanmoins, il importe de ne pas confondre même si, parfois, elles interfèrent, ces deux conventions juridiquement autonomes et conclues entre parties distinctes[72]. En ce qui concerne le vendeur et l'acheteur, il est certain que leur situation et leurs obligations respectives dans l'opération de transport sont largement conditionnées par les modalités du contrat de vente.

Ainsi, la recherche du transporteur et la conclusion du contrat de transport incombent au vendeur en cas de vente « franco de port », alors qu'il n'a pas à intervenir dans le contrat et les opérations matérielles de transport s'il s'agit d'une vente « marchandise prise en nos magasins ». De même, dans l'hypothèse d'une vente « franco de port », le transport sera effectué en port payé, le paiement du prix de transport incombant au vendeur-expéditeur. Au contraire, le transport sera stipulé en port dû s'il s'agit d'une vente départ.

43. Sur le connaissement doivent *a priori* apparaître clairement le nom du transporteur et surtout son adresse pour fins d'identification et au besoin pour faciliter le lieu où toute éventuelle saisie pourrait être ordonnée contre le navire. À ce propos, il est actuellement possible pour le destinataire final ou l'acheteur de suivre en temps réel l'acheminement d'une marchandise en ligne. Dans le monde maritime à l'heure du *smart*, nous envisagions même un conteneur connecté[73]. Or, l'identité du transporteur n'est pas toujours précisée sur le connaissement. Selon les Règles de La Haye, il pèse sur le transporteur maritime une obligation d'émettre un connaissement au chargeur ou l'expéditeur. Les choses paraissent simples *a priori*. Mais la pratique maritime instruit qu'il n'en est pas toujours ainsi, d'autant plus que les mentions au connaissement ne permettent pas une identification précise du transporteur maritime. Aussi est-il nécessaire de recourir à des critères pour déterminer la personne qui a effectué à la lumière des documents de transport, le déplacement de la marchandise et a pris la qualité de transporteur maritime. Certaines mentions ou inscriptions inscrites au connaissement, constituent des indices ou des critères d'identification de la personne qui a assuré le transport d'un lieu à un autre. Comme indices, on peut mentionner entre autres, la signature, le cachet, le nom du navire, etc.

---

[72] Cass. com., 9 avr. 2013, n° 12-10. 159, *BTL* 2013, p. 270 ; Cass.com., 1er juin 2011, n° 10-19.108, *BTL* 2011, p. 395 ; Cass. com., 7 avr. 2004, n°02-10.201.

[73] Voir plus d'informations sur le conteneur connecté: http://www.usine-digitale.fr/article/le-conteneur-connecte-bientot-sur-toutes-les-mers-du-globe-grace-aux-francais-cma-cgm-et-traxens.N326831

La jurisprudence l'a souvent jugé avec raison, compte tenu de l'indépendance de la vente et du transport : le contrat de transport fait naître une créance contre le transporteur, et il s'agit de savoir qui est créancier de l'obligation de livraison dont le transporteur est le débiteur ; il ne s'agit pas de la propriété des marchandises, ni de déterminer leur propriétaire. En outre, le connaissement ne saurait attribuer une quelconque qualité pour agir, comme la jurisprudence *Mercandia* l'a parfaitement reconnu[74].

44. Somme toute, comme nous avons pu le constater, l'identification du transporteur n'est pas une tâche aisée, notamment lorsque son nom ne figure pas sur le connaissement. La question de l'identification du destinataire peut également poser des difficultés, notamment lorsque la marchandise fait l'objet d'une vente au cours de l'exécution du transport[75]. C'est en effet particulièrement le cas dans le transport du pétrole brut. Une cargaison pouvant changer plusieurs fois de propriétaire en fonction des prix du marché. Mais cela peut aussi être le cas pour d'autres matières premières aux cours volatils comme le gaz. Ce sont, en général, des matières premières rattachées au secteur économique stratégique de l'énergie.

À l'issue de cette section, on remarquera que la qualité de transporteur n'est pas universelle, quand bien même elle aurait été définie contractuellement par les parties. Les juridictions des États en ont une définition qui leur est bien souvent propre. Or, ces interprétations peuvent être perçues comme une forme d'incertitude juridique pour les parties, alors même qu'elles avaient pris soin d'apporter des précisions lors de la signature du contrat. Cette incertitude nuit au bon développement d'un secteur d'activité. Il peut donc paraître normal que les parties explorent d'autres voies leur permettant de s'« assurer » contre cette incertitude.

Après avoir traité la notion de transporteur nous allons aborder à présent l'autre « partie » à un contrat, à savoir le destinataire.

Section II
La qualité de destinataire

45. Le contrat de transport maritime, routier, ferroviaire, fluvial ou aérien, met en effet en présence, non pas deux parties, mais trois parties : le chargeur, le transporteur et le destinataire. La qualité juridique des personnes susceptibles d'être liées par ladite convention n'est pas toujours bien définie dans le schéma contractuel du transport. Cette incertitude justifie la demande

---

[74] Ph. DELEBECQUE, *Droit maritime*, *op. cit.*, n°776, p.606.

[75] Sur l'identification du destinataire, v. Com. 29 avr. 2003, *DMF* 2004, HS 8, n° 81.

de distinguer les parties des tiers au contrat en question et mettre ainsi l'accent sur le rôle particulier du destinataire des marchandises.

46. Le destinataire n'apparaît pas en personne lors de la conclusion du contrat de transport, mais le transporteur est toujours informé de son existence, et souvent de son identité. Le destinataire est l'ayant droit à la marchandise, il a un droit propre pour en obtenir la livraison. C'est en fait le connaissement qui le détermine. S'il n'a pas l'exclusivité pour réclamer compensation des dommages subis par la marchandise, en pratique ce sera, le plus souvent, lui qui exercera le droit de recours. Il bénéficiera d'une action en responsabilité – action contractuelle – contre le transporteur au cas où la marchandise est endommagée ou perdue. Comment expliquer cette intégration au contrat d'une personne qui, à l'origine, n'a pas participé à sa conclusion ?

Nous avons précédemment évoqué le caractère *tripartite* du contrat de transport, l'intégration du destinataire au contrat pose un problème. Quand a-t-elle lieu[76] ? À la livraison, bien sûr, mais en réalité avant, le plus souvent, ce sera dès la prise en charge de la marchandise par le transporteur maritime ou lors de la transmission des connaissements. Mais la question de savoir s'il succède aux droits et obligation du chargeur, au-delà des textes impératifs et obligatoires, dépend du droit national applicable au contrat.

Pour justifier les droits du destinataire, l'idée de stipulation pour autrui a été avancée : le chargeur aurait stipulé en faveur du destinataire, tiers bénéficiaire, et le transporteur ferait office de promettant. La jurisprudence française a consacré cette explication qui n'est pas parfaitement convaincante, dans la mesure où le destinataire n'a pas que des droits. Le Doyen Ripert a pleinement critiqué la *stipulation pour autrui* dans son traité[77]. Mais cette analyse est aujourd'hui abandonnée. Le Doyen Rodière et certains auteurs considèrent que c'est la nature des choses qui fonde les droits du destinataire. D'autres auteurs ont fait observer que le contrat de transport était normalement noué pour amener la marchandise chez le destinataire et il serait ainsi un contrat à trois personnages. L'idée, selon le professeur Philippe DELEBECQUE n'est pas inexacte mais pour l'auteur, le destinataire n'est pas forcément distinct du chargeur[78]. Le contrat de transport serait plus exac-

---

[76] Ph. DELEBECQUE « Le destinataire, tiers ou partie au contrat de transport », *D.*, 1995, p. 189 et s.

[77] RIPERT et ROBLOT, *Traité de droit commercial*, Tome 2, 12e édition, L.G.D.J, 1990, *op. cit.*, nos 1583-1584.
En effet, aux premières années du XXe siècle, doctrine et jurisprudence se sont référées, pour fonder les droits du destinataire, à la stipulation pour autrui. Une décision de la Cour de cassation du 20 mai 1912, à propos d'un transport maritime, relève qu'« *en matière de transport, l'expéditeur stipule pour le destinataire comme condition du transport en même temps que pour lui-même* ».

[78] Ph. DELEBECQUE, *Droit maritime*, *op. cit.*, n° 776, p. 606.

tement un contrat à deux, appelé à devenir, le cas échéant, un contrat à trois avec le consentement du destinataire qui intervient, le plus souvent, avec l'acceptation de la marchandise, mais pas nécessairement[79].

47. En conclusion, le contrat de transport est d'un point de vue fonctionnel une chose simple. Une partie se lie à une autre partie par un contrat qui a pour objet le transport d'un bien. Mais nous venons de mettre en évidence que, du point de vue juridique, il n'en était rien, bien au contraire. Identifier le transporteur en se référant au propriétaire du navire est souvent une méthode utilisée, mais elle ne correspond pas à la réalité. Il en découle des responsabilités. La définition juridique du transporteur est bien différente de sa désignation contractuelle et fonctionnelle. Le premier constat est celui du rôle essentiel que joue le connaissement dans le sens où il doit, non seulement être précis sur la désignation du transporteur, mais être complété sur le destinataire. C'est là un des points essentiels, mais ce n'est pas le seul. En effet, les juridictions peuvent avoir une appréciation différente de l'identité du transporteur et donc de ses obligations et responsabilités afférentes.

Le contrat de transport est donc la pièce centrale, l'élément majeur de l'identification et cette dernière peut, dans certains cas, et notamment en cas d'imprécision, s'avérer difficile et aléatoire en fonction des juridictions. Mais l'identification du transporteur n'est pas tout. La question du destinataire en est une autre. En effet, ce dernier n'est pas forcément le destinataire initial. La marchandise peut en effet avoir été revendue durant le transport, sans que le contrat initial en fasse partie, et pour cause.

La complexité va croissante si l'on considère que le transporteur n'est pas la partie qui effectue le transport. Il peut en effet être un tiers qui se charge de faire effectuer le transport. Il est donc, *de facto*, un « tiers » au contrat de transport. C'est en effet le cas quand on fait appel à un commissionnaire ou à un *NVOCC*. C'est ce que nous allons aborder à présent.

---

[79] Ph. DELEBECQUE, *Droit maritime*, *op. cit ;* Pour plus de précision sur mécanisme d'intégration du destinataire au contrat de transport, v. H-R. WATAT, Le contrat de transport maritime de marchandises à l'épreuve du droit commun des contrats, Thèse Paris I, 2016.

Chapitre II
Les parties au contrat de la commission de transport

48. Plusieurs opérateurs interviennent directement ou indirectement dans le transport multimodal. Certains tiers du contrat de transport interviennent par la commission de transport sur une base non contractuelle. D'une part, nous examinerons la spécificité de la notion française de commissionnaire (Section I), d'autre part, celle de *NVOCC* en Chine (Section II).

Section I
De la spécificité de la notion de « commissionnaire » en droit français

49. Au lieu de traiter directement avec le transporteur, certains expéditeurs préfèrent s'adresser à un intermédiaire spécialisé : le commissionnaire de transport. Il est un personnage essentiel dans la chaîne de transport qui joue un rôle d'intermédiaire de commerce, d'organisateur de transport de marchandise par excellence entre le chargeur et son destinataire. Le commissionnaire de transport se charge envers le client de faire exécuter un transport en ayant le libre choix des voies et moyens à utiliser et en agissant en son propre nom pour le compte d'un commettant. Plus précisément, le commissionnaire organise en son nom, mais pour le compte d'un client, une opération de transport d'un point à un autre[80]. Son activité se développe dans tous les modes de transport. Le développement du transport contemporain impose d'envisager l'opération de transport de bout en bout, les activités étudiées s'exercent aujourd'hui, non seulement au port, mais s'étendent au delà du port.

Au XXe siècle, seul l'article 94 du Code de commerce français définit le commissionnaire en général[81], puis un décret du 15 avril 1999 a réformé le

---

[80] V. par ex. Cass. com., 26 févr. 1985. *Bull. Civ. IV*, n°81.

[81] L'article 94 du code de commerce pose que « *Le commissionnaire est celui qui agit en son propre nom ou sous un nom social pour le compte d'un commettant. Les devoirs et les droits du commissionnaire, qui agit au nom d'un commettant sont déterminés par le code civil, livre III, titre XIII* ».

statut de commissionnaire de transport en précisant son honorabilité, sa capacité financière, la mise en place d'une caution et l'obligation de vérifier la situation administrative du substitué[82]. En revanche, en ce qui concerne la notion de commission de transport, la loi était muette. Aujourd'hui, le commissionnaire de transport existe partout dans Union Européenne sous ses différents dénominations, comme expéditeur, *spediteur, transitario* etc[83]. Son régime est principalement détaillé dans les conditions générales des associations représentatives nationales. Nous retenons alors une définition jurisprudentielle, reprise par la cour de cassation dans de nombreux arrêts d'appel, et qui continue à être citée par les juridictions du fond : « *La commission de transport, convention par laquelle le commissionnaire s'engage envers le commettant à accomplir pour le compte de celui-ci les actes juridiques nécessaires au déplacement de la marchandise d'un lieu à un autre, se caractérise par la latitude laissée au commissionnaire d'organiser librement le transport par les voies et moyens de son choix, sous son nom et sous sa responsabilité, ainsi que par le fait que cette convention porte sur le transport de bout en bout* »[84].

50. En France, du fait d'une rédaction imprécise par les auteurs du Code de commerce, nous avons longtemps confondu la commission de transport et le transport. Ainsi, RIPERT et ROBLOT dans leur « Traité de droit commercial » mentionnent que « *Les commissionnaires pour les transports par terre et par eau font l'objet d'une section particulière dans le Code de commerce (art. 96 à 102), cependant que le Code consacre la section suivante au voiturier. Mais les auteurs du Code ont si mal fait la distinction entre la commission de transport et le transport qu'ils traitent de la lettre de voiture à propos de la commission* »[85]. Cette rédaction a eu une influence fâcheuse dans la doctrine. Cela tient au caractère particulier que prend le contrat de commission quand il s'agit du transport. À l'époque, la commission de transport n'a guère été étudiée que sous l'angle du transport terrestre[86]. La

---

[82] Dans ce décret, le statut de commissionnaire de transport se précise notamment en ce qui concerne son honorabilité, sa capacité financière, la mise en place d'une caution et l'obligation de vérifier la situation administrative du substitué.

[83] T. SCHWIRTZ, Commissionnaires unions européenne, n°3689, *BTL* 2018, p.264.

[84] Cass. com., 16 févr. 1988, n° 86-18.309, *Bull. civ.* IV, n° 75, p. 52, *BT* 1988, p. 491; Cass. com., 6 févr. 1900, n°88-15.495, *BT* 1990. Reprenant l'ensemble de ces éléments, Cass. com., 27 nov. 2012, n°11-26.830.

[85] RIPERT et ROBLOT, *Traité de droit commercial*, Tome 2, 12e éd., L.G.D.J, 1990, *op. cit.*, page 663. N°2669. Nature de cette commission.
Toutefois, cette confusion a aujourd'hui disparu dans la nouvelle édition. Voir Ph. DELEBECQUE, N. BINCTIN, L. ANDREU, Traité de droit des affaires, Tome 3, Opérations bancaires et contrats commerciaux, L.G.D.J, 18e éd., 2018, n°978, p. 760.

[86] Le doyen RIPERT avouait même que si la commission de transport présente l'intérêt en droit maritime « *il n'y a rien de spécial à en dire* ».

distinction entre le contrat de commission de transport et le contrat de transport a réellement été dégagée par le Doyen Rodière[87]. Cette distinction a ensuite été affinée par d'autres auteurs[88]. L'histoire récente de la réglementation suscite des discussions. C'est le Code des transports du XXIe siècle, publié le 3 novembre 2010, entré en vigueur le 1er décembre de la même année, qui éclaire aujourd'hui dans son article L.1411-1 la définition du commissionnaire de transport[89]. Cet article est situé dans un livre consacré aux « Conditions d'exercice des professions de transport » énonce ainsi « *Pour l'application du présent livre sont considérés comme : 1° Commissionnaires de transport : les personnes qui organisent et font exécuter, sous leur responsabilité en leur propre nom, un transport de marchandises selon les modes de leur choix pour le compte d'un commettant (...)* ».

51. Notons toutefois que l'aspect relatif au transport de « bout en bout » tend parfois à disparaître de la définition retenue aujourd'hui par la jurisprudence[90]. (*supra* note de bas de page 59)

Pour le Professeur Philippe DELEBECQUE, « *Cet intermédiaire n'est pas un transporteur, car son obligation fondamentale n'est pas de transporter, même s'il n'est pas exclu qu'il puisse le faire, mais de faire transporter* »[91]. C'est justement souvent le cas en Chine où l'intermédiaire fait aussi office de transporteur ce qui complique les choses.

L'intervention d'un commissionnaire amène la superposition de deux contrats : un contrat de commission de transport qui lie l'expéditeur et le commissionnaire, alors que le contrat de transport proprement dit est conclu entre le commissionnaire et le transporteur. La rémunération du commissionnaire, quant à elle, prend en général la forme d'un forfait, ne détaillant pas les coûts des différentes opérations successives.

Mais cette notion du commissionnaire n'existe qu'en droit français. Les autres pays, notamment les pays européens et la Chine, ne connaissent pas cette technique qui reste purement « *made in France* »[92]. Le commission-

---

[87] Voir « Étude sur la commission de transport », *RTD* Com. 1957 p.1 et 535. Sur l'histoire de la commission de transport, V. G. SAUTEL, L'histoire du contrat de commission jusqu'au Code de commerce », in Joseph Hamel (dir.), *Le contrat de commission*, Dalloz, 1949, p. 52.

[88] Pour plus de précisions, voir I. BON-GARCIN, M. BERNADET, P. DELEBECQUE, Droit des transports, 2e éd., Dalloz, 2018.

[89] Voir l'alinéa 1 de l'article L1411 : « Commissionnaires de transport : les personnes qui organisent et font exécuter, sous leur responsabilité et en leur propre nom, un transport de marchandises selon les modes de leur choix pour le compte d'un commettant ».

[90] CA Saint-Denis de la Réunion, ch. com., 22 août 2011, n°99/00559, Guy François Transit c/MAT OI; CA Poitiers, 1re ch. civ., 7 nov. 2014, n°12/04140, Transports Chaveneau Bernis et a. c/Azkar Overland et a.

[91] Ph. DELEBECQUE, Le transport multimodal, *Revue Internationale de droit comparé*, Vol. 50 n°2, Avril-juin 1998.2. p.529.

[92] « *Le droit des contrats offre une technique très appropriée qui est celle de la commission car le commissionnaire de transport, précisément, se charge d'organiser un transport de bout*

naire de transport puise parfois ses sources dans une multitude de textes et Codes, au risque d'entrainer quelques surprises alors même qu'il se retrouve attrait devant des juridictions étrangères. Il devient alors nécessaire de connaitre la réglementation française, d'analyser la différence avec le transitaire ainsi qu'avec le transporteur de souligner l'intérêt de cette différenciation (§1) et enfin de dégager la double responsabilité qui découlera de la charge de la preuve de la qualité de commissionnaire (§2).

§1. – Réglementation interne en France et les distinctions

52. Avant la promulgation du Code des transports, la notion de commissionnaire de transport a été un concept peu clair.

Le Code civil consacrait quelques articles, plus précisément de l'article 1782 à l'article 1786 dans le titre du louage, aux voituriers par terre et par eau et renvoie aux règlements particuliers. Certaines de ces dispositions étaient mal codifiées dans ce Code, car elles imposent aux voituriers des obligations professionnelles. Le code du commerce comme le code civil n'apporterait pas de précisions suffisantes permettant d'avoir une définition claire du voiturier ainsi que de ses obligations[93]. (Supra p.30)

Depuis 1952, les commissionnaires sont soumis, en France, à un régime administratif assez rigoureux. Aujourd'hui, les articles R. 1422-1 et suivant du Code des transports précisent, notamment les conditions d'honorabilité ou de compétence professionnelles[94].

53. L'une des difficultés récurrentes tient à la distinction entre les deux activités de transitaire et de commissionnaire. Professionnellement, l'activité du commissionnaire est voisine de celle du transitaire. Mais le commissionnaire ne doit pas être confondu avec le transitaire. En effet, il n'y pas de profession spécifique de commissionnaire de transport, mais une profession mixte, celle de transitaire-commissionnaire de transport. Le commissionnaire de transport peut intervenir, soit à propos d'un transport maritime isolé, soit, le plus souvent, à propos d'une opération où sont utilisés plusieurs modes successifs de transport. Il est donc possible qu'il soit très proche de

---

en bout, tout en garantissant la bonne arrivée de la marchandise. Mais il reste que cette technique – de droit français – si perfectionnée soit-elle, n'est pas universelle, si bien que certains organismes internationaux ont, à leur tour, proposé certaines règles qui seraient de nature à organiser la responsabilité de l'entrepreneur de transport multimodal... », Voir Ph. DELEBECQUE, « Le transport multimodal », *Revue Internationale de droit comparé*, Vol. 50 n°2, Avril-juin 1998.2. , *op. cit.*, p.528.

Voir aussi F. FARHANA, *Le commissionnaire de transport en droit comparé*, Thèse Aix-Marseille, 2011.

93 Voir Art. 103-108. Voir aussi Art. 96-102.

94 Conditions de compétence modifiées en dernier lieu par un décret du 17 décembre 2015 (n°2015-1693).

celui que la pratique contemporaine qualifie d'entrepreneur de transport multimodal[95].

Le transitaire, l'un des piliers de la pratique des transports maritimes, est un personnage charnière. Cette profession est celle qui a le plus profondément été modifiée par le transport multimodal. En effet, la fonction « transit » a toujours existé, mais ne s'est affirmée en profession autonome qu'à la fin du XIXe siècle[96]. Au départ, elle consistait en de simples formalités et autres offices accomplis aux ports et frontières au nom et pour le compte du donneur d'ordre et en suivant ses instructions. Par conséquent, son rôle se situait aux lieux de rupture de charge, le transitaire comblant le vide entre deux modes de transport successifs. Il peut être une personne ou une entreprise mandatée par l'expéditeur ou le destinataire d'une marchandise. Aujourd'hui, sa tâche peut être plus ample. Sa mission ponctuelle ne dépasse pas le cadre de la place, port, point frontière, où il intervient. On se demandait si le droit du transport multimodal aurait entraîné la disparition de cette profession, puisque l'objectif de ce droit étant d'éviter les ruptures de charges et faire exécuter les différents modes de transport sous un régime unique. Cela n'a pas été le cas, bien au contraire, les transitaires ont su s'adapter et évoluer dans leurs attributions professionnelles pour devenir des acteurs majeurs du transport multimodal.

54. La distinction entre commissionnaire et transitaire dans la pratique n'est pas aisée. Cette distinction débouche cependant sur toute une série d'intérêts juridiques ainsi que pratiques importants. La solution en droit français est, à cet égard, originale[97].

La profession de commissionnaire fait l'objet d'un régime administratif assez rigoureux. Elle est aujourd'hui règlementée par le Code des transports.

Le commissionnaire est garant de ses substitués, parce qu'il les a choisis et supporte une lourde présomption de responsabilité. Alors que le transitaire, qui n'a que le statut du mandat commercial d'intérêt commun, ne répond que de sa seule faute personnelle prouvée. Sauf pour sa qualité éventuelle de commissionnaire en douane, régie par un décret du 30 octobre 1935, aucun texte spécifique ne vise le régime juridique du transitaire. La faute inexcusable du commissionnaire lui fait perdre le droit de se prévaloir

---

[95] P. BONASSIES et SCAPEL, *Traité du droit maritime, op. cit.*, n°663 p, 532.

[96] P. BONASSIES et SCAPEL, *Traité du droit* maritime, *op. cit.*, n°661. « *À l'origine, le transitaire était chargé principalement de recevoir la marchandise à la fin d'un premier transport - la marchandise en transit, d'où son nom -, avant de la réexpédier par un autre transport. Aujourd'hui, sa tâche peut être plus ample.* ».

[97] Sur le problème de la loi applicable à la commision internationale de transport, voir obs. P. BONASSIES, *DMF* 1995, au n°32; Cour de justice européenne 17 oct. 2013, *DMF* 2014. 299, obs. O. CACHARD; CJCE 23 oct. 2014, *Dalloz* 2015.36, obs. Ph. DELEBECQUE et sur « renvoi », Cass. 10 févr. 2015, n°12-13052. Sur la réglementation administrative de la profession, voir le décret n°2009-1203 du 9 octobre 2009.

de ses limites indemnitaires propres alors que s'agissant du transitaire, ce sera la faute lourde. Dans ses relations avec les tiers, le transitaire, simple mandataire, n'est pas, en principe, engagé par les contrats qu'il conclut pour le compte de son mandat. Mais il peut en être autrement, s'il ne précise pas au tiers qu'il agit exclusivement pour le compte dudit mandant, ou en cas de faute de sa part[98]. Quant à la prescription, l'article L. 133-6 du Code de commerce s'applique à l'action contre le commissionnaire, c'est-à-dire la prescription annale, tandis que, l'action contre le transitaire relève de la prescription de droit commun de l'article L.110-4 du même code soit désormais cinq ans[99]. Le transitaire ne bénéficie pas du privilège étendu que l'article L. 132-2 du code de commerce confère au commissionnaire. Contrairement aux activités de commissionnaire, la profession de transitaire ne tombe pas sous le coup de la réglementation des transports et peut donc être exercée sans autorisation administrative, sauf en ce qui concerne l'accomplissement des formalités en douane. Depuis l'entrée en vigueur du contrat type commission, le commissionnaire bénéficie de limites d'indemnité opposables de plein droit.

Bien que la distinction puisse s'avérer délicate en pratique, il faut examiner les termes de l'accord et s'arrêter, non à l'appellation retenue par les parties, mais aux fonctions effectivement remplies. L'analyse de chaque accord est importante : un même intermédiaire peut avoir agi successivement en l'une puis en l'autre qualité[100].

Il n'y a commission de transport que dans la mesure où un troisième personnage vient se glisser entre l'expéditeur et le transporteur. Si l'entreprise chargée du transport déplace elle-même la marchandise, il y a tout simplement un pur contrat de transport. Mais la situation se complexifie dès lors que s'y ajoute un confrère.

En matière de messagerie routière, une confusion est souvent commise. Beaucoup d'entreprises de transport, lorsqu'elles déplacent dans un de leurs véhicules des envois en provenance d'expéditeurs différents, considèrent qu'elles ont alors la qualité de groupeur. Or, le véritable groupage est un acte de commission de transport et suppose donc l'intervention d'un tiers entre les expéditeurs et le transporteur effectif. Lorsque l'entreprise qui a collecté les envois les déplace elle-même dans un de ses véhicules, il n'y a pas d'intermédiaire et cette entreprise est tout simplement voiturier.

De la même façon, de nombreuses entreprises de transport recourent aux services d'artisans « louageurs » ou « tractionnaires », sans savoir très exactement en quelle qualité juridique- loueur ou transporteur- ceux-ci travail-

---

98 Cass. 3 juin 1997, *DMF* 1997, p. 1007, obs. Ph. DELEBECQUE.

99 Cass. com., 31 janv. 2012, n°10-24.731, *Bull. civ.* IV, n°23, *BTL* 2012, p.111, et, sur renvoi, CA Paris, pôle 5, ch. 4, 11 sept. 2013, n°12/04360, *Sofitrans Antilles c/Sitra-com*, *BTL* 2013, p. 555.

100 CA Paris 14 janv. 1983, *DMF* 1983. 606.

lent. La distinction est pourtant importante. En effet, si l'artisan est simplement loueur de véhicule avec chauffeur, l'entreprise utilisatrice a la qualité de voiturier puisque c'est elle-même qui exécute le déplacement de la marchandise au moyen du véhicule loué. Au contraire, si l'artisan intervient en qualité de véritable transporteur, l'entreprise ne fait que l'affréter et devrait alors prendre la qualité de commissionnaire.

En matière routière, on peut considérer qu'une entreprise déplace elle-même la marchandise, dès lors qu'elle la transporte dans un véhicule lui appartenant.

À noter qu'un déplacement de la marchandise sur quelques centaines de mètres effectué par ses propres moyens ne saurait conférer à un commissionnaire la qualité de transporteur. Toutefois, en certaines circonstances, la nature ou le libellé du document de transport peut amener les juges à qualifier de transporteur une entreprise n'ayant joué, en fait, qu'un rôle d'intermédiaire.

Dans le cas d'une société mère et sa filiale, chacune ayant sa personnalité juridique propre, même si leurs raisons sociales sont analogues, il y a bien commission de transport lorsqu'une société, spécialiste de la messagerie, confie l'acheminement d'un de ses groupages à l'une de ses filiales intervenant comme voiturier.

55. Les intérêts de la distinction entre commissionnaire et transporteur sont multiples :

1) Le commissionnaire est en droit de stipuler une clause de non-responsabilité pour perte ou avarie (C. com., art. L. 132-5), alors que le transporteur se la voit interdire (C. com., art. L. 133-1) ;

2) Le commissionnaire ne peut pas se prévaloir à titre personnel et direct de la fin de non-recevoir découlant de l'article L. 133-3 du Code de commerce ;

3) En transport routier international (CMR), la prescription de l'action contre le transporteur est suspendue par une réclamation écrite, alors qu'une telle réclamation n'a aucun effet en ce qui concerne l'action contre le commissionnaire ;

4) Le commissionnaire de transport bénéficie pour ses créances d'un privilège spécifique et différent de celui accordé au voiturier. Toutefois, depuis l'entrée en vigueur de la loi dite « Gayssot », les privilèges du commissionnaire et du voiturier sont très proches.

56. Le Professeur Philippe DELEBECQUE relève dans ses observations à propos d'un arrêt que « *le commissionnaire organise le transport, il ne le réalise pas* »[101]. Autrement dit, le commissionnaire organise l'ensemble de

---

[101] Ph. DELEBECQUE, 9 juill. 2013, navire Panama Express, *DMF* 2014. 111.

l'opération et ne transporte pas lui-même. La situation en Chine peut apparaître tout aussi complexe. Certes, il est des situations où les relations des parties sont claires, et où l'écrit les liant précise, de la manière la plus nette, que l'intermédiaire à qui l'expéditeur s'est adressé agit comme commissionnaire de transport, ou, à l'inverse, seulement comme transitaire.

§2. – La double responsabilité de commissionnaire

57. Il convient maintenant d'envisager le mécanisme de la double responsabilité et le régime de la preuve de la qualité de commissionnaire.

Contrairement au transitaire, mandataire de droit commun, le commissionnaire de transport obéit à un régime juridique spécial. Puisqu'il agit en son nom pour le compte d'un commettant généralement expéditeur ou donneur d'ordres, il supporte donc deux types de responsabilités :

La responsabilité de son fait personnel : il s'agit d'une responsabilité pour faute. Le commissionnaire répond de sa faute personnelle. Elle est de droit commun sans limitation légale, avec tout de même la possibilité de mettre en place une limitation contractuelle. Cette limitation doit cependant être connue et acceptée par le cocontractant.

La responsabilité du fait d'autrui sous le fondement de l'article L.132-6 du code de commerce. Le commissionnaire organise le transport, il sera responsable en première ligne devant le commettant, il est responsable à la place de chacun des intervenants dans les mêmes conditions que ces intervenants, ni plus, ni moins.

Le commettant dispose également d'une action directe contre tous les transporteurs engagés par le commissionnaire. La prescription sera d'un an, comme le stipule l'article L.133-6 du code de commerce.

Pour comprendre sa lourde responsabilité, le commissionnaire bénéficie d'un excellent privilège résultant de l'article L.132-2 du code de commerce qui garantit le paiement qui lui est du par le commettant. Ce privilège porte sur sa créance relative au lot de marchandise, mais aussi sur ses créances nées d'opération antérieure.

La jurisprudence dispose d'un critère éprouvé pour la qualification de commissionnaire : celui qui avait la « maîtrise des voies et des moyens », a organisé le transport en toute indépendance, est commissionnaire ; alors que celui qui s'est contenté de suivre les instructions de son client est seulement transitaire[102]. Ce critère distingue fondamentalement le commissionnaire du simple transitaire. Pour détecter la maîtrise qui caractérise le commissionnaire, les tribunaux s'attachent à ce qu'il ait effectué les opérations en son nom propre, qu'il les ait organisée de bout en bout et ait établi une facture selon un tarif forfaitaire.

---

[102] Gaël PIETTE, *Droit maritime*, éditions A. PEDONE, 2017, n°600.

S'agissant du régime juridique, le transitaire n'a pas de statut spécifique, il a le statut du mandat commercial d'intérêt commun. Sa responsabilité est celle d'un mandataire de droit commun, il est uniquement responsable de son fait personnel. Le transitaire ne répond donc que de sa faute : engagement à la légère[103], contrôle défectueux d'un chargement[104], acceptation d'un tarif prohibitif sans l'accord du client[105], défaut de transmission au consignataire d'informations importantes sur la chaîne du froid[106]. Il ne répond pas du fait de ses substitués, sauf s'il a commis une faute en choisissant mal son sous-traitant[107]. Il n'y a pas de limitation légale de responsabilité, mais il peut avoir une limitation contractuelle vis-à-vis du commissionnaire. Quant à la prescription, sur ce point, le transitaire est mal loti, il est en effet soumis au droit commun du mandant, c'est-à-dire dix ans.

La qualité de commissionnaire de transport ne se présume pas[108]. Celui qui s'en prévaut ou l'attribue à son adversaire se doit d'en apporter la preuve. Il en résulte que « *Si intéressant soit-il, le modèle de la commission de transport n'est cependant pas universel. Il est applicable si la loi française l'est. En effet, il n'a pas son équivalent à l'étranger* »[109].

58. Pourtant, il est important de souligner que la commission de transport « à la française » est certainement l'instrument juridique le plus approprié en la circonstance. Il est d'ailleurs largement pratiqué en Afrique[110]. On doit dès lors déplorer qu'il n'ait pas su séduire les autres États membres de l'Union. L'intérêt d'un contrat type commission qui a vocation à s'appliquer même aux opérations internationales est évident dans la mesure où son utilisation favoriserait l'essor de ce type de commission[111].

---

[103] CA Rouen, 25 avr. 1991, *BTL* 1991, 592.

[104] CA Rouen, 10 mai. 1987, *BTL* 1988. 693.

[105] CA Aix-en-Provence, 12 mai 1989, *BTL* 1990, 363.

[106] Cass. com., 27 nov. 2001, n°99-14580.

[107] Cass. com., 10 mars 1987, *BTL* 1987, 532.

[108] CA Bordeaux, 2e ch. civ., 5 juill. 2013, n°11/04045, Groupe Arnaud et a. c/ Lalemant France.

[109] Ph. DELEBECQUE, le transport multimodal, *Revue internationale de droit comparé*, 1998, p.531.

[110] Voir G. NGAMKAN, Étude comparée du statut juridique de l'entrepreneur de manutention en droit français et en droit communautaire de l'Afrique centrale, *DMF* n°701, mars 2009, pp. 261 et ss. En ce sens, voir égal. G. NGAMKAN, Étude comparée entre le droit maritime français et le droit maritime communautaire de l'Afrique centrale (CEMAC) – suite (1), *DMF* n°739, sep. 2012, p. 756.
Voir égal. G. NGAMKAN, *Le cadre juridique du transport multimodal international de marchandise - L'exemple du Cameron Contribution à la mise en place d'une législation applicable au Cameroun*, Thèse Aix-en-Provence, 1993.
Voir égal. E. DIBAS-FRANCK, *Le droit maritime dans la zone CEMAC*, L'Harmattan, juillet 2018.

[111] Ph. DELEBECQUE, Actualité de la commission de transport, *Mélanges Bouloc*, 2006, p. 301.

Section II
L'identité des *NVOCC* en Chine

59. Contrairement au droit français qui connait la notion de commissionnaire de transport, en Chine cet intermédiaire de transport est méconnu. Ce rôle d'intermédiaire a été joué par le personnage « *comprador* » (§1). La disparition de « *Comprador* » au milieu du XXe siècle a laissé place à celle de *NVOCC* (§2).

§1. – Le personnage : Comprador, « No comprador, no business »

60. Le rôle que jouent les agents maritimes aujourd'hui dans le transport contemporain, rappelle le personnage du « *comprador* » qui existait en Chine au XVIIIe siècle et qu'on retrouve pendant plus d'un siècle[112]. Il est largement actif, surtout au cours du XIXe siècle dans les zones côtières de Chine. Il sert d'intermédiaire dans des opérations financières et marchandes entre Européens et Chinois, principalement dans les domaines du thé, de la soie et du coton. Sa présence et son influence s'étendent sur des régions qui vont de la Chine au Japon, et même en Asie du Sud-Est. Sa contribution dans les échanges commerciaux est indispensable, notamment dans les domaines du transport, de l'assurance et des services bancaires.

61. Néanmoins ce personnage n'a pas perduré : la définition juridique de ce personnage n'existe pas en droit chinois et il a disparu au milieu du XXe siècle.

De nos jours, le code maritime chinois, entré en vigueur en 1993, n'a pas comblé cette lacune, alors qu'en droit français, le code de commerce, et ce depuis le XIXe siècle a défini le terme de « commissionnaire ». Le code des transports français, entré en vigueur le 1er décembre 2010, a distingué la fonction de « transitaire » de celle de « commissionnaire ». Dans le transport contemporain, face aux nombreux contentieux liés aux contrats de commission de transport, les juges chinois ne doivent, de ce fait, s'inspirer que de leur seul code civil.

Il convient au préalable d'examiner notamment le rôle joué par le *comprador*, ses activités, sa responsabilité, son salaire et de chercher les causes de sa disparition.

62. Le mot "买办 mǎi bàn" était à l'origine du nom d'un membre de l'association « 十三行 Shi San hang » qui signifie *« les Treize agences de Canton »* ayant vécu à l'époque de la dynastie Ming en Chine. Selon le ma-

---

[112] Certains chercheurs disent que le *comprador* était déjà présent au XVIe siècle.

gazine shanghaïen « Les Rumeurs de Shanghai », dès que les occidentaux arrivèrent en Chine, la première ville à laquelle ils accèdent a été Canton. À l'époque, les étrangers étaient consignés sur leur bateau, ils n'étaient pas autorisés à demeurer à terre. (Certains sont cependant restés parfois à Macao.) Tous les échanges commerciaux passaient par « *les treize agences de Canton* » jouant le rôle d'intermédiaire. Chaque fois qu'un navire occidental arrivait à quai, les *treize hang* envoyaient une personne pour y vérifier les échantillons, le prix convenu. Ensuite, accompagnée par le gouverneur, elle faisait ouvrir les soutes et procéder au déchargement des marchandises. Une fois les marchandises totalement vendues, les commerçants occidentaux en retour, achetaient par cet intermédiaire les produits locaux. Cette personne était nommée « *comprador* » - 'mǎi bàn' en mandarin signifie « faire des achats pour les occidentaux ».

Le mot « *comprador* » vient du mot portugais « *comprar* » qui signifie acheter, la personne qui fait des échanges commerciaux. En langue shanghaienne, on traduit avec la phonétique « kāng bǎi dù»[113].

Dans les ports d'Asie orientale, ce mot désigne un marchand local qui traite avec des marchands étrangers. Le *comprador*, cependant, n'est pas seulement un agent commercial. Il est également un intermédiaire culturel. Dès le milieu du XIXe siècle, il joue un rôle essentiel dans l'ouverture de l'Asie orientale à la « modernité » du monde occidental.

63. L'originalité du *comprador* peut être illustré par Tang Jingxing et la firme Jardine Matheson[114]. Le *comprador* de "Jardine Matheson" Tang Jingxing, qui a fait ses études à l'école catholique de Hongkong, était interprète. Les commerçants américains trouvaient d'ailleurs qu'il parlait l'anglais comme un vrai Britannique ce qui, pour partie, peut paraître comme un trait d'humour pour un américain.

L'organisme du *comprador* était une véritable institution familiale. Beaucoup d'entre eux considéraient que leurs postes étaient héréditaires. Il était rare qu'un célèbre *comprador* ne soit pas sans liens de parenté avec d'autres *compradors*.

Pour preuve la famille Tang occupa successivement le poste de *comprador* chez Jardine Matheson pendant un demi-siècle.

Quand Tang Jingxing était *comprador* chez Jardine de Shanghai, il s'est porté garant pour son frère Tang Maozhi (1827-1897) pour qu'il puisse occuper le poste de Tianjing. En 1873, Tang Jingxing a été nommé directeur général du Groupe China Merchants, son frère lui a succédé comme *comprador* chez Jardine à Shanghai. Après la mort de Tang Maozhi, ce poste a

---

[113] «江擺渡 jīang bǎi dù» ou «康白度 kāng bǎi dù». 'bǎi dù' signifie le bac. Le *comprador* est comparé à un bac, qui sert donc à faire passer des marchandises entre un navire et le port, joue ainsi le rôle d'un intermédiaire commercial.

[114] La firme Jardine Matheson est un des grands conglomérats britannique aujourd'hui.

été repris par son fils Tang Jiechen, (1897-1904) et son premier petit-fils Tang Jichang.

64. L'entreprise Jardine Matheson Co., Ltd, anciennement connue sous le nom chinois *Yihe*, fut créée le 1er Juillet 1832 à Canton en Chine, par le médecin écossais William Jardine et James Matheson, diplômé de l'Université d'Édimbourg. Cette société participa au commerce avec la Chine, principalement dans le commerce de l'opium et du thé[115]. En 1841, au début de l'histoire de Hong Kong, Jardine Matheson a acquis le terrain où fut bâti le siège de sa société à la première vente aux enchères de Hongkong pour la somme de 565 livres sterling. En 1842, suite au déclenchement de la Guerre de l'Opium, Jardine Matheson déménage son siège de Canton pour l'installer à Hong Kong. Initialement connu sur le continent sous le nom de « *Yi he hang*[116] », il change son nom pour « *Yi he* ». En 1843, Jardine crée sa filiale à Shanghai. En 1844 pour la première fois, la ville de Shanghai vendra aux enchères des terres que Jardine acheta rapidement. Après avoir acheté de l'opium, du thé et du coton, Jardine investi ensuite dans d'autres domaines comme l'assurance, le transport maritime et le rail. À partir de 1872, Jardine Matheson abandonne le commerce de l'opium et diversifie peu à peu ses activités et ses investissements en Chine continentale et à Hong Kong. Elle investit dans la construction de chemins de fer, de quais et dans toutes sortes d'usines, mines, industries maritimes, bancaires etc. C'est Jardine qui construisit le premier chemin de fer Wusong Railway en Chine. En 1876, l'entreprise installe à Shanghai le premier ascenseur de Chine et y importe une grande variété de machines et d'équipements industriels. Au tournant du XIXe siècle, la société est devenue le premier grand conglomérat en Chine, elle a des bureaux dans toutes les grandes villes chinoises, ainsi qu'à Yokohama au Japon. En 1912, la société Jardine installe son siège à Shanghai. Dans les premières décennies du XXe siècle, elle construit des filatures de coton, une usine d'emballage et une brasserie à Shanghai, tout en élargissant son périmètre à l'Afrique, aux États-Unis et en Australie. Lors de la guerre sino-japonaise qui débute en 1937, la société à Hong Kong et en Chine continentale subit de graves revers. Avec la naissance de la République populaire de Chine en 1949, les conditions commerciales pour les entreprises étrangères dans le cadre du nouveau régime communiste deviennent de plus en plus difficiles. Le commerce qui de tout temps est une activité liant des individus ou des entreprises par le biais de contrats de droit civil n'est plus alors régi par la seule volonté des parties contractantes. Un « tiers » s'invite alors au contrat en y imposant une volonté politique qui *de facto* n'est plus

---

[115] Le fait que William Jardine était médecin n'est sans doute pas étranger à ce fait, l'opium étant en effet un puissant analgésique.

[116] Dans le système de transcription anglaise Wade gilles la transcription *pinyin* « hang » devient « hong », la société est donc aussi connue sous le nom de *yi he hong*.

en lien avec l'objectif économique recherché à savoir la création de richesse par le biais du profit. Mais l'histoire de Jardine nous donne une indication intéressante. En construisant des quais, des voies de chemin de fer, Jardine ne faisait pas que du commerce, il investissait également pour développer les structures nécessaires au transport. Il allait au-delà de son activité centrale. Il devenait un « facilitateur » du commerce. Cette notion de « facilitateur » nous la retrouverons plus loin, mais elle apparaît déjà avec Jardine.

65. D'une manière générale, les chefs d'entreprise occidentaux prenaient l'initiative de trouver un *comprador* pour leur société. Peu d'hommes d'affaires chinois s'adressaient directement aux entreprises étrangères pour leur proposer de remplir ce rôle. Avant d'être employé comme *comprador*, ils devaient remplir certaines conditions et satisfaire aux exigences des entreprises étrangères.

Il n'y avait pas de règles strictement définies pour être un bon *comprador*. En effet, leurs qualités dépendaient des affaires de l'entreprise. Le *comprador* pouvait exceller dans un domaine, mais être mauvais dans un autre. Toutefois, les commerçants occidentaux sélectionnaient les candidats selon certaines compétences, par exemple la maîtrise de la langue étrangère. Dans les zones côtières, il existait une langue internationale dans les ports du traité, connu sous le nom « *pidgin anglais* » ou l'anglais des affaires. Il s'agissait d'un mélange de portugais, de chinois et d'anglais ainsi que de nombreux dialectes. Il n'était pas nécessaire que tous les *compradors* parlent l'anglais aussi bien que Tang Jingxing ou Atong, mais ils devaient obligatoirement connaitre le *pidgin*. Ce que privilégiaient aussi les entreprises étrangères, c'était la capacité du *comprador* à développer leurs activités. Cela dépendait des biens du *comprador*, son statut social et ses compétences professionnelles en commerce. L'objectif principal d'une entreprise étant d'augmenter son chiffre d'affaires, cette compétence commerciale est aussi importante que la maitrise des langues étrangères.

La fiabilité du *comprador* est pourtant un critère indispensable pour les entreprises étrangères. Il y a plusieurs façons de trouver un *comprador* digne de confiance. Premièrement, il peut être recommandé par les partenaires de l'ancien commerçant. En un siècle, 1850 - 1950, l'entreprise britannique Qichang a dégagé de grands profits grâce au maintien d'un grand nombre de bonnes relations préexistantes avec les hommes d'affaires chinois de Shanghai. Cela a été attribué au *comprador* A Yao, recommandé par un des plus riches commerçants chinois Wu Haoguan. Outre ce système de recommandation, il existe un autre moyen de trouver un *comprador* digne de confiance. On peut le choisir directement parmi les hommes d'affaires chinois entretenant des relations commerciales de long terme. Un homme d'affaires chinois qui a gagné la confiance d'un dirigeant d'entreprise occidentale peut être nommé *comprador*. Xu Yuting, *comprador* de l'entreprise Baoshun, Chen Zhuping et Gu Fengsheng, *compradors* de l'entreprise Qichang étaient soit commerçants du thé, soit de célèbres hommes d'affaires spécialisés dans le commerce de la soie. Wang Huaishan était un banquier à l'origine, grâce à sa bonne relation avec le nouvel agent de la banque HSBC, il est devenu en 1869 le premier *comprador* de cette banque. Être ou devenir *comprador* était, par ailleurs, une très bonne opportunité. Pour un débutant, faire un long apprentissage au cours de son adolescence dans le bureau de l'ancien *comprador*, lui permettait ensuite de briguer et obtenir le poste de *comprador*.

66. D'autres situations privilégiées peuvent se présenter, par exemple une personne venant d'une famille aisée aura davantage de chance d'être recrutée en tant que *comprador*. Un homme d'affaires accompli, même s'il n'a pas particulièrement des bonnes relations avec les étrangers, peut aussi être engagé comme *comprador*. Un exemple typique concerne Xi Zhengfu, un des grands banquiers, des années 1870, qui a été *comprador* de la banque HSBC à Shanghai. Une fois que l'homme d'affaires est embauché comme *comprador*, des membres de sa famille et ses collègues sont généralement employés pour travailler dans son bureau, ou alors recommandés par lui pour être *comprador* dans les autres sociétés occidentales. Être lié à un *comprador* est également une opportunité. Mais pour cela le comprador devait apporter des garanties.

De 1842 jusqu'à la fin des années 1850, il suffisait d'une lettre de recommandation pour que n'importe qui puisse devenir *comprador*. Le système de garant, plus complexe, a commencé à se développer à la fin des années 1850. La majorité des *compradors* ont dû trouver quelqu'un pour se porter garant ou donner une caution. Cette personne avait la capacité de le faire entièrement ou partiellement. Dans certains cas, un autre garant pouvait venir s'ajouter et constituer ainsi une double garantie. Si l'un d'entre eux, pour une raison quelconque n'avait pas été en mesure de s'acquitter de sa responsabilité, la responsabilité solidaire des autres garants pouvait être engagée. Le garant pouvait percevoir une commission issue des activités du *comprador*, à hauteur de 20 % de ses revenus nets annuels.

67. Une fois que le garant a été associé au *comprador*, les deux parties doivent signer une « attestation de garant ». Celle-ci doit être attestée par l'agent étranger, et signée par les consulats. L'attestation est parfois écrite en anglais, mais en général rédigée en chinois. Par exemple, l'attestation établie en 1860 par un membre de l'entreprise Joan pour le *comprador* A Jiu à Yokohama, a été rédigée en chinois mais traduite en anglais à la fin du texte par la phrase suivante : « *Je soussigné, Chen Sangu...* »[117].

À partir de la première décennie du XXe siècle, la relation entre le *comprador* et les entreprises étrangères revêt un caractère beaucoup plus transpa-

[117] Voir l'annexe 1 une copie d'archives de cette lettre.

rent. En général, le *comprador* doit se porter caution ou signer un bail. En conséquence, les investisseurs étrangers n'ont pas à s'inquiéter de la perte ou la mauvaise foi du *comprador*, et en même temps peuvent obtenir les capitaux indispensables. À la fin du XIXe siècle, et au début du XXe siècle, une société étrangère demandait généralement une caution de 10.000 onces d'argent, tandis qu'une banque étrangère exigeait une caution bien plus élevée.

Bien que le *comprador* ait toujours envie de gagner de l'argent pour son propre compte, la garantie est toujours nécessaire, parce qu'il existe à un moment donné un risque de perte qui n'est pas négligeable. Le système *comprador* s'est construit sur la base du système chinois de « pleine et entière responsabilité ». Le *comprador* est responsable de ses employés, du paiement des achats pour le compte de la société qui les emploie et du billet à ordre de la banque chinoise. En général, le *comprador* assume toujours le risque d'une perte potentielle. Dans une lettre de Tang Jingxing adressé à W. Kriss, un de ses associés de Jardine, il a dit qu'il avait perdu plus d'argent qu'il en a gagné pendant les cinq premières années (1863-1868) aux services de Jardine. Au cours des deux premiers mois (de Septembre à Novembre), du fait de la faillite de deux sociétés de coton qui font régulièrement du commerce avec Jardine Matheson, il a perdu 9000 onces d'argent. Le *comprador* Yang Guixuan de la société de TAIGU a accumulé en trois ans (1881-1884) une dette de 10 millions d'onces d'argent.

68. La relation entre le *comprador* et l'acheteur étranger est une relation contractuelle, à la fois de dépendance vis-à-vis de l'acheteur telle que celle existant entre employé et employeur et à la fois d'une indépendance relative. Les droits et obligations du *comprador* sont clairement définis dans le contrat. Chaque fois que le *comprador* est employé par une entreprise occidentale, les accords verbaux sont consignés dans un contrat écrit, signé par les deux parties, c'est ce qu'on appelle le contrat du *comprador*.

Les deux parties au contrat sont le *comprador* et l'entreprise occidentale. En principe, l'accord conclu l'est sur la base de l'égalité. L'égalité s'entendant dans le sens qu'il n'y a pas de lien de subornation entre les deux contractants. Dans le contrat, la durée de l'emploi, les obligations du *comprador*, le salaire, la garantie et l'indemnité, la résiliation du contrat etc. sont prévues.

Le contrat prévoit que :

Premièrement, le *comprador* doit être fidèle à l'entreprise occidentale, honnête et dévoué. Il ne doit dévoiler aucun des secrets de l'entreprise, ni utiliser le nom de l'entreprise pour faire du commerce à son profit. Ce dernier aspect pouvant s'apparenter à une sorte de « droit à l'image » de l'entreprise contractante.

Deuxièmement, le *comprador* doit sa garantie en espèces vis-à-vis de l'entrepreneur occidental. S'il commet des erreurs en cas de non-respect des conventions contenues dans le contrat, il doit entièrement indemniser l'entreprise. Au contraire, l'entreprise ne fournit aucune garantie dans le cas où c'est elle qui commettrait une erreur, même si cette erreur entraîne une perte pour le *comprador*, elle n'est en rien responsable.

Troisièmement, les deux parties disposent d'un préavis de six mois pour la résiliation du contrat dans des circonstances normales. Cependant, l'entreprise occidentale peut licencier le *comprador* en cas de faute. L'entreprise occidentale rompt donc unilatéralement le contrat.

Quatrièmement, les activités du *comprador* sont limitées par le contrat. Il existe toutes sortes de contraintes, telles que « le *comprador* ne peut pas se servir du nom de l'entreprise pour faire un emprunt financier », « Le *comprador* ne peut pas exercer une activité en concurrence avec l'entreprise occidentale », « le *comprador* ne doit pas servir de garant pour autrui ni affecter son obligation », et ainsi de suite, alors que le *comprador* ne peut pas exiger de l'autre partie autant de conditions contractuelles.

Cinquièmement, pour que la réalisation des obligations contractuelles du *comprador* soit garantie, l'entreprise occidentale à recours aux privilèges imposés à la Chine par les occidentaux, comme la juridiction consulaire. C'est ainsi que sur le contrat il est généralement stipulé que « le contrat est établi en trois exemplaires, un pour le *comprador*, un pour le propriétaire de l'entreprise occidentale et un autre est transmis au consulat du pays étranger établi en Chine pour y'être enregistré et pour y recevoir l'approbation diplomatique ». Cet élément est important à noter. En effet, le contrat du *comprador* repose sur la volonté des deux parties concernées. Cependant, l'État se pose en tiers, d'une part parce que le contrat doit être enregistré au consulat, mais également du fait qu'il impose une juridiction consulaire. C'est donc l'État, du moins l'État du contractant étranger, du commerçant, qui impose *de facto* une clause au contrat.

Si la rupture du contrat par l'entreprise occidentale provoque la perte du *comprador* et donc sa disparition comme acteur économique, ou si le *comprador* les poursuit en justice, le système judiciaire chinois n'est pas compétent pour régler cette affaire, en vertu de la protection de la juridiction consulaire. C'est ce qu'on appelle le principe de l'extraterritorialité[118]. Par conséquent, la situation du *comprador* vis-à-vis de l'entreprise occidentale n'est absolument pas protégée par la loi chinoise ou du moins il ne peut y faire appel, ni y avoir recours.

Enfin, le contrat du *comprador*, bien qu'il soit écrit dans les deux langues, en chinois et dans la langue du pays de l'entreprise contractante, stipule que c'est dans la langue étrangère de ce pays que les moyens de

---

[118] Par exemple, lorsqu'un navire britannique entre aux ports chinois ou y sort, le rapport entre ce navire et le pilote recruté doit être régi par la loi anglaise.
LI Jianjiang 李建江, Le droit maritime chinois dans l'histoire contemporaine, 中国近代海商法, Zhongguo jindai haishangfa, Zhongguo zhengfa daxue chubanshe,2015, p. 51.

preuve doivent être fournis pour le règlement d'un quelconque litige. L'on peut aisément comprendre que c'est une contrainte supplémentaire imposée, voire un obstacle, alors même que la langue usuelle pour les relations commerciales était le *pidgin anglais*. C'est un exemple de ce qui pourrait être assimilé à la « souveraineté » de l'État dont est membre la partie étrangère au contrat du *comprador*. Cette souveraineté s'imposant *de facto* en territoire étranger. On peut, de ce fait, comprendre que, dans l'esprit du peuple chinois, la présence des commerçants étrangers et des règles imposées par ces derniers ou les États dont ils étaient les ressortissants puisse avoir été vécu et considéré comme une forme de colonisation.

69. De même, si nous poussons plus avant l'analyse, on peut aussi y voir une source d'incertitude juridique pour l'une des parties au contrat à savoir le *comprador*. En effet, quand bien même les termes du contrat avaient été très clairs et acceptés, leur interprétation relevait de l'autorité consulaire, ce qui pouvait être perçu comme une grande insécurité juridique pour le *comprador,* alors même que les instances judiciaires chinoises ne pouvaient être retenues. Cet aspect de la juridiction apparaît de nouveau dans le processus du contrat et de ses implications particulièrement au regard de l' « insécurité » juridique.

Sur le plan social, l'activité du *comprador* reflète pleinement la nature même du personnage. Ainsi, le *comprador* profite de ses liens puissants avec les entreprises occidentales, il est comme un renard qui « emprunte la férocité du tigre en marchant en compagnie de ce dernier », pour semer le trouble, et exercer toutes sortes d'activités spéculatives. Il use de la force ou de la ruse pour accumuler des biens.

Du point de vue économique, les entreprises à capitaux étrangers sont attirées par la production en vue de l'exportation, et non pas pour le développement du marché intérieur chinois. Elles sont plus particulièrement intéressées par la production d'un certain nombre de produits nécessitant une forte quantité de main-d'œuvre tels que la production du thé, la production de la soie et du coton. Les coûts de production sont, en effet, bien moins élevés en Chine. L'externalisation de la production est donc, de ce fait, intéressante, même si elle ne profite pas à la main-d'œuvre locale qui ne voit pas son pouvoir d'achat croitre en proportion.

Dans les ports ouverts où le commerce est actif, les hommes d'affaires chinois abordent, au travers des activités commerciales, le système d'entreprise moderne occidentale implantée, et commencent à prendre conscience de la notion d'investissement, de marché, du risque, et de l'esprit du capitalisme.

70. Les *compradors* achètent principalement le thé et la soie en Chine, notamment à Shanghai et Fuzhou. Quelles sont les obligations du *comprador ?*

Les obligations du *comprador* sont différentes selon leurs différentes professions exercées. Selon le type d'entreprises étrangères, on peut globalement distinguer le *comprador* des entreprises occidentales, de celui des banques et des compagnies. Les fonctions essentielles du *comprador* des entreprises occidentales sont principalement la mise en œuvre de l'achat et de la vente, la négociation du prix, le paiement, ainsi que la garantie pour son mandat dès lors qu'un contrat est conclu.

Par exemple, les commerçants britanniques ont été longtemps en position de monopole sur la vente du thé, l'exportation la plus importante en Chine. Le commerce et l'exportation de thé ont été jusqu'au XXe siècles strictement réglementés.

Le *comprador* représentant les maisons de thé a des fonctions spécifiques : Il est chargé de recueillir des informations, de se renseigner notamment sur les tendances du marché, le montant des offres et des demandes, de contacter les responsables des entrepôts ou rivaux commerciaux, de donner les échantillons aux spécialistes du thé des pays étrangers. Il s'occupe, non seulement de gérer toutes les affaires courantes, mais aussi il doit apporter sa garantie dans les échanges entre les entreprises étrangères, les entrepôts et les marchands de thé. Il est responsable de la gestion interne des maisons de thé, de la tenue des comptes, de la réception des marchandises, des entrées et sorties de caisse, de la conservation des documents, du gardiennage des marchandises, des déclarations et formalités douanières et de leur expédition. Selon la complexité des affaires, le *comprador* pourra employer un certain nombre de personnes sous sa direction et à sa charge. Si ce personnel utilise des pratiques frauduleuses telles que des détournements, des erreurs volontaires ou de la négligence, le *comprador* en est responsable et doit indemniser les victimes de ces agissements.

Les hommes d'affaires originaires de la ville de Ningbo dans la province de Zhejiang sont puissants dans le domaine de la finance. Les banques étrangères ont donc embauché de nombreux membres parmi les *compradors* de Ningbo pour profiter de leur réseau et ainsi garantir les opérations de crédit entre les banques étrangères et les banques privées chinoises. Grâce à ce système, les entreprises occidentales ont construit un régime de garantie des crédits commerciaux.

L'importance du *comprador* apparaissait notamment dans le marché du thé. Les producteurs de thé vendent leurs produits en priorité aux *compradors* et ces derniers le revendent ensuite aux autres marchands en ce sens qu'ils sont l'intermédiaire entre le producteur et les autres marchands. Le *comprador* est donc un client privilégié.

Pour les *compradors*, il est très difficile de prévoir les cours du marché. Depuis la commande des marchandises jusqu'à leur l'expédition, il faut en général compter six mois. Le *comprador* doit non seulement acheter les produits, mais aussi informer les commerçants européens du cours des marchés.

En 1859, Jorge dans son rapport affirme que : « *Le comprador TANG Longmao aussitôt revenu de l'arrière-pays conclut un contrat...Il nous conseille d'augmenter nos commandes pour avoir de bonnes conditions car la saison du thé passée, nous n'auront plus les mêmes occasions.* »[119]. D'autre part, après avoir suivi les conseils du *comprador*, les entreprises occidentales ont annulé les achats en provenance du continent. Ce sont les preuves que le *comprador* joue un rôle important dans les échanges commerciaux.

71. XU Run[120] est un marchand important de thé et de soie. Il s'est accaparé toutes les affaires du thé, de la soie et du coton pour les entreprises occidentales. Il exporte également d'autres produits locaux, comme par exemple la cire, le tabac et l'huile de bois de Chine extraite de la graine d'aleurite appelée aussi huile d'abrasin. Par ailleurs, TANG Longmao de l'entreprise QIONG JI située à Hankou, fait du commerce du thé avec des marchands russes.

72. Un homme d'affaires américain, Thomas Knox, qui a voyagé en Extrême-Orient, a publié en 1878 un article intitulé « Le personnage du *comprador* » dans la revue « *Harper's New Monthly Magazine* ». Dans cet article, il écrit que les échanges commerciaux entre les Chinois et les étrangers ne sont pas du tout avantageux pour les étrangers. Qu'en effet les Chinois ont rapidement acquis le sens des affaires au contact des occidentaux et qu'à présent, « l'élève dépasse le maître et devient un fort adversaire ». Il indique également que dans tous les ports chinois, on trouve des banques privées chinoises, des sociétés chinoises d'assurances, une assemblée de commerçants chinois et une compagnie maritime chinoise. Shanghai était la grande ville du commerce et des échanges en Chine, de nombreux *compradors* y exerçaient donc.

Environ 120 entreprises étrangères étaient installées à Shanghai en 1854. Les années 1860, voient la création des banques modernes. Avant cette période, toutes les entreprises sont de grande taille. Presque toutes comptent un *comprador* dans leur personnel, Shanghai dispose alors de 120 *compradors.* Dans le même temps, le nombre de *compradors* établis dans les autres ports

---

[119] 乔治.F.韦勒（福州）致 A.F.侯德函，1859 年 6 月 18 日，琼记档，FM-49.
Voir, la lettre du 18 juin 1859 adressée de George .F. Weller (Fuzhou) à Heard A.F., issue des archives de l'Entreprise américaine Augustine Heard & Co, FM-49.

[120] XU Run, est *comprador* de l'entreprise Dent & Co qui est un rival direct de l'entreprise Jardine Matheson. Avec Russell & Co, ces trois sociétés britanniques sont reconnues comme l'origine de *Canton Hongs* actifs à l'époque où Hong Kong était encore une colonie de l'Angleterre. TANG Jingxing qui travaille pour l'entreprise Jardine Matheson et CHEN Zhuping pour l'entreprise Russell & Co et XU Run, ils sont devenus au cours des années 1860 les leaders des *compradors* dans les zones côtières du nord du pays et de la rivière *Yangtze*.

chinois est au moins égal à celui de Shanghai, ce qui porte le nombre total de *compradors* en Chine à environ 250 en 1854.

En 1870, le nombre d'entreprises étrangères installées en Chine s'élève à 550 (dont 203 à Shanghai et 202 à Hongkong) et celui des *compradors* à environ 350.

Bien qu'il existe une grande variété des fonctions exercées par le *comprador*, l'importance de chacune d'elles n'est pas la même dans tout le pays. Par exemple, à Canton et à Hong Kong, les *compradors* sont principalement des gestionnaires de fonds au profit des entreprises étrangères, alors qu'à Fuzhou, la mission de *comprador* est généralement l'achat de marchandises sur le continent toujours pour le compte des entreprises étrangères. À Shanghai, les *compradors* jouent un rôle essentiel, car ils peuvent avoir la mainmise sur les *compradors* du fleuve Yangtze et sur ceux des ports situés dans le nord de la Chine. Ils peuvent également être engagés pour diverses missions comme entrepreneurs pour le compte de sociétés étrangères. Les *compradors* établis à Tianjin et à l'embouchure du fleuve Yangtze sont les représentants des entreprises étrangères dans les affaires d'achat et de vente de marchandises, tandis qu'au Japon, le *comprador* est plutôt utilisé par les expertises étrangères en qualité d'expert dans le cadre du commerce du thé.

À l'origine, port modeste et village de tisserands, Shanghai ne semblait pas promise à pareil essor cosmopolite. Étant donnée sa situation stratégique à l'embouchure du Yangzi Jiang, au centre de la Chine, et la proximité avec des villes aux productions artisanales réputées (Suzhou, Hangzhou)[121], à la suite de l'ouverture de cette ville aux étrangers à partir du milieu du XIXe siècle, Shanghai devient un centre commercial international[122]. Cela valorise l'accroissement des installations de filiales bancaires occidentales et de bureaux de grandes sociétés occidentales. Les *compradors* de Shanghai occupent alors une place particulièrement importante. Ils deviennent souvent « des *compradors* généraux » et gèrent ainsi les *compradors* situés dans le nord du pays. Ils peuvent aussi être chargés des affaires portuaires internationales et d'affaires de toutes sortes. En 1860, TANG Jingxing, XU Run et CHEN Zhuping deviennent « leader » dans les zones côtières du nord du pays et de la rivière Yangtze.

73. Le *comprador* est né d'un environnement particulier et répond à une demande.

L'institution du *comprador* résulte d'une situation politique et économique spécifique. Les doctrines chinoises et étrangères n'ont pas la même approche quant à son origine.

---

[121] Le thé et la soie sont les spécialités artisanales de ces deux villes.

[122] Voir plus de détails sur le site : http://www.cndp.fr/crdp-reims/fileadmin/documents/preac/patrimoine_mediatheque_troyes/16-_Shanghai.pdf

Le chercheur japonais Nei Tian Zhi[123] pense que si l'institution du *comprador* a pu se développer, c'est grâce à la maitrise de la langue, de l'économie et la psychologie qui la caractérise. Il y aurait six raisons essentielles à cela :

La langue : Pour les occidentaux, il est très difficile d'apprendre la langue chinoise. Ils doivent donc avoir recours à un homme de confiance chinois qui maîtrise aussi bien l'anglais que la langue locale.

Les réseaux : Les Chinois passent en effet leur temps à se rendre des services d'où l'importance des réseaux en Chine, appelé « *Guanxi* »[124]. Cela tient au fait que les Chinois font plus confiance au réseau relationnel qu'au crédit financier. De même les hommes d'affaires chinois n'accordent aucune confiance aux étrangers, s'ils n'ont pas de bonnes relations. Le *comprador* joue donc un rôle indispensable en établissant un pont entre eux.

Le sous-développement des moyens de transports, les différentes pratiques commerciales locales, l'encombrement du système douanier provincial appelé système *likin,* le besoin de compétences professionnelles pour l'identification des produits au moment de la transaction et les échanges avec l'arrière-pays expliquent la présence d'organisations intermédiaires, de maisons de commerces que la présence du *comprador* apporte.

En raison de l'irrégularité et la diversité des monnaies et systèmes de poids et mesures adoptés par les différentes régions de Chine, il est nécessaire de disposer d'un professionnel possédant les connaissances techniques appropriées.

L'union des fédérations professionnelles est très forte en Chine. Malgré toutes sortes de défauts, elle ne peut pas prendre immédiatement des mesures pour rationaliser le processus de répartition. Il est donc difficile d'en exclure le *comprador* et les autres organisations commerciales intermédiaires. Comme nous pouvons le noter, l'existence de ces fédérations professionnelles en Chine n'est pas sans rappeler celle des guildes des temps anciens. La création de ces associations, de ces guildes résulte, à n'en pas douter, d'un réel besoin, d'une attente des acteurs de ces marchés.

L'institution du *comprador* s'est formée sur une base spécifique de la culture chinoise. Les Chinois sont effectivement très attachés aux respects des liens familiaux. Les relations et les responsabilités entre chaque membre de la famille sont clairement définies. Par ailleurs, le fait que le *comprador* doive payer une caution est une bonne garantie pour les étrangers.

Le chercheur occidental Allen et aussi de nombreux chercheurs chinois partagent la même analyse faite par le chercheur japonais Nei Tian Zhi. Dans Les échanges commerciaux entre la Chine et les pays occidentaux, la

---

123 Chercheur japonais.

124 关系 « guānxi » est un terme chinois renvoyant aux relations inter-personnelles entre deux individus. D'une dynamique importante dans la société chinoise, il peut être traduit par « réseau » en français ou « networking » en anglais.

langue et les coutumes locales constituent une barrière, il est donc nécessaire de trouver un intermédiaire pour permettre aux deux parties de communiquer. On peut donc conclure que le système *comprador* a émergé pour trois raisons fondamentales : la différence de langue, les coutumes différentes et les demandes commerciales. Mais le *comprador* joue également un rôle socio-économique , celui du *« vannage »*.

Le chercheur japonais Suzuki Soichiro a utilisé la métaphore du « vannage » pour décrire le rôle du système *comprador*. Il trouve que dans une relation économique, l'existence de l'étape intermédiaire entre les pays de différents stades de développement économique est nécessaire. À son avis, le système *comprador* est comme un système de « vannage ». Les pays capitalistes sont comme le niveau supérieur de l'eau, les pays moins développés sont comme le niveau inférieur, il est indispensable d'avoir un « vannage »[125] pour équilibrer les niveaux, il s'agit du système *comprador*.

Ce rôle de vannage est une notion économique importante. Dans de nombreux pays en voie de développement, il existe bien souvent un gouffre social entre ce qu'il est commun d'appeler les couches pauvres et les couches riches. La richesse étant bien entendu concentrée dans l'étage supérieur et l'écart est immense. L'Inde en est une illustration comme la Chine. La conséquence en est que le marché intérieur du pays en question se limite aux couches supérieures, aux classes très aisées et est donc, de ce fait, très limité.

74. Dans l'histoire de la Chine, il ressort que la naissance et le développement du système *comprador* ont davantage profité aux commerçants étrangers, car ils pouvaient accroitre leurs profits par le biais d'un « *dumping* », et ainsi avoir une emprise sur le développement économique de la Chine.

Le commerce international et les investissements étrangers apportent non seulement des capitaux et des devises aux pays en voie de développement, mais aussi fournissent des connaissances scientifiques et technologiques, des compétences dans le domaine de la gestion des entreprises et de l'organisation administrative ainsi que dans le domaine de l'innovation dans les produits et le processus de production. Le commerce extérieur était, et est encore, l'un des facteurs fondamentaux pour promouvoir la stabilité de l'économie et accroître le revenu national d'un pays. Plus le niveau de production est élevé, plus il est facile de se débarrasser « du cercle vicieux de la pauvreté ». Le commerce extérieur peut augmenter les niveaux de revenu et par contrecoup accélérer le développement économique. Nous sommes pleinement ici dans le modèle du vannage et /ou de l'éclusage que nous venons de décrire.

---

[125] Le mot « vannage » est un mot technique, souvent utilisé dans la construction d'infrastructures, qui permet de varier la hauteur d'eau afin de garantir un équilibre.

Les hommes d'affaires chinois dans le secteur du commerce extérieur, jouent un rôle très important, car ils doivent aussi contrôler les marchandises du continent. Bien que certaines entreprises occidentales à Shanghai bénéficient parfois de l'ouverture des ports en référence aux divers traités internationaux du commerce de marchandises locales, le transport de cargaisons, reste en grande partie géré par les hommes d'affaires chinois.

Le *comprador* maîtrise les rudiments du commerce international, il peut être en concurrence en dehors de la Chine avec les commerçants occidentaux. Selon Thomas Knox, « Le *comprador* est très actif au Japon, il est en compétition avec des entreprises européenne, même japonaises »[126]. Les commerçants chinois ont acquis le monopole du marché indonésien du fait d'avoir obtenu les résultats les plus satisfaisants. Certaines entreprises étrangères ont été ainsi chassées du marché. En outre, le *comprador* est largement présent dans d'autres pays de l'Asie du Sud par exemple, Bangkok, Penang, Malacca, Singapour, Java et Manille.

75. Pour conclure, l'histoire nous enseigne en effet que la modernisation se développe par glissements successifs, entraînant dans son courant des pans entiers d'anciennes structures en prenant appui sur des pratiques et idées traditionnelles mises au service d'objectifs nouveaux. Il importe de s'interroger sur ce que les succès récents doivent à ce passé plus ou moins proche, à partir du moment où ils continuent à se reposer sur ces expériences antérieures.

La modernisation asiatique, à ses débuts, est inextricablement liée à la présence occidentale, dont le souvenir demeure douloureux pour les uns, honteux pour les autres et finalement insupportable à tous. L'ignorance est une autre raison de cette impasse faite sur l'histoire. Les révolutions, qui ne changent pas toujours l'avenir, ne manquent pas de transfigurer le passé. Celles d'Asie n'ont pas failli à cette règle. Les contacts avec l'Occident, sous le signe duquel s'est développée la modernisation asiatique, ont été critiqués comme étant les seuls à vouloir manœuvrer sur une « page blanche », en faisant « table rase de l'histoire ».

76. Malgré tout, la mise en œuvre des traités inégaux a favorisé indirectement la diffusion des règles maritimes en Chine. D'une part, conformément aux traités, la législation d'un pays occidental pouvait s'appliquer aux affaires chinoises. D'autre part, suite à l'ouverture des ports aux investissements étrangers et à l'installation des concessions territoriales, les coutumes

---

[126] Romancier et journaliste, Sean Thomas, plus connu sous le pseudonyme de Tom Knox, est né en Angleterre. Il a parcouru le monde entier comme reporter pour le *Times*, le *Guardian* et le *Daily Mail*.

maritimes, comme le connaissement et l'assurance, ont émergé progressivement dans le commerce maritime chinois.

En réalité, les États ont souvent agi, en imposant à d'autres États ce qu'ils pensaient être bon pour eux. À la différence des commerçants, les États considèrent qu'ils ont vocation à diffuser leur système de valeurs, de croyances. La Grèce, Rome, la République française et ses idées issues de la Révolution, mais également la Russie et la Chine ont ainsi agi pour ce qui concerne la pensée communiste.

Le *comprador* qui est le terme le plus proche du concept de « commissionnaire » du droit français, a disparu au milieu du XXe siècle sans laisser aucune trace dans la législation chinoise. Toutefois, une autre expression « *Non-Vessel Owning Common Carrier* (*NVOCC*) » d'origine américaine, apparue en Chine au début du XXIe siècle a profondément impacté le commerce maritime.

§2. – Identification des *NVOCC* en Chine

77. La méconnaissance de la notion chinoise « *NVOCC* » et l'incertitude de son statut juridique dans le droit chinois ont développé une ambigüité. On trouve l'illustration de cette ambigüité dans un arrêt de la Cour maritime chinoise de Ningbo repris par la Cour de cassation le 3 décembre 2013 à Paris, qui en a fait expressément mention[127].

Il s'agissait en l'espèce d'un litige causé par une mauvaise opération d'importation de matériel chinois en France. Ce litige a été tranché par la Cour maritime chinoise de Ningbo le 21 juillet 2008[128] puis repris le 2 novembre 2011 devant la juridiction française. Les juges du fond ont été troublés par les mécanismes contractuels résultant de l'intervention du *NVOCC*, Dachser Far East Ltd, et la Cour de cassation également. La Chambre commerciale de la Cour de cassation elle-même a dû consacrer neuf pages à sa décision de cassation partielle.

78. L'acronyme du *NVOCC* se réfère en anglais, au « *non vessel operating common carrier* ». Nous verrons successivement la définition et la compréhension de la notion de *NVOCC* (A), son statut juridique (B).

---

[127] Arrêt du 3 décembre 2013 de la Cour de cassation (Ch.com.), n°12.13459, Voir obs. de SCAPEL, « Livraison sans connaissement par le ''delivery agent'' : Qui est responsable ? », *DMF* n°757 avril 2014, p.320.

[128] Sous le numéro de n° (2008) 甬海法商初字第 4 号.
Voir le jugement de la cour maritime de Ningbo en version chinoise sur le site : http://www.seaoff.com/article/case/foreign/326.html

A. – La consécration de la notion de NVOCC

79. Le *NVOCC* est une expression communément employée par les *Seafreight Forwarders* dans beaucoup de pays, mais il faut préciser qu'elle existe toutefois sous différentes interprétations.

Le *NVOCC* n'avait pas une définition juridique commune au sens strict du terme, c'est un concept né de la pratique. Dans les opérations internationales de transport, beaucoup de transitaires ne possédant pas de navire ont pourtant développé leurs affaires en s'identifiant comme transporteur. Par conséquent, le *NVOCC* de façon générale était reconnu comme un transitaire, et ses activités ont toujours été considérées comme une part importante des activités de transitaire. Sur le plan international, les États-Unis ont séparé pour la première fois le concept du *NVOCC* de la fonction de transitaire dans l'» *Ocean Shipping Reform Act* de 1998 ».

80. Plus précisément, le concept de « *NVOCC* » est né aux États-Unis. En effet, en 1961, l'*US Federal Maritime Commission* a employé pour la première fois dans sa circulaire n°4, une définition formelle « *NVOCC* ». Le *Shipping Act* de 1984 des États-Unis d'Amérique a postérieurement donné une définition légale de « *NVOCC* » ou « *non-vesses- operating common carriers* », qui peut être traduit comme « transporteurs maritimes non opérateurs de navires ». Puis cette dénomination consacrée par la modification de la loi de 1984 en 1998, dite le *Shipping Reform Act* de 1998, entrée en vigueur le 1er mai 1999, a été reprise par la pratique[129].

Les Philippines sont le seul et rare pays après les États-Unis ayant adopté le 23 août 1984 cette définition juridique dans les « Règles applicables aux *Non-Vessel-Operating Common Carrier* et transitaires » (*Rules Governing Non-Vessel-Operating Common Carriers And Ocean Freight Forwarders*)[130].

L'Europe n'a pas connu le terme « *Common carrier* », c'est-à-dire « transporteur public ». Par conséquent, il n'a aucun sens juridique clair, malgré une pratique courante dans les transports européens. La distinction entre transporteur public et transporteur privé est initialement établie par la loi américaine de 1984. Les transporteurs publics sont réglementés par la Commission maritime fédérale américaine, ce qui n'est pas le cas pour les transporteurs privés. Le transporteur public est tenu d'accepter les expéditions de tout expéditeur et est responsable de la perte ou de l'avarie des marchandises, à quelques exceptions près. Alors que le transporteur privé ne

---

[129] Jean-Michel MORINIERE, *Non Vessel-Operating Common Carriers* (*NVOCC*) : Essai sur le concept de transporteur maritime contractuel, thèse, Université de Nantes, 1997.

[130] Voir le site: http://article.chinalawinfo.com/ArticleHtml/Article_35320.shtml

traite que certains clients sélectionnés et n'est responsable d'un manquement à ses obligations en cas de négligence.

La Chine a partiellement transféré ce concept dans ses règlements administratifs en 2002. Pourquoi dit-on « partiellement » ? Selon la réglementation américaine, qu'ils soient dans le transport terrestre, fluviale ou maritime, les transporteurs peuvent se distinguer entre transporteurs publics, « *Common Carrier* » et transporteurs privés « *Private Carrier* ». En effet, la distinction entre transporteur privé et public est la base de l'établissement du système de surveillance du code de transport américain[131], que la législation chinoise ignore.

Le *Shipping Act* de 1984 prévoit que les *NVOCC* ne sont pas propriétaires du navire, ils ne disposent pas non plus du navire, mais fournissent tout simplement des services de transport maritime aux lignes régulières. Par rapport à la loi américaine, les règlements philippins mettent l'accent sur les caractéristiques « ne disposant pas du navire » et précisent le champ d'activités : limité dans le transport maritime de lignes régulières tout en étant non applicable pour l'affrètement.

Les transporteurs « publics » ou « communs » sont les personnes ou entités définies qui transportent des marchandises commissionnées alors que les transporteurs privés ont le choix de leurs clients. Le transporteur public est un concept qui se définit relativement au transporteur privé. L'objet principal de cette distinction est que l'ingérence juridique de l'État et ses responsabilités sont différentes. Certains chercheurs chinois ont expliqué pourquoi cette division n'existait pas en Chine. Par ailleurs, les « Règlements de la République populaire de Chine sur l'expédition maritime internationale » ne stipulent pas clairement si les *NVOCC*s peuvent fonctionner différemment que le transport public.

81. La professeure CHEN Yumei estime que la raison pour laquelle la loi chinoise n'a que partiellement intégré le concept du *NVOCC* est qu'il ne peut être déterminé par les limites de son statut juridique telles que définies dans le domaine du transport public[132]. Contrairement au transporteur public,

---

[131] Voir, « *...The NPR then stated that the heart of the matter was how to distinguish between ocean common carriers ("OCCs") and non-vessel-operating common carriers ("NVOCCs"). The distinction is significant under the Shipping Act because only OCCs can enter into and file agreements with the Commission and receive antitrust immunity therefor. In addition, only OCCs can offer service contracts to shippers, although NVOCCs can enter into service contracts as shippers.* ».
https://www.federalregister.gov/articles/2000/05/08/00-11338/ocean-common-carriers-subject-to-the-shipping-act-of-1984

[132] CHEN Yumei, 陈玉梅, Étude sur le statut juridique de l'entrepreneur de transport multimodal et ses obligations, 《多式联运中的承运人法律地位与权利义务研究》, duoshi lianyun zhong de chengyunren falvdiwei yu quanli yiwu yanjiu, China Social Sciences Press, 2010, 中国社会科学出版社, 2010 年。

les *NVOCC* n'ont pas les mêmes capacités, ni les mêmes moyens de compensation et leurs capacités de contrôle sont beaucoup plus réduites. Si on intégrait également le transporteur privé, la situation en Chine serait chaotique. Monsieur HUANG Yi partage le même point de vue dans son article intitulé « Analyse des caractéristiques et du statut juridique des *NVOCC* » : « *Le risque de NVOCC pour l'ensemble du système de transport est prévisible, seulement dans le cadre du transport public. Dans cette circonstance, le risque assumé par l'expéditeur sera faible, et le système de transport sera également ordonnée et sûr.*»[133].

CHEN Yumei considère que le *NVOCC* est responsable de l'ensemble des opérations de transport. Lorsque le *NVOCC* mène une activité de transport unimodale ou multimodale, il signe un contrat de transport en son propre nom et délivre un document de transport qui, bien qu'il n'effectue pas lui-même le transport, fait de lui le transporteur contractuel. Comme pour tout transport, il reste que le transporteur contractuel est généralement responsable tout au long du voyage, tandis que le transporteur effectif ne sera responsable que de son opération effectuée.

Certains chercheurs considèrent que le *NVOCC* a dépassé son rôle du simple transitaire en tant qu'agent. Le *NVOCC* assume formellement la double responsabilité d'un mandataire pur et d'un opérateur pour assumer formellement la responsabilité indépendante du transport. Nous pensons que le système français de la commission de transport pourrait peut-être résoudre cette confusion et éclairer les chercheurs chinois.

82. Si aucune définition juridique des *NVOCC* n'est précisée par la loi chinoise, les « Règlements de la République populaire de Chine sur l'expédition maritime internationale » ont néanmoins décrit leurs activités dans l'Article 7 :

« *Être engagé dans des services non-vessel-operating, les formalités à enregistrer dans le B/L seront subies avec le département de communications compétent du Conseil d'état et la garantie de sécurité sera payée en conséquence.*

Les services non-vessel-operating, comme visés au paragraphe précédent, signifient de telles opérations commerciales maritimes internationales de transport dans lesquelles un transporteur commun non-vessel-operating accepte des expéditions du chargeur comme transporteur, publie ses propres B/L ou d'autres documents d'expédition, obtient par l'opérateur internatio-

---

133 HUANG Yi, 黄毅，Analyse des caractéristiques et du statut juridique des *NVOCC*, 《简析无船承运人的法律概念特征及地位》，Jianxi wuchuan chengyunren de falv gainian tezheng ji diwei, Foreign Economic and Trade Practice, n °4, 2006, p30, 对外经贸实务，2006 年第 4 期，第 30 页。

nal le transport des marchandises par la mer contre le paiement du fret par le chargeur, et assume les responsabilités d'un transporteur.

Être engagé dans des services non-vessel-operating dans le territoire chinois, une entreprise en tant que personne juridique sera établie selon la loi dans le territoire chinois ».

Le Conseil d'État chinois a promulgué les « règlements maritimes internationaux », entrés en vigueur le 1er janvier 2012. Ces règlements ont transféré mécaniquement de la législation américaine aux règlements administratifs le terme *NVOCC*. Pour la première fois l'expression « *NVOCC* » est employée en droit chinois. Cela a créé relativement beaucoup de confusion dans le droit relatif aux transports. La création de concepts *NVOCC* dans la législation chinoise complique sans aucun doute les critères de responsabilité et les limites de celle-ci entre les transitaires et les transporteurs.

En effet, les « Règlements de la République populaire de Chine sur l'expédition maritime internationale »[134], évoquent officiellement pour la première fois le concept de *NVOCC* et prévoient les dispositions correspondantes telles que le système d'enregistrement des connaissements, le système de dépôt de garantie etc. Ceci a attiré une grande attention et provoqué de vives discussions dans le milieu du commerce maritime. Le ministère des transports a ensuite publié les règles d'application des dits Règlements pour les rendre fonctionnels en mettant particulièrement l'accent sur les activités des *NVOCC* et sa supervision[135].

83. Néanmoins, il existe beaucoup de controverses entre les théoriciens et praticiens sur le statut juridique des *NVOCC*, la nature de leurs connaissements émis, leurs privilège et droit de rétention sur les marchandises et leurs réglementaires.

Les États-Unis disposent d'un système très strict de gestion des *NVOCC*. Selon la Loi américaine sur la réforme des transports de 1998 (*OSRA*1998), le transitaire international (*Freignt Forwarder*) et le *NVOCC* doivent tous obligatoirement payer une caution et faire une demande auprès de la Commission maritime fédérale américaine (*FMC*) pour obtenir une licence d'accès aux affaires maritimes. Le montant du dépôt de garantie s'élève pour le *Freingt Forwarder* à 50 000 $ et pour le *NVOCC* (si c'est l'entreprise) à 75 000 $, si c'est une succursale (qui n'est pas une personne morale) à 10 000 $; pour le *NVOCC* étranger à 150 000 $. La Commission maritime fédérale peut sanctionner le *NVOCC* en cas de plaintes, et même l'obliger à s'acquitter d'une indemnité. Dans le cas où le *NVOCC* refuse de payer ou est

---

[134] En anglais « *Regulations of the People's Republic of China on International Ocean Shipping* » publié par le gouvernement chinois le 11 décembre 2001.

[135] Les « Règles d'application du Règlement de la République populaire de Chine sur l'expédition maritime internationale » sont entrés en vigueur le 1er mars 2003.

incapable de payer, elle est automatiquement prélevée sur sa caution. Aux États-Unis, quelques soient les sanctions ou dommages et intérêts des parties civiles, la décision revient au *FMC*, de prélever les sommes dues du dit dépôt de garantie.

La Chine a pris l'exemple sur la Commission maritime fédérale américaine, en introduisant dans l'article 7 de ses Règlements que toutes les activités du *NVOCC*, sont soumises à l'obligation de faire un enregistrement et de payer une caution auprès du ministère des Transports. L'article 8 prévoit que la personne qui souhaite exercer dans une activité du *NVOCC* doit fournir les documents nécessaires qui prouvent qu'elle a déjà pris en charge le dépôt de garantie lorsqu'elle a fait sa demande pour l'enregistrement du connaissement au département concerné du Conseil d'État. Le montant s'élève à 800 000 yuans[136]. Si chaque établissement évolue d'une branche, une augmentation de dépôt de garantie de 200.000 yuans sera demandée. Le dépôt de garantie doit se faire auprès d'une banque chinoise résidant en Chine par l'ouverture un compte spécial.

Les « Règlements » ont créé un système d'accès au marché en établissant le dépôt de garantie. Ils ont aussi permis de mettre en place un système de recours en cas de dommage et un système de responsabilité administrative. Ces « Règlements » aident à prévenir, réduire la fraude maritime et protéger les droits ainsi que les intérêts légitimes des parties, que ce soit pour la réduction des risques des activités du *NVOCC* impliqués dans le système de transport. En revanche, dans un autre sens ceci augmente également le coût des opérations illégales. Cet aspect de dépôt de garantie n'est pas sans rappeler celui qui était demandé aux « *compradors* » qui eux aussi intervenaient dans le cadre d'échanges liés au commerce international. Le *comprador* était responsable et cette responsabilité était « couverte » par la garantie qu'il mettait en œuvre.

84. Avec l'adhésion de la Chine à l'Organisation mondiale du commerce (OMC) et l'accélération du processus d'internationalisation, la proportion des *NVOCC* dans le transport maritime en Chine a connu une nouvelle hausse. Le 25 Mars 2005, le ministère des transports chinois a approuvé 1621 entreprises qualifiées en tant que *NVOCC*. Selon ce processus et en raison de la réforme organisationnelle, portant sur la restructuration et la transformation de la structure de l'entreprise, il y a eu 109 entreprises qui sont sorties des activités des *NVOCC*[137].

---

136 Yuan ou Renminbi chinois (CNY) est la monnaie utilisée en Chine. 1,00 Yuan ou renminbi chinois = 0,14 Euro. 1 EUR = 6,94 CNY. Le taux de change est actualisé chaque jour.

137 Voir le site :
http://www.maritime-china.com/magazine/article/articleFront.do?method=viewPhysicalDetail&categoryId=33&id=291

L'entrée de la Chine dans l'OMC a constitué un grand défi dans le commerce international, et à conduire le gouvernement chinois adapter sa législation pour faciliter l'implantation étrangère d'activités commerciales en Chine. En accord avec le nouveau catalogue *Industrial Guiding Foreign Investment*, le gouvernement promet que l'investissement étranger peut prendre une part de 50% dans une entreprise de transport (à l'exclusion de celles exclusivement exploitées par les agences postales et pas plus de 49% pour les entreprises de messagerie). Depuis le 11 décembre 2002, les investisseurs étrangers peuvent détenir la majorité des actions et, au plus tard le 11 décembre 2005, peuvent créer des sociétés d'expédition de fret en propriété exclusive en Chine.

Lorsque nous envisageons l'avenir au XXIe siècle, l'investissement étranger deviendra le principal moteur du marché intérieur et apportera une compétitivité internationale à l'industrie chinoise. Il s'agit d'un autre aspect de la « mondialisation » lié aux investissements en provenance de l'étranger. « *E pluribus unum* » tous unis dans un seul et même but, la croissance par le biais du commerce international. Comme nous l'avons évoqué et l'évoquerons encore, c'est ce principe qui est le fondement de la demande de l'État chinois aux États européens de s'impliquer financièrement dans la construction de la « nouvelle route de la soie ». Cette « ouverture » du territoire chinois aux sociétés étrangères désirant exercer une activité dans le domaine du transport peut être considérée comme un geste d'accueil et d'équilibrage dans le cadre de ce projet bien plus vaste qu'est la construction de cette nouvelle « route de la soie ».

85. Pour les *NVOCC* étrangers, les Règlements prévoit dans leur article 7 qu'une entité juridique doit être créée à l'intérieur du territoire chinois pour y exploiter des services non maritimes. Compte tenu de la pratique internationale dans le commerce maritime, une entreprise étrangère peut solliciter du fret et conduire des affaires maritimes en Chine sans y établir une présence commerciale. La réglementation prévoit que les entreprises étrangères doivent être confiées à un agent local. En fait, avant l'entrée en vigueur du Règlement, les armateurs étrangers et les *NVOCC* étaient déjà entrés sur le marché maritime chinois en confiant leurs intérêts à des agents locaux. Selon

---

Étant donné que le ministère des Transports a annoncé la liste du premier lot de 29 entreprises *NVOCC* correspondant aux critères du « règlement du transport maritime », jusqu'au 20 Décembre 2013, 4619 entreprises sont qualifiées en tant que *NVOCC* en Chine, dont 4070 *NVOCC* territoire, ce qui représente environ 88% de l'activité totale *NVOCC*, dont 549 d'outre-mer (y compris Hong Kong, Macao et Taiwan), ce qui représente environ 12% du total. Jusqu'en Février 2014, les *NVOCC* se situent principalement à Shanghai (1187), Shenzhen (574), Canton (400), Qingdao (333), Tianjin (317), Dalian (172), Beijing (153), ce qui représente environ 68% du total. Le dépôt d'enregistrement auprès du ministère des Transports est principalement le connaissement du transport multimodal ou connaissement maritime.

nous, cela pourrait s'apparenter à la résurgence d'un concept moderne de « *compradors* ». Par conséquent, afin d'uniformiser l'exploitation des *NVOCC* étrangers en Chine et de protéger les intérêts des expéditeurs chinois, les Règles précisent dans leur article 13 que pour exploiter un service d'exploitation autre qu'un navire sur le territoire chinois, une entreprise étrangère doit enregistrer son connaissement auprès du Ministère des Communications (MOC), déposer un cautionnement et acquérir une qualification. L'article 27 énonce que si un *NVOCC* doit faire appel à un agent pour délivrer un connaissement ou d'autres documents, il doit confier à un opérateur légalement chargé de services d'expédition internationale, un *NVOCC*, ou à un opérateur des entreprises auxiliaires maritimes internationales. Les règles exigent que le mandant et son agent aient besoin d'une qualification juridique pour l'opération. L'article 31 prévoit que les *NVOCC* doivent publier un briefing sur leur agent dans les médias de masse désignés par le MOC.

L'ajout des dispositions ci-dessus sur la base du Règlement est dicté par les circonstances concrètes en Chine et conformément à l'intention du Règlement.

86. Dans le cadre d'un transport opéré par un *NVOCC* qui est un entrepreneur ne disposant d'aucun moyen de transport en propre, mais qui sous-traite les opérations de déplacement de la marchandise. Le contexte actuel en Chine fait que ce concept (*Non-Vessel-Operating Common Carrier* ou *NVOCC*) correspond souvent à un terme désignant une société qui achète dans les opérations internationales de transport une capacité de transport maritime. Il s'agit généralement d'achat de conteneurs maritimes auprès d'une compagnie maritime qu'elle revend ensuite à ses clients sous sa propre responsabilité. Le contrat de transport est matérialisé par un connaissement maritime maison (*Bill of Lading House*). La société groupe ensuite les marchandises de plusieurs expéditeurs dans un conteneur pour une destination et les dégroupe à l'arrivée.

Les principaux acteurs connus en France sont *Confreight* et *Ecu Line* qui sont de véritables *NVOCC*. Des commissionnaires de transport exercent également cette activité. Il s'agit par exemple de DHL qui exerce sous le nom de *Danmar*, *Kühne + Nagel* sous le nom de *Blue Anchor line*.

87. Le droit positif comparé n'offre pas de réponse univoque sur ce sujet.

Cependant, il est intéressant de noter que cette notion de *NVOCC* a émergé d'un besoin exprimé par les opérateurs de l'activité du dit marché du transport maritime. L'on pourrait donc imaginer que leur participation active à l'évolution du droit maritime des transports est incontournable et ce sous une forme plus impliquée que celle de simples observateurs. Les *NVOCC* émettent donc des documents de transport. Cependant, ces documents ou B/L n'ont pas à proprement parler de caractère représentatif.

Pendant longtemps et encore aujourd'hui, la juridiction chinoise a décidé que l'importance que revêt le connaissement en droit maritime, est non seulement un document de transport qui a une force probante particulière, mais aussi un titre représentatif de la marchandise. Il est d'ailleurs négociable. Selon MM. BONASSIES et SCAPEL, si cette particularité est reconnue dès 1787 en droit anglais, « *ce n'est qu'en 1859 que la Cour de cassation posait le principe que la propriété des marchandises voyageant par mer est représentée par le connaissement, la Cour ajoutant que le connaissement, ainsi que les marchandises dont il est la représentation, se transmet par la voie de l'endossement* »[138]. En statuant ainsi, notre Cour n'a fait qu'adopter les conceptions de la doctrine française en cours depuis le début du XIXe siècle[139]. Nous n'insisterons pas ici sur l'importance que revêt le connaissement dans le commerce maritime. Mais nous nous interrogerons sur les documents émis par les *NVOCC*, pour savoir s'ils ont les mêmes fonctions que le connaissement traditionnel ? Les documents émis par le *NVOCC* ont-il le caractère représentatif de marchandises ? Il est important de préciser que ces documents sont différents du connaissement classique.

En pratique, le *NVOCC* émet un connaissement à son nom, souvent appelé « *House bill of lading* » et sur lequel son client apparaît comme chargeur. Dans un second temps, le transporteur maritime « réel », auquel recourt le *NVOCC*, établit un autre connaissement, dénommé « *Master bill of lading* » et sur lequel il apparaît alors comme chargeur. Il arrive fréquemment que son agent maritime y figure comme destinataire. Ces documents sont souvent signés « *As agent for the carrier* » et non « *As carrier* » : cette mention a pour but de transférer les risques et les responsabilités au transporteur réel, grâce à l'« *identity of carrier clause* ». À l'arrivée de la marchandise, le réceptionnaire recevra, en échange du document de transport émis par le *NVOCC* au départ, soit l'original du connaissement émis par l'armateur au profit du *NVOCC*, soit un « bon à délivrer » émis par l'agent de l'armateur au port de déchargement. Grâce à ce document, le réceptionnaire pourra alors retirer directement la marchandise auprès du transporteur réel.

Un double niveau de documentation : entre le *NVOCC* et son client d'une part, et entre le transporteur réel et le *NVOCC* d'autre part est à l'évidence source de difficultés. Il est souvent difficile de distinguer les titres de transport émis par les *NVOCC* aux titres de transport combiné délivrés par les armateurs traditionnels puisqu'ils sont presque identiques. Il s'agira donc de déterminer qui contracte et en quelle qualité.

Selon l'article 19,1 des Règles et Usances de 2007, « le document de transport peut être émis par toute partie autre qu'un transporteur, un proprié-

---

[138] P. BONASSIES et SCAPEL, *Traité du droit* maritime, *op. cit.*, n°987, p.759.
[139] P. BONASSIES et SCAPEL, *Traité du droit* maritime, *op. cit.*, n°937, p.727 et n°987, p.759.

taire, un capitaine ou un affréteur pour autant que le document de transport soit conforme aux exigences des articles 19, 20 (traitant du connaissement), 21, 22, 23 et 24 de ces règles ». On appliquera donc aux documents de transport émis par les *NVOCC*, de même qu'aux connaissements FIATA, les mêmes règles qu'au connaissement classique. Il suffira donc que l'opérateur apparaisse au connaissement en tant que transporteur ou agent du transporteur.

Les clauses et conditions de transport des documents émis par les *NVOCC* sont rarement compatibles avec celles des transporteurs traditionnels. Au niveau de la forme, le connaissement émit par le *NVOCC* est similaire à l'original, il peut être aussi considéré comme preuve du contrat de transport, de la réception des marchandises. Contrairement au connaissement traditionnel, les documents du transport établis par les *NVOCC* n'ont cependant pas de caractère représentatif. Les connaissements de *NVOCC* comportent le plus souvent une mention spéciale intitulée « *For delivery, please apply to...* », « *Agents to contact at destination...* », ou encore « *For the release of goods apply to...* ». En général, dans la pratique, le destinataire devra d'abord contacter l'agent du *NVOCC* à destination et échanger auprès de lui le connaissement émit par le *NVOCC* contre le connaissement original ou un « bon à délivrer ». La valeur particulière conférée au connaissement par le droit maritime entraine pour les parties au contrat de transporteur une conséquence quant à la livraison de la marchandise : le transporteur ne peut valablement livrer la marchandise que sur présentation de l'orignal du connaissement, et ce même lorsque le connaissement est à ordre.

88. En France, il n'existe pas de définition légale ou jurisprudentielle du *NVOCC*[140]. Comme la marchandise voyage sans frontière, les juristes français se sont retrouvés dans l'obligation de traiter des contentieux maritimes liés aux *NVOCC*. Confrontés à ce problème, ils se sont intéressés à la notion de *NVOCC* et à ses attributions. La question de sa qualification juridique s'est donc résolue au cas par cas, au regard de la mission qu'il exécute, la manière dont il se présente et sont rédigés les documents de transport. Plusieurs arrêts rendus en France, ont qualifié le *NVOCC* selon différentes fonctions en différentes identités, soit commissionnaire de transport, soit transporteur maritime, voire, dans certains cas, transitaire[141]. Nous parta-

---

[140] Pour la doctrine française, le *NVOCC* est *Non vessel operating common carriers* - Désigne, en trafic maritime international, les sociétés de transport qui ne disposent pas de navires proposés, mais affrètent des cales ou navires auprès d'armements classiques et délivrent à leur clients des connaissements maritimes établis à leur propre nom. Voir, *Le Lamy Transport*, Tome 2, édition 2017, Wolters Klumwer, n°682, p.381.

[141] Voir, CA Aix-en-Provence, 2e ch., 15 janv. 2009, n°RG : 06/20599, Orca Lines et a.c./ Sunripe et a. Dans cet arrêt, un *NVOCC* se revendique transporteur maritime et qui apparaît comme « carrier » dans les documents qu'il a émis est traité comme tel.

gions cette analyse de la responsabilité du *NVOCC,* qui a plusieurs casquettes dans les opérations de transport. Sa qualification doit être définie en fonction de son rôle. Il nous semble hasardeux de considérer que les règles du transport maritime doivent être systématiquement écartées, notamment la limitation de responsabilité. En effet, tout dépend du rôle que le *NVOCC* y a joué[142].

B. – Le statut juridique des *NVOCC*

89. Après l'entrée en vigueur des « Règlements de la République Populaire de Chine sur l'expédition maritime internationale », le *NVOCC* s'est séparé du transitaire, puis est devenu un opérateur indépendant dans les transports maritimes internationaux mais son statut juridique en Chine est troublant. Certains experts lui accordent le statut du transporteur, d'autres s'y refusent[143].

Depuis les années 1960, le transport de conteneurs offre un espace plus large pour le développement des transitaires. Avec le développement de la technologie des transports et de l'information multimodale, de plus en plus d'agents peuvent fournir un service de porte à porte « *door to door* ». Ensuite, ils ne se contentent plus de simplement fournir des travaux auxiliaires pour le transport de marchandises, mais de directement s'impliquer dans l'opération de transport.

Le Professeur GUO Ping[144] estime dans son article publié dans la revue du « Droit maritime chinois » que : l'article 42 du code maritime chinois a défini la notion de transporteur conventionnel et de transporteur réel. Cette disposition correspond à celle des Règles de Hambourg. Le transporteur, défini par le code maritime chinois, est la personne qui a conclu un contrat de transport de marchandises avec l'expéditeur. Ledit code ne mentionne pas si la possession d'un navire fait parti d'une des critères de la qualification du transporteur. Si le *NVOCC* a conclu un contrat en son propre nom avec un

---

Voir, Cass. com., 6 mars 2001, n°98-22.278, un *NVOCC* se charge de l'organisation du transport de bout en bout dans le cadre de la mission confiée, en son nom propre et en ayant le libre choix des voies et des moyens, il est qualifié de commissionnaire de transport.

Voir aussi, CA Rouen, 2e ch., 22 janv. 2009, n°RG : 07/01606, Axa Corporate Solutions et a.c / Philco International et a., *BTL* 2009, N° 3280; CA Aix-en-Provence, 2e ch., 8 déc. 2010, n° RG : 08/19807, SDV c/Axa Corporate Solutions et a.

142 *Contra*, P. BONASSIES et SCAPEL, *Traité de droit maritime*, *op. cit.*, n°951, p736.

143 ZHANG Haibin 张海滨, ''On the *NVOCC*'s Legal Status and the Character of Its B/L'' 论无船承运人的法律地位及其提单的性质, *World Shipping*, Vol 26, n°5, oct.2003,《世界海运》2003 年 10 月,第 26 卷第 5 期。

144 GUO Pin 郭萍, Professeur de l'Université maritime de Dalian 大连海事大学教授. « Wuchuan chengyunren haishi huoyun daili- jian dui zhongguo guoji haiyuntiaoli de pinglun » 无船承运人还是货运代理-兼对中国国际海运条例的评论, *NVOCC* ou transitaire ? – Observations du « Règlement maritime international, Zhongguo haishangfa niankan 中国海商法年刊, 2006 年第 16 卷，*Revue de Droit maritime chinois*, vol 16, 2006.

chargeur mais pas au nom du transitaire, il doit assumer par conséquent les obligations et responsabilités du transporteur maritime prévues par le code maritime chinois.

Selon les dispositions des « règlements sur l'expédition maritime internationale » et ses « applications », il y a beaucoup de points communs entre les transitaires et le *NVOCC*, comme par exemple le fait qu'ils peuvent tous les deux signer un contrat de transport international de marchandises, accepter et livrer des marchandises, recevoir le paiement du fret, émettre un connaissement, être engagé dans le décompactage de chargement de conteneurs et/ou le déchargement. Mais il y a encore beaucoup de différences en particulier en vertu des lois chinoises actuelles, à la fois, non seulement dans le champ de leurs activités, mais aussi en ce qui concerne des autorités de régulation et la mise en place de conditions. Selon les lois des États-Unis et des Philippines, la différence entre le transitaire et le *NVOCC* est précisée, de même son organisation. De son côté, l'Europe n'a pas ce concept juridique.

Enfin, la Chine, à part des « réglementations maritimes internationales », n'a pas, à l'heure actuelle, de législation spécifique pour régler le statut juridique des transitaires et de *NVOCC*. À cause des différentes dispositions des lois, dans la pratique, la reconnaissance du statut juridique de *NVOCC* et de transitaires ainsi que ses responsabilités ne sont pas unifiées. Nous soulignons ainsi que la Chine a une approche différente de l'Europe, mais aussi des États-Unis. Afin d'encourager une concurrence loyale, tout en respectant le cadre du système actuel, il serait opportun de distinguer clairement le statut juridique du transitaire de celui du *NVOCC* dans la future législation chinoise.

Une fois que l'on a compris le contexte de ce concept du *NVOCC* implanté en Chine, et le particularisme du commissionnaire en droit français qui n'a pas d'équivalent ailleurs, il est plus facile de saisir la position de la jurisprudence française et de constater que la qualification juridique du *NVOCC* est incertaine. L'affaire jugée par la cour maritime chinoise de Ningbo, reprise par la juridiction française évoquée précédemment témoigne de cette complexité. Un *NVOCC* qui se revendique transporteur maritime et qui apparaît comme *carrier* dans les documents qu'il a émis sera traité comme tel[145]. En revanche, le *NVOCC* qui se charge de l'organisation du transport de bout en bout, en son nom propre et avec le libre choix des voies et des moyens, sera qualifié de commissionnaire de transporteur[146] et soumis au régime de responsabilité correspondant[147]. Une des conséquences de ce statut de *NVOCC* a trait au domaine de la limite de responsabilité.

---

145 CA Aix-en-Provence, 2e ch., 15 janv. 2009, n° 06/20599, Orca Lines et a.c/Sunripe et a.

146 Cass. com., 6 mars 2001, n° 98-22.278.

147 V. C. com., art. L. 132-4 à C. com., art. L. 132-6.

Il n'existe aucune uniformité, ni aucune formule standard, dans les documents de transport des *NVOCC*. S'agissant d'un régime de responsabilité purement contractuel, ces documents ne font pas toujours référence aux conventions internationales et contiennent souvent des clauses élusives de responsabilité. L'endossement d'un connaissement à ordre émis par un *NVOCC*, en ce qu'il permet de prendre livraison, confère à son destinataire la qualité d'ayant droit à la marchandise. Toutefois, n'étant pas contractuellement lié au transporteur effectif, il ne dispose à son égard que d'une action de nature délictuelle[148].

90. La notion de « transporteur de fait » a vu le jour avec la Convention de Guadalajara du 18 septembre 1961. Cette Convention a été remplacée depuis 1999 par celle de Montréal relative au transport aérien international, laquelle définit le transporteur de fait comme : « celui qui, en vertu d'une autorisation donnée par le transporteur contractuel, effectue tout ou partie du transport contractuel, mais n'est pas, en ce qui concerne cette partie, un transporteur successif au sens de la Convention de Montréal ; cette autorisation est présumée sauf preuve contraire ». Bien que la notion ait été conçue d'abord dans le transport aérien, elle a fini par se généraliser aux autres modes de transport. Ainsi, le transport maritime, fluvial et ferroviaire se sont inspirés du modèle aérien en utilisant l'expression « transporteur substitué » au lieu de « transporteur de fait ». À l'heure actuelle, seul le transport routier ne s'aligne pas sur les autres modes de transport en matière de sous-traitance. Ce mode de transport ne différencie pas le « transporteur contractuel » et le « transporteur de fait » ou « transporteur réel ». En somme, le « transporteur réel » se définit toujours par rapport au « transporteur contractuel » et leur distinction s'inscrit dans le cadre de la sous-traitance.

Le transporteur « réel » n'étant pas partie au contrat conclu entre le *NVOCC* et son client, les mentions du document émis par l'opérateur lui sont inopposables conformément au principe de l'effet relatif des conventions[149]. Le transporteur effectif n'étant pas lié aux intérêts de la cargaison par un contrat (il n'a contracté qu'avec le *NVOCC*), il ne répond des dommages à la marchandise que sur le fondement délictuel. Le transporteur réel n'a aucun lien contractuel avec le porteur du document émis par le *NVOCC* et ne peut donc lui remettre la marchandise.

C'est la raison pour laquelle le transporteur maritime qui souhaite engager la responsabilité de l'« agent de livraison » pour non-réception des marchandises ne dispose que d'une action de nature délictuelle. En effet, bien que le transporteur ait fait apparaître l'agent au connaissement en tant que

---

148 CA Paris, pôle 5, ch. 4, 27 févr. 2013, n°10/01930, Allianz et a. c/ MSC et a., *DMF* 2013, p.736.

149 C. civ., art. 1199 et s. ; ancien C. civ., art. 1165.

destinataire, il ne s'agit que d'un document « de service », non destiné à circuler. Il n'a donc fait naître aucune relation contractuelle entre le transporteur et l'agent « de livraison » à destination[150]. Ainsi, seules les mentions du connaissement « originaire » comptent.

Ces mentions sont cependant source de difficultés, notamment lorsqu'il s'agit d'identifier le destinataire, chargé de retirer la marchandise. En ce sens, il a été jugé que le libellé « *for release of good, please apply to* » ne permet pas de conclure que l'agent a la mission de retirer la marchandise en lieu et place du destinataire ou de se substituer à lui. Ainsi, celui qui refuse de prendre livraison, ne commet aucune faute dans l'exécution de son mandat, dès lors qu'il a fait savoir dans des délais raisonnables qu'il n'y procéderait pas et qu'il n'était pas le destinataire réel[151].

Lorsque le connaissement du transporteur maritime désigne le *NVOCC* comme chargeur et son agent en tant que destinataire *et notify*, il acquiert, de ce fait, la qualité de destinataire, en plus de celle de chargeur. Par conséquent, son agent a l'obligation de prendre livraison de la marchandise même s'il n'en est pas le destinataire réel. C'est à lui de supporter les frais d'immobilisation et de destruction, acquittés par le transport maritime, résultant de son refus de prendre livraison[152].

En Chine, comme le notent les Professeures GUO Ping et CHEN Yumei, le *NVOCC* ne bénéfice actuellement pas de limitation de responsabilité[153]. Cependant, il faudrait savoir que nulle part, il est mentionné dans leurs ouvrages les raisons. En ce qui nous concerne, les raisons sont à la fois économiques et politique, parce que l'État chinois voudrait notamment protéger les intérêts des petites entreprises.

91. En conclusion, nous pouvons dire que la conteneurisation se généralise pour toutes cargaisons autres que les cargaisons en vrac. La marchandise, conditionnée à son point de départ, passe désormais au port dans un conteneur et son trajet n'est plus un seul tronçon de voyage maritime. Le succès de cette technique engendre l'apparition de nouveaux transporteurs qui gèrent, non plus une flotte de navires ou de camions, mais une flotte de

---

150 CA Aix-en-Provence, 2e ch., 30 mai 2012, n°10/02977, Challenge International Méditerranée et a. c/MISC Berhad, BTL 2012, p. 423, *DMF* 2013, p. 236.

151 CA Aix-en-Provence, 2e ch., 30 mai 2012, n° 10/02977, précitée.

152 Cass. Com., 17 nov. 2009, n°07-17.984.

153 V. GUO Ping, 郭萍, *Étude comparative du système juridique du transport multimodal*, 《货物多 式联运法律制度比较研究 Comparative Study on Multimodal Transport Legal System》 (Huowu duoshi lianyun falv zhidu bijiao yanjiu), 大连海事大学出版社, Édition de l'Université maritime de Dalin, décembre 2012. Voir égal. CHEN Yumei, 陈玉梅, *Obligations et responsabilités du transporteur dans le transport multimodal*, 《多式联运中的承运人法律地位与权利义务研究》 (Duoshi lianyun zhong de chengyunren falv diwei yu quanliyiwu yanjiu), Presse des sciences sociales de Chine, 中国社会科学出 版社, août 2010.

conteneurs. À la lumière de cette évolution, une profession prend un relief particulier : celle d'intermédiaire, plus précisément celle de commissionnaire de transport en droit français, mais prend aussi la forme du *NVOCC* en droit chinois et américain.

Toutefois, le *NVOCC* n'est pas tout à fait la transcription du commissionnaire de droit français en droit chinois. Est-ce que le *NVOCC* est un transporteur ? Les universitaires chinois ne sont pas tous du même avis. Certains disent qu'il n'est pas un transporteur, et ne relève pas du régime du contrat de transport. Il ne peut se prévaloir d'aucun privilège, et l'action intentée contre lui se prescrit conformément au droit commun. En revanche, d'autres auteurs soutiennent qu'on peut lui reconnaître la qualité de transporteur dans la mesure où il a rempli et signé le connaissement à la place du transporteur, « as agent ». À notre avis, la première analyse doit être nuancée car selon le rôle qu'il a joué: il peut être transporteur réel, transitaire ou commissionnaire. Cette pratique fait difficulté lorsque le destinataire réel veut agir en justice. Parfois, également le *NVOCC* semble bel et bien agir à titre de transporteur. Il en va ainsi lorsque, bien que n'exploitant aucun navire, il gère un parc de conteneurs.

Il résulte de notre analyse que le connaissement traditionnel qu'est le document maritime a un triple rôle de preuve, alors que le connaissement émis par le *NVOCC* n'a aucun caractère représentatif.

92. Ceci soulève une nouvelle question. En effet, qu'en est-il des transferts des notions et des droits étrangers en Chine ?

En effet, depuis 1978, plus de trois cents lois et six mille règlements ont vu le jour[154], ce qui traduit la volonté des dirigeants de faire de l'économie socialiste de marché une économie soumise au droit et concepts internationaux, mais également aux règlements et droits éponymes. Cette appellation d'économie socialiste de marché porte en elle l'évolution du modèle chinois. Il ne s'agit plus d'économie communiste de marché, mais bien d'économie socialiste qui se réfère donc à la possibilité d'enregistrement personnel et de profil sous réserve d'une égalité sociale reposant sur une juste répartition des richesses. Le droit de propriété individuelle semble donc en voie d'émerger.

Pour certains, le problème du droit en Chine ne réside pas dans l'absence de lois, qui sont en nombre abondantes[155]. Il réside plutôt dans les difficultés de mise en œuvre du droit, ou, plus simplement, dans la surabondance d'instruments juridiques promulgués à divers échelons, ce qui crée de sérieux problèmes sur le terrain. Il semble que la France connaisse également ce genre de problème. Par exemple, a été publié un décret sur le cuisinier de

---

[154] PEERENBOOM, China'aa Long March, supra note 1 à la p.239.

[155] Peter Howard Corne, « Création and Application of Law in the PRC » 2002.

navire (n°2015-517) [156] ! Ce décret définissant les fonctions et responsabilités ainsi que les droits afférents à ce dernier.

Aucune recherche n'a été faite sur le statut juridique du *comprador* qui de fait n'en avait pas officiellement, mais qui intervenait cependant avec un statut juridique lui bien établi. Nous pouvons toutefois en retrouver les traces dans certaines des archives. Les transferts du concept de *NVOCC* américain risquent de donner naissance à une situation chaotique.

En effet, les transferts de droit suscitent un intérêt soutenu chez les juristes comparatistes, comme par exemple LIANG Huixing[157]. Ils alimentent des prises de position fortement contrastées, allant du scepticisme total à une adhésion mûrement réfléchie. Nombre d'étudiants chinois en droit étudient dans des pays de *common law* plutôt que de droit écrit, essentiellement pour des raisons d'ordre linguistique. Outre les États-Unis, le Royaume-Uni et l'Australie constituent des destinations de choix. Ils en reviennent de ces séjours en ayant intégré, par la force des choses, des concepts de *common law* plutôt qu'issus de la tradition romano-germanique. En comparaison, la maîtrise du français et de l'allemand parmi les juristes chinois est tout à fait minoritaires par rapport à la maîtrise de l'anglais. La survie d'une tradition juridique est sensiblement liée à celle de la langue ou des langues qui lui sont associées.

Toutefois, contrairement à LIANG Huixing, ZHU Suli[158], s'appuyer sur ces oppositions pour conclure à la fin de la tradition juridique chinoise, et croire que la seule voie possible réside dans l'adoption des modèles juridiques occidentaux peut apparaître quelque peu exagérée ou prématurée. Il estime que la voie du « *bentuhua* »[159], qui implique le développement d'une tradition juridique chinoise incorporant des valeurs chinoises, est tout à fait conciliable avec l'ouverture sur le monde.

---

[156] P. BONASSIES et Ph. DELEBECQUE, *DMF* Hors série n°19, juin 2015, p.9. Observations préliminaires. Code des transports. Projet de réforme du Code civil. « *Sur tous ces points, le Code est muet, alors qu'il contient, par exemple des dispositions règlementaires très complexes pour ce qui est du droit des ports maritimes.* ».

[157] LIANG Huixing, Professeur en droit civil de l'Université du peuple (Renmin), adopte des positions qui font sans doute de lui le juriste chinois le plus « civiliste » de tous. Dans la mesure où il est membre du groupe de rédaction du futur Code civil chinois, la connaissance de ses positions est susceptible d'éclairer certains des débats en cours.

[158] ZHU Suli, Professeur d'histoire de droit à l'Université de Pékin. Il passe en revue les réponses possibles aux défis posés par les modèles juridiques occidentaux à la Chine. Pour lui, la construction d'une tradition juridique chinoise contemporaine avec caractéristiques chinoises est toutefois possible. Elle doit prendre comme point de départ les problèmes et les besoins réels de la Chine, de même que la tradition juridique chinoise, pour se combiner avec des éléments issus des traditions juridiques occidentales.

[159] 本土化 *bentuhua*, La théorie de la «localisation des ressources juridiques» proposée par le professeur ZHU Suli de la faculté de droit de l'Université de Pékin, dite «localisation» des ressources juridiques par le professeur ZHU, se réfère principalement à la réglementation des cantons.

Les débats doctrinaux chinois sur ce sujet demeurent méconnus en Occident, la plupart des ouvrages portant sur le droit chinois traitant surtout des transferts de droit dans une perspective appliquée. La connaissance des positions doctrinales chinoises sur ce sujet met en lumière de vives sensibilités de la Chine dans son rapport avec l'Occident.

Les positions des juristes chinois relatives aux transferts de droit témoignent d'un certain malaise face à ce moyen de réformer le droit chinois. En effet, les transferts de droit heurtent la société chinoise pour des raisons identitaires, culturelles et politiques. Cependant, plusieurs juristes chinois, ouverts aux transferts de droit, prônent un syncrétisme appliqué, qui marque une continuité tout en pérennisant la tradition philosophique chinoise. En effet, ils affirment la nécessité d'adapter les « emprunts » effectués aux traditions juridiques étrangères au contexte chinois. Ce phénomène n'est pas propre à la Chine. On le retrouve également en Europe. En effet, les règlements européens sont transcrits automatiquement dans les droits internes des États membres. Ceci commence à soulever de nombreux problème, de nombreux ressortissants des États membre refusent la mainmise de l'Union Européenne. Cette attitude a même été l'un des slogans et le fondement du programme d'un parti, « non à l'Europe ». Le caractère identitaire des citoyens se traduit en général par la notion de souveraineté exprimée par les États. Or, ces notions identitaires n'ont jamais été exprimées par les acteurs commerçants. On pourrait imaginer , c'est une hypothèse, qu'il existe un « État universel » peuplé de commerçants animé par la même quête et le même idéal du commerce, de la croissance et du partage des richesses qui serait réglementé par ses propres acteurs commerciaux, dans l'intérêt de tous et ce quel que soient leurs « nationalité » par des institutions judiciaires indépendantes des États mais qui pourraient puiser dans les cultures, les textes, les modes de pensées le meilleur pour le mettre en œuvre en leur sein.

93. En conclusion, lorsque l'Occident s'intéresse à la Chine pour des raisons d'abord commerciales ou stratégiques, ce que émerge, c'est une méconnaissance mutuelle des dimensions culturelles de chaque pays. Il résulte de cette situation une ignorance bien réelle d'éléments contextuels, pourtant essentiels à la compréhension de la tradition juridique chinoise. La barrière de la langue s'ajoute aux difficultés. Cependant, celles-ci peuvent être largement surmontées en acceptant de s'ouvrir à des points de vue parfois radicalement différents sur la Chine et sur sa tradition juridique. Le droit chinois, dans son processus de modernisation et d'internationalisation, doit à la fois inclure des éléments issus des traditions juridiques occidentales et des éléments de la tradition juridique chinoise. Les législateurs chinois devraient-ils s'interroger sur la voie « *bentuhua* » ou les transferts de droit ? La question mérite d'être posée. Mais le risque subsiste d'un rejet de la greffe ainsi tentée.

94. Nous pensons donc que la qualité de transporteur devrait être juridiquement dissociée de la qualité de propriétaire du navire. C'est donc une question qui relève de la théorie du contrat et non pas de la théorie du patrimoine. Mais, l'implication d'un intermédiaire indépendant au sein d'un réseau de contrats pourrait être de nature à compliquer l'identification des parties.

La question se pose dès lors d'indiquer d'une part, comment un ayant droit à la marchandise pourra identifier le transporteur réel au sein de ces groupements, et d'autre part de préciser si le consortium ou l'alliance peuvent également en tant qu'institution être poursuivis et retenus comme transporteur. Pour y répondre avec clarté, il est absolument nécessaire de décrire les documents utilisés dans les transports. Les termes d'un tel document doivent être analysés pour déterminer s'il s'agit d'un contrat de commission ou d'un contrat de transport.

Une autre constatation nous vient à l'esprit lorsque nous avons évoqué la notion de *NVOCC*, née des acteurs du transport multimodal. Elle n'est pas propre à la Chine puisqu'elle est née aux États Unis. La problématique est ailleurs, les acteurs ont une définition ou du moins une approche opérationnelle. Ils évoluent en fonction des besoins et, des méthodes employées. Il y a un certain pragmatisme dans leur démarche, ils ont besoin de ceci ou cela, ils créent ceci ou cela. La question qui pourrait se poser n'est-elle pas la suivante :

Sans écarter la spécificité du droit maritime, ne serait-il pas donc plus judicieux de travailler sur un concept essentiel dont il appartiendrait aux parties de définir dans chaque contrat la nature, l'identité, la mission confiée et principalement les responsabilités et les garanties ? Et si le raisonnement final ou l'objectif n'était que la recherche de l'efficience et non la création de sources d'arguties ou de complications juridiques ?

Le concept de *comprador* est intéressant de ce point de vue. Le commerce mondial, le transport multimodal ont besoin de souplesse, de réactivité et d'adaptabilité. En multipliant les « types » de transporteurs ou d'agents de transport on développe autant d'interprétations juridiques que de pays, et autant de responsabilités différentes.

95. Leur naissance résulte des besoins des professionnels entre eux, ou encore les acteurs du commerce. Le *comprador* en est un très bon exemple. Le *comprador* est l'intermédiaire nécessaire. Les parties au contrat d'achat et de vente de marchandises, quelle que soit leur nature, en ont besoin. C'est un facilitateur. Il répond à un besoin. Il est expert dans son domaine et apporte ses garanties. C'est le lien indispensable. Les commissionnaires, les transitaires, les *NVOCC* sont tous des facilitateurs, ils répondent aussi à un besoin, et savent résoudre une ou des problématiques.

Il faut insister sur le fait que les professionnels et les acteurs du commerce mondial ont une définition pratique de ces intervenants. Ils sont définis par rapport à leur fonction et à ce qu'ils apportent.

Mais il leur est attribué également une définition juridique. Cette définition peut varier d'un État à un autre, non seulement leur définition, mais également les responsabilités qui leur sont rattachées. Un *NVOCC*, un transitaire et un commissionnaire ont, pour les acteurs du commerce mondial, le même rôle à jouer. Ils répondent au même besoin. Mais la situation se complique ensuite lorsque on aborde les définitions juridiques, les niveaux de responsabilité tels que les États les entendent. Nous avons une identité fonctionnelle, mais des identités juridiques et la complexité provient de ces identités juridiques polymorphes et d'interprétation variable selon les instances juridiques. Un *NVOCC* pour une juridiction française sera assimilé à un transitaire ou à un commissionnaire selon les cas. Mais cette interprétation sera *de facto* approximative et donc dénaturante au regard de la volonté des parties au contrat. Une approche et donc une définition unique de ces acteurs semble donc difficile à imposer même si elle pourrait paraître souhaitable. La solution pourrait-elle être contractuelle et préétablie par les parties qui décideraient également de la juridiction devant laquelle l'hypothétique litige serait soumis, évitant ainsi une interprétation hasardeuse et un risque juridique ? La question mérite d'être posée.

Pour y répondre concrètement, il nous paraît évident que le document essentiel est le document de transport. Il est essentiel, car c'est à lui qu'il revient d'identifier les parties, mais également leur fonction ou leur rôle, et bien entendu les responsabilités qui en découlent. Il doit être très précisément établi. De ce point de vue, les jurisprudences sont une base essentielle. En leur sein se révèlent en effet toutes les arguties, arcanes juridiques et leurs conséquences. Nous pouvons déjà dire que c'est le document central du transport multimodal.

TITRE II
LES DOCUMENTS DE TRANSPORT MULTIMODAL

96. Les documents de transport multimodal présentent un intérêt majeur. Bien que le contrat de transport soit consensuel, il va néanmoins, la plupart du temps, donner lieu à la délivrance d'un ou plusieurs documents de transport, dont le rôle est tout à la fois administratif et probatoire. Ces documents jouent un rôle essentiel dans les opérations de transports (Chapitre I), la tendance de la dématérialisation présente un tout autre intérêt (Chapitre II).

Chapitre I
L'importance des documents de transport

97. Les documents de transport jouent un rôle primordial en tant que « pont » entre le contrat de vente et le contrat de transport. Le transporteur multimodal peut être représenté par plusieurs personnes différentes, soit un organisateur du transport, soit le transporteur maritime ou encore le commissionnaire. Quelque soit leur qualité, ils doivent utiliser un certain nombre de documents permettant de suivre la marchandise depuis son embarquement jusqu'à son arrivée à destination. Le transporteur maritime en tant qu'organisateur des transports multimodaux utilise souvent un connaissement direct comme un suivi. Mais divers documents peuvent être élaborés par d'autres opérateurs.

Aujourd'hui, dans un certain nombre de situations, c'est le document qui induit l'existence du contrat. Cette évolution s'étant faite rapidement, il est intéressant d'essayer de saisir la portée d'un tel changement, les raisons qui l'ont suscité et la place qui lui sera réservée à l'avenir. Pour comprendre les mutations en cours, il conviendra d'examiner les différentes catégories de documents et de la place qu'il convient de leur donner. La place prise par ceux-ci tend à s'étendre quel que soit le type de trafic pour répondre aux besoins actuels des opérateurs du commerce international, parce que celle des textes ne suffit pas à satisfaire les exigences des milieux commerciaux exprimées par chacun des partenaires.

L'importance que revêt le connaissement dans un contrat du transport impose que l'on examine d'abord ce titre spécifique (Section I), pour envisager ensuite les autres documents de transport (Section II).

Section I
Le connaissement

98. Le connaissement a une forme juridique complexe, en ce qu'il peut relever à la fois d'un contrat de transport et d'un contrat de vente de marchandise, lui-même lié à un contrat de crédit documentaire. La définition célèbre du juge anglais BOWEN, dans l'affaire Sanders contre Maclean en 1883 : « *Le connaissement est la clef qui, encore dans les mains du titulaire*

du droit, permet d'ouvrir la porte du bâtiment flottant ou fixe dans lequel les marchandises peuvent se trouver »[160].

Il convient de préciser successivement la forme et le contenu (§1), la force probante (§2), et surtout la négociabilité du connaissement (§3).

§1. – La forme et le contenu du connaissement

Le connaissement se présente sous trois formes. Il peut être émis à ordre, au porteur ou nominatif. Le connaissement à ordre est le plus utilisé, il suffit d'assortir l'indication du nom du destinataire de la mention à ordre pour que le connaissement puisse se transmettre par simple endos. Ce type de connaissement est indispensable dans beaucoup d'opérations de commerce international tel que des hydrocarbures. Le connaissement au porteur est celui qui porte mention au porteur, mais le plus souvent ce connaissement prend la forme d'un connaissement à ordre sans désignation du destinataire. Enfin, le connaissement nominatif est utilisé lorsque l'indication du nom du destinataire n'est pas assortie de la mention à ordre.

99. Sur le connaissement, il est également possible d'indiquer le prix du transport, le paiement, les garanties, la valeur déclarée des marchandises, les réserves ou encore la nature de marchandises. Parmi ces éléments le prix et les garanties du transport nous semblent constituer les aspects les plus importants du commerce international. Le prix de transport doit être fait ou décidé par les cocontractants du transporteur : expéditeur et destinataire, car, de son paiement dépendent les intérêts de ce dernier, la pérennité de son activité et son rôle dans le commerce. Le règlement du prix du transport conditionne, ainsi, non seulement les transports nationaux, mais aussi internationaux de marchandises. Malgré ce fait, le transporteur de marchandises rencontre de nombreuses difficultés au point d'être, parfois, obligé de recourir aux tribunaux[161].

100. Le prix ou fret du transport est fixé par la convention des parties. Il est souvent calculé sur la base des données fournies par le chargeur ou son représentant. Si ces données sont incorrectes, des indemnités peuvent être réclamées au chargeur. Il peut être établi soit suivant le poids soit suivant le volume ou la longueur (cf. transports de camions). Il peut aussi donner lieu à un forfait. Pour les envois de marchandises dont la valeur est déclarée au connaissement parce qu'elle est élevée, le fret est fixé *ad valorem*. Le fret varie également selon que le conteneur est complet et emporté ou selon qu'il

---

[160] G. SCHWOB, *Les contrats de La London Corn Trade Association*, thèse Paris, 1928, p.119.

[161] En ce sens, voir. L. BOBONGO, *Le prix dans le contrat de transport de marchandises*, Thèse Paris I, 2016.

s'agit d'un groupage. Il faut tenir compte aussi de certaines spécificités de la marchandise qui appellent des surcharges, par exemple pour des marchandises dangereuses[162].

Avec les plateformes en ligne, un envoi par transporteur n'a jamais été aussi simple et peu cher. Il est possible de sélectionner parmi les transporteurs professionnels, ceux qui garantiront aux clients le prix le plus bas. Un devis gratuit en ligne sur les sites des compagnies maritimes est aussi disponible. Nous pouvons obtenir une estimation via internet, par exemple sur le site de la CMA CGM ou de COSCO, le montant varie selon les saisons et la taille du conteneur depuis le port de Marseille à destination Shanghai.

101. Le fret est en principe dû par le chargeur, mais celui-ci peut parfois être à la charge du commissionnaire[163]. Pour remettre la marchandise à l'ayant droit, le capitaine ou le représentant du transporteur va requérir le paiement préalable du fret du transport. Souvent, les connaissements contiennent des clauses qui prévoient que le fret soit payé dans un délai de 30 jours et qu'à défaut des intérêts courent. Toutefois, il se peut que le fret soit payable à destination. Dans ce cas, le réceptionnaire en est alors débiteur s'il accepte la livraison[164], mais sans pour autant libérer le chargeur initial.

La suspicion du client peut paraître abrupte et il faut veiller au respect de la loi[165]. Pourrait-on l'édulcorer en stipulant, après les mentions : « délai de paiement : 30 jours au plus tard à compter de l'émission de la facture », « règlement dès réception de celle-ci accompagnée de l'original de la lettre de voiture ou du document de transport) » ? Au premier abord, la loi sanctionnant les « accords » s'étendent au-delà des 30 jours et le retard de paiement. Le simple fait de subordonner le règlement à l'envoi d'un justificatif est une modalité du versement d'un prix, qui constitue une condition suspensive.

Pour qu'il ne devienne pas systématique et arbitraire, il faudrait envisager le retour du document au transporteur et stipuler un délai : une clause telle que: « renvoi dès que possible » ou « au plus vite » serait indéterminée ou arbitraire et donc peu valide. Mieux vaut prévoir un rapide retour, huit jours par exemple, pour la réexpédition ce qui n'empêche pas le paiement immé-

---

[162] À part de marchandises dangereuses (*hazardous surcharge*), il peut avoir aussi : réfrigérées ou ventilées (*reefer*) ; infectantes ou salissantes (*dirty*). Des surcharges commerciale ou conjoncturelles peuvent être dues : elles sont liées par ex. à la variation des monnaies (*Currency adjustement factor*), des combustibles (*Bunker adjustment factor*), au risque de guerre (*War risk*), d'intempéries (*Port congestion ; Winter surcharge*), de grève (*Labour dispute surcharge*). La commission due à l'agent doit aussi être intégrée dans le fret (*forwading agent commission*). Des rabais immédiats ou différés sont concevables (*Fidelity rebate*).

[163] Com. 30 oct. 2000, *DMF* 2001. 582.

[164] Art. D. 5422-21.

[165] 5 janvier 2006. C.com., art. L441-6.

diat au transporteur s'il a adressé le document requis. Resterait le problème de la preuve de l'envoi et de la réception de l'original.

Quand on s'engage avec un transporteur à un certain terme, on ne peut tout prévoir. Le chargeur est, lui aussi, victime de la loi de l'offre et de la demande : outre la concurrence plus ou moins loyale de ses pairs, son client (fût-ce le consommateur final) veut toujours plus pour moins cher. Il faut se réorganiser, optimiser et, pour cela, réduire le coût du poste lié au transport.

De son côté, le professionnel est souvent partagé: comment résister à une modification de la durée du contrat et à des baisses successives du type à prendre ou à laisser ? S'il obtempère, il risque de mettre rapidement la clé sous la porte ; s'il refuse, il finira par se voir remercié.

Dans ces situations, dont nous avons eu plusieurs échos, les intéressés se demandent si l'on peut impunément toucher à la durée du contrat (conclu, à supposer pour 5 ans) et accepter les nouveaux modèles qui bouleverseront la donne initiale. L'ancienne convention est elle résiliée, caduque ou « juste » modifiée ?

La pratique est fréquente : au bout d'un certain temps, le client annonce au professionnel que l'ancien contrat laissera place à un autre. L'on ne peut parler, à proprement dit, ni de résolution, bien encadrée par le Code civil, ni de caducité, ni même de novation quand les éléments substantiels sont affectés. On poursuit la relation mais sur des bases différentes : elle est simplement modifiée, si le contrat-cadre n'a pas prévu la situation.

En effet, théoriquement, le transporteur doit être payé comptant, mais, en pratique, il fournit des prestations à crédit. Souvent, le transporteur effectue d'abord le déplacement et la livraison de la marchandise, pour faire valoir, ensuite, son droit au paiement. Cette pratique l'expose à des risques de défaut de paiement pouvant entraîner la cessation de son activité avec de graves répercussions sur le secteur économique.

Nous engageons nos lecteurs à prendre garde à la façon dont la décision sera annoncée : l'emploi du terme « résolution » peut être compris comme une rupture nécessitant un préavis ; l'annonce d'un nouveau contrat obligera à sacrifier au Code civil. À supposer que l'on y voit une offre, elle devra contenir les éléments essentiels. Or, il n'est pas rare que des transporteurs ou loueurs reçoivent la nouvelle mouture sans qu'il n'y figure le prix ! Nécessairement éclairé, leur consentement doit être exprès : le silence ne vaut pas acceptation. Enfin, liant les parties, les conventions ne peuvent être unilatéralement modifiées, y compris en cas de changement de circonstances économiques, et ils doivent s'exécuter de bonne foi[166]. Le remaniement passe par l'accord.

---

[166] C.civ., art.1194 et 1195.

102. La hausse du cours du pétrole a un impact direct sur le transport maritime. Pour limiter les pertes et les émissions de CO_2, certains armateurs évoquent une autre solution : réduire la vitesse des bateaux. Cela signifierait des temps de transports plus longs. En France, près de trois quarts des importations et exportations ne font par la mer. De manière stratégique du fait des coûts en augmentation, le volume des trafics sont peu dynamiques du fait de la morosité qui s'est installée. Malgré la hausse des volumes (les nouveaux porte-conteneurs gigantesques lancés en sont un exemple), le transport maritime peine à être rentable.

Aussi, les législateurs ont-il prévu le privilège, le droit de rétention, l'action directe en paiement, comme des garanties au service du transporteur pour le paiement de sa créance.

Pour les garanties, la première est le droit de rétention. Rien ne s'oppose à ce que le transporteur garantisse une créance certaine et exigible en retenant les marchandises qu'il doit livrer sous sa garde. En outre, le transporteur impayé jouit d'un privilège spécial mobilier sur les marchandises. L'article L.5422-8 du code des transports prévoit que le transporteur est privilégié, pour son fret, sur les marchandises de son chargement pendant les quinze jours suivant leur délivrance si elles ne sont pas passées dans les mains de tiers. Mais l'action directe en paiement de l'article L.132-8 du Code de commerce ne peut être engagée car elle ne joue qu'en matière terrestre.

Les Règles de Rotterdam sont allées plus loin sur cette question. Elles organisent ce qu'elles ont appelé le droit de contrôle en accordant à la partie contrôlante, le droit de donner de nouvelles instructions au transporteur et même de modifier le contrat de transport, notamment en remplaçant le destinataire. Cet assouplissement des règles du transport est le bienvenu.

Les garanties légales, tributaires de la volonté du débiteur et leur mise en œuvre entraîne parfois de lourdes conséquences pour le transporteur, nous semblent ne pas le protéger suffisamment. Pour répondre à la compétitivité du marché, le transporteur devrait disposer de garanties conventionnelles lui assurant une protection plus efficace quant au paiement du fret. Le gage de la marchandise transportée, la garantie autonome, l'assurance fret, ou la création d'un fonds de garantie transport, nous paraissent comme des mécanismes juridiques qui offre davantage de garanties au transporteur en tout état de cause.

§2. – La force probante des mentions du connaissement

103. Les mentions du connaissement ont une force probante particulière. Pour illustrer cette force probante, nous citerons un arrêt du 21 septembre 2016 rendu par la Cour d'appel de Saint Denis de la Réunion[167].

---

[167] Ch.com. n°15/01329.

En l'espèce, la SA de droit argentin Ese Exportadora ayant son siège social à Mendoza en Argentine, a vendu aux conditions CPT et FOB à la SAS CBC Preleco situé à Feillens en France, 2200 caisses d'ail frais de dix kilos chacune pour un prix de 72.6000 USD. À la livraison, on constate un manquant de 540 caisses sur les 2200 colis. Le vendeur revendiquait l'émission d'un connaissement sans réserve confirmant précisément le nombre, le poids et le scellé. Estimant avoir la preuve par le disque que le vol a été perpétré pendant le pré-acheminement, la CBC ne règle pas le solde de la facture nonobstant mise en demeure du vendeur.

Cet arrêt a été fortement critiqué par l'avocat Maryse FOLLIN qui remarque à ce propos très justement que « *la solution donnée est une des conséquences de la volonté des juridictions de nier l'interdépendance des contrats de vente et de transport* »[168]. Nous partageons son étonnement des positions adoptées par la Cour d'appel de Saint Denis de la Réunion qui, de fait, a ignoré la force probante des mentions portées sur le connaissement remis par le transporteur alors même qu'il s'agissait de la meilleure preuve dont le vendeur pouvait se prévaloir. Ce qui dès lors obligeait l'acheteur à rapporter la preuve formelle et incontestable d'un vol antérieur à la livraison. La Cour avait en l'espèce inversée la charge de la preuve. La cour suprême a justement censuré cette décision.

Quelle que soit cette volonté, il ne faut pas oublier la portée juridique de chaque contrat et notamment celle combien originale du connaissement qui est aussi un reçu de la marchandise telle que décrite au connaissement, outre qu'un titre représentatif. L'oublier risque de fragiliser les échanges internationaux, voire mettre à mal la portée des INCOTERMS[169] eux-mêmes.

104. La pratique et le contentieux révèlent qu'il y avoir une livraison sans connaissement.

Il convient de noter que cette situation surprenante mais courante est du au fait que le connaissement ne voyage pas aussi vite que la marchandise ou les délais bancaires en cas de crédit documentaire, et en cas de perte pure et simple[170]. Pour la doctrine française, la livraison sans remise du connaissement constitue certainement une faute[171]. Mais de fortes pressions commerciales, de risques subis par la marchandise ou encore des injonctions des autorités portuaires d'avoir à libérer les terre-pleins du port, peuvent con-

---

[168] M. FOLLIN, *Ne pas oublier la force probante du connaissement dans une vente internationale*, *DMF* n°787, janvier 2017, p49.

[169] *Supra* note de bas de page n°19.

[170] Cass. com. 3 déc. 2013, *DMF* 2014, 320, rapp. J. LECAROZ, obs. SCAPEL. Voir égal. J. BONNAUD, Un incident à la livraison : le défaut de présentation du connaissement, *Revue Scapel* 2002, p.133.

[171] Cass. 29 janv. 1991, navire Diana, *DMF* 1991.357, n. R. ACHARD; v. 9 juil. 1991, navire Gina's, *DMF* 1992.665, Voir égal. Cass. com. 15 juin 2011, RDT 2011, n°132 obs. M. NDENDE, Ph. DELEECQUE, *DMF* 2012, hors-série n°16, n°110.

duire le transporteur à livrer la marchandise sans que lui soit présenté le connaissement.

Cette question est tranchée par un arrêt de principe, rendu le 19 juin 2007 par la Chambre commerciale de la Cour de cassation. Statuant au visa de l'article 1147 du Code civil et des articles 49 et 50 du décret du 31 décembre 1966, la Cour a jugé que « *sauf convention contraire, le transporteur maritime ne peut livrer la marchandise que sur présentation de l'original du connaissement, même lorsque celui-ci est à personne dénommée et dépourvu de mention à ordre* »[172].

Conscient de la faute commise en livrant la marchandise sans connaissement, le transporteur se prémunira des conséquences de cette livraison fautive en se faisant délivrer une lettre de garantie[173].

YUAN Bin[174] note qu'il est rare de voir un litige de livraison sans connaissement aller jusqu'à la Cour populaire suprême chinoise pour une raison évidente qui provient de la valeur même de ce genre de litige « livraison sans connaissement », qui est peu importante et non complexe. Mais l'affaire concernant la livraison sans connaissement qu'il a représenté au nom du propriétaire des marchandises a réussi à obtenir un réexamen devant la Cour suprême. La Société de Ningbo *Kaiyue* a signé le 16 mai 2008 un contrat de vente avec CUBITA IMORTA S.A.C, située au Pérou. Le 24 juin 2008, *Kaiyue* a demandé à la société *Feiyida* de transporter la marchandise au port de CALLAO, en émettant un connaissement original sous le N° FDNBSE0807054. *Feiyida* a livré la marchandise dès son arrivée au port du Pérou sans une remise d'un connaissement original. Les faits étaient simples, mais ont conduit à une prise de position de la Cour suprême chinoise. Celle-ci l'a renvoyé à la Cour populaire intermédiaire de Zhejiang qui a décidé que le transporteur était responsable des dommages et intérêts de la livraison des marchandises sans connaissement au Pérou. Ce qui marque sa position. L'enjeu dans ce litige était de savoir comment prouver que la marchandise avait été livrée sans connaissement au port de déchargement, et si la loi d'un pays d'Amérique du Sud autorise ou non la livraison sans connaissement.

§3. – La négociabilité du connaissement

105. Nous devons faire face dans la pratique à l'utilisation de différents documents utilisés par les opérateurs qui circulent dans des pays différents.

---

[172] Cass. com. 19 juin 2007, *Bull.civ. IV*, n°171; *DMF* 2007. 536, rapport Potocki, obs. Y. TASSEL, D. 2007. 1870, obs. X. DELPECH; *JCP* 2007, II, 10165, obs. H. KENFACK; *BTL* 2007.415; *DMF* 2008, hors-série n°12, n°80, obs. Ph. DELEBECQUE.

[173] P. EMO, « La lettre de garantie pour absence de connaissement », Annales de l'IMTM 1986. 145.

[174] Avocat chinois du cabinet de DACHENG.
Voir, plus d'informations sur le site :
http://ningbo.dachenglaw.com/researchs/research/27068.html

Contrairement au connaissement, les autres documents ne sont pas négociables.

La possibilité d'émettre un document de transport multimodal comme titre négociable ne fait guère de doute. D'une manière générale, il a toujours été admis, notamment en droit français, qu'un titre de créance – et un document de transport, en tant qu'il donne le droit de réclamer la marchandise, n'est qu'un titre de créance – pouvait être établi sous forme à ordre ou sous la forme au porteur, déclarées valables par les tribunaux, longtemps avant qu'elles ne fussent reconnues par le législateur fiscal. Selon MM. BONASSIES et SCAPEL, aucune raison ne permettrait d'écarter la règle quant aux documents de transport multimodal[175].

106. Aussi bien, les connaissements de transport multimodal émis par le transporteur maritime le sont-ils, le plus souvent, sous la forme de connaissements à ordre unimodal, donc normalement négociables.

Le titre que l'on appelle connaissement, tout court, ou encore connaissement embarqué[176], est un reçu de marchandises définies embarquées à bord d'un navire donné, reçu qui se présente comme tel et qui répond à certaines conditions permettant d'identifier exactement la cargaison et le navire. Souvent, l'imprimé sur lequel il est rédigé se présente ouvertement comme un « connaissement » ou un « bill of lading » en anglais. « Connaissement embarqué », un nom démodé, seule sa version anglaise « Bill of lading » subsiste. N'importe quelque nom qu'on lui donnât, le connaissement ne pouvait guère apparaître avant le XIVe siècle et ce titre ne pouvait guère remplir ses fonctions complètes avant le XVIIIe siècle[177].

Nous savons les diverses fonctions du connaissement en droit national ou international, confirmé par les conventions internationales. Certaines sont communes aux divers documents de transport. L'une d'elles lui est particulière : il représente la marchandise et atteste le droit du porteur à la réclamer.

Le connaissement est un document essentiel du contrat de transport maritime, souvent émis en trois originaux[178]. Au XIVe siècle, lorsqu'il apparaît

---

175 P. BONASSIES et SCAPEL, *Traité de droit maritime*, *op. cit.*, n°1218, p. 944.

176 RODIERE, *Traité général de droit maritime*, p.53. « … mais plus rarement, connaissement embarqué (en anglais: bill of lading; allemand: Konnossement; italien: polira di carioca; espagnol: conocimiento; portugais: conhecimento) … ».

177 RODIERE, *Traité général de droit maritime, Affrètements et transports*, tome II, n°479.

178 Emettre le document de transport, notamment le connaissement en un exemplaire original unique peut éventuellement faciliter l'informatisation. Mais cette heureuse initiative doit relever deux séries d'obstacles. En droit interne français, le Décret du 31 décembre 1966 dispose, en son article 37 : « Chaque connaissement est établi en deux originaux au moins, un pour le chargeur et l'autre pour le capitaine. Les originaux sont signés par le transporteur ou son représentant ». (nouvel alinéa, décret du 2/11/1987). Si ces dispositions impliquent l'émission de deux orignaux, elles n'interdisent pas, bien au contraire, l'établissement d'exemplaires supplémentaires. En pratique, force est de constater que l'on établit le souvent

c'est un simple reçu délivré par le capitaine d'un navire ou son agent, au chargeur qui cesse d'accompagner sa marchandise. Outre la réception, il va bientôt faire foi de l'état dans lequel la marchandise a été reçue par le capitaine. Le connaissement est émis en exécution d'un contrat de transport. Sur présentation d'un des originaux à l'agent de la ligne au port de destination, il donne droit à la délivrance et donc à la remise des marchandises à destination. Il constitue le support matériel du contrat de transport. Le connaissement est un titre indispensable pour obtenir les marchandises, mais ne détermine pas que son détenteur soit le propriétaire des marchandises.

Au fil des siècles, son rôle s'accroît et se diversifie. Il établit les obligations des parties au contrat de transport. Surtout, il devient négociable : sa transmission transfère les droits attachés à la marchandise, ce qui permet de la vendre ou de la donner en gage alors qu'elle est en mer. En pratique, on n'achète plus une marchandise embarquée, mais un connaissement. Le rôle central de ce document va conduire le législateur à organiser autour de lui la réglementation du transport maritime de marchandises : c'est la raison pour laquelle la Convention de Bruxelles de 1924 s'intitule « Convention pour l'unification des règles en matière de connaissement ».

107. Le connaissement maritime peut être :

À ordre : transmissible par simple endos. Ceci est le cas plus utilisé en particulier dans le cadre du crédit documentaire ;

À personne dénommée : le document devient non-négociable ;

On board : il atteste le chargement effectif de la marchandise à la date de signature ;

Reçu pour embarquement : il atteste la prise en charge de la marchandise et non l'expédition définitive ;

Net de réserves : il certifie la prise en charge de la marchandise en bon état apparent ;

Surchargé : des réserves portées par la compagnie sur la quantité ou l'état des marchandises chargées atténuent/limitent la responsabilité du transporteur.

Les textes prescrivent au transporteur ou à son représentant de délivrer un connaissement au chargeur[179]. La jurisprudence belge permet même au juge, si le capitaine refuse de le délivrer, de l'y contraindre[180]. Mais cette déli-

---

quatre connaissements originaux destinés, au chargeur, au capitaine, au destinataire et à l'armement. Par ailleurs, nombreux sont les organismes étatiques, notamment dans les PVD, qui exigent d'importants jeux de documents originaux, et en supplément, des copies de ces documents ans pourvoir les négocier.

[179] C. transp., art. L. 5422-3 ; Conv. Bruxelles, art. 3.3

[180] CA Anvers, 20 fév. et 5 mars 1981, *DMF* 1986. 209 ; L. DELWAIDE, Les grandes lignes de la jurisprudence maritime de la Cour d'appel d'Anvers depuis sa constitution en 1975, *DMF* 1986. 244. Cité par Gaël PETTE, *Droit maritime*, éditions a. pedone, 2017, *op. cit.*, p499.

vrance n'est obligatoire que si le chargeur la demande : il peut y renoncer car les textes ne sont pas, sur ce point, d'ordre public. Tel est par exemple l'usage pour les transports sur navires rouliers. La délivrance tardive d'un connaissement peut engager la responsabilité du transporteur, si ce retard a causé préjudice au chargeur[181].

L'identification des parties au contrat de transport est importante, tout comme la mention sur le connaissement d'un certain nombre d'éléments. Une version électronique du connaissement tend à se développer. À une époque où le commerce était peu intense, cela suffisait. Aujourd'hui, il devrait franchir une nouvelle étape pour remplir les fonctions complexes du commerce moderne. En particulier avec le développement de la 5G et le connaissement électronique utilisant la technologie *Blockchain.*

L'accroissement des échanges internationaux a poussé les praticiens à imaginer des systèmes de transmission d'informations totalement dématérialisés, c'est-à-dire sans aucun document papier. On peut s'interroger sur le point de savoir quel est l'avenir du connaissement au XXIe siècle ?

Cette section est consacrée à la question de savoir comment, par quel mécanisme et avec quelles conséquences, le transporteur maritime peut faire exécuter par un autre le transport qu'il a promis.

Section II
Les autres documents

108. Nous déclinerons successivement trois autres documents importants, le document de transport multimodal, titre représentatif des droits sur la marchandise ? (§1), l'origine et caractéristiques du connaissement du transport combiné (§2), les documents de transport non négociables (§3).

§1. – Le document de transport multimodal, titre représentatif des droits sur la marchandise ?

109. Le connaissement est un instrument exceptionnel du commerce maritime qui se trouve « à la croisée » de deux contrats : contrat de transport et contrat de vente. Ces deux contrats sont distincts, mais intimement liés : le transport par mer suit, précède ou réalise le plus souvent une vente. L'accessoire économique du contrat de vente, le contrat de transport permet le déplacement de l'objet vendu. C'est dans cette configuration-là, c'est-à-dire en cas de ventes en filière, que le connaissement revêt tout son intérêt en tant que titre représentatif de la marchandise.

Le connaissement est indispensable pour permettre l'ouverture du crédit documentaire, ainsi que la réalisation des ventes en filière des « marchan-

[181] CA Aix-en-Provence, 28 avr. 1983, *DMF* 1984. 727, obs. R.A.

dises flottantes », mais il est parfois émis, même quand il n'est pas indispensable.

Dans un premier temps, on pourrait être tenté de dire que le connaissement ne représente pas la marchandise. Aucun texte n'existe qui pourrait fonder l'affirmation que le document de transport multimodal incorpore la marchandise. Même le texte le plus audacieux, la Convention de 1980, se borne à lui conférer la qualité d'un document négociable. Or, comme l'observait le Doyen Rodière, en droit français, le principe est que c'est la possession de la chose même qui, à l'égard des tiers, établit les droits du propriétaire mobilier (la formule « *Possession vaut titre* » est énoncée dans l'article 2276 alinéa 1 du code civil français) –alors que la théorie du caractère représentatif du document de transport concerne d'abord les intérêts des tiers. Et, « *seule une longue tradition comme celle du connaissement maritime peut faire reconnaître que la détention du document équivalent à la possession de la chose* »[182]. En faisant référence à une longue tradition, cela peut être assimilé à ce qui pourrait être une jurisprudence ou à un droit coutumier. Source d'un droit en l'espèce.

Pour MM. BONASSIES et SCAPEL, il ne faut pas oublier que ce n'est pas le législateur qui a institué la règle stipulant que le connaissement incorpore la marchandise chargée à bord du navire, la règle est née d'une véritable coutume commerciale. Nous mettons en exergue que l'activité de transport maritime a généré un droit qui résulte de la volonté et des constatations des professionnels du transport maritime et ce dans l'intérêt de tous.

En effet, le connaissement du chargeur, expédié au destinataire, permet à celui-ci de réclamer la marchandise à l'arrivée. À quel titre ? Ripert l'explique : « le connaissement est l'instrument de la possession des marchandises embarquées. Le porteur du connaissement est donc le possesseur des marchandises »[183]. C'est aussi la raison pour laquelle ce titre est négociable : établi au porteur ou à ordre, sa transmission transfère la possession des marchandises qu'il représente. Le destinataire initial peut ainsi céder ses droits au cours du voyage ; à l'arrivée le possesseur sera le détenteur légitime du titre, suivant le cas porteur ou dernier endossataire. La théorie de la possession rend compte du phénomène. L'élément corporel et l'élément psychologique de la possession se trouvent ici dissociés : tandis que le *corpus*, la marchandise, se trouve entre les mains du transporteur, le destinataire en reçoit l'*animus*, symbolisé par le connaissement. Le capitaine ou son agent, détenant la marchandise *animo alieni*, pour le compte d'autrui, n'a aucun droit sur elle. Au contraire, son possesseur peut la céder ou la mettre

---

[182] RODIERE, *Droit des transports*, 2e éd. 1977, n° 346.

[183] RIPERT et ROBLOT, *Traité de droit commercial*, Tome 2, 12e édition, L.G.D.J, 1990, *op. cit.*, n°1586, P. 494.

en gage. *Animus et corpus* se trouveront réunis par l'accomplissement du connaissement.

Cette particularité se justifie par la durée des voyages en mer : elle évite que la valeur économique de la marchandise ne se trouve figée pendant des semaines, jadis des mois. Ceci explique que les autres modes de transport, plus rapides, n'y aient pas recours puisque la marchandise y voyage aussi vite que le titre de transport. Ainsi, les lettres de transport aérien portent toujours la mention « non négociable ».

La négociabilité, ou transférabilité[184] du connaissement est sa caractéristique essentielle, en ce qu'elle lui confère un rôle clef en matière de ventes internationales et de crédit documentaire. Elle lui est propre : aucun autre document de transport ne la comporte et les procédés informatiques de transferts de droits ne procurent semble-t-il pas encore la fiabilité qu'elle requiert. Mais elle n'est pas indispensable, et bien des connaissements sont émis comme de simples reçus.

§2. – L'origine et caractéristiques du connaissement de transport combiné

110. Avec l'avènement du conteneur et le développement des transports mixtes ou combinés, les transporteurs ont été conduits à aménager les rapports contractuels de façon plus favorable aux usagers et à concevoir un instrument spécifique prenant en compte la totalité de l'opération de transport.

Le connaissement de transport combiné permet de regrouper, sous un seul contrat passé entre le transporteur et le chargeur et sous un régime juridique unique, les phases successives d'un transport de bout en bout (préacheminement terrestre, fluvial ou aérien/transport maritime/postacheminement). Par exemple, lors du transport d'un conteneur de spiritueux transbordé sur une barge, ayant heurté un quai lors de l'appareillage et subi des avaries, il a été jugé que le transport combiné ne relevait que de la Convention de Bruxelles auquel le connaissement renvoyait, la CMNI étant exclue du fait de l'émission d'un titre maritime[185].

En émettant un connaissement de transport combiné, le transporteur s'engage à exécuter, en son nom et sous sa responsabilité l'intégralité du transport depuis le lieu de prise en charge jusqu'au lieu de destination finale, en effectuant lui-même tout ou partie de ce transport et en sous-traitant les phases qu'il n'effectue pas personnellement. À l'extrême, le transporteur

---

[184] En anglais on parle à cet effet de « *document of title* », c'est-à-dire valant tire sur la marchandise. La Convention de Bruxelles traduit ce terme par « document similaire formant tire pour le transport des marchandises », ce qui est erroné (art.1/b) v. Scrutton, art.2 p.2; Tetley, p.220. Il est vrai que la terminologie reste mal fixée chez les Anglais eux-mêmes (Debbatista, chap. 2, p. 15s.).

[185] T.com. Marseille, 26 juin 2015, La Martiniquaise et a.c/ CMA CGM, *BTL* 2015, p.459.

pourrait même sous-traiter la totalité du déplacement prévu, y compris le transport maritime.

À la différence du connaissement direct, qui établit un cloisonnement entre les différentes phases du transport, le connaissement de transport combiné offre donc un régime juridique unique : l'émetteur du titre assume, en sa qualité de transporteur combiné, la responsabilité totale du transport de bout en bout et doit répondre, à l'égard du chargeur ou du destinataire, de la bonne exécution de chacune des phases successives de transport, quel que soit le mode employé. Ainsi, est retenue la seule responsabilité du transporteur maritime, celui-ci, dans l'impossibilité d'établir à quel stade du transport la marchandise avait disparu, ne pouvant invoquer une faute d'un de ses substitués[186]. Il est, par ailleurs, indifférent que les marchandises aient voyagé successivement à bord de trois navires n'appartenant pas au transporteur[187].

Les caractéristiques du connaissement de transport combiné peuvent donc être résumées comme suit : un seul transporteur, un seul contrat, une seule responsabilité.

L'émission de connaissement de transport combiné par les compagnies de transport maritime entraîne une importante extension de leur responsabilité, au-delà de la phase maritime proprement dite. Si le transporteur a fait diligence, il n'aura pas à répondre du dommage subi par la marchandise.

Par ailleurs, le connaissement est non transférable. Des erreurs peuvent provenir de ce que la mention à ordre n'est pas sacramentelle, puisqu'on peut croire susceptible d'endossement, et par là de transfert, à moins que le connaissement l'exprime le contraire. Des erreurs plus graves encore peuvent provenir de la pluralité des orignaux, quand cette pluralité ne correspond pas au souci de faciliter le transfert des droits qui y sont attachés. Les difficultés que soulève la pluralité d'originaux transférables sont bien réelles. Quand on veut les éviter et que néanmoins pour certains motifs, on tient à la pluralité, il est possible d'éviter toute surprise en mentionnant sur les divers exemplaires, moins un, qu'ils ne sont pas transférables.

Telle est d'abord la double utilité de cette pratique. Elle s'exprime dans une mention écrite en général en gros caractères et en travers du connaissement : « Exemplaire non transférable », ou « Copie non négociable ». En pareil cas, seul peut être bénéficiaire du document la personne dont le nom s'y trouve énoncé.

La spécification que le connaissement n'est pas transférable présente un autre intérêt dans les contrats d'affrètement. Elle interdit le transfert qui

---

186 Cass.com., 18 janv. 2000, n°97-21.323 ; CA Paris, 5e ch., 27 avr 2006, n° 04/04102, Fabriques de Tabac Réunies et a. c/Navigation Maritime Bulgare, *BTL* 2006, p. 347, s'agissant d'un opérateur bulgare.

187 CA Versailles, 12e ch., 4 avr. 2002, n°1998-1576, Mutuelles du Mans c/Dia Port Co Ltd. Et a..

substituerait les règles du contrat de transport à celles du contrat d'affrètement. Ceci est aujourd'hui vrai, aussi bien dans les connaissements qui tomberaient autrement sous le coup de la Convention de Bruxelles (art. 1er-b, Conv.), que dans ceux qui conduiraient à appliquer le Titre II de la loi de 1966 (art. 17-2) ou le Titre II du décret correspondant (art.59, d. du 31 déc. 1966). Mais qu'en est du connaissement au niveau des conventions ?

Notons, dès à présent, que le terme de connaissement disparaît dans les Règles de Rotterdam. Nous constatons que dans ces Règles le document de transport est défini de la manière suivante : il « désigne un document émis en vertu d'un contrat de transport par le transporteur ou une partie exécutante qui satisfait à l'une au moins des conditions suivantes : a) il constate la réception, par le transporteur ou une partie exécutante, des marchandises en vertu d'un contrat de transport ; ou b) il constate ou contient un contrat de transport ».

Il faut souligner qu'il n'y aucune référence quant à la représentativité du titre ou au *document of title*. Cette absence est logique dans la mesure où l'on distingue « simplement » les documents de transport négociables et non négociables. Cette position s'explique notamment par le souci d'éviter les interprétations différentes du texte qu'ont connu les Règles de la Haye-Visby, mais aussi par la dimension multimodale de la Convention.

Cependant, force est de constater qu'au final, même si les textes des conventions sont explicites en essayant de lever toute ambigüité sur de possibles interprétations, l'application des textes, donc les fondements des jugements rendus demeurent liés aux juridictions et par là même a leur efficience. Les Règles de Rotterdam traitent également du support électronique du contrat de transport. Cette question délicate a été traitée en conformité avec les travaux du Groupe de travail IV de la CNUDCI sur le commerce électronique donnant un cadre juridique.

111. Il faudrait souligner ici que les documents de transport de la Fédération internationale des auxiliaires de transport agréés (FIATA) ont été imaginés pour répondre aux besoins du transport combiné. Les documents et formulaires de la FIATA sont connus par chaque transitaire dans le monde entier. En effet, il y a plus de quarante ans que la profession a ressenti le besoin de disposer de ses propres documents. La FIATA propose de nombreux formulaires à entête FIATA, afin de mettre en place des modèles uniformes pouvant être utilisés dans le monde entier. La promotion des conditions uniformes pour ces documents est un des objectifs majeurs de la FIATA.

Ces documents standards et uniformes ont été introduit par la plupart des pays membres. Des millions d'exemplaires des FIATA FCR[188], FIATA FCT[189], FBL et FWR ont été émis. Ces documents sont reconnus internationalement, notamment par les Banques et la Chambre de Commerce Internationale. D'ailleurs, les FIATA FCR et FIATA FCT ont été reconnus par la Chambre de Commerce Internationale (CCI) en 1975 dans son document 470/251.

Le FBL, un document de transport aux garanties multiples, qui porte le logo CCI, démontre ainsi que ce formulaire est émis en conformité avec les « Règles *UNCTAD/ICC* sur les Documents de Transport Multimodal » de 1991. Que représente ce document et quelle est son utilité ? À l'origine, la FIATA a conçu le FBL pour répondre aux exigences du transport combiné. Mais, ce document reste obligatoire sur certaines autres destinations et autres transports combinés. Les documents émis par les transitaires et/ou commissionnaires de transport sont souvent assimilés à des attestations de prise en charge, leur développement dans le transport combiné en fait de véritables documents de transport.

À ce jour, aucun cas de contestation juridique n'a été porté à notre connaissance, ce qui prouve la compétence et l'intégrité des transitaires qui émettent ces documents. Les documents de la FIATA ont une excellente réputation et sont reconnus comme des documents fiables et traditionnels. Ils ont largement contribué dans le passé à la facilitation des échanges internationaux et contribueront à l'avenir d'être des instruments fiables au service du commerce mondial.

112. Aujourd'hui, il existe une société française qui propose à ses clients de fournir les documents de transports en ligne : Transport et Logistique de France (TLF).

L'Union des Entreprise de Transport et de Logistique de France, est la première organisation professionnelle représentative de l'ensemble des métiers de la chaîne du transport de marchandises et de la logistique. C'est une association interprofessionnelle qui réunit 10 000 adhérents dont 5 500 adhérents directs qui emploient 200 000 salariés et 4 500 adhérents indirects au travers de ses 13 syndicats affiliés. Ses activités sont dans des secteurs aussi

---

[188] **FCR** = Forwarder carrying receipt ou Forwarder's Cargo Receipt. C'est un document émis par le transitaire, qui atteste que les marchandises ont été livrées dans ses entrepôts par le fournisseur et par conséquent mis à la disposition de l'acheteur. Il assure la bonne réception des marchandises par le transitaire. Il est établi par ses soins lors de la réception des marchandises pour ré acheminement vers le client. Ce certificat est valable pour les contrats avec les incoterms EXW, FCA et FAS.

[189] **FCT** = forwarder certificate of transport (Certificat de transport).
D'après la CCI, les forwarders certificates of receipt (FCR) et les forwarders certificates of transport (FCT) ne sont pas considérés comme documents de transport.

diversifiés que le transport, la messagerie, la location de véhicules industriels, la commission de transport nationale et internationale, la commission en douane, la logistique.

Le poids que lui confèrent ses adhérents a imposé la représentativité de l'Union TLF auprès des instances régionales, nationales, mais aussi européennes et internationales. Ainsi, à tous ces échelons, l'Union représente, promeut et défend les intérêts de l'ensemble du secteur du transport et de la logistique. Elle est soutenue dans cette tâche par les partenaires qui l'accompagnent.

L'Union TLF est organisée en conseils de métier et commissions animés par des professionnels et activités. TLF siège dans de nombreuses instances française, européenne et internationale, assure la promotion de l'industrie française du transport et de la logistique. Elle compte une vingtaine d'implantation, propose en service des documents de transports.

Nous avons souligné le caractère représentatif du connaissement, mais il existe d'autres documents qui peuvent apparaître lors des opérations de transports. TLF se borne à fournir des services en ligne et à donner des informations à ses clients. À notre avis, il faut trier selon les cas ces documents pour relever ceux qui constituent un connaissement. En tant qu'acteur, TLF s'inscrit dans l'évolution du commerce.

113. Le document unique de transport s'inscrit dans un objectif immédiat de simplification des procédures pour des transports combinés. Ce document est destiné à faciliter la sécurité tant matérielle que juridique des trafics. Ceci n'est pas issu des Règles de Rotterdam, mais il en reprend certains aspects exprimés dans un document qui pourra faire l'objet d'un échange dématérialisé par voie électronique et sera exigeant en matière de déclaration des chargeurs. Il ne s'agit pas de la mise en application *stricto sensu* des Règles de Rotterdam et en aucun cas, il ne pourrait être considéré comme une solution alternative à la Convention.

Un tel décalage n'est pas étonnant puisque le temps des conventions internationales est un temps qui suppose un nombre suffisant de ratifications pour que la convention puisse entrer en vigueur, alors que l'évolution du transport maritime s'est accélérée ces dernières années sous l'influence d'un marché de plus en plus soumis à la concurrence qui, en favorisant le transport de masse et l'émergence de porte-conteneurs géants, sans modifier l'objet des contrats ont fait évoluer les conditions de négociations. Cette évolution, faute de pouvoir s'inscrire dans des conditions situées en dehors d'un cadre juridique précis s'exprime dans des documents échappant à un cadre prédéterminé.

Les Règles de Rotterdam ne sont pas encore entrées en vigueur faute de ratification suffisante et une échéance prochaine d'application n'est pas encore en vue. En revanche, des documents fleurissent pour traduire les nouvelles exigences qui s'imposent aux transporteurs. Ces documents sont l'émanation de situations concrètes. De sorte que l'on se trouve en présence de textes très divers selon la relation transporteur-chargeur dans laquelle s'inscrit la négociation.

Le régime de responsabilité qui régit le document tient compte de la place prise par les transports routiers ou ferroviaires dans les trafics de courte distance, il est donc très proche de celui mis en place par la C.M.R. qui devient le texte de référence que les parties choisissent sans pour autant l'adopter intégralement[190].

Le document unique est donc le document que les parties ont choisi pour répondre à leurs besoins. C'est un document de transport qui, tant sur la forme que sur le fond, se substitue au connaissement qui n'a plus sa place dans ces trafics nouveaux soumis à des impératifs de rapidité et de simplicité.

Le document de transport répond aux exigences de l'opération commerciale et parallèlement, il garantit la sécurité juridique, ce qui signifie qu'il est avant tout destiné à éviter les recours.

Il ressort de ces brèves réflexions que la valorisation du document de transport ne signifie pas une régression du droit ; au contraire, elle démontre que les partenaires commerciaux, même à travers un contrat de transport, dont le schéma est connu d'avance, sont en mesure d'adapter le contenu de leurs engagements aux aléas du commerce. De fait, force est de constater que les opérateurs font de plus appel à des documents qu'ils rédigent eux même dans leurs intérêts réciproques en tentant par là même de se soustraire à la lenteur et à l'inefficacité des phases de négociations liées aux conventions qui ne jouent pas le rôle de facilitateur attendu.

Nous nous joignons aux propos de Madame Françoise ODIER, « *Aussi longtemps que les conventions internationales manifesteront leur rigidité, il faudra savoir utiliser les documents et leur confier un rôle, qui va bien au-delà du moyen de preuve, et qui en font le véritable support des opérations de transport maritime et surtout multimodal* »[191].

Cette exigence figure d'abord, pour les transports intérieurs dans l'article L. 132-8 du Code de commerce, alors que l'article L.132-9 énumère les mentions qu'elle doit comporter. Ces dispositions communes sont complétées par certains textes propres aux différents modes de transport, au point qu'il est coutume de dire aujourd'hui que l'article L. 132-9 n'a plus aucune utilité, du fait également de son caractère archaïque et imparfait.

De nos jours, si le contrat de transport multimodal n'a pas encore entrainé la disparition du connaissement direct, il l'a très largement supplanté et la doctrine pense que le connaissement direct est appelé à disparaître.

---

[190] Il est à préciser que l'article 2 de la C.M.R. qui régit la phase maritime d'un document C.M.R. intégral, n'a pas sa place dans le document unique.

[191] F. ODIER « La dynamique des documents dans le contrat de transport maritime », *Mélanges en l'honneur de Christian SCAPEL*, Presses Universitaires d'Aix-Marseille, 2013.

§3. – Les documents de transport non négociables

114. Quel est le caractère de la lettre de transport maritime (LTM) ? La LTM ou en anglais « *Sea way-bill* » vient de la pratique d'origine anglo-saxonne. Elle est apparue sous la forme d'un connaissement *short form* ce qui correspond à une formule abrégée avec le verso en blanc renvoyant aux conditions générales consultables aux bureaux de la compagnie maritime. Elle est un document qui peut être transmis par télématique. « *Sea way-bill* », cette expression désigne la transmission à longue distance d'un document informatisé. En France, la LTM a été élaborée à l'initiative du Comité central des armateurs de France et de *Simprofrance*. Aligné sur la formule cadre pour les documents commerciaux (norme ISO 6422), un contrat-type a été normalisé aux fins d'utilisation dans des courants d'affaires réguliers[192]. La LTM constitue un document de transport établissant la preuve du contrat de transport entre le chargeur et le transporteur, elle établit également le reçu de la prise en charge de la marchandise par le transporteur. Certaines des mentions portées sur la LTM ont pour objet de décrire les marchandises : identification, nombre et nature des colis, poids et volume, numéros de conteneurs, marque d'expédition. En revanche, le document possède une caractéristique juridique essentielle : il n'est pas négociable et ne représente pas la marchandise[193]. La LTM doit obligatoirement indiquer le nom du destinataire et celui du chargeur. La personne dénommée en qualité de destinataire peut être, selon le cas, le destinataire réel de la marchandise mais aussi la banque émettrice du crédit documentaire afférent à l'opération ; le nom du destinataire réel étant porté dans la case « *notify* ». Toutefois, à la différence du connaissement à personne dénommée, à l'arrivée des marchandises, le destinataire a pour seule obligation de justifier de son identité, sans avoir à présenter le document matérialisé sur un support papier[194].

115. Quelle que soit sa forme, la LTM est soumise à la loi du 18 juin 1966 titre II[195]. La loi française s'applique en effet à tout transport de marchandises par mer, même s'il n'est pas constaté par un document. Selon l'article 16 de cette loi, le droit français s'applique à tous les transports effectués au départ ou à destination d'un port français, qui ne sont pas soumis

---

[192] La LTM standardisée a été présentée dans la Gazette de Simprofrance, n°1, p.5 ; voir également Doc. TRADE/WP.4/R.459 du 30 décembre 1986, spéc. l'annexe de ce document émanant du Groupe de travail sur la facilitation des procédures du commerce international de la Commission économique pour l'Europe des Nations Unies, où est reproduit le document type.

[193] Diana Farber, Shipping Documents and EDI, International Yearbook of Law Computers and Technology, Vol. 6, 1992, p.75.

[194] Emmanuel du Pontavice et Patricia Cordier, Transport & Affrètement maritimes, Paris, éd. Delmas, 2ème éd.,1990, v. n°H 13.

[195] Loi n°66-420 du 18 juin 1966 sur les contrats d'affrètement et de transport maritime.

à la Convention de 1924. Celle-ci, ainsi que le Protocole de 1968 qui l'a modifiée, ne s'applique qu'au connaissement et aux autres documents constituant des titres représentatifs de la marchandise, la loi de 1966 s'appliquera donc à tous les transports maritimes sans connaissement au départ ou à destination d'un port français. La loi française de 1966 est très proche de la Convention de Bruxelles.

Lorsque la LTM relève d'une loi étrangère, le tribunal compétent devra également rechercher, à défaut de pouvoir appliquer la Convention de Bruxelles directement, quelle est la loi nationale compétente, celle-ci pouvant du reste renvoyer purement et simplement à la Convention de Bruxelles. Nous pouvons constater que du point de vue des règles de droit applicables, la Convention de Bruxelles décline son interprétation. Ceci engendre une grande confusion et une anarchie totale sur le plan international. Il faudrait donc d'urgence adopter une Convention internationale ou plus exactement un protocole à la Convention de 1924 disposant que celle-ci s'applique à tous les transports de marchandises par mer, même en l'absence de connaissement ; c'est ce que précise du reste la Convention de Hambourg de 1978, destinée à remplacer un jour la Convention de Bruxelles de 1924, sans succès puisqu'elle n'est toujours pas entrée en vigueur. Remarquons au passage la célérité de la mise en œuvre des conventions internationales, puisque, depuis celle de 1924, aucune nouvelle convention n'a été effective ! Et ce alors même que le secteur d'activité et les besoins des acteurs de ce secteur ont évolués sur un rythme exponentiel. Nul doute qu'une telle situation ne peut être que source de différends.

À l'analyse, on peut rapprocher les caractères juridiques de la L.T.M. de celles des lettres de voiture routière, ferroviaire ou aérienne[196].

Aussi la doctrine a-t-elle pu voir dans ce document, « *l'amorce d'un mouvement vers cette "unité du droit des transports" que la prétendue spécificité du droit maritime, (...), avait jusqu'alors interdite, et que la généralisation des transports combinés -entre autres- finira bien par rendre inéluctable*»[197].

---

[196] L'acceptation de la lettre de voiture ferroviaire non négociable, couverte par les règles uniformes CIM, se constate par l'apposition du timbre de la gare expéditrice avec mention de la date d'acceptation et, de plus un duplicata est remis à l'expéditeur (art. 11 et 12 §2). Or l'article 8 §4, g) de la CIM (introduit en 1980) autorise deux ou plusieurs états ou chemins de fer, par des accords de convenir de conditions dérogatoires à la CIM dès lors que l'expédition est opérée sous "le couvert d'un instrument servant à la transmission automatique des données", cf. la note d'information de l'OCTI et du CIT au groupe de travail de la facilitation des procédures du commerce international en date du 18 juin 1991. Par ailleurs, le projet DOCIMEL (Document CIM électronique) a pour objectif de remplacer la lettre de voiture papier par une titre EDI (cf. Rapport de base droit du 31 janvier 1991).

[197] Alain Tynaire, La lettre de transport maritime ou le serpent de mer, B.T. n°2164 du 11 octobre 1985, p.475. Sur le régime juridique de la L.T.M. : v. Emmanuel du Pontavice, L'informatique et les connaissements, *DMF*, 1983, p.376-381, Le connaissement et l'informatique, art. préc., p.231-236 ; William Tetley, Waybills : The Modern Contract of Carriage of

Ce que la doctrine reconnaît, c'est que le « transporteur » ou l'acteur du transport « multimodal » est une entité nouvelle, née de la réalité de l'activité de transport et que ce « transporteur » s'est peu à peu affranchi du caractère dominant des règles qui régissaient le transport maritime. C'est une entité née, tout autant de la mondialisation, que des avancées technologiques, mais aussi des impérieuses nécessitées de cette chaine moderne du transport multimodal et des exigences qui en sont nées.

Goods by Sea, Part I, J.M.L.C., vol. 14, n°4, October, 1983, p.465-511 et Part II, J.M.L.C., vol. 15, n°1, January, 1984, p.41-68.

Chapitre II
La dématérialisation des documents

116. L'introduction et le développement de l'usage des moyens électroniques dans les opérations commerciales sont une caractéristique essentielle de la mondialisation. L'usage des moyens électroniques accroit considérablement les gains de productivité. La communication de données informatisées est conçue pour permettre un échange rapide de données selon un format et une structure déterminés.

Avec le développement des nouvelles technologies, les documents électroniques entrent en jeu. Nous étudierons successivement le connaissement électronique (Section I), et l'apport des Règles de Rotterdam sur son avenir (Section II).

Section I
Le connaissement électronique

117. La création et l'utilisation du connaissement électronique par certains des plus grands armateurs mondiaux, s'intègrent dans le champ plus vaste de l'e-commerce. Pour s'en tenir à l'essentiel et à la pratique maritime, il peut être constaté à ce jour que le connaissement électronique est largement utilisé par certains transporteurs maritimes et que ce type de document peut remplir efficacement les fonctions de base qui sont celles de la LTM : preuve du contrat de transport, reçu des marchandises. En revanche, malgré les subtils processus imaginés par les praticiens, il ne paraît pas possible, en l'état, d'instituer une véritable négociabilité d'un tel titre[198]. Quel est l'avenir du connaissement, est-ce l'ère du « *paperless* » qui s'annonce ?

118. Aujourd'hui, nous vivons dans un environnement où nous pouvons être connectés en permanence, où l'internet, la messagerie électronique, le GPS etc. nous guident et nous suivent partout dans un monde virtuel d'échanges de données et d'informations pourtant bien réelles. Ce phénomène a connu une accélération avec la crise sanitaire marquée par la mise en

---

[198] Eric A. Caprioli, « La normalisation internationale des documents de transport maritime non négociables », annuaire de Droit maritime, tome XIII, 1995, p1777 à 200, 2005.

lumière du télétravail modifiant considérablement nos modes de vie. Nous entrons en effet dans l'ère des technologies de l'information et de la télécommunication. Ainsi, depuis les années 1970, des compagnies maritimes opérant essentiellement sur le trafic Europe/Amérique du Nord ont totalement informatisé l'établissement des LTM et la transmission des informations relatives aux expéditions, connues sous le nom du *Data Freignt Receipt* (DFR).

La dématérialisation a pénétré de nombreux secteurs d'activité. Le transport, un instrument privilégié du commerce international, n'a pas échappé à cette vague électronique. Ceci est particulièrement le cas du transport de fret passager où l'aérien fait office de leader. Progressivement, les titres de transport dématérialisés entrent dans les mœurs et d'autres modes, tels que le transport ferroviaire et terrestre, adoptent cette solution. Le développement de documents comme la LTM et les *Short Forms* répond à la nécessité d'accélérer la circulation des documents de transport et de réduire des coûts attachés à la circulation du papier afin d'alléger les procédures traditionnelles du commerce maritime international. L'accroissement des échanges internationaux a poussé les acteurs du marché à imaginer des systèmes de transmission d'informations « zéro papier », totalement « *paperless* », c'est-à-dire sans aucun document imprimé.

119. Si la conteneurisation avait donné naissance à la première révolution du transport, la nouvelle révolution, actuellement en marche, est celle de l'informatisation et de l'automatisation. La question de l'incorporation par référence de documents préexistants dans le connaissement s'est posée dans deux types de situations devant les juridictions françaises.

Le point qui achoppe depuis des années est la dématérialisation du document central du transport maritime : le connaissement. En effet, l'utilisation du connaissement dépend d'une conception liée au monde du papier. Pour sa dématérialisation, le connaissement a posé un problème car c'est un titre représentatif de la marchandise négociable. La question se pose est de savoir si le connaissement électronique a la même négociabilité que l'ancien. En droit positif, le terme connaissement désigne un document, alors que l'expression « connaissement électronique » désigne un système complexe fondé sur un registre électronique sur lequel sont consignés les ordres des titulaires successifs et les informations usuelles figurant au connaissement. Les exigences de forme du droit français ainsi que la plupart des systèmes juridiques des nations maritimes interdisent de qualifier de connaissement des instruments contractuels organisant des échanges de données informatisées, même s'ils remplissent les fonctions traditionnelles du connaissement négociable. Cela n'est pas de nature à aider les opérateurs du commerce international à surmonter leurs réticences psychologiques à la dématérialisation du connaissement négociable. Toutefois, la loi type de la CNUDCI autorisera peut être à terme la qualification de connaissement électronique[199]. Son ambition est en effet d'inspirer les législateurs nationaux ou, au moins de fournir des directives d'interprétation des textes nationaux et internationaux existants dans le but de développer les aspects relatifs aux assurances et paiement, et d'assortir les commentaires et propositions juridiques avec des informations techniques détaillées. Nous insistons sur l'importance de réconcilier théorie et pratique, et sur la nécessité d'inspirer confiance aux usagers afin d'encourager l'usage des documents électroniques.

De nos jours, l'informatique a maintenant une place incontournable dans le *shipping*, cela est une évidence. La négociabilité est assurée par un registre informatique. La gestion des connaissements électroniques, des clés confidentielles et de la sécurité est confiée dans les règles du C.M.I. aux transporteurs. Le projet Bolero, financé par l'Union Européenne dans le cadre du programme *Infosec*, s'inspire des règles du C.M.I. et institue un registre central retraçant dans un ordre chronologique toutes les opérations et tous les messages de bases de données.

Le transport conteneurisé va favoriser l'émergence de standards informatisés avec notamment la standardisation du procédé de saisie du plan de chargement proposé dès 1987 par la *Shipplanning Message Development* Group (SMDG) qui créa le message « BAPLIE » qui apparut en 1991 et qui reposait sur l'Échange de Données Informatisées (EDI) à la norme EDIFACT/ONU.

En France, le travail a été effectué par la Sous-Direction des Systèmes d'information maritimes (dite « SDSI ») de la Direction des Affaires Maritimes et des Gens de Mer (DAMGM). Son rôle fut de concevoir et de mettre « en œuvre des systèmes d'information nationaux et internationaux » et de veiller « à la cohérence des données correspondantes notamment pour la gestion des personnels navigants, le contrôle des navires, la sécurité des navires et de la navigation, le contrôle des pêches maritimes et des cultures maritimes ».

En effet, les ports sont aujourd'hui de véritables points de concentration de flux électroniques d'informations. En 2005, on estimait que 200 millions de message de plans de chargement ainsi que 100 millions de messages de mouvements de conteneurs étaient échangés par an dans le monde et que 80% du volume des marchandises dangereuses et polluantes transportées par voie maritime étaient traitées par EDI.

Il faut aussi opérer une dissociation entre le suivi du navire et le suivi des marchandises, ce qui favorisera la création des « *Cargo Community System* » (*CCS*). C'est un suivi physique, documentaire, administratif et douanier des

---

199 P. GARO, *L'adaptation du droit des transports maritimes au droit du commerce églectronique*, Presse universitarie d'Aix-Marseille, 2012.

marchandises. En France, on citera le système AP+. Il existe aussi de nos jours les portails maritimes mis en place par les compagnies maritimes de transport conteneurisés pour offrir des services en lignes à leurs clients pour les calendriers des appareillages, les tarifs, les demandes de réservations de fret, les connaissements, les systèmes de localisations et de suivi des cargaisons ainsi que pour les paiements.

120. Il y a encore 20 ans, il n'existait aucun texte évoquant l'internet ou le commerce électronique. Il fut d'abord souhaité l'instauration d'une « *lex Electronica* ». En effet, pour certains, les règles de droit existantes ne pouvaient pas s'adapter au commerce électronique. Il faut avouer que cette doctrine visait à bâtir un ensemble réglementaire et fiscal cohérent sur un schéma se rapprochant très fortement de celui des États-Unis. Il apparut ainsi très vite qu'il ne pouvait pas être laissé libre cours à une autorégulation au risque de voir une hégémonie commerciale s'installer sans véritable contrôle.

Faut-il aller plus loin et faut-il établir une loi type pour les documents transférables électroniques qui serait l'équivalent des instruments ou documents papiers transférables ? La France l'a pensé. La loi n°2004-575 du 21 juin 2004 donne la première définition en droit français au commerce électronique : « activité économique par laquelle une personne propose ou assure à distance et par voie électronique la fourniture de biens ou de services ». La primauté exclusive du support papier a maintenant définitivement disparu en droit français selon les articles 1316-1 et 1316-3 du Code civil :

« *L'écrit sous forme électronique est admis en preuve au même titre que l'écrit sur support papier, sous réserve que puisse être dûment identifiée la personne dont il émane et qu'il soit établi et conservé dans des conditions de nature à en garantir l'intégrité.* »

« *L'écrit sur support électronique a la même force probante que l'écrit sur support papier* ».

Une objection a été apportée à la négociabilité du connaissement lorsqu'il comporte des réserves. Cette objection ne tient pas. L'apposition de réserves sur un connaissement ou tout autre document de transport maritime est devenue une vue de l'esprit. En effet, nous avons assisté ces dernières années à une aseptisation de la documentation transport : les documents doivent être nets de réserves sous peine d'être refusés s'ils ne sont pas « *clean on board* ».

La position visant ainsi à considérer que l'informatique ne pouvait pas s'appliquer au connaissement devint presque un axiome qui engendra un certain délaissement de ce document par la pratique et la création d'autres documents plus faciles à manipuler en raison certes de la diminution du temps de transport, mais aussi plus facilement utilisables dans un univers dématérialisé comme, par exemple, la lettre de transport maritime ou « *sea waybill* », laquelle ne possède pas cette troisième fonction.

On peut regretter qu'en France, le code des transports ne contienne pas de dispositions relatives aux documents de transport maritime dématérialisés. Sur le plan international, il n'existe aucune convention dédiée aux documents de transport dématérialisés et encore rare quant au connaissement maritime. Toutefois, nous pouvons nous rapprocher de la réglementation relative au commerce électronique pour trouver une solution. Le cadre juridique général applicable au commerce électronique comporte les principes fondamentaux au développement et à la sécurisation des transports dématérialisés[200].

121. Dans l'élaboration du cadre juridique relatif au commerce électronique, différentes organisations internationales notamment les Nations Unies, ainsi que la Chambre de commerce international, ont joué un rôle déterminant.

Les Nations Unies en particulier, grâce à la Commission sur l'unification du droit commercial international, la CNUDCI, ont permis d'harmoniser les conditions de formation et d'exécution des contrats dématérialisés. En adoptant la loi-type CNUDCI sur le commerce électronique du 16 décembre 1996, plusieurs principes fondamentaux ont été définis, tels que le principe de neutralité technique et médiatique. Ce qui formalise l'équivalence entre les documents matérialisés « papier » et électroniques. *A fortiori*, aucune discrimination hiérarchique entre eux n'est plus tolérée et tout texte de loi doit pouvoir s'appliquer, aussi bien aux communications dématérialisées qu'à celles sur format papier. En termes de preuve, le document électronique est admissible au même titre que son équivalent papier. Afin de compléter ce dispositif, la CNUDCI a adopté le 12 décembre 2001 une loi type sur les signatures électroniques pour mieux encadrer leur utilisation et leurs moyens d'authentification[201].

Dans le même sens, la Chambre de commerce internationale a codifié certaines pratiques reconnaissant la validité des messages et supports électroniques servant de base aux opérations de commerce international. Ce sont notamment les règles et usages des crédits documentaires, les « RUU 600 », qui contiennent désormais une partie spécifique dédiée à l'utilisation des documents électroniques : les fameuses « eRUU ». Il est expressément admis que le paiement par crédit documentaire peut se réaliser partiellement ou exclusivement à l'aide de documents électroniques dits « enregistrements électroniques », dont la valeur est équivalente à celle de leurs homologues papiers. Les principes posés par les eRUU sont suffisamment simples et clairs pour s'appliquer à une vente maritime, quelle que soit la technologie

---

[200] L. FEDI, « La dématérialisation du connaissement maritime: utopie ou réalité du XXIe siècle », *Mélanges en l'honneur de Christain Scapel*, Presses universitaires d'Aix-Marseille 2013.

[201] Résolution n° 56/58 du 12 décembre 2001, 85e assemblée plénière des Nations Unies.

de son « format », c'est-à-dire de son support. Au-delà de la reconnaissance de la signature électronique, les documents électroniques doivent pouvoir être authentifiés, datés et ne pas être altérés en cours de transmission. Les exigences de notification d'originaux, de respect de dates, d'examen de conformité sont exactement les mêmes que celles des crédits documentaires classiques. La seule différence majeure réside dans le principe d' « apparente conformité » dont bénéficient les documents électroniques à ceux papier du moment où ils sont transmis dans le format prévu ou qu'ils ont pu être identifiés.

Dans le même sens et en cohérence avec les Incoterms 2000 qui prévoyaient déjà que les documents ou connaissements pouvaient être remplacés par des messages électroniques EDI, la nouvelle codification des Incoterms 2010 consacre pleinement la validité des moyens de communication électroniques, à condition que les parties aient donné leur accord ou que l'usage soit bien établi.

Depuis les lois du 13 mars 2000 et 21 juin 2004, les documents électroniques se voient reconnaître une valeur juridique en droit français. En France, la création d'un connaissement électronique suscite des objections tirées de la jurisprudence et de certaines dispositions de la loi française. Les exigences de forme posées *ad validitatem* et le caractère négociable du connaissement semblent interdire la qualification de « connaissement électronique »[202]. L'adoption de la *Loi type sur le commerce électronique* par la CNUDCI et le projet Bolero ont donné une actualité nouvelle à la dématérialisation du connaissement. L'expression de « connaissement électronique » est alors une facilité de langage utilisée pour désigner un système complexe qui remplit les fonctions traditionnelles de ce document.

122. Si nous considérons l'importance qu'a pris la Chine au niveau du commerce mondial international, il convient de se pencher sur la valeur légale des documents électroniques dans le code maritime chinois.

Au cours des années quatre-vingt-dix, la communication informatique n'était généralement pas utilisée en Chine. Par conséquent, le connaissement électronique n'a pas du tout été envisagé dans le code maritime chinois. Dans son article 71, le CMC donne une définition du connaissement, selon laquelle trois fonctions doivent être remplies pour qualifier un tel document, à savoir : le reçu des marchandises, la preuve des modalités du contrat de transport et la qualité de titre représentatif de la marchandise[203]. Ces trois

---

[202] O. CACHARD, Formalisme et dématérialisation du connaissement, *Droit de l'Informatique et des Télécoms*, 1998 /3, Doctrine, p. 24-30.

[203] L'article 71 du CMC prévoit que: « Le connaissement est un document faisant preuve d'un contrat de transport maritime des marchandises et constatant la prise en charge ou la mise à bord des marchandises par le transporteur ainsi que sur la base duquel le transporteur ainsi

fonctions du connaissement demandées par le CMC rejoignent d'ailleurs les critères universels.

Compte tenu de cette définition, il n'est pas évident de déterminer si elle pouvait comprendre ou pas un document dématérialisé.

Dans le cadre d'une utilisation informatisée, le problème de validité d'une signature électronique est un élément important pour le connaissement ainsi que les documents de transport. À cet égard, il est regrettable que le CMC n'ait pas repris les dispositions des Règles de Hambourg, lesquelles prévoient que la signature apposée sur le connaissement peut être portée par tout autre moyen mécanique ou électronique. Toutefois, l'article 72 du CMC dispose que, « *sur demande du chargeur, l'émission d'un connaissement peut être signée par le transporteur maritime, ou une personne qu'il aurait autorisée à le faire* ». Le texte chinois ne précise pas si une signature électronique pourrait satisfaire à la signature demandée dans le cadre d'un connaissement. Au demeurant, nous pouvons affirmer que le CMC n'a pas attribué un rôle juridique au connaissement électronique.

123. Cependant, l'informatique n'est pas pour autant absente du commerce maritime. Bien au contraire, elle y règne comme dans toutes les activités économiques du monde contemporain[204]. Dans la plupart des ports du monde et dans les grandes compagnies maritimes, tout l'aspect documentaire est informatisé. Aux Royaume-Uni, environ 90% des formalités douanières sont construit par EDI[205] ou d'autres systèmes électroniques. Le dédouanement des importations par l'EDI est vulgarisé jusqu'au 95%. De plus, les documents électroniques dans le processus du commerce extérieur et du commerce intérieur ou règlement de fret ont été largement utilisés. Comme les documents électroniques de transports ont toujours une sauvegarde des données, ceci peut éviter un travail répétitif de saisir les mêmes données, afin de réduire les risques d'erreur et d'améliorer l'exactitude du document. Cela permet une simplification considérable des procédures, et une accélération sensible des processus.

Face à cette réalité incontournable, la Chine a aussi fait évoluer son droit d'une manière plus générale, pour y intégrer les évolutions dues à l'e-commerce. Conformément à l'article 11 de la Loi sur les contrats[206], pro-

---

que sur la base duquel le transporteur s'engage à délivrer les marchandises contre remise de ce document. ».

[204] Ph. GARO, *L'adaptation du droit des transports maritimes au droit du commerce électronique*, PUAM, 2012, p.1.

[205] Le document de transport multimodal s'analyse en document qui constitue la preuve d'un contrat de transport multimodal et qui peut être remplacé par des messages conçus pour être utilisés dans le cadre d'échanges de données informatisés (EDI) dans la mesure où la loi applicable l'autorise.

[206] La Loi sur les contrats, promulguée le 15 mars 1999, est entrée en vigueur le 1er octobre 1999. Elle a comblé la lacune du code maritime chinois.

mulguée le 15 mars 1999 et entrée en vigueur le 1er octobre 1999, la forme écrite du contrat peut comprendre le texte électronique, plus précisément le télégramme, le télex, le téléfax, l'échange de données informatisées et d'e-mail. Cet article donne une qualité légale au texte électronique concernant les autres documents juridiques, tel que le connaissement. Par conséquent, les parties ne peuvent établir ce document dématérialisé que par le biais de la conclusion d'un contrat[207].

En ce qui concerne spécifiquement le contrat de transport maritime, il faut reconnaître que son statut international reste encore perfectible nonobstant des progrès majeurs au travers des Règles de Rotterdam.

Section II
L'apport des Règles des Rotterdam

124. La dématérialisation des documents relatifs au transport maritime de marchandises doit s'opérer en deux étapes. La première étape vise la généralisation du connaissement électronique. La deuxième étape consistera à élargir la dématérialisation dans la gestion des chaines logistiques transfrontalières.

125. Si notre ordre juridique est muet sur le connaissement électronique (ou e-connaissement, ou eB/L, ou *paperless Bill of Lading*), les textes internationaux ont développé la question[208]. Outre les Règles CMI relatives aux connaissements électroniques du 29 juin 1990[209], les Règles de Rotterdam ont intégré cette question dans leurs dispositions[210].

Tenant compte des exigences du commerce international et des progrès des systèmes informatiques, les Règles de Rotterdam traitent abondamment des documents électroniques de transport et y consacrent d'ailleurs tout leur chapitre III. En effet, l'équivalence fonctionnelle de la documentation papier et la documentation électronique est enfin reconnue[211].

Pour autant, le connaissement électronique se développe difficilement, d'une part parce que les Règles de Rotterdam peinent elles-mêmes à entrer

---

[207] XIANG Zaisheng 向在胜, Dianzi tidan falû wenti yanjiu 电子提单法律问题研究 (La recherche sur les questions juridiques du connaissement électronique), 博士论文，武汉大学，2005 年，第 240 页，Thèse, Université du WUHAN, 2005, p.240.

[208] O. CACHARD, la régulation internationale du marché électronique, préf. Ph. Fouchard, LGDJ, 2002 ; Ph. GARO, *L'adaptation du droit des transports maritimes au droit du commerce électronique*, préf. Ch. SCAPEL, PUAM 2012.

[209] Sur les quelles nous renvoyons à L. FEDI, « La dématérialisation du connaissement maritime : utopie ou réalité du XXIe siècle », in Mélanges en l'honneur de Ch. SCAPEL, *op. cit.*, pp. 219 et s., spéc. p. 224.

[210] Article 8 des RR.

[211] Cf. art. 8 des Règles de Rotterdam.

en vigueur, et d'autre part en raison des difficultés et incertitudes qui l'entourent.

Les Règles de Rotterdam précisent dans leur article 6 qu'elles s'appliquent en cas d'émission d'un document de transport ou d'un document électronique de transport. L'article 8 énonce que tout ce qui doit figurer dans un document de transport peut être consigné dans un document électronique, dès lors que le transporteur et le chargeur y ont consenti. Ce même texte pose un principe important, qui est l'équivalence des effets entre le connaissement électronique et le connaissement papier : « *l'émission, le contrôle exclusif ou le transfert d'un document électronique de transport a le même effet que l'émission, la possession ou le transfert d'un document de transport* ».

Les Règles de Rotterdam prévoient par ailleurs que l'utilisation d'un connaissement électronique négociable suppose que soient prévus la méthode pour émettre ce document en faveur du porteur envisagé et le lui transférer, les moyens d'assurer que le document conservera son intégrité, la façon dont le porteur peut démontrer qu'il a la qualité de porteur et enfin la façon de confirmer que la livraison au porteur a eu lieu, ou que le document a cessé de produire effet[212].

126. Cependant, des difficultés et incertitudes subsistent. Elles sont de trois ordres. D'abord, il y a une incertitude juridique qui concerne la transmissibilité du connaissement électronique. Si le connaissement électronique peut remplir, sans difficulté, les fonctions classiques que sont la preuve du contrat de transport et celle de la réception, sa capacité à représenter la marchandise et à pouvoir circuler est discutée[213]. Ensuite, le transport maritime étant mondial, le connaissement électronique suppose que les opérateurs aient des capacités techniques informatiques suffisantes. Or, ce n'est pas le cas dans toutes les régions du Monde, en raison du coûts d'accès à Internet parfois élevés, voire d'une informatisation défaillante pour certains États[214]. Enfin, le connaissement électronique pose des questions de sécurité informatique : entre les virus, les intrusions de type cheval de Troie, le « *hacking* », l'« hameçonnage » et autres détournements d'identité, les juristes sont tributaires des technologies informatiques. En termes de responsabilité, les risques sont considérables, ce qui a d'ailleurs conduit les P&I Clubs à proposer des assurances additionnelles, pour les couvrir.

Malgré ces difficultés et ces incertitudes, des systèmes de connaissement électronique existent, notamment Bolero, ESS et Inttra[215]. En substance, le

---

212 Art. 9 des RR.

213 P. BONASSIES et SCAPEL, *Traité de droit maritime*, *op.cit.* n°992.

214 L. FEDI, « La dématérialisation du connaissement maritime : utopie ou réalité du XXIe siècle », préc., spéc.p.228.

215 Ibid., p.230.

document électronique est admis comme « support du contrat de transport », dès lors que le chargeur et le transporteur ont donné leur consentement quant à son émission et utilisation. On relèvera au sein des dispositions afférentes des Règles de Rotterdam, l'emploi du terme « document », et non de celui de « connaissement », ainsi que l'absence de référence à la possession.

L'équivalence fonctionnelle de la documentation papier et de la documentation électronique est enfin reconnue (art.8). Le recours aux documents électroniques va certainement favoriser les transmissions instantanées de données et de droits permettra, notamment, de régler les questions pratiques que l'on connaît lorsque le navire ou l'engin de transport arrive à destination avant même les documents afin d'épargner au transporteur les pressions liées à la remise sans délai des marchandises.

127. Les organisations internationales ont mesuré l'étendue des obstacles découlant des formalités imposées par les droits nationaux et proposent des solutions permettant de substituer des échanges de données au connaissement négociable. Cependant, le commerce mondial explose. C'est la raison pour laquelle la Commission des Nations Unies pour le Droit Commercial International a été conduite à définir les conditions juridiques pour développer l'e-commerce.

La Convention des Nations Unies sur le contrat de transport international de marchandises effectué entièrement ou partiellement par mer (adoptée à New York en 2008, autrement appelée « Règles de Rotterdam »), offre des dispositions neutres pour le transport de marchandises et permet expressément l'utilisation de connaissements électroniques appelés « documents électroniques de transport négociables ».

Devant ces textes mal adaptés à l'évolution informatique, le CMI, tout en ne voulant pas créer des règles remplaçant les règles applicables en matière de connaissement, édicta même en 1990 un ensemble de huit règles non contraignantes en adoptant lors de sa XXXIVe Conférence internationale à Paris, qui s'est tenue du 24 au 29 juin 1990, les Règles uniformes relatives aux lettres de transport maritime. Il a fallu donc construire des systèmes qui pouvaient ensuite évoluer sans se heurter en quelque sorte au cadre juridique existant et qui était entièrement dédiés au système papier.

Le système est très complexe. Il s'agissait aussi d'un travail visant à reproduire électroniquement le connaissement négociable avec des mesures de sécurité très élaborées, reposant sur un registre central géré par une autorité neutre, par lequel passe tous les échanges entre les membres de BOLERO. Nous soulignerons enfin l'existence d'un dernier système qui s'appelle « ESS pour *Electronic Shipping Solutions paperless* system ».

Les deux systèmes (BOLERO et ESS) sont en place de nos jours et il convient maintenant de noter un point important qui est la position des assureurs des armateurs et transporteurs maritimes, connus sous le nom de P&I Clubs, à propos des documents de transport dématérialisés.

128. Les P&I Clubs ont souligné leur inquiétude à propos des systèmes de dématérialisation documentaire du connaissement qui ne seraient pas universellement reconnus comme assurant correctement les trois fonctions du connaissement. En conséquence, les armateurs seront couverts par leurs clubs en cas d'utilisation de connaissement électroniques à la condition que la responsabilité engagée l'ait également été en cas d'utilisation d'un connaissement papier. Les hypothèses de risque sont par exemple des systèmes qui ne transfèrerait pas correctement les droits sur la cargaison ce qui pourrait amener des procès à propos de la propriété de la cargaison ou de la non-livraison de celle-ci au vrai destinataire.

Cependant, il existe des perspectives très grandes quant à l'utilisation de documents de transport dématérialisés recouvrant les trois fonctions du connaissement notamment la troisième fonction, car comme ce fut pertinemment souligné dès 1997 par le Professeur Olivier CACHARD, « *un formalisme électronique qui garantirait au titulaire d'un document électronique la sécurité d'être le seul à pouvoir entrer en possession des marchandises permettrait de surmonter l'obstacle traditionnel tiré de la négociabilité* »[216].

Il s'agirait donc d'utiliser des systèmes informatiques fiables techniquement et légalement par l'obtention, par exemple, de certificat de qualification ou d'un prestataire de service de certification électronique (PSCE) qui existe déjà notamment pour les signatures électroniques.

Ces mouvements législatifs sur le droit du commerce électronique et les signatures électroniques permettent d'envisager la mise en place du connaissement électronique ou, pour reprendre le vocable des futures Règles de Rotterdam, du document de transport électronique négociable ou non-négociable.

Certes, la position des assureurs des armateurs ne favorise pas pleinement, en l'état, la mise en place universelle du document de transport maritime électronique négociable ou non-négociable du fait qu'ils ne reconnaissent que deux systèmes permettant l'utilisation d' « *electronic bill of lading*».

La donne pourrait changer avec l'entrée en vigueur des Règles de Rotterdam de 2008 qui ne font plus référence au connaissement, mais qui utilisent le vocable « document de transport » et qui intègrent pleinement la notion de document électronique. Les règles disposent que l'utilisation de documents électroniques de transport devra faire partie intégrante du contrat de transport conclu entre le transporteur et le chargeur. Les dispositions contractuelles devront décrire la méthode utilisée, d'une part, pour l'émission du document en faveur du porteur envisagée et, d'autre part, pour le transfert du document. Par ailleurs, il devra être fait référence aux moyens qui permet-

---

[216] O. CACHARD, op. cit., pp.24-30.

tront d'assurer que le document conservera son intégrité puis à la façon dont le porteur pourra démontrer qu'il a la qualité de porteur.

Les Règles de Rotterdam constituent l'encadrement juridique futur du transport maritime de lignes régulières.

129. Dans le titre I nous avions traité des intervenants du transport multimodal. Ces intervenants entrent en contact et ce de façon contractuelle. Le contrat établi et accepté comporte en lui-même de nombreuses informations destinées à clarifier le type de relation établie, mais également les responsabilités des uns et des autres. Or, il existe de nombreux types de contrats et ceci est source de difficultés d'interprétation par les juridictions. Mais un nouveau pari se présente, c'est la dématérialisation des documents. La dématérialisation des documents impose de nouvelles contraintes. Il faut une sécurisation maximale de ses documents « éthérés ». La première problématique qui se pose au sujet de ce nouveau type de document est sa sécurisation. En effet, parallèlement au déploiement d'internet, on a vu apparaître de nouvelles formes de dangers représentées par les intrusions, les attaques virales et bien évidemment les fraudes. La première étape à réaliser est donc la sécurisation des documents, tant pour les co-contractants, que les tiers, banques, transporteurs, assurances, instances juridiques. Le document doit être fiable et inviolable. C'est la première étape. Elle est nécessaire à la deuxième étape qui est celle de la définition ou de la mise en place d'un document unique qui soit reconnu de tous et qui soit donc applicable rapidement. Cette seconde étape est ardue, car nous savons que l'uniformisation a déjà été tentée de nombreuses fois tout au long des conventions. Pas toujours de façon efficace et parfois, si elle l'était, c'était de façon tardive. Il y a en effet une urgence à définir ces documents et à s'assurer de leur sécurité informatique base de leur sécurité juridique. Les qualités ou propriétés afférentes aux nouveaux documents électroniques qui seront ainsi définis seront probablement transférées à condition que leur sécurité numérique soit avérée. Cette demande voit son urgence grandir si l'on prend en considération le développement futur et la croissance qui pourraient découler de la mise en œuvre de la nouvelle route de la soie. Plus d'échanges, plus de parties, plus de documents mais une seule exigence, des documents clairs, précis, et fiables. Et cette exigence de clarté s'étend également sur les noms donnés aux parties. L'exemple type est celle du *NVOCC*. Un seul nom mais deux interprétations différentes que vous soyez aux États Unis ou en Chine. Ceci démontre l'importance de l'unification. Or, la plupart des termes utilisés ont au départ été formulés par des professionnels, il s'agissait de donner un nom générique à une fonction.

CONCLUSION
DE LA PREMIÈRE PARTIE

130. Il est fréquent que, pour une même opération de transport, deux, voire plusieurs modes de locomotion doivent être mis en œuvre. Ils vont se succéder dans le temps et dans l'espace, à partir de la destination d'origine jusqu'à ce que la destination visée soit atteinte. Plusieurs transporteurs interviennent alors.

Le mot « structure » dans ce contexte, désigne l'assemblage des éléments relativement stables dans une chaîne de transport que caractérisent les opérateurs juridiques et les documents de transports émis. L'évolution consécutive à la conteneurisation ne s'est pas déroulée sans poser un certain nombre de problèmes juridiques. Avec la multitude d'acteurs dans une chaîne des opérations pour réaliser un déplacement de marchandises d'un point à l'autre, il n'est pas évident de s'y retrouver dans cet univers. Il est donc nécessaire de connaître l'environnement dans lequel le transport multimodal se déroule, c'est-à-dire « qui fait quoi ? Et avec quoi ? ».

L'évolution de la structure du transport multimodal au début du XXIe siècle est générée par le fait que la dématérialisation et la séparation du droit de propriétaire du navire aient des conséquences sur son développement et spécialement sur celui des transports. Certes, le transport multimodal n'est pas nouveau, mais ce n'est qu'aujourd'hui que les juristes ont pris conscience de l'ampleur considérable de ce phénomène. Ces progrès techniques rapides ont pour conséquence notamment d'accélérer le remplacement des navires, d'insérer les auxiliaires pour la maîtrise du transport. Les auxiliaires jouent un rôle croissant dans la maîtrise du transport. Ils ont la responsabilité d'assurer la relation entre l'offre et la demande de transport, les transporteurs et les chargeurs, voire commissionnaire en France, *comprador* sur le plan historique et le nouveau concept de *NVOCC* en Chine.

L'histoire du droit maritime vient de l'activité sur la mer. Le transporteur maritime est lié au navire. Déterminer le transporteur réel est avant tout de savoir qui est le propriétaire du navire. Mais cette idée est changée par des nouveaux opérateurs juridiques comme l'entrepreneur du transport multimodal, *NVOCC*, qui se séparent du droit de propriétaire. Avoir la maîtrise du transport signifie avoir la responsabilité de la transaction relative à la marchandise transportée. La mondialisation du marché du transport renforce le rôle des auxiliaires et donc l'importance pour un pays de disposer d'un réseau d'auxiliaires, organisateurs de transport. Après avoir présenté l'ensemble des acteurs et des documents liés au transport multimodal, il faut préciser le régime juridique soutenant ce mode de transport.

SECONDE PARTIE
LE RÉGIME JURIDIQUE DU TRANSPORTEUR MULTIMODAL

131. Nous avons fait un état des lieux du transport multimodal dans la première partie. Nous en avons identifié les acteurs tels le transporteur réel, le commissionnaire, et autres *NVOCC*, mais également les documents dans les contrats, contrat de commission, contrat de vente et contrat de transport.

De ces différents contrats peuvent naître des conflits qui donnent lieu à contentieux. Les contrats de transport, ainsi conclus, sont indépendants du contrat d'affrètement d'origine ou contrat de commission et les parties à l'un des contrats ne peuvent invoquer les dispositions de l'autre contrat, ni opposer, en principe, les clauses de son propre contrat à celui qui n'y a pas été partie, en application de la règle de l'article 1199 du code civil français sur l'effet relatif des contrats[217]. Les dommages causés à la marchandise pendant la chaine de transport alimentent fréquemment le contentieux du monde maritime. Les parties ou les tiers vont ainsi s'opposer pour connaître quelle sera la juridiction qui tranchera leur conflit (Titre II). Mais cela suppose que soit, au préalable, déterminée la loi applicable dans le contentieux de transport multimodal: l'issue même du litige en dépend (Titre I).

---

[217] Initalement l'article 1165 du code civil français.

TITRE I
LES RÈGLES APPLICABLES AU CONTRAT DE TRANSPORT MULTIMODAL

132. Les règles applicables au contrat de transport multimodal imposent que soient mis en œuvre des mécanismes permettant d'assurer de façon la plus efficace le fonctionnement, la fiabilité et l'exécution dudit contrat. Cela suppose au delà d'une réglementation interne, la signature de conventions internationales pour en assurer le respect. Il faut connaître aujourd'hui que les mécanismes actuels sont manifestement lourds pour atteindre cet objectif. S'impose alors la nécessité de rendre applicable des conventions internationales aujourd'hui signées, mais non encore opérationnelles.

C'est la raison pour laquelle, nous envisagerons tout d'abord l'insuffisance du droit positif (Chapitre I), pour prôner ensuite la nécessité de mettre en œuvre les Règles de Rotterdam (Chapitre II).

Chapitre I
L'insuffisance du droit positif

133. Le développement du droit maritime est en effet très étroitement lié aux pratiques du commerce maritime et à ses évolutions techniques, les avancées techniques ou commerciales significatives se traduisant généralement par des évolutions juridiques[218]. Comme nous le constaterons plus loin, l'approche historique permettra déjà, bien que la question soit, par la suite, approfondie, de mettre en évidence l'existence d'une forte corrélation entre la question de la preuve et la différenciation des activités de chargeur et de transporteur. Trois périodes sont à ce sujet particulièrement marquantes, à savoir : l'Antiquité et le Moyen-Age qui ont vu naître et s'affirmer le transport maritime, l'époque moderne marquée par un fort développement du transport maritime et l'ouverture de nouvelles routes commerciales permettant la voie à l'apparition de nouveaux systèmes de propulsion mécanisés des navires.

Puisqu'il n'existe pas de convention internationale qui réglemente spécifiquement le transport multimodal, il est assez difficile de déterminer quelles règles s'appliquent en cas de différends découlant de ce type de transport.

Définir les règles gouvernant le régime du transport multimodal impose qu'on examine en premier lieu la responsabilité (Section I) pour envisager ensuite les obligations essentielles qui s'impose dans ce type de contrat (Section II).

---

[218] François-Xavier BALME, Contribution théorique et pratique au droit de la preuve – Étude comparative entre les droits français et anglais appliquée aux transports maritimes, Presses Universitaires d'Aix-Marseille, 2017, p.21.

Section I
La responsabilité du transporteur multimodal

134. Si en droit interne, le transporteur multimodal est soumis à une responsabilité de plein droit, sur le plan international le régime de sa responsabilité dépend du contenu des conventions internationales en vigueur. Nous envisagerons successivement la responsabilité en droit français (§1) puis dans le cadre des conventions internationales (§2) pour présenter la mise en œuvre de la responsabilité, à savoir le délai pour agir : la prescription (§3).

§1. – La responsabilité en droit interne

135. La loi française du 18 juin 1966 a conçu la responsabilité du transporteur maritime de marchandises comme une responsabilité de plein droit. Le transporteur est automatiquement responsable dès l'instant que le dommage ait été constaté, éprouvé et soit survenu lors du voyage. La législation chinoise applique une règle identique.

La loi de 1966 a édicté les règles impératives en annulant toute clause de non-responsabilité dans le contrat. On sait qu'en France, après la réforme du droit des contrats, il est apparu également nécessaire, compte tenu de l'industrialisation de la société et du développement des moyens de communication, de faire évoluer certaines règles relatives à la responsabilité civile. Cela ne signifie pas pour autant que le transporteur soit soumis à une responsabilité quasi automatique.

La tendance qui prévaut en droit de la responsabilité est la réparation du dommage subi par la victime, comme en témoigne l'essor de la responsabilité sans faute en jurisprudence et la collectivisation de la procédure d'indemnisation (*class action*)[219]. Le réforme de la responsabilité civile, présentée par la chancellerie le 13 mars 2017, a pour objet de codifier et moderniser le droit de la responsabilité civile qui est, pour l'essentiel, issus des décisions rendues par les tribunaux. À cet égard, elle propose une consolidation des acquis jurisprudentiels et comporte des innovations qui tiennent notamment à l'introduction de dispositions à caractère punitif et préventif. L'avenir dira lorsque cette réforme aura une quelconque incidence sur le transport multimodal.

Dans la pratique, le transport multimodal revêt toujours un caractère international. C'est la raison pour laquelle différentes conventions sont en vigueur sur lesquelles il convient maintenant de se pencher.

---

[219] En Chine, l'article 58 de la « loi sur la protection de l'environnement » a récemment révisé les litiges d'intérêt public environnemental, qui est entré en vigueur le 1er janvier 2015, constitue un développement majeur dans la législation consacrée aux litiges d'intérêt public environnemental suite aux dispositions de l'article 55 de la loi de procédure civile ouvrant les actions de groupe.

136. Traditionnellement, compte tenu des aléas maritimes, le transporteur maritime ne s'engage pas sur des délais précis même si rien ne lui interdit de s'y obliger[220]. Le principe d'une responsabilité du transporteur maritime pour retard est ainsi absent des textes fondateurs. Il a ainsi été jugé que, même si la date de livraison, évoquée téléphoniquement puis convenue entre les parties, n'était qu'indicative, celle-ci faisant partie intégrante d'un contrat. Ainsi, le transporteur doit réparer le préjudice subi en raison du retard.

Contrairement à la responsabilité de plein droit du transporteur maritime, la responsabilité du transporteur ferroviaire au trafic international est atténuée. La Convention CIM en sa version de 1980 posait en principe que le transporteur ferroviaire international est responsable des pertes (totales ou partielles), avaries et retards survenus entre l'acceptation au transport et la livraison (RU-CIM 1980, art.26§1). Les Règles uniformes de 1999 emploient à peu près la même formule, la notion d'acceptation au transport ayant toutefois été remplacée par celle de « prise en charge de la marchandise » (RU-CIM 1999, art.23 § 1). Par ailleurs, elles ajoutent que, le cas échéant, le transporteur ferroviaire peut se retourner contre le gestionnaire d'infrastructure.

Quand au transporteur aérien, la responsabilité est une présomption de responsabilité. La Convention de Montréal l'énonce : « *le transporteur est responsable du dommage survenu en cas de destruction, perte ou avarie de la marchandise par cela seul que le fait qui a causé le dommage s'est produit pendant le transport aérien* »[221].

137. Les règles sur le contrat de transport maritime sont principalement impératives. C'est le résultat d'une longue évolution. Une règle de limitation de responsabilité en fait une universalité de principe. Toutes les législations maritimes la connaissent, mais elles ne l'aménagent pas toutes de la même manière[222].

À côté du système français, l'article 216, que la réforme de 1967 a totalement réaménagé, se retrouve encore dans bon nombre de législations imitées du Code de commerce français. Il existe deux grands systèmes : l'allemand qui a eu peu de rayonnement en la matière et l'anglais qui a inspiré les conventions internationales (en dernier lieu la Convention de Londres de 1976) ; de là sont parties toutes les législations contemporaines qui l'ont

---

[220] *DMF* 2017, Hors-série n°21, p.80, n°102

[221] Conv. Montréal, art.18.

[222] Rodière, La limitation de responsabilité du propriétaire de navire, passé, présent et avenir, *DMF* 1973. 259 ; MM. Bonassies et Scapel, n°402 ; P. Criggs, R.Williams et J. Farr. Limitaion of liability for maritime claims, Lloyd's Shipping Law Llabrary, 2004.
W. Muller, Obligation restreinte ou responsabilité limitée ?, *DMF* 1964. 195.

imitée: on peut citer entre autres la loi française du 3 janvier 1967 et aujourd'hui le Code des transports français[223].

La diversité des législations est source de déconvenues et d'insécurité patrimoniale. Comme nous le savons, on s'est efforcé, en matière maritime, de réduire ces troubles en élaborant des conventions internationales, telles que la Convention de 1957, puis celle de 1976, ratifiées par la France. Pour éviter que deux régimes s'appliquent suivant que l'affaire relève de la loi française interne ou de la convention internationale, les textes internes successifs ont introduit dans la législation française les règles des conventions internationales. Il reste toutefois certaines différences, mais assez minimes. On s'efforcera de les relever.

Pour comprendre le système actuel, on exposera sommairement le système de l'article 216 aujourd'hui abrogé, puis celui de la Convention de 1957, avant de développer celui de la Convention de Londres du 19 novembre 1976 repris par la loi de 1967, amendée en 1984, et aujourd'hui par le Code des transports.

Dans la pratique, le transport multimodal revêt toujours un caractère international. Il convient maintenant de se pencher sur les différentes conventions entrées en vigueur.

138. S'agissant de la responsabilité de l'entrepreneur de transport multimodal transmaritime, il faut distinguer, ici aussi, régime législatif, présent ou futur, et régime contractuel. La limitation de responsabilité est une question d'étendue de l'obligation et non pas de naissance de la dette.

139. Les uns et les autres s'inspirent toutefois pour la plupart du même système, le système du réseau. Il s'agit de ce que les Anglais appellent *network*. Il s'applique lorsque le lieu où le dommage s'est produit peut être isolé. Le régime applicable correspond alors au transport utilisé lors de l'accident. Si ce dernier survient dans une période maritime, la réparation du préjudice est calculée en fonction des dispositions jouant pour ce type de transport et dont on sait qu'elles sont particulièrement favorables au transporteur. Ce système a l'inconvénient de compliquer la solution puisqu'il comporte une pluralité de régimes. Mais cela est compensée par la facilité de chaque acteur de recourir à un autre transporteur, sans qu'il y ait un *hiatus* dans les réparations accordées par l'Opérateur de transport multimodal (OTM) à son client et par le transporteur à l'OTM. Ce système est celui qui opère, de la façon la plus économique, le partage des risques et permet une meilleure répartition des charges d'assurance. À ce titre, il est attractif pour

223 Ph. Delebecque, Droit maritime, n°840 et n°841.

les chargeurs et se révèle plus intéressant car le taux de fret est plus bas qu'un mécanisme de responsabilité protecteur[224].

Dans ce système, la responsabilité du transporteur est couverte par un régime de base, lequel s'applique chaque fois que l'on se peut déterminer l'origine du dommage. Si cette origine peut, à l'opposé, être déterminée, le transporteur est alors soumis à la responsabilité qui serait la sienne s'il avait conclu un contrat de transport unimodal pour la partie du trajet où le dommage est survenu.

140. S'agissant de l'étendue de la responsabilité du transporteur multimodal, la Convention adopte en effet un régime unique. Quelle que soit la localisation du dommage, elle prévoit que l'entrepreneur de transport multimodal, est responsable de plein droit de la marchandise à lui confiée. Il ne peut se dégager de la responsabilité que s'il prouve que lui-même, ses préposés ou mandataires, ou toute personne aux services de laquelle il a eu recours pour l'exécution du contrat de transport multimodal, ont pris toutes les mesures pouvant raisonnablement être exigées pour éviter l'événement qui a causé le dommage et ses conséquences.

La responsabilité qui incombe ainsi à l'entrepreneur de transport multimodal est exactement la responsabilité qui font peser sur le transport maritime les Règles de Hambourg. Toutefois, il y a lieu de remarquer que la Convention de 1980 ne retient, même pour les dommages survenus pendant le trajet maritime, aucun des deux cas exceptés maintenus par les Règles de Hambourg, l'incendie ou la tentative de sauvetage ou d'assistance. Il y a des événements dont les conséquences devront donc être assumées par l'entrepreneur de transport multimodal, comme il devra aussi assumer les conséquences de la limitation de responsabilité que son propre transporteur maritime pourra lui opposer, en qualité d'armateur.

Les régimes contractuels s'inspirent, en règle générale, du système du réseau, avec les nuances les plus diverses. Certains adoptent comme régime de base le régime applicable aux transports maritimes. C'est ce régime qui s'applique non seulement lorsqu'il est prouvé que le dommage est survenu pendant le trajet maritime, mais aussi chaque fois qu'il n'est pas possible de déterminer dans quelle phase se place l'événement : la responsabilité du transporteur sera régie par la convention nationale ou la loi nationale qui eût été appliquée à un transport unimodal.

§2. – La responsabilité dans les différentes conventions spéciales unimodales

141. Pour clarifier l'état actuel de la responsabilité du transporteur dans les différentes conventions unimodales, nous exposerons successivement la

---

224 Voir F. ODIER, *JMM* 1986. 1477.

présentation des principales conventions internationales (A), leur champ d'application étendu (B), et les insuffisances de ces conventions (C).

A. – Présentation des principales conventions internationales

142. Il existe plusieurs conventions internationales de transport visant à réglementer le transport unimodal qui sont, en dehors du droit interne, les principales sources du droit du contrat de transport. Le transport multimodal ayant généralement vocation à s'opérer dans un cadre international, il est logique que les textes internationaux soient prédominants. Le droit interne, désormais, s'attache surtout à être en harmonie avec ces sources internationales. Certaines conventions sont entrées en vigueur auxquelles la Chine a adhéré, tandis que d'autres sont en vigueur que la Chine n'a pas ratifié, et certaines ne sont toujours pas entrées en vigueur.

143. Historiquement, le premier mode de transport à se doter d'un régime juridique international a été le chemin de fer, à travers la convention de Berne du 14 octobre 1890, dite « CIM ». Depuis 1924, la CIM impose en effet à la compagnie ferroviaire qui effectue une opération de transport multimodal fer-mer un cadre précis. L'originalité du système tient à ce que le transporteur ferroviaire pourra se prévaloir des clauses d'exonérations de responsabilité prévues pour le transport maritime. Lorsque la CIM est applicable à un transport multimodal, les limites de responsabilité du transport ferroviaire international, sensiblement plus élevées que celles du transport maritime, s'appliquent. Elles sont de dix-sept droits de tirage spéciaux par kilo au lieu de deux dans le régime maritime. De surcroit, le transporteur ferroviaire ne pourra se prévaloir de la limitation de responsabilité en matière de créances maritimes, n'étant ni armateur ni affréteur.

Après la première guerre mondiale, une révision de cette convention s'est imposée et a ensuite donné lieu à la signature d'une nouvelle convention regroupant, dans deux annexes différentes, une convention pour les marchandises et une autre pour les voyageurs et les bagages. D'autres conventions, parfois inspirées du modèle ferroviaire, ont été signées pour tous les modes de transport.

144. À l'heure actuelle, les principales conventions internationales régissant les contrats de transport sont les suivantes :

En matière de transport maritime, il y a trois conventions internationales que nous avons précédemment cité: La convention de Bruxelles du 25 août 1924, également appelée règles de la Haye, et ses Protocoles de 1968 et 1979, appelés Règles de La Haye-Visby et la convention des Nations Unies du 31 mars 1978, dite Règles de Hambourg sont actuellement en vigueur. Les Règles de Rotterdam de 2008, la convention internationale du XXIe siècle visant à harmoniser et à moderniser notamment les régimes de responsabilité existants en matière de transport maritime, ne sont hélas pas encore entrées en vigueur.

145. En matière de transport ferroviaire, la convention de Berne du 9 mai 1980, dite COTIF, comprenant une convention spécifique pour les marchandises, RU-CIM (version 1999 : Protocole de Vilnius) et une convention pour les voyageurs et les bagages (RU-CIV), est largement approuvée par les pays européens[225]. Toutefois, nous constatons que deux conventions portant sur le transport ferroviaire sont appliquées différemment en Europe et en Chine[226]. Plus précisément, d'une part, il y a la Convention internationale concernant le transport international des marchandises par chemins de fer (CIM) appliquée par l'organisation du transport international de marchandises par chemin de fer (OTIF) qui est une organisation inter-gouvernementale dont les principaux membres sont les pays européens, et d'autre part, il y a l' « Accord sur le transport international de marchandises par chemin de fer » (CMIC) appliqué par l'Organisation de coopération ferroviaire (OSJD), dont ses principaux pays membres sont les anciens pays de l'Union Soviétique et les pays asiatiques. La Chine a rejoint en 1953 cette dernière organisation[227].

Il est intéressant de noter à ce propos que l'existence de ces différentes conventions, alors même qu'elles portent sur le même sujet ou domaine d'activité, regroupent des États qui s'associent autour d'un concept politico-économique. D'un côté, nous avons les pays européens de culture libérale et capitaliste et, de l'autre côté, nous retrouvons l'ensemble des pays de culture dirigiste et communiste tels l'Albanie, la Bulgarie, l'Union Soviétique, la Pologne, la Chine, la Corée du nord et enfin le Nord Vietnam qui les a rejointes après la partition de l'ancienne Indochine à l'issue de la guerre épo-

---

225 Les chiffres caractéristiques du transport ferroviaire de marchandises de l'année 2016 publiés par

Les Comptes des transports montrent une croissance importante de ce mode de transport en France.

Quatre « paquets » ont même été envisagés sur le transport ferroviaire. Pour plus informations, voir

l'ouvrage d'I. Bon-Garcin, M. Bernadet, P. Delebecque, Droit des transports, Dalloz, 2e éd., 2018.

226 À l'heure actuelle, il existe trois sortes de documents de transport international par le chemin de fer : document de CIM, document de SMGS et document de CIM-SMGS.

227 « Accord relatif à l'Accord international sur le transport de marchandises par chemin de fer », conclu en 1951 par huit pays dont l'Albanie, la Bulgarie, la Hongrie, l'Allemagne démocratique, la Pologne, la Roumanie, l'Union soviétique et la Tchécoslovaquie. La Chine et la Corée du Nord, la Mongolie ont rejoint en 1953, le Vietnam a rejoint en Juillet 1955, et compte actuellement 12 pays membres. L'accord, entré en vigueur le 1er novembre 1951, a été amendé sept fois de suite, à savoir le Congrès de Moscou le 31 juillet 1953, le Congrès de Berlin le 30 juillet 1955 et la Conférence des représentants de Beijing le 25 mai 1957 Amendements et ajouts approuvés par le Comité de la coopération ferroviaire les 2 mai 1959, 30 novembre 1964, 29 mai 1970 et 15 avril 1971. La version actuelle est effective à partir du 1er juillet 1974.

nyme de 1955. Bien que le sujet et la problématique abordés soient les mêmes, les approches se différencient par l'appartenance à un « bloc » ou à un autre en fonction des idéologies politico-économiques. L'existence de deux conventions aux sources si différentes est un élément de réflexion sur l'hypothèse et l'ambition d'une convention internationale regroupant l'ensemble des pays, alors même que nous devons tendre vers un monde multipolaire hors d'une logique de blocs contre blocs.

Cet état de fait a des conséquences pratiques qui, aujourd'hui encore, « encombrent » la circulation des marchandises. En effet, les lettres de transport ferroviaire ne peuvent circuler qu'entre les pays membres de la même organisation de chemins de fer. Les chemins de fer reliant la Chine à l'Union Européenne ont vocation à transporter des marchandises de l'Asie vers l'Europe (des pays de la CMIC aux parties contractante CIM) et inversement. Un processus important est de changer de documents. En ce qui concerne les trains l'UE-Chine (exportations chinoises), lorsque les trains entrent en Europe (la plupart des trains passent actuellement par Malaszewicze en Pologne), ils doivent réaliser des formalités de dédouanement et changer le document CMIC par le document CIM, le train pourra ensuite continuer son chemin vers l'Europe. Pour le train retour (exportation d'Europe vers la Chine), il est également nécessaire de déclarer le dédouanement en Europe et de transformer le document CIM en un document CMIC, afin que les trains puissent continuer leur voyager vers la Chine.

Cet exemple vient en soutien à ce que nous avons énoncé précédemment. En effet, la Pologne appartenait auparavant à la convention CMIC aux côtés de la Chine. Après l'effondrement du « bloc de l'est » et plus particulièrement la chute du « mur de Berlin », la Pologne a rejoint l'autre « bloc » à savoir le bloc des pays adhérents à la CIM, pays que nous avons qualifiés comme appartenant à une culture libéro-capitaliste. Or, pour la Pologne, il s'agissait, dans un cas comme dans l'autre, d'être membre d'une organisation destinée à faciliter les échanges par le transport ferroviaire. La problématique reste la même, ce qui a changé c'est l'appartenance à un bloc nouveau dont la culture politico-économique est différente, alors que nous parlons toujours de transport ferroviaire.

En raison du changement fréquent de documents qui affecte grandement la rapidité des opérations, cela entraine non seulement, un ralentissement dans les opérations, mais aussi un gaspillage de main-d'œuvre et de ressources. Afin de résoudre les problèmes susmentionnés, les deux organisations ont mis en place un groupe de travail conjoint pour développer le *WAYBILL CIM-SMGS*, qui fut expérimenté en Ukraine en juillet 2006.

146. En matière de transport aérien, est envisagée la Convention de Montréal du 28 mai 1999, qui s'est substituée à la convention de Varsovie du 12 octobre 1929 et à ses différents protocoles. Par ailleurs, notons qu'entre ces deux conventions soixante-dix années se sont écoulées. On attribue la pre-

mière traversée transatlantique sans escale à l'aviateur Lindberg en 1927, et en 2009 le premier vol transatlantique d'un airbus A380 avec trois cents quatre vingt passagers à son bord. On imagine la lenteur de l'élaboration d'une convention au regard de la rapidité d'évolution des moyens utilisés. Le décalage est ici bien réel, les compagnies des années 2000 avec leurs gros porteurs capables de transporter des centaines de passagers et des tonnes de fret, devaient se référer à une convention où les aéronefs ne transportaient ni passagers ni fret et peinaient encore pour certains à franchir certains massifs montagneux. L'inadéquation d'une telle convention avec la réalité du transport envisagé est, de ce point de vue, totale. La Chine et la France sont des États contractants de la Convention de Montréal. Néanmoins, la Chine n'a pas ratifié la Convention de Guadalajara qui est une convention complémentaire à la Convention de Varsovie. Cela revient à dire qu'un État peut adopter une convention, mais pas celle qui la fait évoluer. Au-delà de la lenteur de l'élaboration d'une convention, il y a également la lenteur, voire parfois le refus de la ratification des évolutions cependant nécessaires par les États signataires de la convention originelle.

147. En outre, il convient d'ajouter la convention de Genève du 14 novembre 1975, appelée convention TIR, qui est une convention douanière relative au transport international de marchandises. La plupart des membres de la « Convention TIR » sont des pays européens, ce qui peut paraître comme allant de soi, les États Européens étant tous parties d'une Union Douanière Européenne. La convention de Budapest relative au contrat de transport de marchandise en navigation intérieure est signée et adoptée par les pays européens.

148. Pour les différentes conventions de transport international, en raison de leurs caractères de droit international privé, elles se fondent sur le principe de la volonté des parties. Elles prévoient que les parties peuvent décider de façon autonome d'appliquer entièrement ou partiellement une convention. Les deux parties du contrat de transport multimodal peuvent négocier le choix de la convention ou du droit national et le prévoir dans le contrat de transport quelle est la responsabilité de l'ETM et sa limitation. La ratification par un État d'une convention présente un avantage pour la partie qui décide d'y faire appel, même partiellement, dans la rédaction de son contrat. En effet, la signature par un État d'une convention est un élément d'aide à la décision. Par ailleurs, un État, quel qu'il soit, en signant une convention, de par son rôle de défenseur et de protecteur des intérêts de ses ressortissants, agit comme s'il apposait un certificat de conformité à ladite convention. Cette signature peut et doit représenter pour le contractant qui y fait appel lors de la rédaction de son contrat de transport une garantie, voire une assurance que l'autorité supérieure de l'État dont il est membre a vérifié qu'aucune atteinte à ses propres intérêts n'avait été décelée dans la conven-

tion en cause. Un peu comme le label CEE peut rassurer les consommateurs de l'UE de la qualité des produits auxquels ils font appel. Ceci pourrait expliquer que de nombreux États signent des conventions, mais ne les ratifient pas. En effet, en signant une convention, les États reconnaissent son bien-fondé, et apposent ainsi leur « label » à ladite convention, indiquant aux acteurs des contrats qui seraient leurs ressortissants, que cette convention va dans le sens de leurs intérêts et ne recèle pas de « piège ». La ratifier relève d'un statut supérieur. En effet, en ratifiant une convention un État admet que cette dernière s'applique dans son droit interne. Ce qui n'est pas facile à réaliser au regard de la notion de souveraineté des États. Par conséquent, la portée n'est pas du tout la même entre une signature et une ratification d'une convention.

B. – Champ d'application étendu des conventions internationales

149. Faute de texte spécial régissant l'ensemble du déplacement de bout en bout et au vu des difficultés juridiques engendrées, nous recherchons continuellement à concevoir de nouvelles solutions. La plus simple serait de s'intéresser aux règles qui pourraient s'appliquer de façon distributive à chacune des opérations de transport mise en œuvre. Il suffirait, en apparence du moins, de fractionner le transport et pour chaque étape du transport, le transporteur verrait sa responsabilité engagée selon les règles applicables à ce type de transport[228]. Mais ces règles n'ont pas le même régime juridique et prévoient de manière différente la responsabilité du transporteur et leur limitation, selon que l'on se situe dans le transport maritime, ferroviaire, routier ou aérien.

150. En transport maritime, il se particularise en ce que deux régimes juridiques différents peuvent exister pour un même transport, celui de la convention de Bruxelles de 1924 et celui des règles de Hambourg de 1978. La convention de Bruxelles de 1924, héritière directe du *Harter Act*[229], a été

---

[228] Ph. DELEBECQUE, Le transport multimodal, *RID comp.* 1998, p528.

[229] À la fin du 19e siècle, les États-Unis, nation de chargeur, prennent conscience de leur puissance et refusent de subir la loi des transporteurs. Le 13 février 1893, le Congrès américain vote le *Harter Act*, qui impose de nouvelles règles à tout navire commerçant avec les États-Unis. Sa première caractéristique est d'être impératif : les clauses dérogatoires seront nulles. Au fond, la loi consiste en deux propositions. D'une part, l'armateur doit faire diligence pour armer et équiper correctement le navire. D'autre part, s'il prouve cette diligence, il est libéré de sa responsabilité du fait des fautes dans la navigation ou l'administration du navire, fautes que la loi française traduira par fautes nautiques. A l'inverse, il reste tenu des fautes « commerciales » de l'équipage.
Le *Harter Act* va rapidement faire école : dans les dominions britanniques, Australie, Nouvelle-Zélande, puis Canada, des textes identiques sont adoptés au début du XXème siècle. Bientôt, la pression de l'Empire s'exerce sur les Britanniques : sitôt la grande guerre achevée, en 1921, une conférence se réunit. Les Britanniques tentent d'éviter le pire et d'échapper à un

ratifiée par la majorité de la communauté maritime internationale de son époque. Elle est malgré tout connue surtout par les anglo-saxons, sous l'appellation de « Règles de La Haye » et s'applique si le transport est international et dès qu'un connaissement (B/L) a été émis dans un État signataire. En 1968, cette convention a été modifiée par un protocole souvent dénommé « Règles de Visby », qui étend son champ d'application. Les règles modifient les plafonds de réparation, notamment pour prendre en compte les chargements par conteneurs, ainsi que les conditions auxquelles le transporteur se voit déchu de sa limitation de responsabilité. Ils précisent également le champ d'application de la convention. Ce texte, ratifié par la France (décr. 8 juil. 1977), est entré en vigueur le 23 juin 1977. Les règles de la Haye-Visby s'appliquent au connaissement relatif à un transport maritime international si le B/L est émis dans un État contractant, ou le transport a lieu au départ d'un port dans un État contractant, ou le B/L comporte une clause Paramount.

151. Les règles de Hambourg, adoptées le 31 mars 1978, à la suite de travaux menés par la CNUCED et la CNUDCI, quant à elles, se voulaient ambitieuses, puisque leur objectif n'était pas seulement de régler les questions de connaissement et de responsabilité, mais d'élaborer un instrument juridique réglementant l'intégralité du contrat de transport maritime de marchandises. Elles soumettent à leurs dispositions tout transport maritime à destination d'un État partie, dès lors que le contrat est constaté dans un connaissement ou tout autre document tel qu'un « *sea way bill* » ou un « *data freight receipt* ». Elles s'appliquent aussi, si le port de chargement ou celui de déchargement est dans un État contractant ou si le B/L renvoie à la convention. Cette convention a été préparée dans des instances de pays en développement qui sont majoritairement des pays de chargeurs, aurait pu être fatale aux intérêts des transporteurs. Mais dans tout pays chargeur sommeille un armateur potentiel, les pays en développement ont cherché à préserver l'avenir. Ainsi, le texte ne semble pas nettement plus défavorable aux armateurs que le régime de Bruxelles. Par rapport à la Convention de Bruxelles, le régime de responsabilité se trouve bouleversé car une présomption de faute pèse sur le transporteur, comparable au domaine aérien. Afin de s'en dégager, le transporteur devra prouver avoir fait son possible pour éviter la survenance du dommage. La litanie des cas exceptés disparaît. L'évolution des techniques à conduit à prendre en compte les particularités liées à l'usage des conteneurs (art.6-2), et la diversification des documents de transport (art. 18). La pontée irrégulière y est pourchassée, conformément à la tradition (art.9), mais le chargement en pontée régulière cesse d'obéir à un

---

texte impératif. En vain : les « Règles de La Haye » ne verront jamais le jour. Trois ans plus tard, en revanche, le 25 août 1924… ?

régime spécial. La Convention fait enfin place aux combinaisons, fréquentes en pratique, par lesquelles un transporteur sous-traite tout ou partie de l'opération à un transporteur substitué (article 10 et 11). L'influence des Conventions aériennes se fait ici sentir, mais les Règles de Hambourg n'ont pas été signées, ni *a fortiori* ratifiées, par la France[230].

Les Règles de Hambourg prévoient la possibilité d'agir à la fois contre le transporteur contractuel, contre le transporteur apparent, et contre le propriétaire du navire (art. 10). Quant aux Règles de Rotterdam, elles sont très précises sur la question (art. 37). Si le transporteur est identifié par son nom, toute autre information figurant sur le document de transport est sans effet. En revanche, si le contrat n'identifie pas le transporteur, le propriétaire du navire est présumé être le transporteur, à moins qu'il ne prouve que le navire fasse l'objet d'un affrètement coque nue au moment du transport, en identifiant l'affréteur coque nue et en indiquant son adresse.

152. La « Convention sur les contrats internationaux de transport de marchandises effectués entièrement ou partiellement par mer », dite Règles de Rotterdam, a été signée le 23 septembre 2009. Cette Convention tient compte de l'évolution des pratiques maritimes, notamment la conteneurisation et le développement de l'électronique. Elle ne se limite pas au transport exclusivement maritime en visant aussi le transport « maritime plus », c'est-à-dire le transport maritime international précédé ou suivi de transports terrestres ou aériens. À l'instar des Règles de Hambourg, celle de Rotterdam entendent organiser l'ensemble des contrats de transport maritime de marchandises, sans se limiter aux questions de connaissement ou de responsabilité. Les Règles de Rotterdam n'entreront en vigueur qu'un an après que vingt États les aient ratifiées. En l'état actuel du droit, elles n'ont été ratifiée que par cinq États à savoir, l'Espagne (19 janvier 2011), le Togo (17 juillet 2012), le Congo – Brazzaville (28 janvier 2014), le Cameroun (1er octobre 2017) et le Bénin (7 mars 2019).

Dans les Règles de Rotterdam, les parties peuvent parfaitement organiser un transport purement maritime, de port à port, mais pour les parties, qui le souhaitent, elles peuvent organiser un contrat partiellement maritime de porte à porte. Si les parties acceptent que les Règles de Rotterdam s'appliquent au transport de *door to door*, le droit maritime couvrira l'intégralité du transport. Les Règles de Rotterdam valorisent ainsi le droit maritime.

Cette nouvelle convention s'applique aux transports internationaux et plus précisément aux transports qui comportent nécessairement une partie

---

230 Dès lors, les juridictions françaises ne peuvent appliquer les Règles de Hambourg que si les contractants les ont choisies pour régir leur contrat, par le biais d'une clause Paramount : Cass. com., 1er oct. 2013, navire CMA CGM Claudel, n°12-21846, *DMF* 2013. 1014, rapp. J.-P. Rémery, obs. P.-Y.Nicolas.

maritime internationale et qui peuvent également comprendre un segment terrestre, fluvial ou aérien.

153. En matière ferroviaire, la COTIF(RU-CIM) dans sa version 1999 est applicable à tout contrat de transport ferroviaire à titre onéreux, dès lors que le lieu de prise en charge de la marchandise et le lieu prévu pour la livraison sont situés dans deux États différents dont l'un au moins est un État partie à la COTIF et lorsque les parties au contrat conviennent que leur contrat est soumis à ces règles. La COTIF ne conditionne plus son application à l'émission d'une lettre de voiture internationale comme dans sa version 1980.

154. En transport routier, la Convention de Genève de 1956 (CMR) régit obligatoirement tout contrat de transport de marchandises par route, à titre onéreux, réalisé entre deux pays différents dont l'un au moins est contractant. L'article 2 de cette convention prévoit les conditions d'application au contrat de transport routier en disposant que : « le véhicule contenant des marchandises est transporté par mer, chemin de fer, voie navigable ou air sur une partie du parcours sans rupture de charge ». Si tel est le cas, les dispositions de la CMR s'appliquent à la totalité du transport multimodal. Cependant, si l'événement entraînant la responsabilité du transporteur survient pendant la phase non routière de ce transport, sans que la responsabilité du transport routier ne soit engagée, la responsabilité dudit transporteur sera alors déterminée, conformément aux règles du mode de transport concerné, à condition qu'elles soient impératives. C'est-à-dire que le transporteur routier répond des dommages imputables au transporteur maritime, fluvial ou aérien, mais peut bénéficier des clauses d'exonération ou autres plafonds de réparation particuliers à leur régime. S'il n'a pu s'exonérer, le transporteur routier pourra se retourner contre l'autre transporteur sur le fondement des textes en cause.

La France étant partie contractante de la Convention CMR, tous les transports routiers au départ ou à destination de son territoire ont vocation à être soumis à cette convention. La CMR prévoit, cependant, trois exceptions à son application qui sont les transports effectués sous conventions postales, les transports funéraires et de déménagements[231]. Étant relative au contrat de transport, la CMR n'a vocation qu'à régir les rapports entre un transporteur et son chargeur. En revanche, elle ne s'applique pas au contrat de commission de transport entre un commissionnaire de transport et son donneur d'ordre. Enfin, elle prévoit l'hypothèse du transport combiné route/mer ou

[231] Article 1 de la CMR et article 2.2.1 a) de la Circulaire no 2000-17 du 10 mars 2000 relative aux titres administratifs et documents de transport détenus par les entreprises de transport routier de marchandises et de location de véhicules industriels destinés au transport de marchandises NOR : EQUT0010035C.

rail /route qui ne s'applique qu'en l'absence de rupture de charge. Son article 2 précise son application au transport de bout en bout.

La CIM et la CMR ne sont pas les seuls textes qui contiennent des dispositions impératives concernant le transport multimodal. Pour le transport aérien, il y a la Convention de Montréal 1999, puisque l'article 31 de la Convention de Varsovie a été repris à l'article 38 de la Convention de Montréal du 28 mai 1999 sur les transports aériens internationaux. Toutefois, ce nouveau texte substituant la formule de « transport intermodal » à la formule « transport combiné », édicte un système plus souple. Il prévoit en effet que lorsque les stipulations de la Convention sont respectées au cours d'un transport aérien, rien n'interdit aux parties, dans le cadre d'un transport combiné international, d'insérer dans le titre de transport aérien des conditions relatives à d'autres modes de transport. C'est dire que, pour ce qui est des Conventions de Varsovie et de Montréal, la liberté des parties est respectée (sauf en ce qui concerne le transport aérien proprement dit), et ce, semble-t-il, alors même que c'est un transporteur maritime qui organise le transport multimodal. C'est là un schéma quelque peu différent du schéma juridique habituel[232].

La convention vise tous les transports aériens, y compris les personnes, les bagages et les marchandises, dans lesquels le point de départ et le point de destination sont situés, soit sur le territoire de deux États contractants à la convention, soit sur le territoire d'un même État contractant, si une escale est prévue sur le territoire d'un autre pays, même si ce dernier n'est pas contractant.

La convention de Montréal prévoit, de plus, que le transport doit être effectué à titre onéreux, ou à titre gratuit, mais à condition dans ce dernier cas qu'il soit réalisé par un transporteur professionnel, c'est-à-dire par une compagnie aérienne. À la différence de la convention de Varsovie, la convention de Montréal n'impose plus, pour les marchandises, une lettre de transport aérien (LTA) sur support papier portant la mention de l'application de la convention et des limitations de réparation qu'elle prévoit.

C. – Insuffisances des conventions

155. Si l'objectif premier des conventions internationales est l'unification du droit et des règles relatives à l'exécution du contrat de transport, celles-ci ne sont toutefois pas exemptes d'imperfections. Nous pouvons relever comme principaux griefs à leur encontre :

-leur mutisme sur certains points : par exemple ni la CMR, ni la convention de Bruxelles ne définissent avec précision la livraison ; la CMR ne fixe pas à qui incombe les opérations de chargement du véhicule ou de déchar-

[232] Traité, p.935.

gement ; il appartient donc soit aux parties, soit au droit national de combler ces lacunes en l'espèce la loi française ;

-leur formalisme rigoureux sur d'autres points, par exemple l'obligation de certaines mentions obligatoires sur les documents de transport tel que le renvoi à la CMR ;

-leur manque de clarté de certaines dispositions, ainsi par exemple les difficultés d'interprétation et d'application des notions de transports combinés et de transports successifs dans la CMR ;

-le vieillissement de certaines dispositions : à l'exception de la COTIF en transport ferroviaire, aucune convention n'a prévu un système de révision périodique permettant de mettre à jour l'ensemble de ses dispositions.

156. De nos jours, les clients exigent le meilleur service « *porte à porte* ». Comment peut-on organiser ce transport multimodal ? Certaines conventions internationales se sont occupées de ce mode de transport, comme nous l'avons évoqué précédemment dans la CMR et la convention de Varsovie.

La convention internationale de Genève de 1980 a entendu réglementer l'ensemble des opérations, donc multimodal, mais cette convention n'a malheureusement jamais été ratifiée.

En revanche, la convention de 1956 (CMR), consacrée au transport de marchandises par route, est très largement ratifiée. Dans la CMR, l'article 2 est une transposition tirée du transport transmaritime. Cet article prévoit que s'il n'y a aucune rupture de chargement, la CMR s'applique. Néanmoins, si le dommage s'est produit dans le segment maritime, la convention n'est plus applicable.

En réalité, il y a deux régimes principaux de responsabilité du transporteur, la responsabilité objective et la responsabilité fondée sur la faute. La règle fondamentale figurant dans la Convention de Varsovie sur le transport aérien stipule que le transporteur doit prouver qu'il a pris toutes les « mesures nécessaires » pour éviter l'événement qui a causé le dommage ou qu'il lui était impossible de les prendre.

Est-ce que le transporteur peut bénéficier de la limitation de la responsabilité ? Autrement dit, la question est de savoir si le plafond peut être écarté. Lorsque la faute du transporteur est établie, la responsabilité est engagée, ainsi la responsabilité repose sur la faute du transporteur, il faudrait prouver la faute pour que sa responsabilité soit retenue à son encontre. Dans les autres modes de transport, c'est une responsabilité de plein droit. De plus, le passager n'a pas besoin de prouver la faute du transporteur pour engager sa responsabilité.

La convention de Varsovie qui est devenue la convention de Montréal de 1999 comporte quelques dispositions intéressant le transport multimodal, tant pour la marchandise que pour les passagers. L'article 18 de la convention traite d'un transport avec une partie terrestre précédant le transport aérien (camion-avion). Sous la garde du transporteur, la période du transport aérien ne couvre pas le transport terrestre. Il se peut qu'un transport autre que terrestre soit effectué préalablement aux opérations de chargement, dans ce cas les dommages sont présumés sauf preuve contraire, et sont sous l'égide du transport aérien. Les dispositions de la convention ne s'appliquent qu'au transport aérien, toutefois si les parties elles-mêmes le stipulent dans le contrat de transport, alors le droit aérien s'appliquera aux autres parties de transport.

Concernant les Règles de Rotterdam, la convention du XXIe siècle, nous ne connaissons pas encore son avenir, car tout dépendra de la position des États-Unis et celle de la Chine.

157. L'échec des tentatives d'une convention d'harmonie tient au particularisme de la technique multimodale qui consiste à combiner, pour un même envoi, l'utilisation de modes de transport différents, répondant chacun à un régime juridique particulier. On a alors pu écrire que l'on était en présence d'un véritable « désordre mondial »[233].

Le cadre juridique actuel est plutôt fragmenté en ce qui concerne le contrat de transport multimodal. Les conventions internationales de transport existantes se concentrent sur des types spécifiques de transport unimodal. Elles ne peuvent donc pas résoudre toutes les difficultés typiques de transport multimodal, telles que les pertes non localisées. Certaines conventions de transport ont toutefois incorporé des dispositions relatives au transport multimodal. Il est donc possible que, dans certaines circonstances, l'une des conventions de transport unimodal s'applique à une réclamation découlant d'un transport multimodal. Bien entendu, si aucune des conventions de transport ne couvre la situation actuelle, il devient nécessaire de déterminer quel régime national s'applique. Malheureusement, tous les systèmes nationaux n'impliquent pas de règles spécifiques sur le transport multimodal, de sorte que les conséquences générées par un régime national peuvent être très différentes de celles générées par un autre.

158. Toutefois, le régime juridique national, comprend non seulement sa législation purement nationale, mais aussi le droit international, le droit conventionnel auquel le pays s'est lié. Une décision de l'OLG Köln en 2004 pourrait servir d'exemple[234]. En l'espèce, trois lots de processeurs informatiques devaient être transportés de Sevenoaks au Royaume-Uni à l'aéroport de Schiphol aux Pays-Bas, l'OLG a établi que la réclamation était régie par le droit anglais. Le transport réel a été effectué par la route de Sevenoaks à Londres, par avion de Londres à l'aéroport Köln / Bonn en Allemagne et à

233 P. BONASSIES, Le transport multimodal transmaritime. Approche juridique, *Annales IMTM*, 1988.
234 OLG Kö*ln 25 May 2004*, TranspR 2004, p. 359-361.

partir de là par la route vers sa destination finale, l'aéroport de Schiphol près d'Amsterdam. Les marchandises ne sont jamais arrivées à Schiphol, car elles ont été perdues pendant la dernière étape du transport. Étant donné que le Royaume-Uni est partie à la CMR et que les points de vue anglais prescrivent l'application de la CMR à une telle étape, l'OLG a appliqué la convention de transport routier à la réclamation. Si la loi allemande avait été applicable, l'OLG ne l'aurait pas fait. Bien que l'Allemagne soit également partie à la Convention CMR, le point de vue allemand concernant le champ d'application de la Convention diffère de celui des Anglais.

Il est donc clair que le régime national peut s'appliquer, alors même que les traités sont intégrés dans ce régime national. Cette décision montre également que même les interprétations nationales concernant le champ d'application de la loi uniforme peuvent être pertinentes. Cependant, cette application du droit national étranger et de ses appréciations ne sont possible que dans la mesure où elles sont compatibles avec les obligations et les exigences des traités auxquels l'État du For est partie (Cf. Affaire d'*Erika*). La loi dans les traités auxquels l'État du For s'est lui-même lié est généralement privilégiée par rapport à toute règle de droit d'origine purement nationale, fut elle incompatible, mais réputée également applicable. Si, par exemple, l'Allemagne avait également considéré que la CMR s'appliquait *ex proprio vigore* à un stade de transport routier international d'un transport multimodal, l'OLG Köln aurait également appliqué la CMR à la demande dans la décision susmentionnée, mais elle l'aurait fait, en fonction de ses propres obligations en tant que membre de la CMR, et non pas en fonction de l'interprétation britannique de la CMR. En d'autres termes, il n'aurait pas pris le détour par le droit anglais, mais aurait directement appliqué le droit international conventionnel uniforme.

159. La question du choix du tribunal est fondamentale quand on a l'intention d'engager le contentieux, car l'issue de l'action entière peut en dépendre. Il y a plusieurs raisons à cela. Premièrement, tous les États ne sont pas parties à toutes les conventions, comme cela a été évoqué ci-dessus. Deuxièmement, même si tous les États où une action peut être intentée sont parties aux mêmes conventions, l'État membre peut interpréter une convention d'une manière similaire à celle d'un autre État membre également partie à ladite convention, mais en théorie seulement. En réalité, les tribunaux d'un État sont susceptibles d'interpréter une même convention très différemment des tribunaux d'un autre État. Ces différences peuvent s'expliquer par l'existence de cultures juridiques différentes qui sont autant de points de départ dans chaque État. Ainsi, si l'existence d'une loi uniforme internationale contribue à restreindre le forum shopping, elle n'est pas en mesure de l'éliminer complètement de par l'application devant chaque juridiction nationale.

160. Outre les inconvénients engendrés par le manque d'unité existant dans les idées sur le contrat multimodal, il y a aussi des aspects de cette diversité qui peuvent parfois jouer en faveur du demandeur. Pour ce qui est des questions de compétence, le prestataire a l'avantage, puisqu'il a le pouvoir de choisir en tant que prestataire ; il peut choisir l'État du for où son cas sera présenté. Et puisque tous les pays ne sont pas membres des mêmes conventions et que tous les membres d'une convention ne l'interpréteront pas de la même manière, le choix du tribunal peut très bien influencer la loi appliquée à un différend. Au litige résultant d'un accident d'une grue mobile lors d'un transport routier entre le Caire et Alexandrie en Egypte peut en constituer une bonne illustration. En l'espèce, la Rechtbank Rotterdam a appliqué la CMR lorsqu'elle a été adressée. Mais un tribunal égyptien aurait-il fait de même ? Très probablement non, puisque l'Égypte n'est pas partie à la CMR, ses tribunaux ne sont donc pas tenus de l'appliquer. Cette décision est également une illustration du fait que tous les tribunaux d'un même pays ne parviennent pas à la même conclusion quant à l'application d'une convention donnée, tant qu'il n'y a pas de jugement décisif de la cour suprême de l'État concerné. Dans ce cas, il aurait été intéressant de savoir si d'autres juridictions néerlandaises n'auraient pu ne pas choisir d'appliquer la CMR puisque la branche du transport au cours de laquelle le dommage est survenu était domestique.

Naturellement, un plaignant bien avisé, disposant de moyens financiers suffisants, engagera toujours une procédure devant le tribunal susceptible d'aboutir à un résultat favorable, ce qui peut être une tâche exigeante. La connaissance des idées sur la nature du contrat multimodal commun dans l'État du For est nécessaire, mais des données sur les lois internes et la manière dont les juridictions du fond sont susceptibles d'interpréter potentiellement les conventions de transport unimodal applicables sont également essentielles.

161. La question de la compétence des tribunaux est importante car la réparation accordée par le tribunal est plus généreuse aux États-Unis qu'ailleurs par exemple, même au sein de l'Europe, elle est plus généreuse en Allemagne qu'en France.

La recevabilité d'une demande en justice est déterminée par la loi locale du tribunal saisi. En Europe, il s'agit du règlement Bruxelles qui offre en effet au demandeur une petite marge de manœuvre pour choisir le for qui semble le plus susceptible de répondre à ses demandes. La règle de base posée par le règlement Bruxelles I permet aux parties à un contrat de s'entendre librement sur les juridictions compétentes pour régler les litiges relatifs au contrat. Cette compétence sera réputée exclusive, à moins que les parties n'en soient convenues autrement. Néanmoins, il existe des exceptions à l'applicabilité du règlement Bruxelles I. Lorsqu'une réclamation est couverte par la CMR, la COTIF-CIM, les Règles de Hambourg ou les Conventions de Varsovie ou de Montréal, le Règlement ne s'applique que dans la mesure où il ne contrevient pas aux règles de compétence énoncées dans ces conventions de transport en vertu de l'article 71 (1) du règlement. Toutes les conventions mentionnées contiennent des dispositions juridictionnelles qui prévalent sur celles du règlement Bruxelles I. Il est donc logique de qualifier le contrat en question avant de tenter de répondre à la question de la compétence juridictionnelle. On peut même dire que si une action concerne un contrat auquel la CMR, la COTIF-CIM, la Convention de Montréal/Varsovie ou les Règles de Hambourg peuvent éventuellement s'appliquer (soit au contrat dans son ensemble, soit seulement à une certaine partie), la séquence correcte des actions consisterait à qualifier le contrat, à déterminer si l'une de ces conventions s'applique et ensuite seulement à s'attaquer à la question de la compétence.

Parmi les conventions de transport qui incluent des règles de compétence, c'est la CMR, plus précisément l'article 31 de la CMR qui mérite le plus d'attention. Une des raisons de cet honneur un peu douteux tient au fait que la CMR n'est pas seulement soumise à des interprétations différentes par les différentes juridictions nationales comme le sont toutes les conventions, elle renvoie aussi littéralement à la *lex fori* lorsqu'il s'agit d'évaluer le droit du transporteur de se prévaloir des dispositions de la CMR qui excluent ou limitent sa responsabilité. Évidemment, au lieu de créer l'uniformité qui est le but de tout traité international, cela stimule l'hétérogénéité indésirable.

162. La détermination de la juridiction compétente opérée reste à déterminer la loi applicable au différend. Le domaine du droit qui est spécifiquement conçu pour fournir des directives concernant la procédure à suivre dans le cas de contrats à vocation internationale, comme le contrat international de transport multimodal, est appelé droit international privé dans les systèmes juridiques continentaux et est connu sous le nom de conflit de lois dans les régimes de *common law*.

Cela vaut pour un litige impliquant un contrat de transport multimodal autant que pour un litige de transport unimodal. Comme il n'existe pas de convention internationale réglementant le transport multimodal, les règles d'application des conventions de transport unimodal pertinentes doivent être examinées pour voir si elles correspondent au différend - multimodal - en question. Bien entendu, les conventions unimodales ne peuvent s'appliquer que si elles sont fondées sur leurs propres mérites. Si l'une des conventions de transport s'applique, elle ne couvre généralement pas l'ensemble du contrat multimodal, bien qu'il y ait quelques exceptions. Si un contrat de transport international concerne à un transport routier de bout en bout, il peut être entièrement couvert par la CMR et si un transport ferroviaire international est complété par un transport routier intérieur selon le même contrat, un tel contrat est également entièrement couvert par la CMR. Cependant, il est plus courant qu'un régime de transport unimodal s'appliquant à une partie du contrat de transport ne couvre pas l'intégralité du contrat de transport multimodal. Lorsque, par exemple, des diamants sont volés pendant la phase aérienne d'un transport international, la demande de dommages-intérêts peut être couverte par la Convention de Montréal, mais le transport routier précédent ou suivant échappe généralement au régime uniforme de transport aérien.

Bien sûr, aucune partie au contrat ne peut se retrouver dans un vide juridique. Il existe toujours un régime national applicable au contrat. Les règles nationales ne s'appliquent qu'à titre complémentaire aux parties du contrat de transport multimodal couvertes par la loi uniforme. C'est-à-dire que la loi nationale ne s'applique que dans la mesure où elle n'est pas contraire aux règles internationales qui s'appliquent également. Afin de savoir quelles règles nationales sont opérationnelles, les tribunaux des États membres de l'UE sont tenus de mettre en œuvre le règlement Rome I sur la loi applicable aux obligations contractuelles. La seule exigence posée par ce règlement est de concerner un contrat international. Ainsi, le règlement Rome I prévoit des règles sur les régimes juridiques applicables aux contrats internationaux en général. En effet, il contient un système de droit international privé qui englobe de nombreux types de contrats internationaux dépassant largement ceux relatifs au transport. C'est donc une « *lex generalis* ». Néanmoins, comme il sera démontré ci-après, la procédure prévue par cette «*lex generalis*» conduit également à modifier les règles d'application des conventions de transport lorsque le contrat examiné est un contrat international de transport multimodal.

163. Il est important de rappeler les dispositions énoncées dans le règlement Rome I. Lorsqu'un litige nécessite un choix entre des lois de différents pays pour un même contrat, le règlement Rome I peut servir de base à la qualification du litige. Les règles d'application du présent règlement se trouvent à l'article 1er, paragraphe 1, qui dispose: « *Le présent règlement s'applique, en cas de conflit de lois, aux obligations contractuelles en matière civile et commerciale.* ».

Il est évident que les contrats internationaux de transport multimodal seront conformes à la disposition, car il s'agit d'un champ d'application plutôt vaste. Ainsi, confrontés à un litige impliquant un tel contrat, chaque État européen devra veiller à l'application du règlement Rome I afin de trouver la loi applicable au contrat.

164. Dans le règlement Rome I, la méthode traditionnelle de détermination de la loi applicable implique l'usage d'un élément étranger. De sorte que cette méthode se réalise en deux étapes. La première étape consiste à qualifier le conflit comme appartenant à une certaine catégorie définie, comme cela a été fait pour trouver le système de droit international privé à utiliser. La seconde étape consiste à identifier le droit national applicable en

ce qui concerne les points de rattachement de la catégorie concernée. Ainsi, pour déterminer quel régime juridique applicable à un contrat international, le point de départ habituel serait de qualifier le contrat, puis le régime juridique national s'appliquant au contrat sera précisé.

En résumé, la voie la plus efficace vers la détermination d'une loi applicable au contrat du transport multimodal semble commencer par un examen des règles d'application au sein des conventions de transport, car elles priment sur tout régime national applicable.

Les règles qui déterminent le champ d'application des différentes conventions de transport ne sont pas complètement similaires. Lorsqu'on compare l'objet des dispositions relatives au champ d'application, on constate par exemple que si la plupart des conventions exigent spécifiquement l'existence d'un contrat de transport, les conventions relatives au transport aérien ne satisfont pas à cette exigence, ce qui étend leur couverture. Concernant le transport de passagers, les conventions de transport aérien sont ainsi plus étendues que la plupart de leurs homologues. En effet, le transport de passagers est également couvert par les Conventions de Varsovie et de Montréal, alors que les autres conventions de transport, à l'exception de la COTIF, sont limitées au transport de marchandises. En revanche, les règles de La Haye et de La Haye-Visby limitent leur champ d'application plutôt que de l'étendre. En faisant dépendre leur application de l'existence d'un connaissement ou d'un document de titre similaire, elles s'en limitent par conséquent leur portée.

Parmi les conventions de transport qui sont actuellement applicables en Europe, le CMR peut très bien avoir les règles de champ d'application les plus fréquemment discutées. Ces discussions sur la « portée » ne concernent que rarement sur des sujets sans lien avec le transport multimodal. La raison de ceci est double : d'une part, les contrats de transport multimodal comportent presque toujours un stade de route, tandis que la CMR ne dispose pas d'une disposition claire qui détermine si ce type de transport est couvert par ses règles et, dans l'affirmative, de quelle manière. D'autre part, la CMR est la seule convention qui régule le transport superposé ou transport « mode-sur-mode », un type de transport multimodal assez spécifique et extrêmement populaire. Un article, pourrait-on ajouter, qui est plutôt susceptible d'interprétations différentes.

Le droit international du transport fixe les règles applicables en matière de transport à l'échelle mondiale et octroie un cadre légal international identique reconnu par et au sein de tous les États ayant ratifiés ces accords internationaux. (La période couverte par exemple : le début et la fin du transport maritime)

165. Au regard de la complexité que nous venons d'évoquer, qu'en est-il de la voie contractuelle ? À partir du moment où il n'existe pas véritablement de réglementation internationale, les règles contractuelles jouent en

matière de transport multimodal une grande importance contractuelle. Une place particulière doit être faite aux règles CNUDCED/CCI.

Élaborées par la Chambre de commerce internationale en coopération avec le secrétariat de la CNUCED, les Règles CNUDCED/CCI applicables aux documents de transport multimodal ont succédé en 1992 aux « Règles uniformes pour un document de transport combiné » publiées par la CCI en 1975. Comme ces dernières, elles n'ont aucune valeur impérative, puisqu'il ne s'agit pas d'une convention internationale. Ces règles s'appliquent uniquement lorsqu'elles sont incorporées au contrat de transport multimodal par la volonté des parties. Elles présentent l'avantage d'être applicables à tous les types de transports multimodaux internationaux. En effet, l'article 1er prévoit que : « *Les présentes Règles sont applicables lorsqu'on les incorpore, de quelque manière que ce soit, par écrit, oralement, dans un contrat de transport, en invoquant les ''Règles CNUCED/CCI applicables aux documents de transport multimodal'', qu'il s'agisse d'un contrat de transport uni modal ou multimodal, et qu'un document ait été établi ou non* ».

Par conséquent, ces règles jouent un grand rôle pratique.

166. Reste à évoquer maintenant la déchéance de la limitation de responsabilité. L'entrepreneur de transport multimodal est déchu du bénéfice de la limitation de responsabilité, s'il est prouvé que la perte, le dommage ou le retard à la livraison résultent d'un acte ou d'une omission qu'il a lui-même commis, avec l'intention de provoquer cette perte, ce dommage ou ce retard, ou témérairement et sachant que cette perte, ce dommage ou ce retard en résulterait probablement. L'action en responsabilité doit être intentée dans les neuf mois qui suivent la livraison des marchandises ou la date à laquelle les marchandises auraient dû être livrées, ou la date à laquelle le défaut de livraison donne au destinataire le droit de considérer les marchandises comme perdues.

Le dispositif conventionnel a été conçu pour des opérations de transport normales. C'est la raison pour laquelle, lorsque la nature de l'opération commande un traitement particulier en raison des risques spéciaux qu'elle présente, les parties se voient rendre la liberté de contracter à leur guise. Il en va ainsi suivant la Convention de Bruxelles, si « *le caractère et la condition des biens à transporter et les circonstances, les termes et les conditions auxquels le transport doit se faire sont de nature à justifier une convention spéciale* » (art. 6, al.3). Ainsi, seules les « *cargaisons commerciales ordinaires* » relèvent de ses prescriptions impératives. L'avantage de cette solution réside dans sa souplesse puisqu'elle permet d'aménager tous contrats afférents à un transport délicat ou exceptionnel en fonction des circonstances. Son inconvénient tient en revanche à l'incertitude à laquelle elle donne prise : comment définir la circonstance exceptionnelle autorisant le retour à la liberté contractuelle ? Le bon usage de cette exception suppose une extrême prudence. Voici sans doute pourquoi, ni le législateur français, ni les Règles de Hambourg n'ont cru bon de la retenir. Néanmoins, cette exception se retrouve dans les Règles de Rotterdam, qui retiennent que le contrat de transport peut exclure ou limiter les obligations ou la responsabilité du transporteur, pour des transports qui ne sont pas des « *expéditions commerciales ordinaires* », si « *le caractère ou la condition des marchandises ou les circonstances, termes et conditions dans lesquels le transport doit se faire sont de nature à justifier raisonnablement une convention spéciale* ». (art.81-b). Nous remarquons à ce propos que deux conventions peuvent avoir une approche différente au regard d'une même problématique, ce qui n'est pas pour faciliter les choses ni dans le sens d'une unification du droit.

Nous concluons en citant les propos du Professeur DELEBECQUE : « Les règles sont décidément difficiles à unifier. Mais, au fond, est-ce véritablement un mal ? Les juristes ont souvent plus à gagner en cultivant la diversité plutôt que l'uniformité. »[235].

167. À l'issue de cette partie quelle conclusion pouvons-nous en tirer ? La question première est celle de l'efficience des conventions. Qu'entend-on par efficience ? Nous dirons que c'est la capacité pour les conventions à répondre à l'objectif premier qui serait de faciliter les échanges internationaux en permettant aux acteurs privés de ne se préoccuper que des conditions matérielles des transports nécessaires à ces échanges internationaux.

Qu'en est-il au final ? Plusieurs constats sont à faire. Tout d'abord, la lenteur de l'élaboration de ces conventions au regard de l'accélération des échanges et des transports internationaux. Parfois, cela reviendrait à utiliser un droit régissant la circulation des diligences à la circulation sur les autoroutes. Le commerce mondial s'accélère, l'économie mondiale est en croissance et elle a besoin de règles efficaces et reconnues de tous. Ce qui nous amène au deuxième constat, le faible taux de signatures par les États des conventions et, bien plus encore, de leur ratification. La question qui se pose est bien celle de la portée réelle de ces conventions. Un des éléments déterminants attendus par tous les acteurs est celui de la sécurité juridique. Les États sont versatiles, nous en avons eu un exemple concernant le domaine de la protection de la planète et le changement de position de Donald Trump, ancien président des États Unis à propos de la COP21. Mais bien plus encore, nous savons que, même si une convention est signée et ratifiée par des États, tout reste à faire car aucune sécurité juridique n'en découle. En effet, les instances juridiques internes de chaque État peuvent en avoir une interprétation, voire une application divergente. Il existe là un « risque juridique » réel et concret pour les acteurs du transport international et ce

---

[235] Ph. DELEBECQUE, Le transport multimodal, *Revue internationale de droit comparé*, Vol. 50 N°2, p.537.

d'autant plus qu'aucune convention n'a, à ce jour, véritablement abordé la question du transport multimodal dans son intégralité. Les conventions sont plutôt un *patchwork* de réponses totales ou partielles, anciennes ou récentes, signées ou ratifiées.

Nous sommes bien loin des objectifs attendus et surtout souhaités et nécessaires pour répondre aux attentes des acteurs de ce segment. Pour autant doit on jeter le bébé avec l'eau du bain ?

Nous ne le pensons pas. En effet, les conventions contiennent en elles pour partie des réponses aux attentes. Certes, il n'existe pas de réponse globale et unanime, mais des éléments utiles et pertinents peuvent être trouvés dans les unes et les autres, qu'elles aient été signées ou ratifiées par les États ou non. Par ailleurs, la signature par un État est un signal à destination des acteurs du transport multimodal. Ce signal leur indique que la convention ne va pas à l'encontre des intérêts des acteurs économiques membres de l'État signataire de la convention. En l'espèce, la signature par un État pourrait être assimilée à un visa. La convention aurait alors été « validée » par l'État dont l'une de ses responsabilités issues de ses fonctions régaliennes consistant dans la protection de ses ressortissants et, aucune atteinte ou danger potentiel n'a été perçu.

168. Une solution semble émerger cependant, prenant sa source auprès des acteurs de ce transport international multimodal. Cette solution pourrait répondre à leurs attentes car elle repose sur la liberté contractuelle et se composerait de deux parties ou deux « étages ».

Le premier étage résulte du choix des textes à appliquer, des sources du droit qui seront mis en œuvre le cas échéant lors de la résolution d'un hypothétique différent. Ce choix peut être fait de façon contractuelle et inclus dans le contrat de transport ou connaissement. Il résulte de l'accord des parties et donc de *facto* cette « source de droit » sera admise par les parties.

Le deuxième étage est celui de la juridiction devant laquelle le différend sera débattu. Nous savons, et nous l'avons exposé et explicité, il existe de nombreux aléas dans le choix des juridictions susceptibles d'intervenir. Notamment parce qu'il existe toujours un risque dans le choix de cette instance de juridiction. L'interprétation des textes peut varier d'une juridiction à une autre, dans deux États différents, mais également au sein d'un même État entre deux juridictions différentes géographiquement. Cela reste un facteur d'incertitude et donc constitue un risque juridique.

Ce risque représente un coût pour l'entrepreneur de transport multimodal et ce dernier n'aura de cesse que de chercher à le diminuer. Comment réduire le risque afférent au choix d'une juridiction dont on ignore quels seront les juges et leur interprétation des textes supports de leur décision ? Il n'y a pas de solution avec un risque zéro. Cependant, il existe une juridiction où ce risque peut être minoré sans pour autant être annihilé. Cette instance c'est l'instance arbitrale que nous étudierons dans le titre II.

Ces conventions restent importantes, car elles permettent d'établir des « cadres » juridiques, leur signature ou leur ratification par les États, apporte une garantie ou une labellisation par ceux-ci, ce qui est un élément rassurant pour les acteurs du transport international. En revanche, une convention générale traitant de l'ensemble du transport international multimodal et signée ou ratifiée par l'ensemble des États reste, pour une part non négligeable, une recherche utopique au regard de l'histoire. Mais les conventions demeurent cependant nécessaires dans le cadre du processus de règlement des différends. Elles fournissent des outils, et peut être appartient-il aux acteurs de ce secteur d'activité d'utiliser ces outils au mieux dans l'intérêt de tous, du commerce et des échanges internationaux. C'est cette voie que nous souhaitons proposer d'explorer dans l'avenir.

La mise en œuvre de la responsabilité dans les conventions internationales suppose que le justiciable soit suffisamment diligent pour intenter son action devant la juridiction compétente dans le délai fixé par les textes.

§ 3. – Le délai pour agir contre le transporteur : la prescription

169. La prescription est un thème universel, mais dans le droit chinois aucun article ne précise cette notion contrairement au droit français. La définition de la prescription se trouve dans l'article 2219 du code civil français: « la prescription extinctive est un moyen d'extinction d'un droit résultant de l'inaction de son titulaire pendant un certain laps de temps ». La prescription est une fin de non-recevoir qui éteint l'action. Au bout d'un laps de temps, la demande devient irrecevable. Toutefois, ce délai peut être interrompu ou suspendu ; c'est la grande différence avec la forclusion que rien ne peut stopper et qui coupe irrémédiablement court à toute demande.

170. Le droit maritime s'est longtemps distingué des autres matières en raison des délais courts relatifs aux prescriptions qu'il institue[236]. Dans le phénomène du transport multimodal, cette thématique est récurrente. Nous allons à présent l'étudier plus en détail, afin de mieux comprendre les situations et ainsi proposer une vue générale de la situation permettant, le cas échéant, d'envisager des réponses susceptibles de faire face aux éventuelles difficultés.

171. En revanche, le code maritime chinois n'ayant pas précisé la prescription pour l'action en revendication à l'encontre de l'entrepreneur de transport multimodal dans un cadre du transport multimodal transmaritime, nous formulons l'hypothèse que celle-ci est la même que la prescription pour

[236] La question a perdu de son importance depuis que le délai de droit commun a été ramené à cinq ans, ce qui vaut aussi en matière commerciale. Toutefois, les textes continuent prévoir des prescriptions courtes.

la responsabilité de droit commun applicable. Ainsi, nous pouvons conclure que, lorsqu'un dommage se produit dans le segment maritime ou lorsque la localisation du lieu du dommage est impossible, la prescription annuelle du code maritime chinois devrait être appliquée. Lorsque le dommage se produit dans un secteur non-maritime, le droit commun régissant le secteur non maritime devrait entrer en vigueur. Dans le cas d'un transport multimodal qui ne comprendrait pas un segment maritime, l'action contre l'entrepreneur, devrait être de deux ans en vertu du droit des contrats.

Concernant les sous-traitants, en nous reportant aux cas récents en France, les problèmes découlant de la violation du contrat par le contractant ont été très facilement résolus. Le « contractant » étant celui apparaissant comme le principal tributaire du contrat. Cela représente un changement radical dans la vision traditionnelle du passé, presque un revirement.

Analysant les dispositions du code maritime chinois, notamment les articles 58, 59, 60, 61 et 62, nous pouvons en résumer les points fondamentaux suivants :

Premièrement, les dispositions ci-dessus du code maritime chinois enfreignent complètement le « Principe de la relativité contractuelle » et élargissent la protection des parties dans une large mesure, dépassant les dispositions de toutes conventions internationales existantes, y compris pour le mandataire du transporteur, et même pour le mandataire de transporteur réel. En d'autres termes, ces personnes disposent d'un recours contre le transporteur. Ce droit est valable, non seulement en cas de manquement contractuel, mais aussi en matière délictuelle.

Deuxièmement, le transporteur contractuel peut être responsable du comportement du transporteur réel, mais aussi par le biais du contrat clairement convenu sur le comportement du transporteur réel s'il n'est pas responsable. Ce dispositif montre que, dans une certaine mesure, ce dernier adhère au « contrat relatif ».

Troisièmement, l'article 62 du code maritime chinois prévoit un certain degré d'adhésion au principe de la « double protection contractuelle » du transporteur réel, c'est-à-dire que le transporteur assume d'autres obligations que celles définies par la loi ou renonce à l'application stricte du droit, à moins que le consentement exprès du transporteur réel n'ait été exprimé, sinon il ne sera bien évidement pas applicable au transporteur réel.

À cet égard, le système appliqué aux Pays-Bas, dans la nouvelle approche du « code civil » pourrait inspirer le droit chinois dans la mesure où il prévoit que la clause contractuelle principale peut être invoquée pour protéger le sous-traitant, sans que la relation entre le sous-traitant et son client ne soit pas clairement définie.

Bien que la prescription soit une expression que tous les juristes connaissent, pour les uns elle est certaine, pour des autres ça l'est moins, parfois elle est oubliée, même s'il existe des interprétations erronées. Alors qu'une simple demande en paiement peut être paralysée ou le sort d'un procès lui même peut se voir anéantie par la survenance de la prescription.

172. S'agissant de la prescription en droit des transports, la courte durée de la prescription est un dénominateur commun à tous les modes de transport. En effet, mis à part en transport aérien, où le délai est de deux ans, la prescription pour les autres transports intérieurs ou internationaux est d'un an. Quand les Règles de Rotterdam entreront en vigueur, la durée sera de deux ans.

Notons toutefois que le législateur français fixe à un mois le délai pour intenter des actions récursoires, alors que la plupart des Conventions internationales (sauf la CMNI) n'opèrent aucune distinction selon la nature de l'action judiciaire.

Par ailleurs, pour les connaissements, la prescription est d'un an courant, en cas de perte totale, du jour où les marchandises auraient dû être livrées et, dans les autres cas (pertes partielles, avaries, retard) du jour où la marchandise a été livrée ou offert au destinataire[237]. Ces dispositions s'articulent sur les règles du droit commun issues du Code civil récemment modernisées.

Ce délai ne peut être abrégé[238], mais il peut être prorogé. La loi française, comme le Protocole de 1968 (art. 1§2), autorisent la prorogation conventionnelle du délai de prescription par un accord conclu entre les parties postérieurement au fait générateur qui a donné naissance au droit d'agir. Il reste que la faute dolosive commise par le transporteur dans l'exécution du contrat ne lui interdit pas de se prévaloir de la courte prescription.

Il s'agit d'une véritable prescription et non d'un délai préfix, ni d'une courte prescription soumise au régime exceptionnel réservé aux prescriptions fondées sur une présomption de paiement. La prescription s'explique ici par un souci d'ordre. Il ne faut pas obliger les transporteurs à conserver indéfiniment les pièces afférentes à des opérations achevées, bien ou mal. On admettra donc que la prescription est suspendue dans les termes du droit commun, que l'interruption n'a pas, en principe, d'effet interruptif et que le serment ne peut pas être déféré.

Le législateur français a posé la règle que les actions se prescrivent par un an et l'a généralisée aux « actions nées du contrat d'affrètement »[239], sans restriction, ce qui évite les difficultés rencontrées autrefois dans le domaine de l'article 433 du Code de commerce.

La loi de 1966 avait précisé que cette prescription était interrompue ou suspendue et produisait ses effets conformément au droit commun[240]. Cette disposition, curieusement supprimée par le Code des transports, était desti-

---

[237] Art. L. 5422-18 et art. D.5422-28 du code des transports ; Conv. art. 3§6.

[238] C. civ., art 2254.

[239] Art. L. 5423-4.

[240] Art. 4.

née à éviter des discussions nées de la brièveté du délai ; il est en effet des prescriptions aussi brèves, qui sont proprement des « courtes prescriptions » ; celles-ci sont fondées sur une idée de présomption de paiement, ce qui justifie un régime spécial des causes et de l'effet de l'interruption, l'éviction des causes de suspension et le jeu subsidiaire du serment. Ces « courtes prescriptions » ne constituent pas le droit commun. On doit donc en écarter ici le régime ; la brièveté du délai de prescription se justifie par le souci d'éviter des procès ayant trait à des faits anciens et dont la preuve est particulièrement difficile à réunir puisqu'ils concernent de nombreux intervenants différents, de nombreux documents et que la vie du commerce nécessite une certaine célérité ainsi qu'un droit à l'oubli lié à la sécurité des opérations. Même si la précision n'est plus contenue dans la loi, on peut continuer à dire que les causes ordinaires d'interruption opèrent : demande en justice, acte d'exécution forcée, reconnaissance du débiteur ; que l'interruption a pour effet de faire courir une nouvelle prescription d'un an et n'entraîne aucune intervention du délai ; que les causes ordinaires de suspension opèrent ; que la prescription ne peut pas être combattue par la délation du serment au débiteur.

Par exemple, un commissionnaire de transport opérant sous connaissement FIATA organise un transport de France vers le Sénégal. À destination, les marchandises, faute de remise du connaissement, sont stockées dans des entrepôts de l'organisateur de transport. On constate ultérieurement des manquants.

Dans le contentieux qui s'ensuit, une question de prescription est soulevée : les intéressés par la cargaison soutiennent que les dommages proviennent du dépôt, que ce dépôt est distinct du transport et qu'il convient de s'en tenir à la prescription quinquennale. Cet argument est aussitôt écarté parce que l'expédition s'était effectuée sous connaissement FIATA, instituant un régime juridique unique, et que le stockage de la cargaison dans les entrepôts de l'ETC ne constituait pas un dépôt distinct, mais une opération relevant du transport[241]. Si la prescription n'était donc pas celle du droit commun, était-elle pour autant celle qui joue en matière de transport ? L'ETC le contestait au motif qu'une clause du connaissement stipulait une prescription de neuf mois. La prétention ne pouvait aboutir, puisque l'on sait qu'en droit positif les clauses relatives à la prescription ne peuvent abréger le délai au-delà d'un an ni l'étendre au-delà de dix ans[242]. Il convenait donc d'appliquer la prescription annale propre au transport et fixer son point de départ au jour où le demandeur avait eu connaissance de la perte partielle.

---

[241] CA Paris 14 avr. 2016, BTL 2016, 267.

[242] C. civ. Art. 2254.

173. En droit chinois, rappelons qu'il n'y a pas d'article qui définisse la notion de prescription. En revanche, selon les délais et le champ d'application, nous distinguerons la prescription générale de la prescription spéciale. Les « Principes généraux relatifs au droit civil de la République populaire de Chine », promulgués le 12 avril 1986 lors de la 4e session de la VIe Assemblée populaire nationale (APN), entrés en vigueur le 1er janvier 1987, réservent leur chapitre VII à l'étude de la prescription : prescription extinctive et prescription acquisitive. L'article 135 des « Principes généraux relatifs au droit civil » dispose que *« Sauf disposition contraire de la loi, le délai de prescription des actions portées devant les tribunaux du peuple pour défendre les droits civils sera de deux ans »*. En réalité, ce délai de prescription des actions correspond à la durée moyenne choisie par les juristes chinois.

En revanche, l'article 136 des « *Principes généraux relatifs au droit civil* » énumère quatre exceptions où le délai de prescription correspond à un an[243]. Une prescription trop courte désavantage le demandeur, alors qu'une trop longue nuit au développement économique et perturbe la planification économique, telle que définie par le gouvernement chinois. Cependant, le droit chinois connaît la suspension, l'interruption et l'extension de la prescription[244].

Le nouveau code civil a transformé la structure traditionnelle des codes. En supprimant le code des obligations, il aurait créé un code des contrats et un code de la responsabilité civile délictuelle. Malheureusement, après un vif débat, l'Assemblée populaire nationale a désapprouvé le projet. Le législateur jugeait que, faute d'expérience juridique, on ne disposait pas d'éléments suffisants pour élaborer un code intégral. Pourtant, vu l'importance du droit civil dans l'établissement de la légalité, le législateur a élaboré, en 1986, les principes généraux du droit civil, en lieu et place d'un code civil, embrassant tous les phénomènes juridiques[245]. Ces dispositions ne forment pas un code détaillé, comme les codes français, allemand, japonais ou russe. Dictées par

---

243 Voir aussi l'article 136 des « Principes généraux du droit civil » : Dans les cas suivants, le délai de prescription correspondra à un an : (1) pour les actions en réparation de dommages corporels ; (2) pour les ventes de produits défectueux non signalés comme tels ; (3) pour les retards de paiements de loyer et (4) pour la perte ou la détérioration de biens remis sous la garde d'une autre personne.

244 Tsien Tche-hao, « La responsabilité civil délictuelle en Chine populaire », *Revue internationale de droit comparé.* Vol. 19 N°4, année 1967, p.881.
Voir aussi, XU Baikang, « Les principes généraux du droit civil en Chine », *Revue internationale de droit comparé*, Vol.41, N°1, l'année 1989, p.135.

245 Les Principes généraux du droit comportent neuf chapitres et 156 articles: chapitre 1: Principes fondamentaux; Chapitre 2: Citoyens (personnes naturelles); Chapitre 3: Personnes morales; Chapitre 4: Actes juridiques civils et représentations; Chapitre 5: Droit civils; Chapitre 6: Responsabilité civile; Chapitre 7: Prescription; Chapitre 8: Application de la loi aux rapports civils avec des sujets étrangers et Chapitre 9: Disposition supplémentaires.

un souci de simplification, elles ne contiennent que les principes régissant le contentieux en matière civile. En ce qui concerne le droit des contrats, les principes généraux du droit civil viennent compléter les deux textes principaux, la Loi sur les contrats économiques de 1982 et la Loi sur les contrats économiques avec l'étranger de 1985, en donnant notamment une définition légale à de nombreux termes.

Or, les juristes chinois ne cessent jamais d'y apporter des modifications et des évolutions. Un groupe de travail révise actuellement les règlements sur les contrats rédigés dans les années 80 et 90 et les adapte aux besoins du jour où la Chine est devenue une des destinations préférées des touristes et des hommes d'affaires. Une nouvelle situation autant économique que sociale a fait son apparition. Elle impose des évolutions dans les droits afférents aux transactions, innovations et liens entre les droits et obligations contractuels.

À cet égard, il convient de souligner que cette durée de la prescription générale est prolongée de deux à trois ans depuis que les « dispositions générales du code civil » sont entrées vigueur le 1er octobre 2017[246].

174. En effet, depuis 1949, la Chine a entamé la compilation du code civil à quatre reprises, en 1954, en 1962, en 1979 et en 2001. Cette tâche a cependant été abandonnée pour des raisons économiques, politiques et sociales. En octobre 2014, le gouvernement chinois a de nouveau décidé l'élaborer un code civil.

Le « projet de loi sur les principes généraux du code civil » a été discuté par le comité permanent de l'APN en juin, en octobre et en décembre 2016. Il a été mis en ligne pour recueillir les suggestions du public. Cette démarche de faire appel aux suggestions des citoyens chinois est dans la ligne de la pensée de Confucius. Elle repose sur la volonté de prévenir les désordres et de préserver la paix sociale. En France, le seul recours du « peuple » qui ne participe pas à l'élaboration des lois, sauf au travers de ses députés représentants, est bien souvent de « descendre dans la rue ». C'est ce que l'on a pu observer à propos de plusieurs mouvements sociaux[247]. Le projet de loi est parvenu à maturité et c'est un événement important en Chine dans la session de l'année 2017 pour le perfectionnement du système juridique du pays.

Au cours de la 5e session de la XIIe APN de cette année, le « Projet de loi relatif aux principes généraux du code civil » est soumis à l'approbation des députés, conduisant à l'élaboration d'un code civil de la République populaire de Chine. C'est « une aspiration de plusieurs générations de juristes chinois », selon LI Jianguo, vice-président du Comité permanent de l'APN.

---

[246] « La Chine adopte les dispositions générales du code civil ». http://fr.cctv.com/2017/03/15/ARTICNuowBDaR0I8FJiVSP67170315.shtml

[247] Par exemple, la réforme EL KHOMERY de 2017 et en 2018 la loi de travail, sans oublier les mouvements sociaux contre la justice, la SNCF et l'accès aux universités.

L'organe législatif chinois a adopté le mercredi 15 mars 2017 les dispositions générales du code civil, chapitre d'ouverture d'un code civil qui a été promulgué en 2020[248].

Le « projet de loi sur les principes généraux du code civil » a voulu s'efforcer de résoudre des problèmes nombreux et compliqués dans la vie sociale tout en respectant les règles, les principes et les systèmes juridiques. Il respecte la continuité historique de la législation civile tout en s'adaptant aux exigences objectives économico-sociales. Il perpétue la grande tradition juridique de la Chine tout en apprenant des expériences de réussite à l'étranger.

La Chine est parfois critiquée par les occidentaux comme un pays qui n'a pas de codes. « Ses principes généraux du droit civil » (民法通则), sont parfois de notre point de vue mal traduit en « code civil chinois » (民法典) dans les langues étrangères. Il s'agit en réalité d'une loi qui a été adoptée à la quatrième session de la sixième ANP, promulguée par l'ordonnance n°37 du Président de la République Populaire de Chine, le 12 avril 1986 entrée en vigueur le premier janvier 1987. Ces principes regroupés en 9 chapitres contenant 156 articles semblent désuets au regard du code civil français qui contient 2534 articles. Mais les juristes chinois ont travaillé sans cesse sur un véritable code civil chinois depuis des années.

Une des problématiques qui se pose au regard de cette différence entre les droits internes et les conventions qui sont soumises à ratification par les États est celle de l' « intégration » des articles de ces conventions.

175. La Chine a une culture très spécifique. Elle privilégie le recours à la négociation et à la résolution des conflits par le biais de la conciliation. L'objectif étant d'éviter, autant que faire se peut, le recours aux tribunaux pour trancher un différend. La Chine a ainsi une approche du droit différente de l'Europe car sa culture est différente. De nombreux droits européens ont pris leurs sources dans le « droit Romain » ainsi que du Droit Canon. Ces droits s'enrichissent alors d'autant d'articles destinés à définir les différentes situations soulevées tout au long de l'histoire. Il s'est donc construit au fur et à mesure des années et a été finalement compilé en 1804 sous le vocable de Code Napoléon qui deviendra le Code Civil que nous connaissons aujourd'hui. Mais de nombreux articles en ont été supprimés, d'autres ajoutés ou modifiés. C'est donc une matière vivante qui évolue au fil du temps. Témoins les réformes du droit des obligations ou celle à venir du droit de la responsabilité civile. Si les codes sont la colonne vertébrale du droit, la ju-

[248] Les dispositions générales ont été adoptées lors de la réunion de clôture de la session annuelle de l'Assemblée populaire nationale (APN, parlement chinois), avec 2.782 votes favorables sur 2.838 députés présents. Elles entreront en vigueur le premier octobre de l'année 2017.

risprudence en est la moelle épinière qui l'irrigue. Mais ça n'est pas la seule caractéristique.

En effet, du fait même de la multitude des articles traitant du droit des contrats, de la phase préliminaire ou négociation à la conclusion définitive du contrat mais également à son exécution et/ou son inexécution, il existe au sein de cet édifice une mine de ressources juridiques propres à soutenir une action auprès des tribunaux. Dans le seul domaine du droit des contrats « *stricto sensu* », ce ne sont pas moins de 286 articles de droit qui y sont directement liés. Mais là ne s'arrête pas la problématique. En effet, si l'une des parties entreprend une action en justice et que la décision en première instance ne la satisfait pas, elle peut faire appel de la décision auprès de l'instance supérieure, en général la cour d'appel de la région où se situe le lieu du conflit. Mais, si la nouvelle décision ne lui convient toujours pas, elle peut faire un recours devant la Cour de Cassation.

Concernant l'organisation judiciaire chinois, nous évoquerons plus loin le fonctionnement des tribunaux populaires, notamment la hiérarchie des cours chinoises. En effet, la Chine a créé un double degré de juridiction en matière civile. Le système judiciaire chinois se fonde sur la recherche de l'efficience maximale et des délais raccourcis. Outre le fait qu'il privilégie les modes alternatifs de résolution de litiges par le biais de la conciliation. Les procédures longues sont coûteuses et paralysent tant l'activité que les plaignants. Dans le domaine des biens, il est en effet préférable de disposer d'un système judiciaire rapide. Si deux niveaux de juridiction peuvent apparaître comme insuffisants aux yeux de certains, de par la conception en Chine, et surtout compte tenu de la phase de conciliation préalable qui est très importante et dont la structure très étoffée. La recherche de la solution amiable, du compromis sont les fondements non seulement du système judiciaire chinois, mais également de la culture chinoise. En France, par exemple on peut fort bien imaginer une première phase de conciliation judiciaire, mais en général elle est peu opérante, car les plaignants en général ne sont pas dans cette démarche, sûr de leur "droit". Ensuite, il y a l'appel, deuxième degré de juridiction, si la décision rendue en premier instance est contestée par les parties en cause. Enfin, s'il y a encore des motifs en droit pour un recours, il reste la cassation, troisième degré de juridiction. Et là encore la cour de Cassation peut également renvoyer devant une cour d'appel pour rejuger ou décider de trancher et d'imposer sa décision. Nous sommes déjà à une quatrième procédure. Mais il en reste encore une qui peut être entamée, le recours aux cours européennes (Cour de justice de l'Union Européenne et Cour européenne des droits de l'Homme). Nous pouvons donc arriver jusqu'à cinq procédures. Ce qui est impensable en Chine. Une telle longueur de procédure, et une telle multiplication des instances vont à l'encontre du but recherché à savoir la résolution rapide du litige dans l'intérêt de tous. Le peuple chinois n'est pas procédurier dans l'âme, et de plus, de par le profond respect qu'il porte à l'autorité, si l'expression française de « l'autorité de la chose jugée » était usitée en Chine, elle aurait plein effet.

À ce stade de la démonstration, ce qu'il est important de comprendre, c'est l'amplification du nombre de procédures et par voie de conséquences de la durée pour arriver à une décision finale qui soit applicable, l'ensemble des recours étant bien entendus suspensifs. On pourrait penser que la complexité s'arrête là et que les textes se suffisent à eux-mêmes. Mais, il n'en est rien car les jurisprudences de la Cour de cassation s'imposent et le sens de leur décision va parfois à l'encontre de ce que les citoyens perçoivent de leurs droits.

176. Nous pouvons prendre l'exemple précis de l'article 1589 du code civil consacré à la vente. Cet article énonce que la : *« promesse de vente vaut vente »* dès lors qu'il y a consentement réciproque entre les deux parties sur la chose et sur le prix. Si cette promesse s'applique à des terrains déjà lotis ou à lotir, son acceptation et la convention qui en résultera s'établiront par le paiement d'un acompte sur le prix, quel que soit le nom donné à cet acompte, et par la prise de possession du terrain. La date de la convention, même régularisée ultérieurement, sera celle du versement du premier acompte.

Pour la plupart des justiciables assujettis à la loi, la signification du texte ne souffre d'aucune ambiguïté. Or, il n'en est rien, car cet article a fait l'objet de très nombreux recours successifs dont 474 auprès de la cour de cassation qui a donc rendu 474 arrêts à ce propos. De façon majoritaire, la Cour de cassation a régulièrement estimée que dans les cas qui lui étaient soumis, la « promesse de vente ne valait pas vente ». Si d'aventure, elle confirmait que la « promesse de vente valait vente », un tsunami submergerait les chroniques judiciaires donnant naissance à des titres d'articles tels que « comme un coup de tonnerre dans le ciel bleu des obligations ».

Ainsi, ces décisions de la cour de cassation sont une véritable source de droit. Si l'on fait un parallèle entre le droit chinois ou du moins les « principes du droit ». Concernant le droit des contrats, il y a 286 articles du code civil qui en traitent alors qu'un seul article du « principes de droit chinois » en traite, à savoir l'article 88[249].

---

[249] Article 88: Les parties à un contrat exécuteront les obligations conformément aux dispositions du contrat. Lorsqu'un contrat comporte des dispositions ambiguës concernant la qualité, les délais pour l'exécution, ou le prix, et le sens voulu par les parties ne peut être déterminé d'après le contexte des dispositions contractuelles pertinentes, et au cas où les parties ne parviendraient pas à un accord à l'amiable, les dispositions suivantes s'appliqueraient : (1) lorsque l'ambiguïté concerne la qualité, les normes de qualité étatiques s'appliqueront ; en leur absence, les normes généralement en vigueur seront s'appliqueront ; (2) lorsque l'ambiguïté concerne le délai de livraison, le débiteur a la faculté d'exécuter à sa convenance ses obligations envers le créancier ; le créancier a la faculté d'exiger à tout

Mais en faisant ce constat, nous n'intégrons pas les décisions de la Cour de cassation. Un juriste chinois pourrait s'étonner qu'un seul article, certes majeur, mais indiscutable a nécessité pas moins de 474 arrêts.

Les conséquences en sont innombrables. Elles représentent surtout un coût financier exorbitant. Le premier de ces coûts résulte directement du nombre d'articles et de jurisprudences sur lesquelles il faut s'appuyer pour éviter tout recours procédural. Il s'agit de « s'assurer » que tout va bien se passer et donc se prémunir d'un risque potentiel. Le deuxième coût est également un coût induit, mais il se situe également en amont. Tous ces articles et toutes ces décisions jurisprudentielles sont autant de freins aux initiatives commerciales. Le droit est devenu d'une telle contrainte qu'il est nécessaire pour des entreprises d'avoir recours aux juristes pour déblayer le terrain afin de connaître tous les cas de figures. C'est un réel frein pour les petites structures. En effet, de même que l'on dit « trop d'impôt tue l'impôt », la question peut se poser de savoir si trop de droit et de contraintes juridiques ne tuent pas également l'initiative entrepreneuriale et le développement commercial.

177. À vrai dire, la jurisprudence en Chine est différente car il existe des interprétations de la Cour suprême chinoise qui sont régulièrement publiées. Ces interprétations ne sont pas impératives, mais il est rare qu'elles ne soient pas appliquées et suivies par les tribunaux locaux ou les cours intermédiaires. Ceci est dû à un état d'esprit très respectueux de la hiérarchie en Chine. Le législateur chinois intègre ensuite ces interprétations dans la rédaction de la nouvelle loi. Les interprétations de la Cour suprême chinoise ne sont pas l'équivalant de la jurisprudence française qui est une source du droit commun. Cependant, nous pouvons dire que ces interprétations jouent un rôle essentiel en Chine, équivalent à celui de la cour de cassation en France ou de la cour suprême des États-Unis.

---

moment, moyennant un préavis suffisant, que le débiteur exécute ses obligations ; (3) lorsque le lieu d'exécution est ambigu, et que le paiement sera fait en numéraire, l'exécution aura lieu au siège ou au lieu de résidence de la partie bénéficiaire du paiement ; si l'exécution ne consiste pas en un paiement, l'exécution aura lieu au siège ou au lieu de résidence de la partie exécutant l'obligation et (4) lorsque l'ambiguïté concerne le prix, lez prix imposé par l'État s'appliquera. En l'absence d'un prix fixé par l'État, le prix sera déterminé sur la base du prix du marché ou du prix d'un article similaire ou de la rémunération pour un service similaire. Si le contrat ne comporte pas une disposition concernant les droits de demander des brevets, toute partie ayant réalisé une invention aura la faculté de déposer une demande de brevet. Si le contrat ne comporte pas une disposition concernant les droits d'exploitation des résultats de recherches scientifiques ou technologiques, les parties auront la faculté d'exploiter ces accomplissements.

178. Après avoir envisagé les règles générales applicables à la prescription ainsi que les généralités du droit processuel[250], il convient de nous intéresser à présent aux règles spéciales de celle-ci en matière des transports.

En droit chinois, l'article 257 du code maritime chinois prévoit que la prescription des actions du transporteur maritime est d'un an, à l'instar du droit français. L'article 105 du code maritime chinois prévoit que, « *Si le lieu où la perte ou le dommage survient peut-être déterminée, il faudra appliquer le régime de responsabilité propre au mode de transport au cours duquel le dommage est survenu.* ». De plus, l'article 106 du code maritime chinois énonce que « *Si le lieu du dommage n'est pas déterminable, l'opérateur de transport multimodal est responsable des dommages intérêts conformément aux dispositions relatives à la responsabilité du transporteur et à sa limitation conformément au présent Chapitre.* ».

Ainsi, conformément aux articles 105 et 106 du code maritime chinois, lorsque la perte ou le dommage subi par la marchandise s'est produit dans une section de transport localisée, les responsabilités et limites du transporteur multimodal sont celles du régime de responsabilité propre au mode de transport au cours duquel le dommage est survenu. Si la perte ou le dommage subi par la marchandise ne peut pas être déterminée, il existe deux possibilités : si le transport multimodal comprend un segment maritime, l'entrepreneur de transport multimodal devra se conformer au chapitre IV du code maritime chinois, portant sur les dispositions du transporteur maritime concernant sa responsabilité et sa limitation entrainant l'application de la prescription d'un an. Si le transport multimodal n'englobe pas une opération maritime, la loi sur les contrats, promulguée le 15 mars 1999 et entrée en vigueur le 1er octobre de la même année, sera applicable, avec une prescription de deux ans. En tout état de cause, le droit maritime chinois prend le pas sur les autres droits si l'un des segments du transport multimodal concerne un transport maritime. Ce choix est fait par le législateur chinois dans le but de conserver le particularisme du droit maritime en protégeant les intérêts du transporteur, car le code maritime chinois propose une limite de responsabilité pour le transporteur maritime, autrement dit, une responsabilité plafonnée, ce qui est plus avantageux pour le transporteur multimodal.

179. En s'intéressant à un pays voisin, la Corée du sud, qui emploie également le système de réseau, le professeur GUO Ping de l'Université maritime de Dalian a livré une étude très intéressante en indiquant que : « *Conformément à l'article 816 du code de commerce coréen, si le lieu du*

---

[250] Les points de départ de la prescription sont les articles 2257 et art. 2242 du code civil français.
L'interruption de la prescription correspond à l'article 2242.
Cas d'interruption : art. 2244.
La suspension des prescriptions : 2251 à 2259.

dommage causé à la marchandise peut être localisé, il faudra appliquer le régime de responsabilité propre au mode du transport au cours duquel le dommage est survenu. Toutefois, lorsque la partie du dommage causé aux marchandises est incertaine, le droit de responsabilité du transporteur devrait prendre en compte le segment le plus long dans l'ensemble de la chaine de transport »[251].

La différence avec la Chine qui applique les règlements du code maritime apparaît lorsque le lieu du dommage ne peut pas être localisé. Il faut remarquer que l'économie de la Corée du Sud est fortement influencée par le dynamisme du commerce extérieur. Le Japon, la Chine et les États-Unis sont ses trois principaux partenaires commerciaux. Le professeur GUO se demande s'il ne faudrait pas aussi entreprendre un projet de loi national comme la Corée du sud sur le transport multimodal car « *l'article 816 du code de commerce coréen n'implique pas le transport multimodal quand il engobe uniquement le transport aérien et routier. Par conséquent, afin de compenser les lacunes de la loi, le gouvernement coréen a tenté d'adopter une loi qui règle tous les modes de transport, c'est-à-dire un « projet de loi sur le transport multimodal* »[252].

Actuellement, l'article 321 de la loi sur les contrats chinois dispose que le dommage et la perte de la marchandise doivent avoir lieu en ce qui concerne la responsabilité et la limitation de l'exploitant du transporteur multimodal dans une certaine section de transport du transport multimodal pour que soient appliquées les règles afférentes à ce segment. Si la section de transport où les marchandises sont endommagées ou perdues ne peut être déterminée, elle doit être conforme aux dispositions pertinentes du chapitre 17 de la loi des contrats.

L'adhésion de la Chine à la Convention de Vienne est significative pour le développement du droit chinois des contrats. Malgré cela, il existe encore des différences entre les dispositions du code maritime chinois et la loi sur les contrats concernant le transport multimodal, principalement sur leur responsabilité pour les pertes non localisées. Selon le code maritime chinois, la responsabilité de l'opérateur de transport multimodal est de « plein droit ». Il faudrait aussi distinguer les marchandises conteneurisées des marchandises non conteneurisées. D'après la loi sur les contrats, la responsabilité de l'opérateur de transport multimodal est basée sur les dispositions générales du chapitre 17 relatives au contrat de transport. Par conséquent, la responsabilité du transporteur multimodal est une « *responsabilité stricte* » et la durée du

---

[251] GUO Ping 郭萍, la situation actuelle du droit de transport multimodal et sa tendance en Corée et au Japon « 韩、日多式联运法律状况和发展趋势 » (Hán, rì duō shì liányùn fǎlǜ xiànzhuàng yǔ fāzhǎn qūshì), Revue *China Ocean Shipping*, vol n°4, 2013, 《中国远洋航务》2013 年第 4 期.

[252] *Idem.*

passif est appréciée à partir de la « livraison de la marchandises ». Il n'y a pas d'exemption des dispositions de la limite de responsabilité. La prescription est alors de deux ans.

180. En conclusion, TONG Xinchao[253] a très justement résumé qu'en Chine « (le) *ce droit* (des contrats) *apparaît, sur le plan formel, à la croisée d'un système administratif, d'un système coutumier et d'un système juridique. Ses défauts peuvent venir de sa jeunesse* », « De nombreux problèmes sont trop récents pour qu'on ait une idée claire de leurs solutions opportunes. De plus, la société chinoise connaît de grands changements résultant de la réforme économique et le droit économique est en pleine mutation. D'une part, l'État continue de jouer son rôle traditionnel, à savoir « gérer tout » et diriger l'économie. La planification et les ingérences administratives, quoique sensiblement atténuées, ne peuvent totalement disparaître, elles réapparaissent souvent pour maintenir l'ordre économique et social. D'autre part, l'économie de marché présuppose une liberté complète des sujets économiques et force l'État à décentraliser les décisions, permettre plus d'autonomie de gestion et accorder un rôle essentiel au jeu de l'offre et de la demande sur le marché. Ce mélange qui vise à réaliser « l'économie socialiste de marché », entraîne la coexistence, dans le droit des contrats, de normes traditionnelles chinoises, de règles modernes et d'emprunts aux droits occidentaux. ».

181. Le Professeur de l'Université du Peuple de Chine WANG Liming[254] estime que le code civil de la Chine reflètera le développement social du XXIe siècle en intégrant des nouvelles caractéristiques, parce qu'il incarnera davantage l'ère de l'Internet, les caractéristiques de la société de l'information, qui refléteront la protection des ressources environnementales. Nous partageons cette analyse mais pensons qu'il faut aller plus loin. La réforme du code maritime chinois doit s'inspirer du droit étranger notamment du code français des transports et des règles de Rotterdam.

À l'heure actuelle, l'économie de marché chinoise constituée sur un modèle défini comme socialiste évolue. La pratique de la loi et ses principes généraux évoluent également. Le consensus en matière de droit civil est recherché et des solutions sur l'interprétation des conventions étudiées.

---

253 Avocat à Beijing, LL.D (Laval).

254 Vice-Président de l'Université du Peuple de Chine, spécialisé en droit civil.

Section II
Les obligations du transporteur

182. Après avoir évoqué les différentes sources de droit applicables à une opération de transport multimodale, il convient à présent de définir les obligations mises à la charge du transporteur. Le transporteur multimodal a l'obligation de réaliser un déplacement de marchandise par au moins deux modes de transport différents d'un point à un autre sur la base d'un contrat unique. Il est tenu à une obligation de résultat. La durée du transport conduit inévitablement à susciter des contentieux notamment des débats peuvent survenir en matière de retard ou en fonction de la nature des marchandises transportées. Cela est évident dans un transport maritime unimodal. Cela l'est encore plus dans le transport multimodal, du fait que la durée du transport sera, dans la plupart des cas, plus longue et que la nature ou la qualité des produits transportés pourra en être affectée. Ainsi nous évoquerons successivement les obligations du transporteur en cas de retard (§1), et les obligations du transporteur en cas de transport de marchandises dangereuses (§2).

§1. – Le retard

183. Le domaine de la responsabilité de plein droit n'est pas défini de la façon identique dans la loi française et la convention de Bruxelles. En droit français, il a toujours été admis que le transporteur était tenu par une obligation de résultat. D'après la loi de 1966, seules les pertes ou dommages subis par la marchandise sont couvertes.

La responsabilité d'entrepreneur de transport multimodal peut, non seulement couvrir la perte ou le dommage causé à la marchandise transportée, mais également le retard lié à la livraison. Ce retard à destination est donc aussi une source de responsabilité[255].

Encore faut-il que le transporteur se soit engagé sur des délais, ce qui est rare en pratique. Comme en matière aérienne, dans la plupart des cas les conditions générales prévoient que les délais ne sont pas garantis. Ces clauses sont *a fortiori* valables en matière maritime, mais n'autorisent pas le transporteur à se comporter avec désinvolture.

Le droit maritime tend ainsi à ne plus être seulement le droit des navires et de leur exploitation, mais, plus généralement, le droit des engins nautiques ou bâtiments de mer. Il reste que la tendance du droit contemporain est d'étendre le domaine d'application des règles du droit maritime bien au-delà des navires, à tous les engins nautiques utilisés dans les eaux maritimes, autrement dit, à tous les « bâtiments de mer » autres que les navires. Ainsi, il

---

[255] T. com. Marseille, 9 nov. 2004, *DMF* 2006. 234, obs. Pierronnet.

est nécessaire d'examiner les opérations de transport qui s'insèrent souvent dans un cadre complexe. « La qualité » est définie comme une « aptitude d'un produit ou d'un service à satisfaire les besoins des consommateurs ». Etant donné des exigences de plus en fortes du monde professionnel sur la qualité des services, la question du retard est de plus en plus souvent posée.

L'accélération impressionnante du rythme de la vie rapproche chaque jour davantage les hommes et les choses de l'omniprésence. Si ce qui se comptait en semaines ou en mois du temps de Phileas Fogg[256] se mesure désormais au XXIe siècle en minutes ou en heures, le temps demeure un paramètre essentiel de la vie économique. Face à une clientèle qui est devenue plus pressante et pressée, la question du retard mérite réflexion. Concernant la notion de retard, nous n'avons pas réellement trouvé de définition juridique particulière en droit des transports. Le retard suppose cependant avant tout l'existence d'un délai, donnée contractuelle dont le non-respect peut engager la responsabilité du transporteur. Ces délais revêtent une importance plus ou moins grande suivant la durée du parcours et la fiabilité escomptée du moyen de transport. En matière de retard, nous retrouvons des notions semblables éparpillées dans tous les règlements internationaux, ainsi que dans le droit positif français. Nous analyserons ensuite ces dispositifs en droit chinois.

184. En ce qui concerne les règlements internationaux :

En droit aérien, la réglementation ne connaît aucune disposition impérative fixant des délais d'acheminement. Elle abandonne la matière à la convention des parties[257] ou à l'usage[258]. Les horaires portés à la connaissance du public n'ont qu'une valeur indicative et ne font pas partie du contrat. Les règles internationales aériennes stipulent seulement que « *le transport doit être fait dans un délai raisonnable* ».

Au plan de la responsabilité, la Convention de Varsovie, à laquelle la France et la Chine ont toutes les deux adhérées[259], contrairement aux autres règlementations, ne fait aucune distinction entre le retard et les autres dommages. L'article 19 de cette convention rend le transporteur responsable des dommages résultant d'un retard, considéré comme un manquement à l'obligation contractuelle, mais non pas du retard lui-même. D'ailleurs, elle n'en fait pas davantage, en ce qui concerne les limitations applicables qui

---

256 Phileas Fogg est le héros du roman de Jules Verne dans son romain « *Le Tour du monde en quatre-vingts jours* », paru en 1872.

257 V. Cass. Ass.pl. 30 juin 1998 BT 1998-552.

258 V. Paris 21 avril 1989 cit. par Lamy 1999 t.II-1014.

259 V. « Les parties contractantes de la convention pour l'unification de certaines règles relatives au transport aérien international signée à Varsovie le 1é octobre 1929 et du protocole portant modification de celle-ci signé à la Haye le 28 septembre 1955 ». http://www.icao.int/secretariat/legal/List%20of%20Parties/WC-HP_FR.pdf.

demeurent les mêmes, qu'il s'agisse de retard, de manquants ou d'avaries[260]. La convention de Montréal prévoit pour engager la responsabilité du transporteur pour retard qu'une protestation écrite soit, sous peine de forclusion, effectuée au plus tard dans un délai de vingt et un jours à compter de la mise à disposition des marchandises[261].

En droit terrestre, le transport connaît cependant une situation plus complexe. En droit français, l'article 104 du Code de commerce ne se réfère qu'à un « *délai convenu* » - donc à la convention des parties- et ne contient aucune disposition impérative. En outre, il procède par voie d'« *a contrario* », en prévoyant, par rapport au délai convenu, que pour le retard intervenant suite à un cas de force majeure[262], ne donne pas lieu à indemnité, ce qui signifie qu'elle est due dans le cas contraire.

À l'inverse de l'article 103 qui régit la responsabilité pour avaries subies par les marchandises ou s'il y a des manquants, le code ne prohibe pourtant pas les clauses exonératoires de responsabilité, de sorte que - *a priori*- (nous verrons qu'il n'en va pas de même *a posteriori*) - le transporteur pourrait non seulement limiter contractuellement sa responsabilité pour retard, mais aussi s'en exonérer totalement. Nous pouvons seulement observer que l'application de cette règle par la jurisprudence est restrictive.

Mais la réglementation moderne est venue tempérer cette liberté en introduisant dans le droit positif une formule qui a remporté un succès considérable et qui semble vouloir devenir la règle générale en la matière, à savoir : la limitation de responsabilité en cas de retard est fixée à un montant égal au prix du transport.

S'agissant des transports routiers, nous retrouvons cette disposition dans tous les « contrats types » issus de la loi d'orientation des transports intérieurs (LOTI), qu'il s'agisse des anciens textes ou de la nouvelle rédaction qui s'applique aux « transports publics de marchandises pour lesquels il n'existe pas de contrat type spécifique »[263].

Nous la retrouvons également dans la CMR, dont l'article 23-5 dispose, lui aussi, que l'indemnité due par le transporteur pour retard « ne peut dépasser le prix du transport ». Il est vrai que cette convention contient par ailleurs une définition du retard, dans son article 19 où figurent les paramètres habituels, à savoir : la référence au délai contractuel, et subsidiairement, le cas où « la durée effective du transport dépasse, compte tenu des circonstances et notamment dans le cas d'un chargement partiel au temps voulu pour assem-

---

260 V. Amiens aud. sol. 3 mars 1986, BT 1986-529; Lyon 17 février 1993, BT 1983-329.

261 Article 31-2 de la Convention de Montréal.

262 En vertu de l'article 1147 du code civil et les différentes jurisprudences, pour être qualifié de cas de force majeure, un événement doit présenter trois caractères : il doit être « extérieur » au débiteur (soit échapper à son emprise), « imprévisible » au moment de la conclusion du contrat et enfin « irrésistible » (insurmontable).

263 D.n°99-269 du 6 avril 1999 JO 11 avril p. 5365-article 22-3.

bler un chargement complet, le temps qu'il est raisonnable d'allouer à des transporteurs diligents »- ce qui ramène à une référence à l'usage. C'est d'ailleurs ainsi que réagit la jurisprudence pour qui « l'absence de mention d'un délai sur la lettre de voiture n'empêche nullement qu'il puisse y avoir retard »[264]; et qui, se réfère parfois aux contrats types[265]. Nous observons des attitudes semblables en jurisprudence étrangère[266]. En transport international routier, l'ayant droit de la marchandise doit, dans les vingt-et-un jours de la livraison, adresser des réserves au transporteur, sous peine d'être forclos[267]. Ces réserves peuvent émaner du destinataire ou de l'expéditeur. Elles peuvent être mentionnées sur la lettre de voiture, être adressées par courrier ou par tout autre moyen.

En matière ferroviaire, le droit français ne fait pas de distinction entre la perte, l'avarie ou le retard. Ainsi, le retard est donc indemnisable dans les mêmes conditions que les autres dommages et avec l'application de la même présomption. Mais comme pour ces derniers, sa mise en œuvre est limitée[268] et soumise à une mise en demeure. En revanche, en régime international, l'indemnisation est due *ipso facto*- sans mise en demeure- du seul fait du dépassement du délai de livraison prévu par la convention[269]. Mais elle est tout de même limitée sauf dans le cas de déclaration d'intérêt à la livraison ou lorsqu'il y a une faute inexcusable.

Dans les règles uniformes CIM, l'expéditeur ou le destinataire doit dans un délai maximal de soixante jours, adresser sous peine de forclusion une réclamation écrite qui doit être accompagnée de la lettre de voiture[270].

Contrairement aux transports ferroviaires ou routiers qui sont soumis à tarification, avec des délais rigoureusement établis, le transport maritime ne connaît pas à proprement parler de délais. Ni la loi française, ni la Convention de Bruxelles, ne fixent des délais, et il est rare que les contrats de transport en prévoient, alors même que certaines compagnies établissent des horaires de départ qui n'ont qu'un caractère indicatif[271]. Les incertitudes liées à l'exploitation maritime en est un fondement.

Le régime de la convention de Bruxelles de 1924 ignore totalement le retard. À l'inverse, les règles de Hambourg abordent expressément cette question. Elles prévoient qu'un avis doit être donné par écrit au transporteur dans

---

[264] Aix 20 mars 1985 SCAPEL 1985-1941.
[265] V. TC Bobigny 25 février 1994, BT 1991-136; Nîmes 20 décembre 1990, SCAPEL 1993-6; Cass. Com. 16 juin 1984, BT 1984-610.
[266] Cf. par ex. CA Trente 21 mai 1998, D. Eur. Transp. 1990-380.
[267] Article 30-3 de la CMR.
[268] CGV art. 11-1.
[269] RU-CIM art. 43.
[270] Article 57-2 et 53 de la CIM.
[271] Cf. Rouen 13 octobre 1988, *DMF* 1990-1937.

un délai de soixante jours à compter de la date de la remise des marchandises au destinataire[272].

Le transporteur maritime n'en est pas moins responsable en cas de retard, dans la mesure où l'article 3.3 de la Convention de Bruxelles et l'article 38 du décret du 31 décembre 1966 imposent l'obligation d'exécuter le transport de manière appropriée et soigneuse.

En revanche, la Convention de Hambourg fait état du retard et dispose que le transporteur maritime en est responsable, s'il est intervenu alors que la marchandise était sous sa garde, sauf s'il arrive à prouver « *que lui-même, ses préposés ou mandataires ont pris toutes les mesures qui pouvaient être exigées pour éviter l'événement et ses conséquences* ». Nous reconnaissons ici l'influence de la notion de ''*due diligence*'' dont nous trouvions déjà le reflet dans l'article 20 de la Convention de Varsovie.

Quoiqu'il en soit, la référence à un délai normal d'acheminement, compte tenu des circonstances - et bien entendu sous réserve de la faute prouvée du transporteur[273]- demeure le critère de base, rappelant qu'en la matière une clause de non responsabilité serait valable à la condition d'avoir été acceptée par le cocontractant[274] et sauf faute positive[275].

De ce survol, il est permis de conclure qu'en son état actuel, le droit du transport présente, quelque soit le secteur technique considéré, une relative homogénéité. Le retard est partout pris en compte comme un élément du préjudice réparable. La responsabilité y est le plus souvent présumée.

Elle est pratiquement toujours mise en œuvre d'office. L'obligation d'une mise en demeure préalable tend à disparaître. Elle fait dans la plupart des cas l'objet d'une limitation, soit spécifique, soit semblable à celle qui s'applique aux dommages pour manquants ou avaries.

Enfin, sous les réserves habituelles d'acceptation par le cocontractant : excepté le cas où le transport est hautement réglementé comme en matière ferroviaire par une exonération, et une limitation conventionnelle *a fortiori* est possible, sauf déclaration d'intérêt à la livraison et faute grave, qualifiée selon les cas de faute lourde ou de faute inexcusable.

Cet unanimisme plus ou moins harmonieux demeurant conforme pour l'essentiel au droit commun du transport, est-il assuré de sa pérennité dans l'avenir ? En droit français, une réponse positive pourrait s'appuyer sur l'effet relatif des conventions. Mais sous la pression, semble-t-il, de l'évolution des esprits en faveur des consommateurs, la chambre commer-

---

272 Article 19-5 des règles de Hambourg.

273 Aix 22 avril 1982, *DMF* 1983-482.

274 Aix 19 octobre 1988 *DMF* 1990-1939-notre Achard.

275 Rouen 10 novembre 1977, *DMF* 1978-510.

ciale de la cour de cassation, rendait le 22 octobre 1996 un arrêt révolutionnaire qui devait remettre en question cette belle unité[276].

Concernant le retard à la livraison, les Règles de Hambourg ont rendu le transporteur responsable, en prévoyant que cette responsabilité est limitée à une somme correspondant à deux fois et demi le mondant du fret.

Pour le législateur français, le transporteur doit d'abord assurer la bonne navigabilité du navire et de ses équipements, puis satisfaire à une obligation fondamentale du contrat dont les conséquences s'apprécient aussi au regard de sa responsabilité. Il en va de même si le transporteur doit encore accueillir les passagers, réaliser le voyage convenu, offrir les prestations prévues et respecter les horaires. Toutefois, les textes législatifs du Code des transports n'envisagent plus ces dernières obligations[277]. Il n'y a cependant aucune raison de ne pas s'y référer pour connaître le contenu minimum du contrat. S'agissant du respect des horaires, la loi actuelle indique simplement que le transporteur engage sa responsabilité pour les dommages dus au retard tenant au manquement à son obligation de bonne navigabilité ou encore à la faute commerciale de ses préposés[278]. Il ne faut cependant pas exclure le jeu des clauses exonératoire ou allégeant les obligations, lorsque l'expéditeur a formulé une déclaration d'intérêt spécial pour une livraison à une date convenue. À défaut, il sera dispensé de responsabilité pour le retard. Néanmoins, s'il connaissait la sensibilité du produit, cette clause ne pourra être opposable en *common law*. En effet, il y a retard à la livraison lorsque « *les marchandises n'ont pas été livrées à la date convenue ou, à défaut d'une telle date, dans le délai qu'il serait raisonnable d'allouer à un ETM diligent, compte tenu des circonstances de fait* »[279]. Si les marchandises ne sont pas livrées, dans un délai de 90 jours à partir de la date prévue de livraison, elles seront réputées perdues.

En cas d'inexécution ou de mauvaise exécution des obligations résultant du contrat, le transporteur engage sa responsabilité contractuelle. Ainsi, il doit exécuter le transport, partir à la date prévue, suivre l'itinéraire établi, faire les escales envisagées, arriver au port de destination. Tout manquement à l'une ou l'autre de ces obligations est, pour lui, source de responsabilité. Il est simplement permis de se demander si la responsabilité suppose pour être engagée que soit rapportée la preuve d'une faute imputable au transporteur. Il serait plus logique et plus juridique d'admettre que tout manquement est

---

[276]BC IV n°261; D. 1997-121 note A. Seriaux ; JCP 1997 II 22881 note Cohen ; cf Ph. DELEBECQUE.

[277] Comp. L.1966, art. 36 s.

[278] Art. L. 5421-2, al. 2.

Voir Toulouse 22 mars 2007, *DMF* 2008 HS 12, n°101 : l'exercice du droit de grève, même sans préavis, n'est pas une faute commerciale.

[279] Clause 6.3 FBL.

source *ipso facto* de responsabilité, sauf pour le transporteur à prouver que le manquement ne lui est pas imputable.

Il nous appartient maintenant de rappeler quelles sont les obligations du transporteur dans le droit chinois et plus précisément quelle est la responsabilité de ce dernier en cas de retard de livraison.

Le projet de loi chinois du 31 mars 1991 disposait que le transporteur devait acheminer la marchandise au port de déchargement au bon moment, et qu'il ne pouvait pas bénéficier de la limite de responsabilité en cas de retard. Ces propositions ont été présentées par le ministère du Commerce, en faveur des ayants droit de la marchandise. Toutefois, le ministère des Transports, dans l'intérêt du transporteur, s'est déclaré contre cette proposition. Ce ministère a justifié sa position en déclarant que cela s'avérait très strict, voire injuste pour le transporteur. Par rapport à toutes les indemnités dues suite aux dommages subis par la marchandise et résultants du retard, le fret du transport reste encore très faible. De ce fait, les Règles de Hambourg, réputées pour la protection des intérêts du chargeur, ont mentionné une disposition autorisant une limitation de la responsabilité du transporteur en cas de retard.

Grâce aux efforts du Ministère des Transports, le CMC a finalement repris le principe des Règles de Hambourg, mais la somme est restée limitée au fret payable pour les marchandises ayant subi le retard. Lorsque les pertes ou dommages coïncident avec le retard, le cumul des réparations ne peut pas dépasser la limite, en vertu de l'article 56§1.

Selon le droit chinois, le transporteur n'assume pas la responsabilité du retard lorsque la date de livraison n'a pas été convenue dans le contrat[280].

Quelle est l'approche du retard dans le code maritime chinois ? En déterminant la responsabilité du transporteur, le code maritime chinois a précisément employé plusieurs fois le terme « *en cas de perte, d'avarie des marchandises, ou de retard de livraison* » que nous retrouvons dans plusieurs dispositions tels que les articles 54, 58 et 59. Le transporteur maritime répond ainsi de plein droit du dommage subi par la marchandise, survenu en cas de perte, d'avarie ou de retard. Quant à l'entrepreneur de transport multimodal, les articles 105 et 106 du même code ne mentionnent sa responsabilité qu'en cas de perte ou d'avarie des marchandises. Aucune référence n'est faite au sujet du retard. Est-ce un oubli ? Ceci peut paraître curieux car en droit chinois le transport multimodal comporte bien une phase maritime.

Selon les articles 105 et 106 du code maritime chinois, l'entrepreneur de transport multimodal est responsable du dommage survenu en cas de perte ou d'avarie. Les pertes ou avaries des marchandises mentionnées dans les

---

[280] GUO Ping et GAO Lei 郭萍、高磊, La recherche sur la durée de la responsabilité du transporteur maritime, 《海运承运人责任期间之研究》, Haiyun chengyunren zeren qijian zhi yanjiu, ADMC 2011, p. 27/34., 中国海商法年刊 2011 年第 3 期, p. 27/34.

clauses ci-dessus, sont-elles inclues dans les pertes ou avaries des marchandises subies par le retard ? Autrement dit, l'entrepreneur de transport multimodal est-il responsable du dommage résultant du retard ? Sur cette question, les universitaires et les praticiens ne sont pas unanimes. Afin d'y voir plus clair, nous essayerons tout d'abord d'interpréter la lettre et l'esprit de ces dispositions, ensuite nous ferons quelques propositions afin de résoudre ce problème crucial du retard.

La notion du retard se trouve dans le paragraphe 1 de l'article 50 du CMC: « *Le retard de livraison se produit lorsque les marchandises n'ont pas été livrées au port de déchargement désigné dans le délai convenu expressément* ». Cette définition contient une condition préalable puisqu'il faut qu'un délai de livraison soit fixé dans le contrat de transport de marchandises transportées par mer. L'existence d'un délai prévu contractuellement est une condition indispensable qui peut engager la responsabilité du transporteur maritime. Si les marchandises n'ont pas été livrées au port de déchargement désigné par les deux parties du contrat dans le délai convenu, le transporteur maritime est responsable du dommage subi par les marchandises causé par ce retard de livraison. Le paragraphe 4 du présent article prévoit que « *La personne habilitée à présenter une demande de perte de biens peut considérer les marchandises comme perdues, lorsque le transporteur n'a pas livré les marchandises dans les 60 jours suivant l'expiration du délai de livraison prévu* ». C'est-à-dire que les personnes intéressées à ce que les marchandises arrivent à une date fixe dispose d'une action en cas de non-respect des délais prévus. En effet, elles obtiennent un droit d'agir en justice au bout de soixante jours. Or, si le délai de livraison n'est pas déterminé, même si le transporteur avait violé les obligations d'exécution du contrant ayant pour conséquence d'engendrer un retard dans la livraison, ceci ne peut pas être considéré comme un retard déclenchant la responsabilité dû à un retard. En effet, il suivra dans ce cas le régime de responsabilité prévu en cas d'inexécution de contrat. Dans ce cas-là, c'est la loi des contrats qui est applicable. Nous pouvons donc résumer que le retard défini par le code maritime chinois est seulement un retard suite à un non-respect du délai prévu entre les parties au contrat.

Le droit chinois n'est pas le seul qui stipule que le retard se convertit en perte définitive. Nous retrouvons également cette hypothèse dans les Règles du CNUCED/CCI. La règle 5-1 comporte une obligation de délivrance des marchandises dans le délai stipulé au contrat pesant sur l'ETM. La règle 5-2 dispose qu'« *il y a retard à la livraison quand les marchandises n'ont pas été livrées à la date convenue ou, a défaut de date convenue, dans le détail qu'il serait raisonnable d'allouer à un ETM diligent, compte tenu des circonstances de l'espèce* ». Le retard peut également se convertir en perte définitive comme le prévoie la règle 5-3. Sauf preuve contraire fournie par l'ETM, le destinataire des marchandises a le droit de les considérer comme perdues à l'expiration d'un délai de quatre-vingt-dix jours suivant la date de livraison prévue au contrat. Le destinataire n'a pas l'obligation de notifier par avis écrit portant sur la nature du dommage pour bénéficier de la présomption de perte.

Cette hypothèse est désignée en droit français par la présomption de perte de la marchandise[281]. Ce procédé juridique consiste à fixer un seuil de retard au-delà duquel l'affaire dégénère automatiquement en perte totale et définitive. Le seuil atteint, l'ayant droit est fondé à considérer la marchandise comme perdue et en réclamer l'indemnité correspondante. Ce mécanisme se trouve dans certains contrats types tels que le contrat citerne, le contrat de voiture et animaux vivants, mais la méconnaissance persiste dans la plupart des autres contrats types. Il est à noter qu'en droit français le délai et les indemnités à calculer sont différents. Ainsi, le laps de temps au terme duquel la marchandise peut être considérée comme perdue en droit français est de 30 jours à compter du terme du délai convenu[282] ou, à défaut, de l'expiration des délais d'acheminement fixés par les contrats types. Se prévalant de la perte présumée, l'ayant droit peut réclamer l'indemnité afférente à l'envoi. Cette indemnité est calculée selon les dispositions du contrat type, sauf hypothèse de dol ou de faute assimilée[283].

Contrairement à ce qu'a pu en juger une cour d'appel[284], le mécanisme de la présomption de perte présuppose que l'envoi n'est absolument pas localisable pendant la durée définie et que nul n'ait d'information à son sujet.

En raison de l'essence même des envois concernés, les contrats types tels que les transports exceptionnels et ceux à température dirigée n'intègrent pas ce mécanisme. En l'état, aucun texte ne définissant le degré de dépassement du délai de livraison à partir duquel on quitte le terrain du retard pour glisser sur celui de la perte, la question est abandonnée au bon sens des parties et, le cas échéant, à l'appréciation du juge français.

Toutefois, il est nécessaire que l'expéditeur ait formulé une déclaration d'intérêt spécial pour une livraison à une date convenue. A défaut, il sera dispensé de responsabilité pour le retard. Néanmoins, s'il connaît la sensibilité du produit, cette clause ne pourra être opposable en *common law*. Le retard à la livraison est défini lorsque « *les marchandises n'ont pas été livrées à la date convenue ou, à défaut d'une telle date, dans le délai qu'il serait raisonnable d'allouer à un ETM diligent, compte tenue des circonstances de fait* »[285]. Si les marchandises ne sont pas livrées, dans un délai de 90 jours à partir de la date prévue de livraison, elles seront réputées perdues.

Des recommandations aux expéditeurs ne sont donc pas superflues. L'entreprise qui, sans nouvelles de sa première expédition, envisage, après

---

281 Voir « Le lamy transport » Tome 1, édition 2017, n°233 dépassement du délai, p.235.
282 CA Rennes, 11 janv. 2005, n° 03/03270, Heppner c/ Gautier et a., *BTL* 2006, p. 396.
283 CA Rennes, 11 janv. 2005, n°03/03270, précité.
284 CA Colmar, 1re ch. civ., 19 mai 2009, n°24/04120, Alloin c/SDE, *BTL* 2010, p.85, 91.
285 Clause 6.3 FBL.

une attente raisonnable, de procéder à un envoi de remplacement agira prudemment, afin de ne pas se voir adresser le reproche d'une décision brutale et injustifiée, en informant le commissionnaire de transport ou le transporteur de cette éventualité. Elle lui adressera une télécopie avec demande d'accusé réception ou une lettre recommandée le mettant une dernière fois en demeure de livrer la marchandise en lui faisant savoir que, si cette livraison n'a pas été effectuée sous tel délai (par exemple, une quinzaine), elle se trouvera contrainte de procéder sans autre préavis à un envoi de remplacement et de lui laisser pour compte la première expédition au cas où elle viendrait à être retrouvée[286].

En définitive, en cas d'inexécution pour faute, les conséquences dommageables normalement rattachables à l'inexécution et qui sont également prévisibles le jour de la formation du contrat, sont indemnisables pour retard de livraison.

La perte ou avarie des marchandises se réfère au préjudice matériel, tels que les produits avariés ou les denrées périssables. Le code maritime chinois prévoit qu'en cas de perte ou d'avarie, l'ETM est responsable du dommage. Cependant, il existe des zones d'ombre sur le point de savoir si une telle perte ou avarie, englobe également celle résultant du retard de livraison des marchandises. En effet, si pour certains auteurs, l'ETM doit être redevable d'une indemnité pour cause de retard. À notre avis, la réponse doit être négative[287].

Tout d'abord, les lettres des articles 105 et 106 du CMC ne font pas allusion au retard. Elles précisent en termes clairs que l'ETM n'est responsable du dommage survenu en cas de perte ou d'avarie des marchandises, sans faire référence au retard de livraison. En effet, si la « Convention des Nations Unies sur le transport multimodal international des marchandises de 1980» (la convention TM) et les « Règles uniformes CNUCED/CCI applicables aux documents de transport multimodal de 1973» et les règles chinoises relatives du «transport international de marchandises transportées en

---

[286] Voir modèle « Annonce d'un envoi de remplacement en cas de non-livraison avant une date limite ».

[287] ZHAO Baigang, 赵百岗, Perfection du code maritime chinois – propositions législatives sur la responsabilité de l'entrepreneur de transport multimodal responsabilité en cas de retard dans la livraison des marchandises, 完善我国《海商法》关于多式联运经营人对货物迟延交付赔偿责任的立法建议, Wanshan wo guo haishangfa guanyu duoshi lianyun jingyingren dui huowu chiyan jiaofu peichang zeren de lifa jianyi, Revue « conteneurisation », 2013,24 (9): 21-23.[J]. 集装箱化,2013,24 (9):21-23.

Voir aussi, DING Lianzhi,丁莲芝, Le délai de livraison de la marchandise ainsi que les limites de responsabilité du transporteur multimodal »,《论多式联运经营人之迟延交付责任》, Lun duoshi lianyun jingyingren zhi chiyan jiaofu zeren, Journal de BEIJING UNIVERSITY OFAERONAUTICS ET ASTRONAUTICS (édition sciences sociales), 2015, 28 (4): 60-69.[J]. 北京航空航天大学学报(社会科学版), 2015, 28(4): 60-69.

conteneur » ont clairement défini la responsabilité de l'ETM en cas de perte, d'avarie ou de retard, l'absence de référence au terme « retard » dans le code maritime chinois montre que le législateur chinois a voulu limiter la responsabilité de l'ETM au cas de perte ou avarie.

Ensuite, en cherchant les vrais objectifs de la loi et son contexte, si l'ETM était responsable de la perte ou avarie dû à un retard de livraison des marchandises, nous rencontrerons énormément de difficultés pour l'appliquer dans la pratique. Le législateur chinois a délibérément éludé ce problème. Même si le code maritime chinois reprend intégralement le principe dit du réseau de responsabilité pour limiter la responsabilité de l'ETM, le retard de livraison se produit généralement dans la partie finale du transport.

Conformément à l'exigence CMC, la loi applicable dépendra du mode de transport emprunté dans le lieu de livraison. C'est-à-dire la zone où s'effectue la livraison en cas de dommage localisé. Néanmoins, le retard est souvent le résultat du non-respect des délais cumulés dans les opérations précédentes. Le régime de responsabilité et ses limitations diffèrent selon le mode de transport. L'ETM pourrait demander d'appliquer l'article 106 du CMC, la responsabilité et les limites de responsabilité étant censées s'appliquer au transporteur maritime. Pour éviter ce dilemme, le CMC a évité de mentionner la responsabilité de l'ETM pour cause de retard.

Par ailleurs, d'un point de vue juridique, en déterminant la responsabilité du transporteur, le CMC a employé plusieurs fois le terme « *en cas de perte, d'avarie des marchandises, ou de retard de livraison* » que nous avons cité précédemment (voir les articles 54, 58 et 59). Dans ces clauses, la perte ou avarie des marchandises ne comprend pas tout dommage survenu à un retard de livraison. D'après l'interprétation littérale des règles, les mêmes lois ou des lois différentes appliquent le même concept. En principe, il faudrait faire la même interprétation, donc la perte ou avarie des marchandises dans l'article 105 et l'article 106 du CMC, devrait être appliqué comme d'autres dispositions de la perte ou avarie des marchandises qui ne comprend pas le dommage résultant d'un retard de livraison.

Le retard peut causer un préjudice matériel ou un préjudice économique. Il est à noter qu'en droit chinois, le code maritime tout comme les Règles de Hambourg distingue le préjudice matériel de la perte économique. Pour le préjudice matériel causé à la marchandise, il se manifeste par une perte ou une avarie, comme lorsqu'il s'agit de denrées périssables. Le transporteur maritime est aussi responsable des pertes économiques causées par un retard de livraison, prévu par le paragraphe 3 de l'article 50, à condition qu'il existe bien un lien de causalité entre le dommage subi et le retard de livraison. Ces pertes économiques limitativement énumérées dans cet article comprennent comme exemple, les frais supplémentaires tels que les coûts de stocks, la perte causée par une baisse des prix de marché, la perte subie par le destinataire suite à l'annulation du contrat de vente avec un tiers, et l'intérêt du prêt bancaire[288].

En résumé, le CMC n'a pas prévu que l'ETM soit responsable du dommage subi en cas de retard de livraison. Ceci répond aux caractéristiques et au niveau de développement du transport intermodal en Chine. L'infrastructure de transport multimodal n'est pas appropriée, l'efficacité et la qualité de ses services sont insuffisantes, le transit et l'entreposage influence la durée totale du transport, ce qui produit facilement un retard. Afin d'encourager le développement du transport multimodal en Chine, le législateur chinois a voulu une protection de l'ETM au cours de la rédaction du code maritime. Par conséquent, les sources possibles d'évolution ou d'adaptation du droit chinois se trouvent peut-être dans les législations étrangères.

En droit français, la réglementation impérative de la loi concerne les pertes et dommages à la marchandise. Elle n'opère pas pour le retard, c'est-à-dire pour les dommages dus au retard, autre que ceux qui se manifestent en pertes ou avaries aux marchandises. Le retard entre dans le champ d'application de la loi du 18 juin 1966, puisque l'article 27 de la loi prévoit que, « *Le transporteur répond des pertes ou dommages subis par la marchandise* » sans que la cause en soit précisée. Il est à supposer que le retard ait eu son rôle causal sur le préjudice. Il suit donc le régime de la présomption de responsabilité, cas exceptés, et de la réparation plafonnée. Mais le retard incriminé peut également avoir porté préjudice au chargeur pour d'autres raisons que l'avarie de sa marchandise, souvent appelés « pertes économiques », comme par exemple les frais supplémentaires, la baisse des cours, la modification des taux de change, etc. Pour cette forme de préjudice, la doctrine française pense qu'il faut revenir au droit commun de la responsabilité contractuelle[289]. En outre, si le retard est tel qu'il compromet le transport, il y a lieu à résolution ; et s'il est imputable à une faute du transporteur, celui-ci devra des dommages-intérêts, dans la limite des plafonds prévus par la loi de 1966[290]. En contrepartie, il retrouve, avec sa liberté contractuelle, la faculté d'insérer au connaissement des clauses allégeant sa responsabilité.

Pour ce qui est de la responsabilité en cas de retard sur le plan international, il est à noter qu'avant les Règles des Rotterdam, elle n'est pas expres-

---

[288] WU Nanwei, HUANG Qinnan, 吴南伟、黄青男, Application du concept de prévisibilité du dommage dans la détermination de pertes économiques dues à un retard de livraison, 《论确定迟延交付经济损失赔偿范围的合理预见原则》, Lun queding yanchi jiaofu jingji sunshi peichang fanwei de heli yujian yuanze, Revue Lois applicables, n°12, en 2002, page 41. Les auteurs sont magistrats à la cour maritime de Guangzhou en Chine, 广州海事法院,期刊《法律适用》,2002 年第 12 期,第 41 页。

[289] M. REMOND-GOUILLOUD, *Droit maritime*, 2e édition, Pedone, 1993, p.389.

[290] Art. 31, 32 d. 1966.

sément mentionnée dans les Règles de la Haye-Visby et que, devant certaines juridictions, des incertitudes subsistent sur le point de savoir si ces Règles visent cette responsabilité. D'après l'article 5.1 de la Haye-visby, il est stipulé que l'ETM doit être dégagé de toute responsabilité en cas de préjudice consécutif à un retard à moins que l'expéditeur n'ait opté pour un délai de livraison garanti dans une déclaration acceptée par l'ETM. Le problème d'une éventuelle incompatibilité avec la loi impérative est traité à l'article 13 qui contient une disposition générale à ce sujet.

Il faut souligner que l'article 6 limite la responsabilité, non seulement pour pertes ou dommages subis par les marchandises et pour retard à la livraison, mais également pour les dommages indirects. Les dommages ou pertes matériels peuvent fort bien entraîner divers dommages indirects qui, devant certaines juridictions, ne peuvent être exclus en vertu de principes visant à limiter l'engagement de la partie responsable et il y a donc lieu de fixer une limite monétaire pour ce type de responsabilité. Comme nous l'avons évoqué, la double limitation par unité et par kilogramme prévue dans les Règles de La Haye-Visby s'applique au travers de la clause du 'conteneur' en vertu de laquelle les unités se trouvant à l'intérieur du conteneur peuvent être utilisées pour le calcul de la limitation lorsqu'elles ont été mentionnées dans le document de transport.

Nous avons au départ supposé l'existence d'un délai contractuel, mais la difficulté réside dans le fait que le délai d'acheminement à ne pas dépasser n'a pas été défini. Dans la pratique, pour apprécier le retard et accorder généralement une indemnité forfaitaire, les tribunaux français prennent en compte un temps qualifié de « *raisonnable* ». La loi ne précise pas ce qu'il faut entendre par « *délai raisonnable* ». On présume donc que sa durée dépend des circonstances et de l'objet de la livraison. Il est intéressant d'évoquer l'arrêt du 3 décembre 2015 de la Cour d'Appel de Douai. En l'espèce, des pommes de terre ont mis 78 jours pour parvenir du Havre à Moroni (aux Comores). Le transporteur en est-il responsable ? La Cour a jugé que non, dans la mesure où les délais donnés par la compagnie étaient estimatifs ou indicatifs et que la durée de 78 jours n'apparaît pas totalement déraisonnable[291].

Cependant, le CMC a préféré écarter le « *délai raisonnable* » pour éviter de nombreux contentieux. Certains auteurs chinois proposent de maintenir cette disposition dans les futures réformes. Nous pensons qu'il faudrait au contraire donner une définition plus précise du « *délai raisonnable* », en prenant comme exemple les dispositions en transport maritime, qui sont de 15 jours.

Une approche de la problématique des délais de transport implique d'examiner les principes applicables à des décisions du transporteur pouvant

[291] CA Douai 3 déc. 2015, *BTL* 2016, 12.

compromettre l'exécution du transport dans un délai raisonnable entravant par la suite la bonne exécution du contrat de vente.

La solution n'est pas nouvelle, puisqu'en général le transporteur maritime ne s'engage pas sur des délais déterminés. Il se borne généralement à fournir de simples indications de manière à alléger ses obligations. Rien ne lui interdirait cependant de s'obliger plus fermement et d'en faire une obligation de résultat. Ainsi, deux illustrations peuvent alimenter nos propos.

185. D'abord, on citera l'affaire du *Daily Maersk Service*. En principe, le donneur d'ordre, qu'il soit vendeur ou acquéreur, donne ses instructions en vue d'obtenir la livraison de tel ou tel produit à telle adresse tel jour et telle heure. Que le prestataire désigné utilise la voie maritime, aérienne ou routière, une combinaison de plusieurs modes de transport, cela n'intéresse que rarement le donneur d'ordre. Il veut avant tout que son produit soit en bon état, arrive en temps et en heure au lieu indiqué, et, la possibilité de « *tracker* –suivre » son acheminement tout le long de la chaîne de transport.

Toutefois, une étude statistique réalisée par la compagnie maritime Maersk Line révèle que dans l'industrie maritime, sur les lignes Asie-Europe, 44% des conteneurs arrivent en retard, 11% ont un retard de plus de deux jours, et 8% un retard de plus de huit jours[292]. Face à ce manque de ponctualité, les clients ont dû changer leur planification de la production et de gestion des stocks. Le retard étant perçu comme une défectuosité persistante créant un fossé infranchissable entre les compagnies maritimes et les clients, ce qui provoque un coût plus élevé chez les clients. Il semble par conséquent que le transport ne soit plus une science rigoureuse, mais un art modifiable.

Suite à ces constats récurrents, Maersk Line a lancé en juin 2011 avec une forte campagne de communication un nouveau produit destiné aux chargeurs : le « *Daily Maersk* ». Il s'agit d'un service quotidien à délai garanti entre l'Extrême-Orient et l'Europe. Celui-ci prévoit notamment des pénalités appliquées au chargeur en cas de non-présentation du conteneur « *booké* » ou au transporteur s'il laisse à quai le bien transporté et autre incident empêchant son embarquement sur le navire choisi.

Le *Daily Maersk* se concentre sur le temps total de transport plutôt que sur le délai de transit maritime. Pour le temps de transport, Maersk garantit des délais fixes entre quatre ports asiatiques (Ningbo, Shanghai, Yantian et Tanjung Pèleras) et trois ports de déchargement en Europe, à savoir Felixstowe, Rotterdam et Brême. Si les cargaisons sont livrées trop tard, c'est à dire avec un retard d'un à trois jours, un dédommagement fixe de 100 dollars

[292] « Daily Maersk, le conteneur à l'heure ou remboursé » du 20/09/2011, « Mer et Marine ». http://www.meretmarine.com/fr/content/daily-maersk-le-conteneur-lheure-ou-rembourse

est prévu par conteneur. Il s'élève à 300 dollars si le conteneur arrive avec quatre jours de retard ou plus.

Maersk se prépare également à résoudre le problème des surestaries. Il est possible que la marchandise arrive plus tôt que prévu et que le client ne soit pas pressé pour retrait de marchandises. Malgré la mise à disposition du destinataire, dûment informé, la marchandise n'est pas retirée. Comment fixer le début de calcul de surestarie ? *Maersk* a donné une réponse précise sur la date à compter de laquelle l'on commence à calculer le frais de stationnement et de surestaries. C'est donc le jour de la livraison prévu dans le contrat de transport, autrement dit, si la marchandise arrive avant la date indiquée dans le contrat, soit le client peut décider de retirer la marchandise, soit il peut profiter gratuitement d'entrepôts pour économiser les frais de stockage.

L'incertitude des horaires est la « mère de tous les vices », reconnait *Maersk*, puisqu'elle oblige les chargeurs à constituer des stocks de sécurité afin de ne rater aucune vente, surtout en période de crise.

Daily Maersk service est en faveur de la révolution culturelle dans les relations commerciales entre le transporteur et ses clients. Son objectif est de réduire sensiblement les contraintes qui pèsent sur les clients. C'est-à-dire, le manque de fiabilité du transporteur, la complexité de l'organisation du transport maritime et l'impact environnemental.

Toutefois, la décision d'arrêter en mars 2015 les prestations du *Daily Maersk service* qui a été favorablement accueilli par le Conseil des chargeurs européens (ESC) témoigne d'un échec commercial.

Nous nous interrogeons sur le manque de succès de cette démarche. Les chargeurs européens sont-ils inconstants dans leur appréciation ou ont-ils intégré le fait que le transport maritime conteneurisé de ligne régulière s'apparente de plus en plus à une matière dont le prix est sans grand rapport avec son coût de production? Selon Karsten Kildahl, responsable de la zone Europe du Nord chez Maersk, la principale raison de cet échec commercial est à chercher du côté des commissionnaires de transport. Il l'a reconnu en affirmant que : « *Je ne crois pas que nous ayons suffisamment bien expliqué aux commissionnaires de transport les avantages qu'ils pouvaient trouver dans notre service* »[293]. Jean-Louis Cambon, ancien président du comité du transport maritime au sein du Conseil des chargeurs européens (ESC) note la grande déception de *Maersk* concernant l'obligation de mettre fin à son service à délai de transport garanti. Il estime que « son réel succès sera assuré lorsque ses concurrents auront eux aussi lancé un pareil service confirmant ainsi l'émergence d'un nouveau marché structuré par des segments de de-

---

[293] « L'échec du Daily Service de Maersk fait des vagues », « Journal de la Marine Marchande », le 11/05/2015.

mandes différenciées à l'image de ce qui existe dans le transport express de colis »[294].

Le *Daily Maersk service* est un outil qui tient compte, non seulement des coûts directs, mais évalue l'impact du temps de transport, de la variabilité de la fréquence sur les performances de gestion des stocks de l'expéditeur. C'est-à-dire qu'il met clairement en évidence les économies de stock de sécurité et la réduction du stock total pour l'expéditeur. *Maersk Line* réduit ses escales, augmente ses fréquences de rotation et pour prouver son engagement de ponctualité auprès des chargeurs, la compagnie introduit le principe de compensation financière en cas de retard. D'autant plus que ce produit représente une étape importante dans son engagement pour la protection de l'environnement. *Maersk* déclare que chaque conteneur de leur service produit moins de 10% de CO2 qu'en moyenne. *Maersk Line* s'est engagé, à réduire de 25% (sur la base des taux de 2007) les émissions de CO2 sur chaque conteneur transporté au cours jusqu'à 2020. Hélas, ce service qui est en faveur de l'environnement est tombé à l'eau[295]. Tout cela rappelle le constat de bon sens exprimé en août 2010 par Gianluigi Aponte, fondateur et président de MSC : « *Si, dans le futur, les chargeurs veulent un service, ils devront le payer.* ».

186. Cette exigence de satisfaire des clients peut se trouver dans notre deuxième exemple sa projection dans le transport ferroviaire de passager. Le jeudi 1er décembre 2016, la compagnie ferroviaire française, SNCF a indemnisé les passagers des TGV et des Intercités qui ont accusé un retard d'au moins trente minutes à leur arrivée, quel que soit le motif du retard. La responsable de la SNCF a fait valoir qu'elle était la meilleure garantie d'Europe car sa règle appliquée est « plus avantageuse que chez les concurrents », « plus simple », « plus rapide » et « plus souple »[296].

Tous les retards de trains sont désormais indemnisés, même si la SNCF n'est pas responsable. Il s'agit d'un réel progrès pour le voyageur. En effet,

---

[294] « Les chargeurs favorables au Daily Maersk Service ». http://www.actu-transport-logistique.fr/maritime/les-chargeurs-favorables-au-daily-maersk-service-175806.php

[295] Après l'échec du Daily Maersk service, en janvier 2015, Maersk Line a annoncé son partenariat avec DB Schenker pour une durée de 6 ans dont l'objectif est de 20% de réduction des émissions de CO2 par conteneur maritime d'ici 2020. http://www.dbschenker.fr/log-fr-fr/News/Presse/Partenariat_Maersk_Line.html

[296] V. « La SNCF va indemniser tout retard de trains au-delà de trente minutes », « Le monde ».En savoir plus sur le site:
http://www.lemonde.fr/entreprises/article/2016/11/30/
la-sncf-va-indemniser-tout-retard-de-trains-au-dela-de-30-minutes_5040551_1656994.html#w3yxZuCJipZ53y0u.99
http://www.lemonde.fr/entreprises/article/2016/11/30/la-sncf-va-indemniser-tout-retard-de-trains-au-dela-de-30-minutes_5040551_1656994.html

ce progrès imposé par un règlement européen du 23 octobre 2007, entré en vigueur en décembre 2009 dont les pays européens ont eu la possibilité de repousser l'application jusqu'en 2014, en demandant une exemption de cinq ans renouvelable deux fois, a eu lui-même deux ans de retard, est enfin reconnue par la France qui avait demandé une dérogation jusqu'en 2014. Autrement dit, depuis deux ans, la SNCF était dans l'illégalité en ne compensant pas les retards liés à des causes extérieures. Un fait que la campagne de communication passe évidemment sous silence.

La grille d'indemnisation que la SNCF présente dans le cadre de sa « nouvelle garantie » est certes plus généreuse que celle prévue par le règlement européen, mais reste identique à celle qui était déjà en place. Le problème se pose de savoir si les règles d'indemnisation aux passagers peuvent être transposées aux marchandises ?

En conclusion, nous dirions que le problème du retard dans les transports procède de la nécessité de répondre aux souhaits des clients qui exigent une prestation de plus en plus complète, et sophistiquée, dépassant le cadre du déplacement. Sauf exception, le transport est un maillon incontournable, soumis le plus souvent à des dispositions d'ordre public. Ainsi, cette question liée aux modes de transport dans l'économie moderne est incontournable.

Le retard à destination est également une source de responsabilité.[297] Encore faut-il que le transporteur se soit engagé sur des délais, ce qui n'est pas toujours le cas. Comme en matière aérienne, les conditions générales prévoient que les délais ne sont pas garantis. Ces clauses sont *a fortiori* valables en matière maritime, mais n'autorisent pas le transporteur à se comporter avec désinvolture.

En droit français, les textes de loi concernent les pertes et dommages à la marchandise. Ils n'opèrent pas pour le retard, mais plutôt pour les dommages dus au retard, autres que ceux qui se manifestent en termes de pertes ou d'avaries subies par la marchandise. En cas de retard, il existe cependant des limitations légales. Aux termes de l'article L.5422-13 du code des transports, la responsabilité du transporteur est limitée, pour les « pertes ou dommages subis » par les marchandises. Le dommage résultant du seul retard n'est donc pas couvert par la limitation. Mais le plafond s'applique aux frais de manutention et de dépotage rendus nécessaires pour vérifier l'état des marchandises et les transporter lorsque le conteneur a été défoncé[298].

Afin de répondre aux exigences des milieux commerciaux, il s'agit ici d'adopter une approche où le droit ne se suffit pas à lui-même, mais est avant tout intégré dans la réalité des acteurs commerciaux. Le transport n'a plus simplement pour objet le déplacement de la marchandise, il doit égale-

---

[297] T. com. Marseille, 9 nov. 2004, *DMF* 2006. 234, obs. Pierronnet.

[298] Aix-en-Provence 18 déc. 1980, *Rev. Scapel* 1981. 46.

ment garantir sa bonne arrivée dans les délais voulus. Les appels d'offres peuvent également comporter des clauses de retard avec une pénalisation pour le transporteur qui ne peut respecter les délais convenus. Enfin, ils peuvent prévoir aussi des conditions précises liées à la remise de la marchandise au moment de la livraison dans l'esprit de respect de la chaîne de transport.

Nous avions précédemment analysé deux cas, mais, concernant la qualité de services, de nombreux exemples existent sur d'autres marchés. Comme les engagements proposés par Afflelou[299] pour les lunettes ou encore telle ou telle enseigne qui s'engage auprès de ses clients de rembourser deux fois la différence. De notre point de vue, l'échec n'est qu'une phase puisque l'idée est novatrice. Si MM. BONASSIES et DELEBECQUE pensaient que « *ce n'est encore et sans doute pour de longues années encore qu'une hypothèse qui fait figure d'exception* »[300], surtout après l'exemple de *Daily Maersk* et celui de la SNCF, nous pensons pouvoir affirmer que cela viendra tôt ou tard. Seulement, les leaders du marché n'étaient pas encore prêts à y faire face. Il est fort probable qu'ils travaillent actuellement à une offre comparable afin de la mettre sur le marché lorsqu'elle apparaitra opérationnelle.

§2. – Les obligations du transporteur en cas de marchandises dangereuses

187. Pour mieux saisir la notion de marchandise dangereuse, nous présenterons l'évolution qui s'est déroulée en envisageant successivement les anciennes conventions, la position française, la position chinoise et enfin les Règles de Rotterdam.

188. Avant la fin du XIXe, le transport de marchandises dangereuses était peu important tant qu'en volume qu'en fréquence. Mais de nos jours, le transport de marchandises dangereuses représente un risque bien réel. Chaque mode de transport, soit aérien, routier, ferroviaire, maritime ou fluvial, fait l'objet d'une réglementation internationale qui lui est spécifique. Chaque réglementation locale s'appuie sur les recommandations de l'ONU. L'CNUCED est l'institution internationale qui établit les règles de ces transports. Il existe donc des accords internationaux pour les transports routiers, ferroviaires et fluviaux. Concernant l'aérien et le maritime, il existe deux organismes distincts : l'organisation de l'aviation civile internationale (OACI), basée à Montréal et l'organisation maritime international (OMI), basée à Londres.

---

[299] « L'ambigüité d'Afflelou sur le remboursement des lunettes » http://www.lefigaro.fr/conso/2012/10/04/05007-20121004ARTFIG00529-l-ambiguite-d-afflelou-sur-le-remboursement-des-lunettes.php

[300] *DMF* Hors série n°21, juin 2017, p.79.

Une marchandise est considérée comme dangereuse lorsqu'elle présente un risque pour l'homme ou l'environnement. L'expression de « marchandise dangereuse » est notamment employée dans la Convention de 1974 pour la sauvegarde de la vie humaine en mer, dite Convention SOLAS (Safety of Life at Sea), et dans le Code international de marchandises dangereuses (Code IMDG) mais n'est pas définie de façon stricte. Il en est de même dans la réglementation régissant le transport routier de marchandises dangereuses, l'ADR (Accord européen relatif au transport international des marchandises Dangereuses par Route)[301].

Il n'y a pas de définition précise de ce qu'est une marchandise dangereuse, mais il existe des critères physiques et chimiques pour les classifier. Une matière est classée dangereuse, lorsqu'elle est susceptible d'entraîner des conséquences graves du fait de ses propriétés physiques et/ou chimiques, ou bien par la nature des réactions qu'elle peut engendrer. On distingue neuf catégories de risques : le caractère explosif, le risque gazeux, l'inflammabilité, la toxicité, la radioactivité, la corrosivité, le risque infectieux, le danger de réaction violente spontanée et le risque de brûlures[302]. Ou bien, la marchandise atteint un risque d'une importance juridique, telle que la violation de la réglementation portuaire d'un État du port, le navire sera alors détenue ou retardée par les autorités du port.

La première législation a avoir consacré cette autonomie des marchandises dangereuses se trouve dans le « *British Merchant Shipping Act* » de 1894, qui interdit au navire d'émigration de transporter des marchandises dangereuses alors que les autres navires peuvent en transporter une quantité limitée[303]. Après la seconde guerre mondiale, en raison du développement du transport maritime et de l'augmentation des quantités de marchandises dangereuses échangées, le nombre des navires transportant ce type de marchandise a aussi suivi cette augmentation. La première convention internationale sur « la sécurité de la vie en mer » a été élaborée en 1914. Cette convention a interdit en principe le transport de marchandises dangereuses, mais elle autorise chaque État signataire à prévoir lui-même sa typologie des marchandises dangereuses. La dénomination et la prévention liées au transport de produit dangereux par différentes voies s'avèrent nécessaires. Aujourd'hui, le transport de marchandises dangereuses a beaucoup évolué. En effet, ce transport

---

[301] L'ADR est entré en vigueur en 1968. Elle est consolidé dans sa dernière version par l'arrêté du 29 mai 2009 (modifié) relatif au transport de matières dangereuses par voie terrestre, dit « arrêté TMD », applicable aux transport effectués sur le territoire national.

[302] http://www.lantenne.com/Qu-est-ce-qu-une-marchandise-dangereuse_a14418.html

[303] « *British Merchant Shipping Act* » (1894) 'Dangerous Goods, and carriage of Cattle'' '§301(1) Subject to the provisions of this Part of this Act as to military stores, an émigrant ship shall not clear outwords or proceed to sea, if there is on board (a) as cargo, any article which is an explosive within the meaning of the Explosive Act, 1875, or any vitriol, Lucifer matches, gunano, or gree hide, or (…)''

représente de nos jours un transport qui, d'après notre analyse, tend à devenir de plus en plus courant.

En général, les marchandises doivent être présentées au transporteur convenablement emballées et marquées. Le conditionnement doit respecter les usages du commerce, les règles de l'art, voire les prescriptions légales applicables en pareille matière et, en particulier, les dispositions très détaillées du Code IMDG. Un marquage correct est fondamental pour le transporteur car une marque insuffisante s'effaçant avec les conditions au transport, rend impossible au transporteur d'identifier le destinataire de chaque colis.

PENG Changhua a très justement analysé dans sa thèse la responsabilité de plein droit du chargeur dans les opérations de transports de marchandises dangereuses[304]. Dans cette hypothèse, le chargeur a l'obligation de déclarer avec sincérité la nature et la valeur de la marchandise. Il s'agit bien d'une obligation de sincérité et non de véracité de sa déclaration. L'article 31 de la loi française du 18 juin 1966, sanctionne la « déclaration sciemment inexacte de la nature ou de la valeur des marchandises ». Ainsi, la fausse déclaration résultant d'une erreur ne doit pas donner lieu à sanction.

En effet, les textes, que ce soit la Convention de Bruxelles (art. 4§2, n et o) ou la loi française du 18 juin 1966 (art. 27, g), exonèrent le transporteur de toute responsabilité pour le dommage résultant des insuffisances et des fautes d'emballage, ainsi que de l'insuffisance ou de l'imperfection des marques apposées par le chargeur. Ces textes actuellement applicables ne prescrivent pas directement au chargeur ces obligations, mais elles résultent indiscutablement de l'économie du système de responsabilité propre au transport maritime. Alors que l'article 68 du code maritime chinois, qui est relatif au droit spécial applicable aux marchandises dangereuses, met en évidence une responsabilité de plein droit au chargeur.

Si les Règles de Hambourg demeurent muettes sur ce point, en revanche, les Règles de Rotterdam régissent expressément dans leur article 27 la remise des marchandises au transporteur par le chargeur. Le texte impose à celui-ci de les remettre « *dans un état tel qu'elles résisteront au transport prévu (...) et ne causeront pas de dommages aux personnes ou aux biens* ». Le texte vise même l'empotage d'un conteneur par le chargeur, ou le chargement d'un véhicule. Il doit s'en acquitter de façon « *appropriée et soigneuse* ». (art. 27§3).

En droit chinois, l'article 68 du CMC et l'article 307 de la Loi sur les contrats comportent essentiellement les mêmes dispositions concernant le transport des marchandises dangereuses. Contrairement au transport des marchandises ordinaires, les lois et règlements sur le transport des marchandises dangereuses confèrent au chargeur plus de responsabilités et d'obliga-

---

304 PENG Changhua, La responsabilité du chargeur dans les opérations de transports maritimes, Thèse Paris I, 2016.

tions. En effet, le chargeur est souvent le propriétaire des marchandises ou l'expéditeur très étroitement liée au propriétaire, qui a une meilleure connaissance que le transporteur du risque naturel des marchandises, et des exigences d'emballage et des mesures de précaution.

Il est à noter qu'en droit chinois, l'obligation de déclaration, d'étiquetage et de marquage sont exigées du chargeur.

L'article 68 du CMC préfère retenir une responsabilité du chargeur qui est plus proche du droit spécial de l'article 13 des Règles de Hambourg en prévoyant que : « *(...) le chargeur doit informer par écrit le transporteur, selon le cas, du nom officiel, du caractère dangereux des marchandises et ainsi indiquer les précautions à prendre ; le transporteur n'est pas responsable, en cas de défaut ou de mauvaise notification des informations sur la marchandise par le chargeur (...). Le chargeur sera responsable de tous les dommages et des frais provenant ou résultant du transport de marchandises* ».

L'obligation d'étiquetage et de marquage qui est inhérente aux Règles de Hambourg, a également été reprise par de nombreuses dispositions nationales de pays qui ne les ont pas ratifiées.

En France, le Code des transports dans l'article L. 5336-7 fixe une sanction identique à celle du défaut de déclaration d'information avec deux ans de prison et de 30 000 euros d'amende. En effet, il s'agit de la peine encourue par le chargeur de marchandises dangereuses qui n'aurait pas apposé les plaques-étiquettes, étiquettes et marques définies par voie règlementaire sur les emballages. En Chine, c'est aussi l'article 68 du CMC qui évoque l'obligation d'étiquetage et de marquage permettant aux intervenants de la chaîne logistique de pouvoir identifier les risques de cette marchandise dangereuse.

La prise en charge par le chargeur de la responsabilité en matière de produits dangereux est nécessaire, car elle protège et favorise le transport maritime. Même en dehors du transport de marchandises dangereuses, le transport maritime est déjà une pratique risquée. Les conditions de navigation peuvent être difficiles et les hypothèses de risques imprévisibles sont déjà des éléments auxquels le transporteur doit faire face. Ces risques sont encore présents, même de nos jours, malgré l'évolution des capacités techniques. Si on prend en considération les marchandises dangereuses, du point de vue de la sécurité de l'équipage, et selon les statistiques, le risque de décès sur un navire est supérieur de trois fois au risque de décès dans les mines, supérieur de 1,5 fois à celui des ouvriers du bâtiment et supérieur de 25 fois à celui des ouvriers en usine. Ce risque constitue un poids psychologique considérable qui va influencer la pratique commerciale habituelle. Ainsi, pour une plus grande protection envers le préjudice matériel et corporel conjugués au risque majeur que constitue une prise en charge des marchandises dangereuses, il est nécessaire que l'assistance du chargeur soit soumise à une responsabilité de plein droit. Cette responsabilité de plein droit du chargeur de produits dangereux va réduire la responsabilité du transporteur tout en augmentant la vigilance du chargeur. À l'inverse, si le chargeur de produits dangereux sait qu'il endosse une responsabilité de plein droit, il sera encore plus attentif. Il redoublera de prudence et de vigilance concernant la marchandise transportée. En dehors de la mise en œuvre de cette responsabilité, les marchandises risquent la destruction ce qui ne peut constituer un résultat souhaité. Ainsi, le chargeur dans le cadre de la responsabilité de plein droit, veille à prendre toutes les dispositions de prévention avec diligence.

Chaque signataire des accords internationaux les applique, mais peut, s'il le souhaite sur certains points, compléter ceux-ci par des spécificités nationales. En France, l'« arrêté TMD » modifié et le règlement pour le transport et la manutention des marchandises dangereuses dans les ports maritimes dit « RPM » explicitent les spécificités respectivement en matière routière, ferroviaire, fluvial et maritime du transport de matière dangereuse sur le territoire national. Sur le territoire français, les intervenants dans le transport de marchandises dangereuses (expéditeurs, transporteurs, chargeurs, emballeurs, remplisseurs, exploitants de citerne-mobile) français ou étrangers qui présente des matières ou des objets ne respectant pas les dispositions réglementaires dudit transport peuvent faire l'objet de contraventions de cinquième classe (article 131-13 du code pénal français), voire de poursuites pénales pour délits. Par ailleurs, le risque environnemental a été envisagé par le législateur français notamment dans le Code civil et le Code de l'environnement et la Charte de l'environnement. Cette charte est un texte de valeur constitutionnelle, car elle a été intégrée au bloc de constitutionnalité du droit français suite à sa promulgation le 1er mars 2005. Elle énonce les principes de prévention, de précaution et de pollueur-payeur. La jurisprudence française a aussi consacré l'existence d'un préjudice écologique pur dans l'affaire « Erika »[305] qui concernait un contrat d'affrètement. En l'espèce, Total SA propriétaire de la marchandise a été condamnée en tant qu'affréteur « de fait » ayant commis une faute inexcusable. Cette solution particulièrement dure montre que la préoccupation environnementale occupe une place centrale aujourd'hui dans nos sociétés modernes. Cette tendance a été confirmée par la loi n°2016-1087 du 8 août 2016. Les préjudices écologiques sont aujourd'hui prévus par le code civil français. Le développement du transport multimodal aura inévitablement un impact sur l'environnement.

Une interprétation large a été retenue par les Règles de Rotterdam. En effet, le texte final des Règles de Rotterdam, définit la marchandise dangereuse dans le premier alinéa de l'article 32 qui introduit les « Règles spéciales concernant les marchandises dangereuses » par : « *Lorsque les*

---

[305] Cass. Crim. 25 sept. 2012, *D.* 2012. 2711 et la note, *JCP* 212. 2095, note K. LE COUVIOUR, *DMF* 2012. 985, *RD transp.* 2012, n°52, obs M. NDENDE.

marchandises, par leur nature ou leur caractère, présentent ou risquent selon toute vraisemblance raisonnable de présenter un danger pour les personnes, les biens ou l'environnement ».

La formule choisie par les rédacteurs est particulièrement intéressante. Elle est volontairement large afin de confirmer l'interprétation de la jurisprudence de l'article 4§6 des Règles de la Haye. Mais, en réalité, la définition retenue va encore plus loin que la définition de la marchandise dangereuse en prévoyant une protection des personnes et une protection de l'environnement, alors que les marchandises ou le navire n'entrent que dans le champ de la protection des « biens ». Enfin, le simple danger potentiel suffit pour que la responsabilité de plein droit du chargeur soit mise en œuvre. Nous sommes ici bien loin des débats sur l'existence d'une atteinte directe ou indirecte au bien. Une définition extrêmement large des marchandises dangereuses est souhaitable, car il pousse le chargeur à une plus grande vigilance tout en assurant aux victimes de préjudices corporels et environnementaux une meilleure réparation.

En matière de transport maritime de marchandises dangereuses, l'article 32 des Règles de Rotterdam a étendu le champ des risques au risque d'atteinte à l'environnement. Il s'agit ici d'une préoccupation importante traduisant les inquiétudes relatives à la sécurité et à la sûreté de la navigation contemporaine. D'autres textes internationaux spécifiques traitent de cette question dans le cadre du transport de produit nucléaire ou pétrolier. Ces textes ont pour point commun de canaliser la responsabilité sur le propriétaire du navire et de fixer un plafond d'indemnisation. L'affréteur bénéficie alors d'une immunité valant jusqu'à l'établissement d'une faute inexcusable. Le plafond d'indemnisation peut être dépassé aussi par l'établissement d'une preuve de l'existence d'une faute inexcusable du propriétaire du navire. Ainsi, la responsabilité de plein droit du chargeur en marchandises dangereuses pourrait s'inspirer de ces mécanismes afin de permettre l'existence d'une canalisation de la responsabilité sur le chargeur jusqu'à la preuve d'une faute inexcusable du transporteur et par l'élaboration d'un plafond d'indemnisation qui serait appliqué tant que la faute du chargeur n'est pas intentionnelle.

La ratification des Règles de Rotterdam apparaît alors comme un moyen opportun permettant d'aboutir à une certaine unification du droit maritime prenant en compte l'autonomie de la responsabilité du chargeur tout en prenant en considération les éléments de modernité liés aux nouvelles technologies. Une telle ratification présente à la fois une garantie d'économie et de grande technicité. Elle pourrait apporter une certaine compétitivité économique au secteur du transport maritime en offrant un cadre sécurisé et commun aux professionnels du monde entier.

Bien que les Règles de Rotterdam ne soient pas en soi un instrument idéal, elles représentent un compromis intéressant, car elles offrent de nombreuses avancées, telles que la prise en compte des nouvelles technologies de la communication, du transport combiné, de l'obligation générale d'information du chargeur et la liberté contractuelle du contrat de volume, pour ne citer que quelques exemples. Il faudra également tenir compte des exigences tenant à la protection de l'environnement. Le développement économique et social avec une protection environnementale s'inscrit dans une conception anthropocentrée, et non écocentrée, du monde où l'homme est supposé responsable de son devenir et de celui de la planète. Un corpus de règlement est du reste, en train de se constituer autour du transport durable[306].

Afin d'illustrer le cas d'un transport multimodal de marchandise dangereuse, il est intéressant d'exposer une affaire tranchée par la cour maritime chinoise de Beihai. Dans cette affaire, le défendeur, la filiale de la société Guangdong Dyna internationale Freight Agency Co.,Ltd à Beihai, a envoyé le 4 juillet 2002 un devis à l'atelier de fabrication de feux d'artifices Gongguan du Guangxi Hepu[307]. Depuis la mer du nord vers les ports d'Europe, avec une escale à Hongkong, le tarif est fixé à 3,500 USD pour un conteneur de 40 pieds et 3,650 USD pour un conteneur de grande hauteur de 40 pieds (porte à porte), y compris les frais dans la ville de Beihai, c'est à dire dédouanement, frais de terminal, de port etc., à l'exclusion des frais de chargement et de déchargement. Le 19 juillet 2002, l'atelier de fabrication de feux d'artifices de Gongguan a signé un contrat de vente FOB avec une société allemande sous le numéro de S.C NO. : 02SC010 pour 1858 boîtes de feux d'artifices « Perle de l'Orient », pour un montant unitaire de 25,60 USD par boite, le prix total est de 47,564.80 USD. La livraison est prévue pour septembre 2002, l'expédition par lots étant autorisée au port de destination (Hambourg). Le transbordement est autorisé et, tous les risques sont couverts par le vendeur. Un paiement par virement bancaire après le chargement est prévu lors de l'opération. Par ailleurs, la société allemande a donné sa procuration à l'atelier de Gongguan pour le transport des feux d'artifices. Toutefois, le fret du transport et l'assurance sont à sa charge. Le 10 septembre 2002, l'atelier Gongguan a signé le connaissement avec la société Dyna, sur le connaissement, à ordre, le chargeur est l'atelier Gongguan, l'expéditeur ANL IDA TRAD In Gcom pan tl td, notifie à la société allemande Wolters Kulwer, le destinataire indiqué, au port de destination de Hambourg, et au navire de Guihai 102, le numéro du connaissement est de B FGA 020149, précise que la marchandise est constituée de feux d'artifices (16,000 boîtes chargés dans cinq conteneurs de grande hauteur de 40 pieds et 3 conteneurs

[306] Voir F. Sale-Musio, Le transport durable, Thèse Paris I, 2017.

[307] Le *Guangxi* est une grande région productrice de feux d'artifice. Le district de Hepu, centre traditionnel de production de feux d'artifice, compte plus de 40 usines de feux d'artifice avec licence d'exploitation, même si ces dernières années, le nombre de petits ateliers sans licence a augmenté pour répondre à la demande.

de 40 pieds). Les marchandises ont été décalrées dans la colonne « feux d'artifices 1.4 GUN 0336 ».

Le 17 septembre 2002, la société Beihai City East Transport Co., Ltd désignée par Dyna pour effectuer le remorquage à plateau le pré-chargement, c'est-à-dire de transporter les conteneurs chargés de feux d'artifices depuis l'entrepôt de l'atelier au port de Beihai. Le conducteur Monsieur FAN Qianming, en conduisant la remorque en passant par la ligne de chemin de fer de Beihai, a eu un accident avec une locomotive. Le conteneur n°E ISU 1475464 chargé de 1858 boîtes de feux d'artifices a pris feu, toutes les marchandises sont parties en fumées. Après l'accident, les deux parties n'ont pas réussi à s'accorder amiablement, elles ont donc saisi la cour maritime de Beihai.

Selon le code IMDG, le classement « 1.4 GU N0336 » correspond au feux d'artifice, articles pyrotechniques ou articles contenant des substances explosives et des substances légères, brûlantes, lacrymogènes ou fumantes (à l'exclusion des articles ou articles contenant de l'eau contenant du phosphore blanc, phosphore, combustion spontanée, objet, liquide inflammable ou explosif gélifié ou liquide de fusée à deux composants). Sachant que le rangement requis pour le transport en cargos, le transport sur pont doit être installé dans des conteneurs ou des conteneurs similaires et le transport en cabine lors de l'arrimage général.

La cour maritime de Beihai s'est déclarée compétente, puisqu'il s'agit d'un transport multimodal de transférer des feux d'artifices depuis l'entrepôt au port de destination par voie maritime et routier. Le dommage s'était produit dans le secteur terrestre en Chine, il fallait appliquer la loi des contrats. En envoyant un devis, la société Dyna a proposé une offre à l'atelier Gongguan. En acceptant l'offre, l'atelier Gongguan a signé avec la société Dyna un connaissement des transports qui est une preuve de contrat de transport. La société Dyna est en effet l'entrepreneur de transport multimodal qui organise tout au long du transport, qui apparaît d'ailleurs sur le connaissement en tant que « l'identité du transporteur ». Le contrat de vente entre l'atelier Gongguan et la société allemande est un contrat de vente FOB. Ainsi, l'atelier Gongguan est donc responsable de tous les risques de perte ou de dommage avant le chargement au navire. Mais Dyna n'a pas respecté son obligation de diligence, ce qui a conduit à l'accident.

Ensuite, se posait la question de savoir si le demandeur avait correctement exécuté l'obligation d'informations. Le demandeur a indiqué que la marchandise prise en charge était des « feux d'artifice 1. 4G U N0336 » sur la boite transportée en conteneur. Selon le « code international de marchandises dangereuses maritime », il a donc respecté et a bien rempli ses obligations d'information.

Pour le défendeur la société Dyna, au moment où l'accident s'est produit, l'atelier de Gongguan n'est plus le propriétaire des marchandises, car la propriété a été transférée du vendeur (demandeur) à l'acheteur la société allemande. D'autant plus, la faute a été commise par le conducteur de la remorque. Ainsi, la société Dyna demande à la cour de se déclarer incompétente ou de conclure à l'irrecevabilité de la demande. Elle a reçu une réponse négative de la part de la cour maritime de Baihai. En effet, la cour a considéré que le contrat de vente et le contrat de transport étaient deux contrats distincts, mais très liés. Le transfert des risques et de propriété des marchandises ne change pas le fait que l'affaire soit poursuivie sur la base de dommages contractuels de transport multimodal. Le contrat de transport est un contrat consensuel. En l'espèce, le connaissement signé entre l'atelier Gongguan et Dyna est bien une preuve d'existence du contrat. Lorsqu'il y a deux modes de transports différents, Dyna organise tout au long du voyage, le transport des feux d'artifice de l'usine jusqu'à la destination indiquée, son statut juridique est l'ETM. Il est donc responsable de la faute personnelle de son préposé, le conducteur de la remorque durant le segment terrestre.

Ces problèmes spécifiques liés au transport multimodal, le retard et la marchandise dangereuse confirment les insuffisances des conventions du XXe siècle. Il est nécessaire aujourd'hui de mettre en œuvre une nouvelle convention qui résolve la spécificité du transport multimodal. Les Règles de Rotterdam pourrait y satisfaire une fois qu'elles seront ratifiées.

Chapitre II
De la nécessité de la ratification des Règles de Rotterdam

189. La rédaction d'une convention est une étape longue, très longue. Elle fait l'objet de nombreux échanges, de nombreuses négociations entre les intervenants, mais ce n'est qu'une étape. Ainsi, il convient de distinguer, d'une part, la phase préliminaire à l'élaboration d'une convention et les difficultés qu'on y rencontre (Section I) et, d'autre part, étudier l'impact d'une convention, non seulement au regard du transport à proprement parlé, mais également sur l'incidence des droits et des domaines impactés tels l'environnement (Section II).

Section I
De la « naissance » de la convention

190. « L'objet du droit uniforme est, en effet, d'effacer la diversité des lois et d'exclure ainsi leurs conflits. Mais la diversité des lois est une richesse, ou une malédiction, qui frappe notre planète depuis la Tour de Babel et qui ne cessera que le jour où tous les hommes auront partout la même loi, la même langue et les mêmes biens, jour où nous serons tous corps glorieux, sans États et sans plaideurs, sans avocats et sans professeurs de droit »[308].

Jusque-là, aucune des trois conventions du XXe siècle n'a invoqué le transport multimodal, alors que les échanges commerciaux explosent avec la conteneurisation. Nous traiterons de l'unicité comme but de la rédaction de toute convention (§1) pour poursuivre par l'exemple de la convention de Rotterdam (§2).

[308] Ph. MALAURIE, Loi uniforme et conflits de lois, Travaux du Comité français de droit international privé, 1967, p.83.

§1. – L'unicité du droit en matière maritime

191. Le droit du transport maritime, son histoire le montre, s'est construit sur les nécessités et les besoins de ceux qui le pratiquaient à savoir les « gens de mer ». Force est de constater que la législation relative au transport international de marchandises par mer était la plus unifiée parmi de nombreux domaines du droit privé international. Substantiellement, le processus de l'uniformisation des législations relatives au transport international de marchandises par mer est initié par la mondialisation du commerce maritime international. Afin de faciliter les échanges maritimes entre divers pays, il s'avère nécessaire de mettre en place une réglementation internationale. Nous pouvons dire que la forte caractéristique internationale de cette matière exige une unification du droit afférent. Idéalement le but serait, par le biais d'une convention de « gommer » les différences issues de droits nationaux différents. Il faut rappeler que le parcours du développement du transport maritime, a connu un changement historique "unification-répartition-réunification ». L'unification du Droit est la condition *« sine qua non »* du développement du transport international pour que ce dernier puisse enfin s'appliquer de façon uniforme.

L'histoire montre que le droit applicable au transport international de marchandises par mer a d'abord été spontané, issu de la pratique, avant d'être repris par les États ou encore les organisations internationales, le besoin d'uniformité étant considéré comme l'origine des conventions internationales en la matière. La spontanéité de l'uniformisation du droit du transport maritime de marchandises tient au fait que ce sont moins les États que les parties intéressées qui y ont contribué.

Au Moyen-Age, les zones d'échanges commerciaux et les routes idoines s'étendaient de l'océan Atlantique Nord-Est à la mer Baltique, la mer Adriatique, la Mer du Nord et la Méditerranée. Elles sont devenues des espaces maritimes d'importance. De nombreux usages issus des compilations des différentes traditions et coutumes maritimes, avaient été mis en place par les marchands. Les premières règles de droit maritime sont ainsi nées sur les côtes méditerranéennes. Les acteurs du transport maritime avaient organisé des tribunaux maritimes chargés de juger leurs différends selon des traditions et coutumes. Ces jugements rendus au cas par cas deviendront l'une des sources du droit maritime, puis furent progressivement transformés en recueils d'usages au Moyen-âge[309].

---

[309] RIPERT, Partie I, Titre I, Chapitre III, Section II : « au Moyen-Age, les recueils des coutumes et des usages comme les Ordinamenta des doges et le Capitulare navium de Venise ou les Brève curiae maris de Pise, ou les recueils et les Statuts de Gênes, de Arles, de Marseille, de Hambourg, de Brème, les Rôles d'Oléran et les Règles de Wisby et enfin le Consulat de la mer du XVe siècle constituaient la source majeure du droit du commerce international de l'époque. L'Ordonnance de la Marine de 1681 était elle aussi largement issue des usages affirmés dans le commerce maritime de l'époque. »

C'est ainsi que le Professeur Jestaz à propos de la coutume et de l'acte juridique, évoque un droit spontané, parce qu'il s'agit de sources « venues de la base »[310].

Par la suite, pour des raisons de maximisation des profits, les pays ont commencé à élaborer leurs lois maritimes nationales pour protéger leurs propres intérêts économiques et promouvoir leurs exportations. Ce qui a pu mettre en péril l'unité établie par le système coutumier de droit maritime. Depuis le XIXe siècle, sous l'influence du mouvement pour l'unité juridique, l'unification du droit maritime est devenue une priorité. Contrairement à la spontanéité de l'uniformisation du droit au Moyen-Age, l'élaboration de l'unification depuis le XXe siècle est menée par les organisations internationales et leurs États membres qui a trouvé sa projection dans les documents internationaux ci dessous exposés, à savoir, la Convention de 1924 et ses protocoles.

1) La Convention de 1924 et ses Protocoles modificatifs.

Les règles de La Haye représentent la première tentative menée par les États[311].

La convention internationale relative à l'unification de certaines règles en matière de Connaissement « Règles de La Haye 1924 », dite « la Convention de Bruxelles de 1924 », entrée en vigueur en 1931, la plus largement acceptée, et sans doute la plus importante convention internationale en matière maritime. A l'heure actuelle, plus de cent États, dont plusieurs pays en développement, ont ratifié cette Convention ou y ont adhéré. Elle est toujours selon les auteurs tels que Messieurs SCAPEL et BONNARD, elle est « *indiscutablement la grande Convention du vingtième siècle* »[312]. En effet, cette Convention était issue de la réalité du commerce et de l'entente des professionnels. C'est pour ces raisons qu'elle s'est affirmée dans la pratique comme le droit le plus répandu dans les transports maritimes. Cet outil conventionnel constitue une transaction destinée à vider les querelles entre les chargeurs et les transporteurs, mais n'a pas pour but d'instaurer un régime complet pour le transport de marchandises par mer. Le cœur du système de cette convention contient des exclusions et limitations de responsabilité.

Cette Convention de 1924 a été modifiée par un Protocole, signé à Bruxelles le 23 février 1968. Ce protocole, dit « Règles de Visby », est entré en vigueur le 23 juin 1977. Il lie la France depuis la publication du décret pris le 8 juillet 1977. Ce Protocole ne modifie pas les principes de la Con-

---

310 Pour Philippe Jestaz, la coutume et l'acte juridique, sources venues de la base, constituent « un droit spontané ». C'est en ce sens là que le terme spontané est employé. Philippe Jestaz, *Les sources du droit*, Dalloz Paris, 2005, p.37.

311 La Convention de Bruxelles de 1924, est souvent employée sous le nom « Convention de La Haye » par la doctrine chinoise.

312 Ch. SCAPEL et Jacques BONNARUD, *Les conventions internationales sur le transport des marchandises*, Pratic exporte, 1992, p.6.

vention et se borne, à donner quelques précisions utiles, notamment quant au champ d'application et à relever le montant des réparations.

Un second Protocole, signé à Bruxelles le 21 décembre 1979 est entré en vigueur le 14 février 1984. Il modifie les dispositions relatives au montant de la répartition et à l'unité de compte (DTS : Droits de Tirage Spéciaux ; SDR : Spécial Drawing Rights).

2) Le « Protocole portant modification de la Convention internationale pour l'unification de certaines règles en matière de connaissement signée à Bruxelles le 25 août 1924 », dénommé par les Anglo-Saxons « Règles de Visby », a précisé et étendu le domaine de la Convention. Il ne modifie pas les principes de la Convention mais se borne à fournir quelques précisions utiles et relève le montant des réparations. La principale modification apportée par ce Protocole de 1968 à la Convention concerne le plafond de réparation. En outre, ce protocole a substitué dans le calcul du plafond de limitation, la référence au Franc Poincaré à celle de la Livre-or. Il a également prévu une double limitation de la responsabilité du transporteur lui donnant le choix entre « colis ou unité » et « kilogramme de poids brut ». Par ailleurs, le plafond de responsabilité est désormais écarté en cas de faute inexcusable et non plus seulement de dol du transporteur[313], qui nécessite la volonté de nuire. Il s'agit, en l'espèce, d'un élargissement du champ de la responsabilité, puisqu'il n'est plus requis de faire la preuve de la volonté de nuire. Il s'agit bien « *in extenso* » d'une extension de garantie sur la base d'une définition juridique. En effet, l'article 10 de la Convention de Bruxelles de 1924, qui prévoyait qu'elle s'appliquerait à tout connaissement émis dans un État contractant, était trop sommaire et avait donné lieu à des difficultés, le dol nécessitant d'apporter un ensemble de preuves très contraignant[314]. Les rectifications apportées aux dispositions de la Convention de 1924 par ses Protocoles feront l'objet d'une étude ultérieure, celles-ci ne modifient pas fondamentalement l'ordonnancement de la Convention. Ces changements majeurs n'ont d'ailleurs pas donné pleine satisfaction aux chargeurs et notamment à ceux des pays en développement.

---

313 Nathalie SOISSON, La liberté contractuelle dans les clauses du connaissement, thèse, Université Panthéon-Assas, 1992, p.15 et s.

314 Le dol suppose à la fois, de la part de l'auteur des manœuvres, une volonté de nuire et, pour la personne qui en a été l'objet, un résultat qui lui a été préjudiciable et qui justifie qu'elle obtienne l'annulation du contrat fondée sur le fait que son consentement a été vicié. Selon la Chambre mixte de la Cour de cassation (Ch. mixte 8 juin 2007 BICC n°667 du 15 sept 2007), le dol affectant le consentement du débiteur principal est destinée à protéger ce dernier, il constitue une exception purement personnelle que la personne qui l'a cautionné est recevable à invoquer. La faute lourde, assimilable au dol, empêche le contractant auquel elle est imputable de limiter la réparation du préjudice qu'il a causé aux dommages prévus ou prévisibles lors du contrat et de s'en affranchir par une clause de non-responsabilité. (Première chambre civile 29 octobre 2014, pourvoi n° 13-21. 980, Legigfrance).

Sur le plan interne, le législateur français a modifié par la loi du 23 décembre 1986, la réglementation française au regard des évolutions apportées par les Protocoles de 1968 et 1979 à la Convention de 1924.

3) En 1976, la Commission des Nations Unies pour le droit commercial international (CNUDCI) a parachevé l'ébauche d'une nouvelle convention sur le transport des marchandises par mer. La Convention des Nations Unies de 1978 sur le transport des marchandises par mer, qui a été finalisée et adoptée à l'occasion d'une conférence diplomatique tenue à Hambourg, en Allemagne, est mieux connue sous le nom de règles de Hambourg.

Plusieurs États, en particulier ceux qui sont principalement des consommateurs, plutôt que des fournisseurs de services de transport, le Canada par exemple, considèrent ces règles comme une amélioration par rapport aux règles de La Haye-Visby. Toutefois les règles de Hambourg ne sont entrées en vigueur qu'en novembre 1992. Le délai de 14 ans entre l'adoption par les Nations Unies et l'entrée en vigueur de ces règles montre à quel point les États hésitent à les adopter. À ce jour, 34 États les ont ratifiées, mais le Canada et d'autres grandes nations commerçantes n'y ont pas adhéré, ni ne les ont complètement intégrées dans leur législation.

L'application des Règles de Hambourg a suscité un certain contentieux en France. Deux premiers jugements rendus par le tribunal de commerce de Marseille (du 11 janvier 1994 et du 15 février 1994) déclarant la Convention de Hambourg inapplicable sont intéressants[315]. Ces exemples ne sont pas isolés. D'autres décisions ont été prises dans ce sens. La Cour de cassation a ensuite clairement affirmé que la France n'étant pas partie à la Convention de Hambourg, celle-ci n'est pas applicable par les juges français en tant que convention internationale. Les règles de Hambourg ne peuvent donc s'appliquer que si les parties y ont expressément fait référence, par le truchement d'une clause *Paramount*. Ceci est du moins dénué de toute ambigüité, ou encore lorsque ces Règles sont appelées à jouer en tant que loi compétente[316]. À l'heure actuelle, les règles de Hambourg s'appliqueraient à une très petite partie du commerce international maritime, ce qui est un échec regrettable.

§2. – L'élaboration des Règles de Rotterdam

192. Il faut relever que l'élaboration de la Convention « Règles de Rotterdam » est intervenue dans un contexte de flambée des taux de fret maritime, de hausses incontrôlées des surcharges portuaires, alors que les trois

---

[315] *Rev. Scapel*, sept. 1994, 103 et 105.
Voir aussi: Com.28 mars 2000, *DMF* 2000. 920, obs. P. BONASSIES.
Com. 28 mai 2002, DMF 2002. 613, rapp. Rémery, obs. Nicolas, RTD com. 2002. 598.
Com. 1er oct. 2013 DMF 2013. 1014, rapp. Rémery, obs. Nicolas, RTL 2013. 603.
Voir aussi, Ph. DELEBECQUE, *Droit maritime*, 13e édition, DALLOZ, 2014, op. cit., p.457.

[316] CA Versailles, 12ème Chbre, 09/10/2003, *BTL* 2004, n°3019, p. 74 et 75.

conventions internationales existantes en matière maritime ne sont pas satisfaisantes et sont incapables de répondre au développement du transport international. Le problème de la convention de La Haye de 1924 et du protocole de Visby est que leur contenu est dépassé, et qu'il a été transformé, voire dénaturé par des États. Pour les règles de Hambourg, le petit nombre d'États l'ayant ratifiée empêche *de facto* un effet unificateur. De plus, non seulement les conventions maritimes elles-mêmes sont imparfaites, mais aussi la coexistence de ces trois conventions cause un conflit parmi elles. La communauté internationale a donc besoin d'une nouvelle convention internationale moderne sur les marchandises transportées par mer. Le processus d'élaboration d'une convention, telle que celle « les Règles de Rotterdam », a nécessité de longues années de débats âpres et passionnés, depuis 1996. Treize ans auront été nécessaires à la Commission des Nations Unies pour que soit élaboré et adopté le droit commercial international le 11 décembre 2008. Ces règles qui sont ensuite ouvertes à la ratification depuis le 23 septembre 2009.

Le Royaume-Uni était autrefois l' « atelier du monde » avec un énorme secteur de manufacture exportant des produits manufacturés allant aux quatre coins du globe. À la fin du XXe siècle, cependant, le Royaume-Uni est progressivement devenu un importateur net de produits manufacturés. En 2011, par exemple, les biens physiques importés du Royaume-Uni valent environ 637 milliards USD contre seulement 473 milliards USD exportations physiques. En termes financiers, le Royaume-Uni exporte donc environ 75 pour cent de ce qu'il importe.

Les importations britanniques sont maintenant dominées par de grandes multinationales. Les principaux détaillants, tels que Tesco, Next, Marks & Spencer et Asda, sont responsables de l'importation d'énormes quantités de vêtements, de jouets et de marchandises généralement fabriquées en Extrême-Orient. Les supermarchés sont également responsables de l'importation de gros volumes de denrées alimentaires en provenance d'Italie, de bananes en provenance d'Equateur et de vin d'Australie et de Nouvelle-Zélande. La plupart de ces produits sont introduits dans le Royaume-Uni dans des conteneurs d'expédition de taille standard, qui ont été transportés par un transport multimodal impliquant un segment maritime. Les fabricants britanniques, tels que Land Rover, GKN, Weir Group et Dyson importent également des volumes importants de composants dans des conteneurs. Les filiales britanniques de commercialisation et de distribution des principaux géants de l'électronique grand public, tels que Sony, Panasonic et Samsung importent de gros volumes de conteneurs de banlieue, de jeux et de matériel audiovisuel et les marques comme Nike, Adidas et Levi-Strauss, importent des volumes élevés de chaussures, de jeans et de t-shirt, qu'ils vendent ensuite aux détaillants et distributeurs britanniques.

La convention de 1924 n'opère que dans les rapports internationaux[317]. Cependant, il ne suffit pas d'introduire un élément international quelconque dans un contrat de transport, pour qu'il soit régi par la Convention de Bruxelles. Ainsi un transport entre deux États non signataires de la convention, exécuté en vertu d'un connaissement émis dans un État non signataire, n'y est pas soumis[318].

Bien entendu, le Protocole de Bruxelles de 1968 l'emporte sur le droit interne ou encore sur la convention initiale ; lorsque les conditions précises du Protocole de Bruxelles de 1968 sont remplies, celui-ci s'applique d'une part par préférence au droit interne et d'autre part sans tenir compte du fait que le point de départ et le point de destination sont situés dans des États qui ne sont pas parties au protocole si le connaissement est émis dans un État lié par le protocole et sans tenir compte davantage du fait que le point de destination est situé dans un État qui n'est pas partie au protocole, dès lors que le transport a lieu au départ d'un État partie au protocole ; enfin, lorsque le connaissement contient une clause Paramount telle que précisée ci-dessus, le fait que l'État où le connaissement a été émis et les États où se trouvent le point de départ et le point de destination du transport ne sont pas parties au protocole n'a pas d'importance.

Le système réseau (*network)* par les Anglais s'applique lorsqu'il est possible d'isoler le lieu où le dommage s'est produit. Le régime de responsabilité applicable aux avaries est alors celui qui correspond au mode de transport employé au moment où l'accident est survenu. Ainsi, lorsque l'avarie ou la perte a lieu pendant la phase maritime, la réparation du préjudice est calculée en fonction des dispositions jouant pour ce type de transport et dont on sait qu'elles sont particulièrement favorables au transporteur maritime ; ce système a l'inconvénient, à travers la pluralité de régimes qu'il comporte, de compliquer le règlement.

D'un point de vue géographique, la nouvelle convention s'applique aux transports internationaux et plus précisément aux transports qui comportent nécessairement une partie maritime internationale et qui peuvent également comprendre un segment terrestre, fluvial ou aérien.

Les Règles de Rotterdam cherchent à couvrir l'intégralité de l'opération de transport : elles ont ainsi une dimension multimodale et s'appliquent d'un bout à l'autre du voyage, dans la mesure où les parties en sont convenues dans leur contrat. Ce contrat peut être un contrat « *port-to-port* » comme un contrat « *door-to-door* ». On ne peut pas mieux faire. Il reste que si la première formule est utilisée, le contrat peut théoriquement relever à la fois des RR et d'autres conventions multimodales (CMR ; CIM). Pour éviter ce type

---

[317] Ne l'est pas un transport entre le Havre et Papeete : Aix-en-Provence 2e ch., 23 févr. 2011, n°211 /86.

[318] P. DELEBECQUE, *Droit maritime*, 3ème édition, Dalloz, p.470.

de conflit, l'article 82 RR prévoit expressément que les conventions multimodales existantes priment la nouvelle convention. L'importance de l'article 2 de la CMR est ainsi préservée.

Enfin, le recours aux documents électroniques va certainement favoriser les transmissions instantanées de données et de droit permettant notamment de régler les questions pratiques que l'on connaît, lorsque le navire ou l'engin de transport arrive à destination avant même les documents ce qui d'épargne au transporteur les pressions que l'on sait pour qu'il remette sans tarder les marchandises[319].

Le rejet du projet de directive sur l'accès au marché de services portuaires montre la difficulté d'organiser l'exercice des libertés pour les professions portuaires. La concurrence semble plus exacerbée au niveau des services portuaires, que pour la gestion des ports maritimes eux-mêmes. La libéralisation de l'économie est confrontée à une résistance des prestataires de service qui défendent leurs intérêts. La multitude d'intervenants et la diversité des intérêts professionnels et sociaux compliquent la mise en œuvre de toute évolution.

Le mouvement de libéralisation progresse néanmoins inexorablement. Il reste encore du chemin à parcourir pour attendre une large libéralisation de la gestion des activités portuaires, mais quels que soient les instruments juridiques disponibles, la réussite dépend pour une large part du savoir-faire qui ne se décrète pas.

Le droit maritime est une matière vivante et évolutive. 85% du commerce mondial emprunte la mer. Presque tous les produits importés, du pétrole au Smartphone, en passant par le textile, le café et le cacao, ont navigué avant de ravir les consommateurs[320].

Le transport international de marchandises est souvent considéré, à juste titre, comme « l'enfant pauvre » du droit du commerce international. En effet, il n'existe pas à proprement parler de convention internationale portant sur ce pilier de la mondialisation. Au surplus, on dénombre non seulement une pléthore de textes juridiques qui s'appliquent à ce sujet mais, de surcroît, ceux-ci sont souvent très nébuleux et contradictoires. Comme le disait l'illustre professeur Jean Pineau, « *il s'agit malheureusement d'une affaire de spécialistes pour laquelle peu de juristes osent s'aventurer* »[321].

Cette approche a le mérite de nous faire bien comprendre la totale inadéquation du droit en vigueur face à la transaction commerciale où le transport des marchandises doit être vu comme faisant partie d'un tout.

Aujourd'hui, la stratégie s'inscrit dans une démarche engagée avec les acteurs du territoire autour de la transition numérique des ports et du monde

---

[319] Article 8 des RR.

[320] Gaël PIETTE, *Droit maritime*, éditions A. PEDONE, 2017.

[321] Jean Pineau (1934-2013) est un juriste québécois. D'origine française, il fit carrière comme professeur de droit à l'Université de Montréal.

maritime. Cette ambition du smart port, largement partagée par l'IMTM, vise à déployer sur le port de Marseille-Fos les nouvelles synergies entre logistique et numérique pour en faire un port attractif, au rayonnement méditerranéen et mondial renforcé, dans une réinvention continuelle.

Section II
Les droits impactés par les Règles de Rotterdam

193. Si les Règles de Rotterdam constituent une avancée importante dans le commerce international (§1), la position des États reste réservée sur la mise en œuvre de ces règles (§2).

§1. – L'impact des Règles de Rotterdam sur le commerce international

194. Les Règles de Rotterdam sont longues et complexes. De fait, la nouvelle convention qui se veut partiellement multimodale ou plus exactement qui organise le transport « maritime plus », c'est-à-dire le transport maritime international éventuellement précédé ou prolongé par des segments routiers ou ferroviaires, voire aériens, contient 96 articles et pas moins de 18 chapitres.

La convention a modernisé le droit des transports et aborder le contenu même du contrat de transport, ce qui se traduit nécessairement par de nouvelles dispositions s'efforçant de régler les problèmes soulevés par la pratique. Il faut reconnaître que les avancées réalisées par les Règles de Rotterdam sont certaines et importantes. Ces Règles réussissent, globalement, à moderniser le droit des transports maritimes, tout en assurant un bon équilibre entre les intérêts de parties en cause.

Comme nous l'avons indiqué plus haut, les Règles de Rotterdam devraient faire évoluer avantageusement le transport multimodal et plus généralement le droit des transports maritimes. Elles modernisent sensiblement le droit des contrats de transport maritime en tenant compte de l'évolution économique et technique du monde des transports comme des exigences politiques contemporaines : conteneurisation, globalisation, développement de la logistique, qualité des services, protection de l'environnement et sécurité du transport. L'observation se vérifie tant au regard du nombre de questions abordées qu'au regard de la manière dont elles sont traitées.

195. Les Règles de Rotterdam apparaissent beaucoup plus complètes que celles contenus dans les conventions précédentes. On rappellera que les « Règles de La Haye » contiennent en tout 16 articles. Les « Règles de Hambourg » en ont 34, alors que le nombre d'articles des « Règles de Rotterdam» a augmenté jusqu'à 96. Avec l'expansion des champs d'application

des Conventions et l'augmentation du nombre des articles, les États deviennent de plus en plus prudents quant à leur signature et ratification. La preuve est que l'intervalle entre la signature et la ratification a relativement augmenté suite à l'augmentation du nombre de dispositions. Par exemple l'intervalle entre la signature et la ratification des « Règles de La Haye » s'élève à sept ans et celles de Hambourg à 14 ans.

§2. – La positon des États

196. La majorité des États hésitent aujourd'hui à ratifier des Règles de Rotterdam en raison de leur insuffisance (A), pourtant il faut souhaiter qu'on s'achemine vers une harmonisation du droit par une ratification de ces règles (B).

En ce qui concerne l'entrée en vigueur de cette convention, ses dispositions pertinentes se trouvent principalement dans l'article 88 « signature, ratification, acceptation, approbation ou adhésion ainsi que dans l'article 94 « entrée en vigueur ».

Les règles entrent en vigueur dès qu'un minimum de 20 États signataires les intègrent à leur droit national, autrement dit les ratifient. A ce jour, parmi les vingt-et-un pays signataires, seuls quatre d'entre eux, l'Espagne, le Togo, le Congo et le Cameroun l'ont ratifiées[322]. Le processus devrait donc encore prendre un temps considérable.

Les analyses de la position de l'Union Européenne portent à croire qu'elle adopte une attitude positive quant à la ratification de cette convention. Ce qui va encore accroître la proportion des compagnies maritimes européennes et la possibilité d'utiliser la nouvelle convention. Par ailleurs, la Chine, le Japon et la Corée du Sud n'ont pas signé cette nouvelle Convention. Sur ce fait précis, il faut noter que ces trois pays asiatiques ne possèdent pas autant de compagnies maritimes que les pays européens et américains réunis. Toutefois, une forte tendance à la hausse apparaît dans la plupart des marchés de l'Asie-Pacifique, ce qui a une influence importante sur l'industrie du transport maritime international.

Seuls cinq États ont ratifié. Quand est-il de l'Union Européenne et de la Chine ?

197. A. – La position de l'Union Européenne sur les Règles de Rotterdam

Les Règles de Rotterdam sont une Convention internationale, donc semble-t-il totalement étrangère aux travaux de l'Union Européenne qui ne négocie pas les conventions sauf lorsqu'il s'agit d'un domaine où elle exerce une compétence déléguée et dans ce cas-là elle le fait en partenariat avec les États.

---

[322] *supra* p.145.

En l'occurrence, l'Union Européenne n'a pas participé à la négociation et n'a pas signé le texte. A cet égard, l'adoption des Règles de Rotterdam représentait un espoir.

En effet, il n'y pas de transport multimodal susceptible de s'organiser dans la durée sans un régime juridique stable, simple et sûr. Le transport multimodal suppose un droit uniforme de bout en bout et un document de transport que tous les opérateurs puissent utiliser sans restriction. Nous avons là en effet un autre aspect de la diversité concernant la ratification des conventions. Si nous partons du principe que l'Europe s'est construite d'une part sur la volonté d'unir les peuples européens dans un cadre de paix mais également de leur apporter une unité économique, à l'évidence cette volonté d'unir n'incluait que partiellement une union des droits. En effet l'Union Européenne ne peut signer une convention ni y participer. Cela aurait été beaucoup plus simple et logique sauf à reconnaître la disparition de la souveraineté des dits États ce qui d'évidence n'est pas envisageable. C'est cette même question qui revient régulièrement lors de la ratification des conventions.

B. – La position chinoise

La Chine ne se désintéresse pas des Règles de Rotterdam. Au contraire, le ministère de l'économie a chargé à des groupes composés d'universitaires de faire un rapport. Quelles indications le ministère de l'économie peut-il donner sur l'état actuel et l'avancée du processus de ratification ? Existe-t-il un calendrier prévoyant la ratification de la convention par la Chine ? Telles sont les questions qui se posent aujourd'hui ?

Avec sa volonté ferme de devenir une puissance mondiale, la Chine a d'ores et déjà à son actif plusieurs succès en matière maritime. Le secteur portuaire/ferroviaire national demeure dans une phase de développement. Le système administratif intervenant dans la mise en œuvre de la politique chinoise des transports et des programmes est assez complexe et en perpétuelle mutation. Il manque en outre de cohérence.

Heureusement, l'élaboration du projet de réforme du code maritime chinois est actuellement en discussion. Un tel texte, s'il devait être adopté, serait sans aucun doute porteur de profonds et bénéfiques changements dans les pratiques juridiques de l'industrie maritime en Chine.

Nous allons réviser le droit positif chinois en matière de transports dans le temps pour ensuite réfléchir aux considérations dont il faut prendre compte dans les travaux législatifs.

Le droit positif chinois relatif au transport multimodal :

Les lois ou règlements relatifs au transport multimodal en Chine sont les suivants :

1993 : « Le code maritime chinois chapitre IV section VIII : dispositions particulières concernant les contrats de transport multimodal »;

1995 : « expédition de fret international réglementation des affaires »;

1997 : « règles de gestion internationale des conteneurs intermodaux »;

1998 : « expédition industrie Règlement modalités d'exécution des transitaires internationaux »;

1999 : « Loi des contrats de Chapitre XVII Section IV: contrats de transport multimodal »;

2020 : « Code civil chinois ».

Aucune disposition dans les lois relatives au chemin de fer, à la route ou encore l'aviation civile ne vise un cas où plusieurs modes de transport seraient mis en œuvre. Si le transport multimodal n'emprunte pas de voie maritime, il sera donc soumis au chapitre dix-sept et section quatre 'juridiction' du code des contrats[323]. Il faudrait souligner qu'en cas de vice caché, si une perte ou un dommage ne peut être localisé, l'article 311 du code des contrats sera applicable. Il y est édicté que l'ETM est responsable des pertes ou dommages causés à la marchandise transportée du fait d'une telle opération à tous moments, posant le principe de responsabilité de plein droit.

Les Règles de Rotterdam contiennent de très complexes dispositions pertinentes concernant le connaissement négociable délivré par le transporteur ou un document électronique de transport négociable. Cependant, le transporteur conserve toujours le droit à la livraison sans connaissement précisé dans l'article 47, paragraphe 2. Les dispositions relatives à la livraison sans connaissement sont les dispositions les plus controversées de la Convention, cela rend non seulement les litiges transfrontaliers plus complexes, mais aussi peut avoir de graves problèmes sur le système des paiements commerciaux et des crédits.

Le fait que les «Règles de Rotterdam» aient introduit la livraison sans connaissement, qui ont eu pour effet de favoriser le propriétaire, et la flexibilité de la circulation du navire. Par conséquent, la quasi-totalité des organisations internationales a apporté son soutien unilatéral à cette nouvelle Convention. Nous citerons par exemple l'Association mondiale d'expédition, la Fédération européenne du propriétaire, de la Baltique et les syndicats maritimes internationaux, tels que le P & I *Club* et d'autres organisations internationales.

Bien que la Chine n'ait ratifié aucune convention maritime internationale, le législateur chinois a inséré les clauses des « Règles de La Haye », la Haye-Visby et de Hambourg dans son code maritime. En tant que nation en pleine croissance enregistrant une hausse parmi les grands pays de livraison, la position de la Chine concernant les « Règles de Rotterdam» a attiré une large attention de la communauté internationale en provoquant un impact significatif sur le processus d'entrée en vigueur de la Convention. Par conséquent, nous devrions être plus prudents pour ce qui concerne le choix de la Chine à se joindre aux «Règles de Rotterdam». Cependant, d'un point de vue historique, même si dans l'avenir la Chine n'était pas adhérente à cette Con-

---

[323] Loi des contrats, entrée en vigueur le 1er octobre 1999 en Chine.

vention, ces règles auront un certain effet sur la réforme actuelle du droit maritime chinois et d'autres questions juridiques liées à l'expédition et au commerce seront vraisemblablement influencées voire impactées.

Contrairement aux Règles de La Haye et celles de Hambourg, au niveau de la responsabilité du transporteur, le code maritime chinois dans son article 46 distingue les marchandises conteneurisées et les marchandises non transportées en conteneur.

Les documents électroniques de transport comportent toujours une sauvegarde des données, afin d'éviter un travail répétitif qui a pour avantage de réduire les risques d'erreur et d'améliorer l'exactitude du document.

Aux Royaume-Uni, environ 90% des formalités douanières sont établies par EDI ou d'autres systèmes électroniques. Le dédouanement des importations par l'EDI à Singapour est vulgarisé à un taux de 95%. En plus, les documents électroniques dans le processus du commerce intérieur et du commerce extérieur ou règlement de fret ont été largement utilisés.

A. – Les insuffisances des Règles de Rotterdam

198. Comme le veut la tradition du droit maritime, la « Convention des Nations Unies sur le contrat de transport international de marchandise effectué entièrement ou partiellement par mer » porte le titre de « Règles de Rotterdam ». En ce qui concerne son entrée en vigueur, les dispositions pertinentes de cette convention se trouvent principalement dans l'article 88 « signature, ratification, acceptation, approbation ou adhésion ainsi que l'article 94 « entrée en vigueur ».

Au 17 Juillet 2012, elle a été signée par 24 pays. Géographiquement, parmi ces 24 États signataires, à l'exception des États-Unis, une moitié des pays proviennent de l'Afrique, et l'autre moitié des pays européens. Il faudrait souligner qu'il n'y a aucun pays asiatique, d'Océanie ni de l'Amérique du Sud. L'absence des pays asiatiques où le développement de l'industrie du transport maritime international représente une nouvelle force émergente pour la signature des Règles de Rotterdam fait l'objet d'une grande préoccupation. Nous analyserons ci-dessous les raisons pour lesquelles certains pays d'Asie n'ont pas signés cette convention. Notons que parmi les pays signataires, seuls cinq ont ratifié.

Excepté les États-Unis, les pays qui ont signé cette Convention possèdent une faible proportion dans le commerce mondial, d'autant plus que la moitié de ces pays n'est pas classée dans le top 50. A propos des quinze États signataires classés hors du top 50, leur volume des échanges total de l'année 2010 ne dépasse même pas celui de l'Angola qui a été classé à la 50ème place. Par ailleurs, sans compter les États-Unis, tous les pays signataires, n'ont pas un volume d'échanges supérieur à celui du total de la Chine et des États-Unis additionnés. Ainsi, les principales nations commerçantes adoptent à propos des Règles de Rotterdam une attitude attentiste (de « *wait and see* »), surtout que la Convention n'a pas été reconnue par les pays puissants. Par conséquence, l'impact des Règles de Rotterdam sur le commerce international est temporairement négligeable.

Comme on peut le constater dans le top cinq des compagnies maritimes mondiales, il y a trois sociétés dont les sièges se situent dans les pays où a été signée la convention, mais ce sont également les trois premiers du classement. À ce stade, la nouvelle convention joue un rôle décisif sur le développement des intérêts internationaux d'expédition et de propriété du navire.

199. L'Union Européenne a étudié de très près les Règles de Rotterdam, elle a commandé une étude approfondie à ce sujet à un cabinet de juristes et qui, à la vue de tous ces éléments, préconise la mise en œuvre de solutions purement contractuelles permettant d'introduire dans les plus brefs délais sur le seul fondement de la volonté des parties, les avancées les plus pertinents de la convention. C'est ici un élément fondamental. En effet, que préconise l'Union Européenne ? Rien de moins que d'avoir recours au contrat, à savoir à la volonté des parties et d'y inclure les avancées les plus pertinentes des conventions. C'est une approche que nous avons déjà souvent suggérée et qui trouve là un soutien.

Quant à la Chine, elle ne se désintéresse pas des Règles de Rotterdam, au contraire le ministère de l'économie a chargé des groupes composés d'universitaires pour faire une enquête et rechercher si celles ci pourraient convenir à la Chine.

B. – L'unification vers une harmonisation du droit ?

La nécessité d'uniformiser à l'échelle mondiale les Règles de Rotterdam semble aujourd'hui s'imposer du fait du développement considérable du commerce international. Les différences entre les limites dans les conventions sur les divers modes de transport et sur un même mode de transport causent des problèmes dans la prévisibilité, ce qui provoque une augmentation des coûts de transport : on dépense plus en frais légaux et dans l'assurance des biens.

Plusieurs tentatives ont été déjà faites pour créer une convention internationale sur le transport multimodal, elles n'ont pas abouti au résultat escompté. En effet, la plupart des parties intéressées ne sont pas satisfaites de la façon dont le transport multimodal international est régi actuellement et leur grande majorité est favorable à la réalisation d'une nouvelle convention. Il est donc clair qu'une convention régissant le transport multimodal et sa limite de responsabilité est désirable, mais il est moins évident pour les parties de se mettre d'accord sur les dispositions qui doivent intégrer cette convention. La création d'une convention n'est certainement pas la seule façon d'uniformiser le droit du transport. On peut obtenir ce même objectif en utilisant des contrats standard de transport, d'assurance, d'autres types de contrats, des lois modèles, etc. Certains pays pourraient aussi adopter dans leurs lois nationales des dispositions utilisées dans le monde entier.

L'analyse de l'histoire de la création des conventions réglementant le transport de marchandises permet de constater qu'il y a un vif intérêt pour établir une distribution des responsabilités et des risques prévisibles.

Cependant, pour que ces réformes remplissent vraiment cet objectif, il est nécessaire qu'elles aient une très large acceptation à travers le monde des régimes légaux différents pouvant détruire les possibilités d'obtenir une redistribution de risque adéquate. Il faut être attentif aux discussions pour voir s'il est envisageable qu'une convention sur le transport multimodal soit appliquée dans l'avenir.

Le but du CMI et de la CNUDCI est de créer une convention qui soit obligatoirement applicable au transport de marchandises dont une partie ou la totalité est réalisée par mer entre des pays parties à la convention. Le commentaire sur cet article dit que cette définition englobe le transport précédent et celui suivant le transport par mer. Il est nécessaire qu'une partie du transport soit fait par mer, on ne peut pas vraiment parler d'une convention multimodale mais d'une convention « maritime plus ».

La convention de la CNUDCI a l'intention d'être applicable à des contrats ayant un certain lien avec un des pays partie à la convention. Comme on l'a vu antérieurement, la justification de cette relation peut avoir plusieurs raisons. Cependant celle de la convention de la CNUDCI n'est pas très claire. Bien sûr, l'idéal pour l'unification des régimes sur la responsabilité de transporteurs serait qu'une seule convention soit applicable à tous les transports, mais cela paraît impossible et, puisque les pays partie à la convention ne peuvent pas légiférer pour ceux qui n'en font pas partie, la convention doit être applicable seulement quand elle a un certain lien avec un pays qui l'a adoptée.

Il n'existe actuellement aucun accord international spécifique pour le transport multimodal, ce qui implique une variation des règles de responsabilité selon le mode de transport utilisé au moment du dommage ou de la perte des marchandises. Chaque étape du voyage des marchandises étant régie selon une convention différente. Cela peut causer beaucoup d'inconvénients aux transporteurs et expéditeurs qui doivent connaître une multiplicité de dispositions applicables, lesquelles peuvent présenter de grandes distinctions.

De plus, certaines étapes du transport peuvent ne pas être couvertes par les conventions internationales, comme l'entrepôt des marchandises, le transfert d'un mode de transport à un autre, etc.

De cette diversité des dispositions applicables au transport multimodal est née la nécessité de trouver une façon logique de coordonner le régime de responsabilité du transporteur pendant tout le transport multimodal. Cela se fait actuellement par les contrats de transport ou par les connaissements qui doivent prévoir les lacunes formées par l'absence d'un accord international couvrant la totalité du transport multimodal. Les accords contractuels doivent néanmoins respecter les dispositions obligatoires aux transports unimodaux.

L'expression de système de réseau est la traduction de l'anglais *network system* et est généralement utilisée en français, même par les auteurs qui la critiquent.

Il faut ajouter qu'un partage de responsabilité est sans incidence sur l'application du plafond de responsabilité[324]. La limitation de responsabilité bénéficie aujourd'hui, non seulement au transporteur, mais aussi à ses préposés, sous réserve de leur faute intentionnelle ou de leur faute inexcusable. La règle vaut en droit interne (art. L. 5422-14) comme sous l'empire de la convention internationale (art. 4. bis. 2).

La notion de préposé renvoie au capitaine et aux membres de l'équipage ; elle n'englobe cependant pas les mandataires ni les entrepreneurs, à l'exemple des consignataires, des manutentionnaires ou encore des sous-traitants. En droit interne, les manutentionnaires sont protégés de la même façon que les transporteurs. La solution est donc moins gênante que sous l'empire de la convention internationale qui ne prévoit rien de particulier. Dans la pratique, toutefois, les connaissements ne manquent pas de préciser que tout préposé, agent ou entrepreneur indépendant auquel le transporteur s'adresse bénéficie des mêmes protections que le transporteur lui-même. C'est ce que l'on appelle du nom d'une affaire célèbre, l'« Himalaya clause ». Les Règles de Rotterdam sont à cet égard très précieuses, car elles en ont systématisé l'application.

C. Wilfred Jenks, spécialiste du droit international a, au début de 1953 mené une recherche sur le conflit causé par les traités normatifs et a défini le conflit de loi. Dans son article « Conflit des traités normatifs », publié dans le 30e volume de l' « Annuaire de la British National du droit international », il a souligné que le conflit conventionnel se définit comme un « *conflit lorsqu'un État membre est incapable d'exécuter une pluralité des obligations conventionnelles* ». En même temps, il a aussi noté que le conflit entre l'harmonisation internationale du droit matériel, est dans une certaine mesure la conséquence inévitable du mouvement d'uniformisation du droit international moderne. Ce mouvement donnant naissance à diverses problématiques, il recommande la prudence dans le processus de l'élaboration internationale et la mise en place de ces règles, un « guidage » pourrait résoudre rationnellement les conflits entre traités[325].

La (8ème) Conférence de droit international privé de La Haye en 1956, traitant du problème de conflit entre des différents traités incompatibles du

---

324 Com. 19 oct. 2011. *DMF* 2011. 155, obs. Miribel.

325 C. Wilfred Jenks, The Conflict of Law-making Treaties, British Yearbook of International Law, Vol.30, 1953, p.426 : « A general conflict is at hand when a party can not comply with two treaties simultaneously, as one treaty prohibits what is allowed in the other or requires an opposite course of action. ».

droit privé a d'abord été mis en avant dans le processus législatif international. En 1999, Monsieur Paul Volken estime dans son article « Conflit entre les traités de droit international privé » que « *D'une part, les professeurs de droit se réjouissent sans précédent pour le résultat du mouvement mené pour unifier le droit ; mais que d'autre part, le commun des mortels a dû se sentir frustré et agacé de devoir apprendre au moins cinq conventions internationales de droit privé pour un simple conflit franco-suisse de pension alimentaire* »[326].

200. Nous nous contenterons de signaler les études les plus intéressantes, en relevant certains points particuliers dignes d'une mention spéciale.

C'est tout d'abord Monsieur Drobnig[327] qui aborde le problème de normes de conditions d'application des traités de droit matériel et leurs rapports aux règles de conflit de lois ; on sait que la question divise les juristes, les uns, principalement en Allemagne, estimant que toute condition d'application d'une convention se présente comme une règle de conflit unilatérale, les autres faisant nettement la distinction entre deux ordres de règles aux objectifs différents. Il suffit de rappeler à cet égard les commentaires divergents auxquels l'article premier de la Convention des Nations Unies sur les contrats de vente internationale de marchandises, du 11 avril 1980, a donné lieu dans la doctrine.

Il est vrai que depuis la Deuxième Guerre Mondiale, la tendance qui existait au début du siècle de tenter une unification de cette matière par la voie de traités internationaux semble avoir cédé le pas à la solution de la codification nationale. Mais l'auteur montre avec justesse que cette approche provincialiste dans la codification du droit international privé n'est plus nécessairement un empêchement à une certaine harmonisation au plan international. C'est ainsi que l'admission quasi-générale de l'autonomie de la volonté totale des parties en matière contractuelle, de même que le rattachement objectif à la prestation caractéristique ou à la loi qui présente les liens les plus étroits, de même qu'en matière d'obligations extracontractuelles l'abandon du rattachement rigide à la *lex delicti* au profit d'une approche plus souple, se retrouvent, grâce à l'influence des traités internationaux, à la fois dans la doctrine et dans presque toutes les codifications nationales, aboutissant ainsi à des réseaux d'harmonisation qui devront être confirmés par les différentes interprétations jurisprudentielles de ces lois[328].

---

[326] G.W. Paulsen, An Historical Overview of the Development of Uniformity in International Maritime Law, TUL. L. REV. Vol. 57, 1983, p.187.

[327] U. Drobnig, Bilatéral Studies: American-German Private International Law, 2e éd., Revue internationale de droit comparé, 1973, pp. 746-748.

[328] Voir, W.A. Stoffel et P. Volken (sous-dir.), Conflits et harmonisation. Mélanges en l'honneur d'Alfred E. von Overbeck, « Revue internationale de droit comparé. Vol. 43 N°3, Juillet-septembre 1991. pp. 761-764.

Les recherches occidentales sur les conflits de loi ont commencé bien avant l'établissement de la doctrine chinoise. Ces recherches sont relativement matures et profondes. Elles s'interrogent non seulement à propos des conflits entre des traités de droit public mais aussi étudient les sources de conflit entre des traités de droit privé.

Le projet « OBOR » lancé par la Chine l'a été pour les raisons économiques et géostratégiques. L'opportunité liée à cette nouvelle route de la soie va conduire la Chine à être confrontée de nombreux conflits d'intérêt dans l'avenir avec les pays traversés.

Une certaine flexibilité dans la détermination des projets fait partie des « Routes de la soie ». Plus de 90% des échanges commerciaux mondiaux passent encore par voie maritime. Les voies maritimes des échanges commerciaux mondiaux sont, cependant, de plus en plus saturées, tant au point de vue technique, sécuritaire, que géo-stratégique. Sur terre, la Chine veut s'appuyer sur de grandes artères internationales et des métropoles riveraines, et prendre pour plateformes de coopération les principales implantations économiques, commerciales et industrielles, en vue de créer conjointement des couloirs internationaux de coopération économique, dont le nouveau pont continental eurasiatique, le couloir Chine-Russie-Mongolie, le couloir Chine-Asie-centrale-Asie de l'Ouest, le couloir Chine-Péninsule indochinoise. En mer, elle veut faire des principaux ports les points de connexion afin de construire conjointement des voies de transport sûres, efficaces et sans obstacles. Le couloir économique Chine-Pakistan et le couloir économique Bangladesh-Chine-Inde-Myanmar sont étroitement liés à la construction de la Ceinture et de la Route ; il faut donc promouvoir la coopération en la matière afin d'obtenir des progrès plus notables.

Dans le cadre de l'initiative chinoise « *One Belt, One Road* » (une ceinture, une route), l'Afrique et la Chine ont pu renforcer leur coopération en matière agricole et dans le domaine du transfert de technologie industrielle318. Les campus industriels, les nouveaux aéroports et les ports côtiers en Éthiopie ont été ouverts dans le cadre du projet « *One Belt, One Road* » pour le développement économique du pays et d'autres pays africains tels que l'Éthiopie.

De ce fait, la Chine sera dans l'obligation de trouver un document juridique susceptible de résoudre les conflits qui surviendront inévitablement. En conséquence, elle aurait tout intérêt de ratifier les Règles de Rotterdam.

Si la voie de la Convention reste en suspend pour l'instant, cela ne signifie pas que la question du transport multimodal ne puisse recevoir aucune solution[329]. La Convention a été signée à New York en décembre 2008. Elle avait pour objet de créer un régime juridique moderne et uniforme pour le

[329] Ph. DELEBECQUE, le transport multimodal, *Revue internationale de droit comparé, op. cit.*, 2-1998, p.528.

transport international des marchandises. Elle fournit un cadre juridique qui tient compte des récentes évolutions technologiques et commerciales observées dans le domaine du transport maritime. La Convention ne se contente pas de couvrir les mouvements de marchandises de port à port, mais s'étend aux contrats de transport multimodal effectué partiellement par mer.

Pour devenir une loi internationale contraignante, elle doit être signée et ratifiée par au moins 20 États membres de l'ONU. Les pays africains ayant signé la Convention en 2009 sont les suivants : Cameroun, Congo, Gabon, Ghana, Guinée, Madagascar, Mali, Niger, Nigéria, Sénégal et Togo[330]. Le Togo l'a ratifiée le 17 juillet 2012. La Convention stipule que : lorsqu'elle entre en vigueur pour un pays, ce dernier doit dénoncer toutes les conventions associées aux Règles de La Haye-Visby ainsi que celles de Hambourg, au quel cas elle ne rentrerait pas en vigueur.

La ratification des Règles de Rotterdam par le Cameroun le 18 avril 2018 a donné un coup d'épée dans l'eau. Notre interrogation porte sur l'impact possible de la facilitation du transit et du transport en Afrique. Cette Convention peut avoir des effets positifs. Ainsi, avec l'initiative chinoise, les États africains modernisent leurs infrastructures et prennent des mesures pour renforcer leurs capacités. Ils devront se doter de technologies modernes et mettre à niveau leurs routes, leurs ports, leurs voies ferrés et leurs aéroports. Ils devront renforcer les qualifications de leurs ressources humaines en leur assurant une éducation et des formations adaptées. La Convention fait toutefois l'objet de critiques généralisées de la part des transporteurs professionnels bien organisés. De nombreux obstacles devront être surmontés avant qu'elle ne puisse effectivement entrer en vigueur[331].

À ce stade, les États nous semble encore trop prudents à ratifier les Règles de Rotterdam. Mais les anciennes conventions du XXe siècle ne permettront pas de satisfaire aux exigences du transport contemporain. Des lors, il est impératif de dépasser la frilosité des États pour qu'ils s'engagement résolument dans un processus de signature et de ratification de Rotterdam.

[330] J-G De Matons, Les instruments juridiques internationaux, de facilitation du transport et du commerce en Afrique, Programme de politiques de transport en Afrique, SSATP, 2e éd., 2014. 321 J-G DE Matons, Les instruments juridiques internationaux, de facilitation du transport.

[331] J-G DE Matons, Les instruments juridiques internationaux, de facilitation du transport et du commerce en Afrique, op. cit., n°142 et ss.

TITRE II
LE CONTENTIEUX

201. Il est important de mesurer quels sont les enjeux relatifs au choix des juridictions. En effet, il ne faut pas perdre de vue que les parties en question ont des besoins et des attentes spécifiques et précises. Parmi ces demandes, la première est celle de la « sécurité juridique ». Mais qu'entend-on par « sécurité juridique » au sens que lui attribuent les parties. Pour l'essentiel, elle repose sur la certitude que la décision rendue le sera en toute indépendance des structures au sein desquelles les juridictions sont situées. Le principe de la séparation des pouvoirs est un principe largement reconnu et appliqué. Cependant, il existe toujours une possibilité que ce principe ne soit pas respecté et que des influences ou des pressions en provenance du pouvoir politique puissent être exercées. La juridiction désignée devra, autant que faire se peut, être réellement indépendante et hors d'atteinte de toute pression.

Un autre aspect de la « sécurité » juridique est en relation avec ce que l'on nomme communément l'imprévisibilité de la décision du juge ou des juges. Les juges sont des hommes, ou des femmes, qui évoluent dans un ordre judiciaire et qui en subissent les influences ou les évolutions de la doctrine. Par essence, ils sont inconnus des parties et donc « imprévisibles ». Et cette imprévisibilité est un facteur de risque pour les parties.

Par ailleurs, les parties ont pour volonté d'éviter des procédures trop longues. Les décisions susceptibles d'appels répétés qui, outre le fait qu'elles sont source de délais très longs, génèrent des coûts directs et indirects tout aussi importants. Les longs procès coûtent cher. L'aspect financier est aussi un élément qu'il ne faut pas négliger. Le temps est ici aussi de l'argent, un règlement rapide est également un facteur de choix.

Mais il reste un dernier élément. Il s'agit de la qualité « professionnelle » des juges. Par professionnelles, on n'entend à la fois la formation juridique des juges, mais aussi leur connaissance professionnelle du métier ou du secteur d'activité. Cette notion de professionnalisme n'est pas nouvelle. Elle existe déjà dans de nombreuses professions qui sont pourvues d'un ordre représentatif au sein duquel siègent des sections disciplinaires. Bien entendu, leur domaine d'intervention est le plus souvent lié à l'aspect déontologique de la profession, mais il n'en demeure pas moins que ce sont des professionnels qui jugent d'autres professionnels. Cette pratique se retrouve également au sein des conseils des prudhommes en charge des litiges liés au droit du travail. Y siègent de façon paritaire tant des employés que des chefs d'entreprises. Mais ce sont avant tout des professionnels du domaine d'activité.

Le choix de la juridiction recherchée sera donc guidé par ces besoins et attentes des parties, mais aussi par leur crainte d'une justice longue, imprévisible et potentiellement coûteuse.

Pour déterminer la juridiction compétente, deux voies s'offrent au justiciable, soit faire appel à la juridiction prévue contractuellement avec les aléas et la lenteur qui s'y attache (Chapitre I juridiction étatique), soit résoudre le conflit par des voies non-étatiques comme l'arbitrage ou la conciliation, solution souvent plus rapide, mais qui suppose l'accord des deux parties (Chapitre II juridiction non-étatique).

Chapitre I
La juridiction étatique

202. La clause de juridiction est une clause primordiale. En effet, c'est de la juridiction que va dépendre la décision rendue. La détermination de cette clause présente donc un caractère essentiel. Et, ce d'autant plus que le transport multimodal est d'une nature extrêmement complexe et présente, de ce point de vue-là, de nombreux inconvénients, tant du fait du choix des textes ou conventions qu'il sera nécessaire de mettre en œuvre pour l'élaboration de la décision finale, mais également de la juridiction qui devra être choisie pour une interprétation la plus consensuelle des dits textes.

203. La première question qui se pose est celle de la compétence juridictionnelle en droit maritime et de faire ensuite une comparaison entres les tribunaux de commerce français et les cours maritimes chinoises. Il apparait de grandes différences entre les juridictions française et chinoise ayant compétence en matière maritime et des transports.

Les deux institutions évoluent dans des ordres juridictionnels distincts. Le contentieux maritime français prend place au sein d'une chambre du tribunal de commerce[332], tandis qu'en Chine ce même contentieux fait l'objet

[332] Récemment la mise en place du nouveau tribunal maritime, qui remplace l'antique tribunal commercial maritime selon la loi 2012-1218, a provoqué une grande grève par les juges consulaires des tribunaux de commerce, qui se soucient notamment de l'impact de cette création sur la « justice de proximité » qui va diffuser les fonctions des tribunaux de commerce.
Le but de la manœuvre est d'éviter que des entreprises importantes ne voient leur redressement ou liquidation judiciaires examinés par un tribunal de petite taille qui n'aurait pas forcément la capacité à traiter des cas complexes, dont les retombées économiques sur un territoire peuvent être désastreuses.
Voir le site:
http://www.lemonde.fr/economie/article/2015/05/11/les-tribunaux-de-commerce-en-greve-contre-certaines-dispositions-de-la-loi-macron_4631244_3234.html.
Réforme du tribunal maritime: La mise en place du nouveau tribunal maritime, qui remplace l'antique tribunal commercial maritime, s'achève. (Sur la création de ces tribunaux par la loi 2012-1218, voir *DMF* 2013, hors série n°17, au n°13.) La décret n°2014-1581 du 28 décembre 2014 fixe la liste, le siège et le ressort des tribunaux maritimes. Sur la façade atlantique sont ainsi désignés les tribunaux du Havre, de Brest et Bordeaux, le tribunal de Marseille étant déclaré compétent pour la zone méditerranéenne, étant enfin désignés pour l'outre-mer le tribunal de Saint-Denis de La Réunion, et celui de Cayenne-juridiction assez modeste, mais dont le choix s'explique sans doute par le souci de la Chancellerie de ne pas

d'un traitement particulier depuis 1984 et la création d'une juridiction d'exception qui est la Cour maritime. Elle revêt le caractère d'une institution d'exception, car elle est à la fois située à l'écart du système juridictionnel unique chinois qui regroupe matière civile et administrative. Elle se place au niveau intermédiaire entre les quatre juridictions que comprend le système chinois.

En France, les juges du tribunal de commerce sont élus par leurs pairs. Ils ont par ailleurs une activité commerciale. Ce sont des juges consulaires, contrairement à leurs homologues chinois qui sont tous des juristes de formation. Les juges chinois sont des fonctionnaires nommés sur concours. Ainsi, à chaque système ses inconvénients et ses avantages.

De fait, la place qu'occupent les juges dans ces deux pays accroit la distinction des deux institutions, pourtant chargées d'un même contentieux. Il serait souhaitable, avec la mondialisation des échanges et son fort développement, que les juges connaissent les droits et les pratiques de leurs homologues étrangers et initient une démarche de rapprochement, voire d'harmonisation.

204. Au cours de notre stage effectué au Tribunal de Commerce de Marseille, nous avons découvert l'existence des tribunaux de commerce français qui n'existent pas en Chine. Ce chapitre s'attache à comprendre plus clairement les compétences en matière maritime et des transports au sein des systèmes juridiques français et chinois. Nous nous attarderons sur la présentation du système judiciaire français à travers une étude comparative avec le système chinois en matière maritime.

Les échanges commerciaux devenant de plus en plus nombreux, impliquant davantage de pays au fil des années, le travail des juges de la Chambre Transport se complexifie. Les documents dans des langues différentes que ces derniers sont amenés à rencontrer, montrent bien l'essor de la mondialisation. Les connaissances en droit étranger, ou bien la compréhension de certaines langues, vont certainement être un facteur supplémentaire quant à la formation de leurs successeurs. Nous pensons, à l'instar des maîtres en la matière que les personnes amenées à travailler dans le droit maritime vont être de plus en plus sollicitées sur les connaissances linguistiques, mais également sur celles ayant trait aux droits étrangers. En effet, il est devenu fré-

---

s'impliquer dans la concurrence entre la Martinique et la Guadeloupe. Un arrêté du 2 mars 2015 fixe le nombre des assesseurs maritimes pour chaque tribunal, soit huit en règle générale, mais six pour le Tribunal de Saint-Denis et neuf pour le Tribunal de Cayenne. Ne reste plus qu'à recueillir les candidatures et à choisir les assesseurs, les ultimes modalités de mise en place du tribunal maritime (désignation du président et de ses assesseurs magistrats, déclarations de candidature avec déclaration d'intérêts des futurs assesseurs, établissement de la liste des assesseurs par la commission ad hoc etc…) ayant été précisées par le décret n°2915-261 du 5 mars 2015.

quent d'avoir à lire une facture en chinois, d'avoir à connaitre le droit russe, ou bien encore de comprendre l'impossibilité de dédouanement au port italien[333].

Dans un premier temps, nous résumerons succinctement les systèmes judiciaires chinois et français (Section I), et ensuite nous dresserons un portrait de deux institutions différentes qui prennent en charge les contentieux maritimes (Section II).

Section I
Les systèmes judiciaires

205. Les tribunaux de commerces français sont les héritiers d'une longue tradition concernant la résolution des différents entres membres d'une même profession. Nous aborderons cette histoire et le fonctionnement actuel de ces tribunaux (§1) avant d'aborder la question de leur efficience (§2).

§1. – Le système judiciaire français

206. L'organisation judiciaire française est fondée sur trois types de juridictions, civile, pénale et administrative. Au sein de la juridiction civile, on trouve le tribunal judiciaire, le conseil de prudhomme et le tribunal de commerce. Au dessus de ces juridictions se situent les cours d'appel et la cour de cassation. Selon les cas, on trouve trois ou quatre degrés de juridiction. Les contentieux maritimes relèvent du tribunal de commerce.

A. – Le fonctionnement des tribunaux de commerce français et l'histoire du Tribunal de Commerce de Marseille

207. En France, le tribunal de commerce est défini par l'article L.721-1 du Code de commerce comme une juridiction de premier degré, composée de juges élus et d'un greffier. Les juges sont des commerçants élus par leurs pairs. Le greffier est un officier public et ministériel nommé par le Garde des sceaux. Il existe à cet égard une similitude avec les conseils de prudhommes qui interviennent dans le cadre des conflits en droit du travail. Dans ces con-

[333] Le stage que nous avons effectué au sein de la juridiction du Tribunal de Commerce de Marseille, plus particulièrement dans la Chambre Transport fût une expérience riche et inoubliable.
Ces trois mois nous a par ailleurs permis de découvrir quelles étaient les fonctions des tribunaux de commerce en France et de nous faire acquérir de nombreuses connaissances en droit civil français qui nous manquaient et de nous remémorer celles des cours de droit maritime. Il s'agissait notamment des règles de compétence de tribunal, de responsabilité de plein droit du transporteur, de limitation de responsabilité, de validité des clauses de juridiction ou des clauses d'arbitrage, de paiement de fret etc., ainsi que le déroulement de procédure.

seils la décision prise au premier degré l'est par les conseillers élus de façon paritaire comprenant un collège employé et un collège employeur.

Cette institution est ancienne. Les tribunaux de commerce ont été créés officiellement à Paris par un édit royal de 1563. Mais dans certaines villes, leur existence était plus ancienne comme par exemple à Lyon en 1492, et à Toulouse en 1549. Les magistrats du commerce portaient alors souvent le nom de *consuls*. C'est en souvenir de cette origine lointaine que l'on appelle, aujourd'hui encore, les juges du tribunal de commerce, les *juges consulaires*.

Les tribunaux de commerce ont traversé sans encombre la période révolutionnaire, sans aucun doute parce qu'étant composés de juges élus, leur existence s'accordait avec l'idéologie de l'époque. Les rédacteurs du Code de commerce de 1807 les ont maintenus et leur ont consacré les articles 631 et suivants du Code, composant le quatrième livre du Code de commerce[334].

Après avoir figuré dans le Code de l'organisation judiciaire, les textes qui régissent l'organisation du tribunal de commerce et sa compétence se trouvent à nouveau dans le code de commerce au titre II du livre VII. Les tribunaux de commerce sont chargés de régler les litiges entre commerçants et de gérer les procédures collectives.

Il existe 191 Tribunaux de Commerce répartis sur le territoire français, dont 22 seulement comportant plus de 25 juges. Celui de Marseille est le deuxième Tribunal de Commerce de France avec 80 juges, après celui de Paris qui en comporte 172. Les Tribunaux de Commerce sont regroupés en seize Régions Consulaires. Le Tribunal de Commerce de Marseille appartient à la troisième Région Consulaire qui englobe les Cours d'Appel d'Aix en Provence, de Bastia et de Nîmes.

208. Fort de ses 80 juges consulaires, tous élus et bénévoles, et de sa forte activité juridictionnelle (plus de 10 000 décisions de justices rendues chaque années), le Tribunal de Commerce de Marseille possède sous sa juridiction les grandes richesses naturelles de la Méditerranée et peut s'enorgueillir d'être la seconde juridiction commerciale de France après celle de Paris.

La plaque commémorative apposée dans la grande salle d'audience du tribunal (salle A), fait remonter la création du Tribunal de Commerce de Marseille à l'Ordonnance rendue en 1455 par Pierre de Mévouillon, Seigneur de Ribles et Viguier (magistrat) de Marseille, qui avait pour mission de favoriser et de défendre les négociants partout où le commerce de la cité phocéenne prospérait.

En effet, l'histoire nous apprend que l'origine de Tribunal de Commerce de Marseille remonte au milieu du XIe Siècle, avec le développement des activités marseillaises vers le Levant. La réglementation des activités mari-

---

[334] Voir Jean-Bernard Blaise, Droit des affaires commerçantes concurrence distribution, Manuel 7e édition.

times se fait par adoption des « Coutumes et Ordonnances sur le fait de la Mer », tirées de l'ouvrage intitulé : « Le Consulat de la Mer » composé de 297 chapitres, comprenant les maximes du droit maritime en usage dans la Méditerranée.

Nous devons faire à ce stade un constat récurrent. Les confréries, organisations, guildes et autres associations représentatives de commerçants ou d'acteurs du monde du commerce ont, et ce, depuis les temps anciens, fait en sorte de créer leurs propres structures destinées à la résolution des différents survenus entre leurs membres. Ils connaissaient leurs professions et les usages. Ils étaient des experts et du fait qu'ils étaient des professionnels leur compétence était reconnue et admise par tous comme telle.

209. Le problème est de connaître la position de la jurisprudence des États en la matière. En France, nous pouvons utiliser de nombreuses plates-formes comme lexisnexis/Jurisclasseur, Dalloz etc. pour consulter les décisions de jurisprudence et les analyses. Ceci est non seulement très pratique pour les étudiants, les professeurs et les chercheurs en Droit, mais aussi garantit la transparence de la justice. Plus particulièrement, la mise en œuvre d'un « service public de la diffusion du droit par l'internet », prévu par un décret du 7 août 2002, nous permet d'avoir, outre les actes à caractère normatif (lois, décrets etc.), une sélection de décisions de justice en provenance de la Cour de cassation et des cours d'appel (la France en compte 36) sur le site internet « Legifrance.gouv.fr ». À ce jour, ce sont ainsi en stock plus de 470 000 décisions de la Cour de cassation et plus de 60 000 décisions des cours d'appel qui sont disponibles sous cette forme. Il s'agit de toutes les décisions publiées dans les bulletins éditées par la haute juridiction, depuis le début des années 1960 et depuis 1987, de l'intégralité des décisions publiées ou simplement diffusées[335].

La France s'inscrit, en effet, dans le mouvement d'*open data*, qui revêt une dimension mondiale, organisé dans un cadre européen, qu'elle est en train de décliner par des normes nationales qui étendent leur champ d'application aux décisions de justice.

L'*open data* ou donnée ouverte, apparu aux États-Unis et au Royaume-Uni il y a plusieurs décennies, est une donnée numérique dont l'accès et l'usage sont laissés libres aux usagers, dans le but de renforcer la démocratie, de développer l'économie et de moderniser l'activité publique. Le mouvement participe de celui de l'» *open government* », dont il est l'une des composantes.

---

[335] Bruno Pireyre, « L'accessibilité aux jugements des tribunaux en ligne : le point et des interrogations », Conférence du Réseau francophone des Conseils de la magistrature judiciaire, novembre 2017.

Il n'en va pas de même en Chine car nous avons malheureusement un accès limité aux décisions de la juridiction chinoise. Il n'y pas de plates-formes permettant d'avoir une connaissance exhaustive des jugements, ce qui explique le peu de décisions citées dans notre étude[336].

Toutefois, s'inscrivant dans ce mouvement mondial d'*open data*, la Chine a d'ailleurs rejoint, en janvier 2014, mettant en œuvre le site « wenshu.court.gov.cn » (China Judgements Online)[337] pour un gouvernement ouvert.

Selon le journal des cours populaires, en date du 2 janvier 2018, le site d'internet de « wenshu.court.gov.cn » a enregistré près de 12,5 milliards de visites, avec une visite quotidienne en moyenne de 15,81 millions dont la visite quotidienne la plus haute est de plus de 50 millions[338]. En février 2018, la conférence des tribunaux populaires a confirmé qu'une diffusion de 42,6 millions de décisions à tous les niveaux de tribunaux du pays, a attiré plus de 13,2 milliards de visites, et des visiteurs de plus de 210 pays et régions à travers le monde[339].

L'accessibilité des jugements des tribunaux en ligne aux citoyens chinois rend plus visible la justice. Toutefois, certains auteurs soulignent qu'une diffusion complète des décisions de justice porte atteinte au respect de la vie privée dans la mesure où l'identité de la personne, leur adresse sont toujours mentionnés dans les décisions de justice chinoise[340]. Aucune occultation n'est prévue pour préserver l'intimité des citoyens.

Il n'en va pas de même en France où, depuis très longtemps, la protection de la vie privée est fortement assurée par les dispositions du code civil. Le droit au respect de la vie privée est un principe que consacrent aussi bien la Convention européenne des droits de l'homme (article 8) que la charte des droits fondamentaux de l'Union européenne (article 7). Cette dernière protège, de même, mais distinctement, le droit à la protection des données à caractère personnel (article 8). La conciliation entre la règle de l'accessibilité en ligne des décisions de justice et les principes protecteurs dont il s'agit est mise en tension – au défi, devrait-on-dire –avec, d'une part, la récente évolu-

---

336 Supra p.9 n°10.

337 https://wenshu.court.gov.cn

Ainsi, les cours maritimes chinoise travaillent pour créer une plateforme numérique regroupant toutes leurs décisions.

338 https://www.chinacourt.org/article/detail/2018/01/id/3150864.shtml

339 http://www.xinhuanet.com/legal/2018-02/27/c_129818217.htm

340 LIN Guanghai et WANG Jing, 林广海、王晶, Les jugements des tribunaux en ligne: un trio d'ouvert, informé et supervisé, 《裁判文书上网:公开 知情 监督三重奏》, Caipan wenshu shangwang : gongkai zhiqing jiandu sanchongzou, Revue «La justice populaire», n° 12, 2013,载《人民司法》2013 年第 12 期。

HUANG Caihua, 黄彩华, Contexte sociale de l'information judiciaire au public, 《司法公开的信息社会背景》, Sifa gongkai de xinxi shehui beijing, Revue « La justice populaire », n° 9, 2014,载《人民司法》2014 年第 9 期。

tion, substantielle, des normes législatives et réglementaires, applicables en matière de protection des données personnelles, et d'autre part, l'accroissement massif du volume des décisions de justice appelées à être diffusées « en ligne », d'autant qu'à compter du 25 mai 2018, entre en application un règlement européen, communément nommé « règlement général pour la protection des données » (RGPD).

On peut espérer que ces dispositions récentes émanant de l'Union Européenne vont conduire le législateur chinois à modifier les conditions de diffusion des décisions de justice pour satisfaire une certaine exigence de protection des données personnelles.

B. – Efficience des tribunaux de commerce et critiques

210. L'efficience des tribunaux de commerce est reconnue. À la différence des magistrats professionnels, les juges consulaires sont tous bénévoles et ont tous leur propre métier en parallèle. La vie économique leur permet ainsi d'avoir une expérience immédiate lorsqu'un nouvel outil économique apparait (facture, crédit-bail, etc.).

Par ailleurs, l'indépendance de ces juges est garantie par la collégialité. Il est obligatoire que trois juges soient présents pour tout jugement. Cela permet de limiter les risques de dérives clientélistes. Ce détail relatif à leur indépendance n'est pas anodin. En effet les parties ont besoin d'être rassurées face à des possibilités d'influences ou de pressions exercées sur leurs juges potentiels. La collégialité de juges professionnels permet de garantir cette impartialité. Notons dès à présent que c'est ce même principe qui sera appliqué lors d'un recours à la solution arbitrale.

Le tribunal étant une juridiction de premier niveau, le justiciable a toujours la faculté de faire appel s'il n'est pas satisfait de la décision de Tribunal de Commerce devant la cour d'appel. Enfin, le procureur de la République dispose d'un arsenal juridique spécifique, notamment dans le cadre de procédures collectives.

211. La justice commerciale en France est particulièrement rapide et très peu coûteuse pour le portefeuille du contribuable. Certains tribunaux rendent de très nombreuses décisions chaque année, et les taux d'appel ou bien de réforme des jugements de premier niveau restent particulièrement bas.

Le nombre d'affaires traitées par le Tribunal de Commerce de Marseille sont éloquents :

Les affaires nouvelles introduites pendant l'année 2009 : 5083

Les affaires nouvelles introduites pendant l'année 2010 : 4725

Les décisions rendues pendant l'année 2009 : 4656

Les décisions rendues pendant l'année 2010 : 4961 dont 56 jugements rendus par la Chambre Transport[341].

Il faudrait distinguer deux activités fondamentales des tribunaux de commerce. L'activité la plus connue des tribunaux de commerce concerne les « procédures collectives »[342] qui ne représentent que 20 % des affaires traitées par les magistrats consulaires. En droit français, une procédure collective place sous contrôle judiciaire le fonctionnement d'une entreprise en difficulté s'il s'agit d'une procédure de redressement ou de liquidation. S'il s'agit d'une sauvegarde, le chef d'entreprise est laissé à la tête de l'entreprise, sans qu'il soit nécessaire de faire appel à un administrateur judiciaire. Elle rassemble les créanciers et les prive du droit d'agir individuellement.

Les décisions dites de « contentieux général » concernant les litiges entre les entreprises forment donc le plus gros contingent de l'activité des tribunaux de commerce.

Exclusivement composé de commerçants et de représentants d'entreprises élus par leurs pairs, le tribunal de commerce juge en principe tous les litiges en matière commerciale. Ce caractère exclusivement professionnel lui est parfois reproché. Il faudrait remarquer, c'est important, d'abord, qu'il n'est pas nécessaire pour être juge d'avoir une formation juridique et qu'aucun diplôme n'est exigé ; ensuite, que la fonction est honorifique. Les juges du tribunal de commerce, nous l'avons dit, ne sont pas rémunérés. C'est la force de l'institution.

212. À la fin des années 1990, les tribunaux de commerce ont fait l'objet de critiques touchant essentiellement à l'insuffisante connaissance du droit de la part des juges élus, ainsi qu'aux grands risques de conflit d'intérêts ou de manque de transparence. On dit des juges qu'ils sont trop proches des justiciables : « du voisinage au cousinage». Une réforme qui proposait en 2002 que les tribunaux de commerce soient présidés par un magistrat profes-

---

[341] L'auteur se souvient très bien que son maître de stage avait sorti le cahier et avait ensuite compté le nombre d'affaires traitées par la chambre transport en manuscrit.

[342] Il existe trois procédures collectives différentes, prévues au livre 6 du Code de commerce : la procédure de sauvegarde, le redressement judiciaire et la liquidation judiciaire.

Outre les juges consulaires, des mandataires liquidateurs et administrateurs judiciaires interviennent également dans le cadre des procédures judiciaires ; ils sont agrées par le ministère de la Justice. Soumis au même statut, leur fonction consiste à conduire en toute indépendance et dans le strict respect des règles légales et déontologiques les procédures qui leur sont confiées. Les tribunaux de commerce se limitent à les nommer et doivent les contrôler (rôle des juges commissaires consulaires), le parquet (c'est-à-dire le procureur) devant superviser toute la procédure.

La procédure collective n'est pas ouverte au public, seules les personnes ayant qualité et intérêt à agir peuvent se présenter aux audiences. De ce fait, je n'ai donc, malheureusement, jamais assisté à une audience de procédure collective.

sionnel assisté de juges élus, a vite été abandonnée. Cette justice économique de qualité est finalement restée. Les inconvénients qui peuvent en résulter n'ont pas été vraiment corrigés par la présence du ministère public auprès du tribunal de commerce. Mais une commission a été créée pour réfléchir à la formation des juges. La commission Guinchard a déposé son rapport en 2003 en préconisant un droit à la formation pour tous les juges consulaires et que cette formation soit organisée par l'École nationale de la magistrature, afin de lui donner cohérence et professionnalisme.

Les propositions n'ont pas été accueillies avec enthousiasme par le monde des affaires. Il est évident que les commerçants et chefs d'entreprises restent très attachés à la formule traditionnelle. Ils font d'ailleurs valoir, d'une part, qu'en appel les affaires vont devant la cour d'appel qui est exclusivement composée de magistrats professionnels et, d'autre part, que le taux de réformation en appel des jugements des tribunaux de commerce n'est pas supérieur à celui des jugements des tribunaux de grande instance. Par ailleurs, il ne faudrait d'ailleurs jamais oublier que toute réforme en profondeur de la juridiction commerciale aurait des incidences budgétaires : les fonctions des juges consulaires sont honorifiques. Ceux-ci ne coûtent rien dans le budget de l'État.

213. Les compagnies maritimes ont pris l'habitude de donner compétence, dans leurs connaissements, au tribunal de commerce de leur siège. Par exemple, pour la première compagnie maritime française, la CMA-CGM, donne dans son connaissement compétence au Tribunal de Commerce de Marseille où siège une chambre des transports.

Dans la pratique du commerce maritime, nous remarquons que la plupart des connaissements standards des compagnies maritimes prévoient une clause attributive de compétence qui désigne souvent le lieu du tribunal de l'État du pavillon comme le tribunal compétent. Souvent les tribunaux se trouvent dans des États comme Panama, Libéria, îles Marshall, où la situation politique est favorable au pavillon de complaisance. La situation politique y est instable, le système judiciaire est relativement médiocre. La compagnie choisit le tribunal de l'État du pavillon pour contourner la loi. Mais les tribunaux chinois saisis d'un litige où dans lequel le connaissement donnait sa compétence à un de ces États refuseront de se déclarer incompétent et trancherons le litige considérant que cette pratique est injuste et déraisonnable pour le défendeur et qu'il convient de protéger les droits et les intérêts entre les parties. Selon les cas, les tribunaux chinois se déclarent compétents en appliquant l'équité.

Pour rappel, la clause attributive de compétence ou clause de prorogation du for est une clause d'un contrat par laquelle les parties choisissent par avance la juridiction qui sera compétente pour connaître du litige qui pourra naître à l'occasion de l'exécution de leur contrat. Cette possibilité, offerte aux parties à un contrat de désigner le tribunal qui sera territorialement compétent pour connaître des éventuels litiges pouvant s'élever dans le cadre de leur relation contractuelle, est soumise à des conditions de validité qui varient selon qu'on se situe au plan interne, international ou communautaire.

Il est à craindre que la partie forte, pour décourager la partie faible, ne délocalise la juridiction compétence dans un pays lointain. Dès lors, le coût, l'éloignement, l'obligation d'engager une action dans un pays étranger peuvent décourager la partie faible de mettre en jeu la clause attributive de compétence.

La clause attributive de compétence est fréquemment utilisée dans les contrats internationaux. Mais dans le contrat de transport maritime, des règles spécifiques s'y attachent. Cette clause apparaît souvent dans le connaissement. Pour ce qui est du droit français, la clause attributive de compétence est pratiquement toujours acceptée si c'est entre les deux parties au contrat, réserve fait de la notion de la potestativité[343]. En effet, si cette clause est introduite dans un contrat où le déséquilibre manifeste entre deux paries existent, elle sera rejetée par les tribunaux français.

Il faut rappeler que la règle d'or qui détermine la loi applicable en matière de contrats internationaux est la loi d'autonomie choisie par les deux parties. La France étant que membre de l'Union Européenne, ayant ratifié Rome I, considère que la juridiction compétente est normalement le lieu de la résidence habituelle du défendeur, mais peut être aussi le lieu de la signature du contrat ou le lieu de chargement et déchargement de la marchandise.

214. En revanche, dans le droit chinois, la détermination de la loi compétente est dictée par le respect de la volonté des parties aux contrats avec réserve. Trois décisions rendues par les cours maritimes chinoises confortent cette analyse. En témoigne la décision rendue par la cour maritime de Xiamen qui a jugé une affaire opposant d'une société d'assurance chinoise et une société de transport hollandaise. Celle-ci avait déclaré qu'il existait une clause attributive de compétence et demandé à la cour chinoise de se déclarer incompétente. La cour de Xiamen a refusé cette argumentation au motif que cette clause désignait un lieu de compétence, Rotterdam où se situe le siège du défendeur, qui n'était ni le lieu de la signature du contrat, ni le lieu d'exécution du contrat, ni le lieu de la livraison de la marchandise. Elle s'est déclarée compétente, considérant que la position de la société hollandaise était défavorable de l'intérêt national. À notre avis, les juges chinois privilégient la règle du rattachement au contrat le plus proche pour déterminer la compétence en écartant la loi d'autonomie.

---

343 Cass. civ 1ère, 26 septembre 2012, pourvoi n° 11-26022. Dans cette arrêt, la Cour de cassation a ajouté une règle de validité de fond aux clauses attributives de compétence. En effet, elle interdit les clauses attributives de compétence qu'elle qualifie de potestatives.

Par ailleurs, dans un autre cas où le pays tiers a été désigné dans la clause attributive de compétence, le juge chinois a maintenu sa compétence puisque le lieu du tribunal compétent désigné par cette clause n'avait pas un attachement proche du contrat. Il en va de même si la livraison de marchandise a été effectuée en Chine, la juridiction chinoise se reconnaît également compétente.

Reste le problème de l'opposabilité de cette clause aux tiers au contrat. Sur ce point, on observe une analyse différente entre les juridictions française et chinoise. L'analyse de la jurisprudence française doit être nuancée. Si le destinataire est au courant de cette clause et a donné son consentement, cette clause est valable. Sans son consentement, cette clause est nulle. Toutefois, la cour de cassation a limité cette analyse en considérant que si la clause attributive de compétence désigne un autre tribunal du même État (la France en particulier), on appliquera les dispositions du code procédure civile, et l'article 1134 du code civil. En revanche, si cette clause désigne un tribunal d'un État étranger non membre de l'UE, elle n'a pas à répondre aux exigences du code procédure civil.

Nous pouvons résumer notre position en soulignant les effets de la clause attributive de compétence sur le contrat de transport.

Les activités ont été longtemps liées à l'exploitation commerciale du navire. Les nouveaux opérateurs juridiques comme par exemple les *NVOCC*s, qui ne possèdent pas de navire ont introduit la notion de la séparation du propriétaire du navire de sa gestion.

Il semble cependant opportun de s'en distinguer avec les tribunaux maritimes. Ces derniers sont placés auprès de tribunaux de grande instance, jouissent d'une compétence exclusive pour le jugement des délits qui constituent des infractions maritimes. Les infractions relatives à l'identification des navires, aux détournements ou recel d'épaves maritimes, à la non-conformité des matériels de sécurité, à la formation à la conduite des navires et bateaux de plaisance à moteur, à la sûreté portuaire, aux déchets d'exploitation et résidus de cargaison échappent à leur compétence. Il en est de même de certains actes d'indiscipline ou des manquements au droit du travail ou aux règles relatives au registre international français.

Le choix consistant à opter pour de nombreux professionnels du transport, pour une juridiction du type « chambre de commerce » peut s'expliquer par le fait que ce type de juridiction répond à de nombreux critères.

L'indépendance des juges qui ne sont subordonnés à aucun système judiciaire, n'en subissent pas de *facto* les influences doctrinales ou les pressions qui pourraient être exercées. Cette indépendance est confortée par la collégialité qui est un facteur rassurant pour les parties, et d'autant plus que les juges sont des juges « professionnels » dans le sens de professionnels du champ d'activité concerné. Tous ces éléments sont des éléments qui peuvent être perçus comme « rassurants » par les parties. Cependant, ce choix ne répond pas à toutes les exigences. En effet, les décisions peuvent être susceptibles d'appel, ce qui peut être à l'origine de délais et donc de coûts supplémentaires, sans oublier le fait que les juridictions d'appel sont alors des juridictions étatiques. Les tribunaux de commerce se situent donc à une sorte de croisée des chemins entre l'ordre judiciaire étatique et un ordre judiciaire non étatique.

Le peuple chinois est reconnu comme un peuple de commerçants très efficace. La culture chinoise très marquée par le confucianisme véhiculant des valeurs telles que le respect de l'autorité, le travail, l'entraide et la volonté de privilégier l'harmonie explique le succès du compromis plutôt que le recours aux juridictions. À telle enseigne que l'on pourrait se poser la question de savoir si le vieil adage français « Dieu nous préserve de l'équité des parlements » n'a pas été importé par Marco Polo. L'efficacité et l'efficience du commerce chinois ou du commerçant chinois reposent peut être sur ces principes. L'individu y est au centre, il y prend ses responsabilités, et il se protège des risques qu'il court. C'était le rôle du « *comprador* ». L'efficacité du commerçant chinois repose sur la confiance, le travail, la famille, le réseau, la garantie et la volonté d'éviter le recours à la justice coûteuse, lente, parfois aléatoire et qui représente un frein à l'activité commerciale.

Ces notions sont importantes à intégrer. Force est de constater que dans les anciens temps, les acteurs d'un commerce intervenaient dans l'élaboration de la loi, s'occupaient de son enseignement et de son application au travers de structures dédiées à la résolution des conflits. Le dialogue était toujours la première des voies envisagée et mises en œuvre. On essayait, autant que faire se peut, de réduire les litiges par le biais de la négociation, de la médiation, de la résolution amiable et de la conciliation. Ceci était d'autant plus admis que c'étaient des hommes du « métier » qui siégeaient et que ce qui animait ces individus relevait avant toute chose la préservation de l'activité économique et commerciale. Par exemple, les tribunaux maritimes perpétuent ces usages et ces principes dont l'efficacité permettent de reconnaître l'autorité de ces institutions.

Pendant des siècles, la Chine a vécu isolée du reste du monde et de ses évolutions. À certains égards, on pourrait dire qu'elle est la survivante des temps anciens. En effet, on retrouve dans son droit interne, et il s'agit bien d'un droit opposable, les fondements et les principes qui ont été ceux des premiers tribunaux de droit maritime des XVIIe et XVIIIe siècles.

À cette époque, les États intervenaient peu dans les différends qui se réglaient en faisant de la conciliation une priorité. La justice était rendue par des professionnels dont l'objectif premier restait la préservation des sources de profit et le bon fonctionnement des échanges commerciaux pour le bien être des compagnies et des industries, mais également des hommes qui y travaillaient, de leurs familles et des clients. Nous avons précédemment présenté la juridiction compétente pour traiter les contentieux maritimes. C'est donc la Cour maritime chinoise au premier degré qui est équivalente de la Chambre des transports du tribunal de commerce en France qui est chargée de statuer en première instance sur les litiges relatifs du transport. Plus précisément, il existe dix cours maritimes chinoises spécialement compétentes pour tous les navires et ce quelque soit leur pavillon, le lieu du dommage (que ce soit dans les eaux territoriales chinoises ou en pleine mer), que la navigation parte de la Chine ou soit à destination de la Chine. Cette compétence leur permet donc, le cas échéant, d'être désignées comme les instances de jugement lors de la rédaction des contrats de transport entre des parties n'ayant aucun lien avec la Chine et qui lui sont, par conséquent, totalement étrangères. Les juges chinois se déclarent compétents en l'espèce. Comme illustration, il est intéressant d'évoquer l'affaire « J.P. Morgan Chase » sur la contestation hypothécaire. C'est un bon exemple, car en l'espèce, le propriétaire du navire battant pavillon des Bahamas « voyageur » était poursuivi en 2002 en Chine en raison d'une créance non recouverte par des créanciers venant des États-Unis, de la Grande-Bretagne, du Libéria et d'autres, soit un total de huit pays. Ils ont décidé à l'unanimité de demander la saisie conservatoire du navire et sa vente aux enchères à la Cour maritime de Guangzhou.

Conformément aux dispositions de la « Procédure civile de la République populaire de Chine», le choix de la juridiction du tribunal devrait respecter un principe selon lequel le tribunal doit «avoir un lien réel avec le différend». Cependant, pour les affaires maritimes, les parties non-chinoises n'ayant aucun lien réel avec la Chine peuvent choisir la juridiction chinoise. Selon le livre blanc publié en 2014 par la Cour suprême chinoise à l'occasion du trentenaire des cours maritimes chinoises, à la suite de l'adhésion de la Chine à l'Organisation mondiale du commerce, il y a eu au moins 2,000 affaires, dont au moins une les parties était étrangère et avait pris l'initiative de choix de poursuivre devant les cours maritimes chinoises. Les droits étant en concurrence, les parties sont donc libres de choisir celui qui leur semble le plus bénéfique.

§2. – Le système judiciaire chinois

215. En Chine, l'organisation du système juridique est très différente et la présence d'acteurs du commerce inexistante. Il s'agit donc d'une approche plus centralisée et qui repose sur des juges formés à cet effet (§1). Ce système présente des avantages, mais n'est pas pour autant dénué de toute imperfection et critique (§2). Il conviendra alors d'étudier comparativement les différences entre ces deux systèmes (§3).

A. – L'aperçu des tribunaux chinois et leur fonctionnement

216. Contrairement au système français, les tribunaux chinois sont regroupés en quatre échelons composés de magistrats professionnels répartis entre la Cour Populaire Suprême, les tribunaux populaires locaux et les tribunaux populaires spéciaux. Chaque tribunal, dirigé par un président, assisté d'un vice-président, est organisé en chambres pénales, civiles, économiques

et administratives. Chaque chambre est également dirigée par un président et un vice-président. Il faut ajouter également qu'en Chine il n'existe pas comme en France, de tribunaux administratifs à proprement parler, ou bien de tribunaux de commerce.

Il faut préciser qu'au sommet, il y a la Cour Populaire Suprême, située à Beijing. C'est à elle que sont présentées les demandes d'appel des décisions émanant des cours populaires supérieures et des tribunaux spéciaux. Viennent ensuite les Tribunaux populaires locaux, subdivisés en trois échelons de cours de compétence générale. D'abord, il y a les cours populaires supérieures (une par province ou région autonome), qui constituent la plus haute instance à cet échelon. Elles sont établies dans la capitale de chaque province ou région autonome. Ensuite, les cours populaires intermédiaires qui sont au nombre de 389. Elles opèrent au niveau municipal. Enfin, il existe 3607 tribunaux dits de base, à l'échelon du district. Les cours populaires supérieures et intermédiaires sont compétentes pour juger en première instance, ou pour traiter les appels de décisions rendues par le tribunal d'échelon inférieur. Aux tribunaux ici décrits, il faut rajouter aussi ceux du peuple, qui peuvent être crées par les tribunaux de base, sans considération géographique, au gré des besoins. Il en existe 17,000. Les jugements rendus par ces tribunaux ont la même force contraignante que ceux rendus par les tribunaux de base. Il faut aussi compter avec les tribunaux spéciaux, compétents pour le règlement de différends dans des domaines précis : maritimes, militaires et les transports ferroviaires.

Le système judiciaire est actuellement en pleine réforme et suscite des tensions qui ternissent l'image du droit et de la justice en Chine. Concernant la hiérarchie des cours, les tribunaux populaires locaux sont organisés pour une circonscription territoriale spécifique avec pour mission de s'occuper de l'ensemble des contentieux (civil, commercial, administratif et pénal).

Ils comportent trois degrés qui correspondent à des niveaux administratifs différents : tribunaux populaires de base (au niveau du comté ou du district), tribunaux populaires intermédiaires (au niveau de la préfecture) et enfin tribunaux populaires supérieurs (au niveau de la province). Les décisions rendues peuvent faire l'objet d'un recours auprès de la juridiction immédiatement supérieure. La Chine compte aujourd'hui 3 558 tribunaux populaires de toutes catégories et près de 200 000 juges.

Quel est le rôle des tribunaux populaires spéciaux ? Les tribunaux populaires spéciaux regroupent les tribunaux militaires, les tribunaux maritimes et les tribunaux ferroviaires. Il existe également des chambres spécialisées, qui traitent des litiges forestiers, agricoles et pétroliers.

B. – Spécificités chinoises et critiques : les Comités de jugement et la supervision d'affaires individuelles

217. Tout d'abord, la première spécificité chinoise est l'existence des comités de jugement. Ils sont dans toutes les cours populaires, à tous les

échelons, y compris au sein de la Cour Populaire Suprême. Ils ont pour fonction de fixer la jurisprudence et de traiter les affaires « importantes ou complexes ».

Les comités de jugement sont composés de magistrats expérimentés : les présidents et vice-présidents du tribunal, les présidents de chambre et d'autres membres éminents du Parti Communiste Chinois qui siègent également au sein du tribunal. Notons à ce propos que la notion de séparation des pouvoirs telle que nous la connaissons en France, en Europe et aux États-Unis, à savoir que le pouvoir judiciaire est indépendant du pouvoir politique, n'existe pas en Chine. Mais cela résulte d'une histoire très différente et d'une philosophie également différente. Il y a une longue histoire de soumission au pouvoir, et ce quel qu'il soit, en Chine. Cela ne signifie pas forcément que la justice soit inféodée au pouvoir, mais seulement que cela ne pose pas de problème du moment que la justice est rendue et bien rendue. La France a d'ailleurs connu cette situation, n'oublions pas Saint Louis le roi bien aimé rendant la justice sous son chêne.

Ces magistrats sont nommés et destitués par le Comité permanent de l'Assemblée populaire de l'échelon correspondant, sur la recommandation du président du tribunal qui préside toutes les audiences du comité de jugement. Le procureur du parquet populaire de l'échelon correspondant peut assister aux audiences, sans droit de vote.

L'existence de ces comités est critiquée par les observateurs étrangers et débattue depuis plusieurs années par les juristes chinois. Alors que ses défenseurs insistent sur l'intérêt qu'il y a à profiter de l'expérience des membres des comités de jugement à la fois pour améliorer la qualité des jugements rendus et pour résister aux éventuelles pressions et tentatives de corruption, ses dénonciateurs mettent en avant le fait qu'avec l'intervention de ces comités, ceux qui jugent in fine l'affaire ne sont pas ceux qui l'ont entendue, n'incitant en outre pas les juges à accorder beaucoup d'attention aux arguments exposés au cours du procès. Ils soulignent également que ce système porte atteinte au renforcement de l'autorité des juges et à la transparence des procédures. C'est en effet une problématique qui résulte de la non séparation des pouvoirs.

En réponse à certaines de ces critiques, la Cour Populaire Suprême a inscrit, dans son dernier programme de réformes en date, la possibilité pour les comités de jugement de juger directement les affaires nécessitant leur intervention ainsi que la spécialisation de ces comités en fonction de la nature civile, pénale ou administrative des affaires.

218. Mais cela n'est pas la seule spécificité des juridictions chinoises. La supervision d'affaires individuelles permet également de réexaminer, de rejuger et éventuellement d'annuler une décision de justice définitive et exécutoire. Elle peut être initiée par une des parties au procès en s'adressant à la cour, par le parquet dans le cadre de son pouvoir de supervision, par le pré-

sident de la cour ou par une cour d'un niveau supérieur et par les Assemblées populaires locales en matière pénale, civile ou administrative. Elle ne se confond pas avec la procédure d'appel.

Là encore, le débat sur l'opportunité de ce système oppose ceux qui voient en lui le moyen de remédier au manque de professionnalisme des juges et de corriger les injustices résultant de jugements erronés, à ceux qui y voient une négation de l'autorité de la chose jugée et une possibilité pour les autorités politiques de faire procéder à l'annulation des décisions de justice qui leur sont défavorables.

Les affaires faisant l'objet de ce type de supervision restent cependant très minoritaires (environ 2% de toutes les affaires jugées par les cours) et celles qui voient leur verdict modifié sont encore plus rares (entre 0,3 et 0,4%).

Section II
La différence entre la Chambre Transport du Tribunal de Commerce de Marseille et la Cour maritime chinoise

219. Nous aborderons successivement la chambre transport du tribunal de commerce de Marseille (A) pour étudier ensuite la cour maritime chinoise (B).

§1. – La Chambre Transport du Tribunal de Commerce de Marseille

220. Le tribunal de commerce de Marseille était le seul en France à posséder deux chambres dont l'activité est exclusivement consacrée à examiner les dossiers de contentieux maritime et les conflits relatifs aux transports fluviaux et terrestres de marchandises. Depuis 2010, il en reste une qui traite les litiges en la matière tous les vendredis.

221. L'importance de cette chambre transport s'explique historiquement par le fait que Marseille :

- a toujours été une place importante de négoce international, vers les « Echelles du Levant » et l'Algérie tout d'abord, puis vers l'ensemble de la Méditerranée et enfin, après le creusement de l'isthme de Suez et la construction du canal éponyme inauguré en 1869, vers l'Orient et l'Extrême Orient ;
- a été pendant près d'un siècle le port des colonies (Afrique du Nord, Madagascar, Indochine, Ile Bourbon (devenue Ile de la Réunion))
- reste, grâce à l'apport considérable du terminal de Fos, le premier port français.
- Cette intense activité des armateurs marseillais, (Frayssinet, Fabre, Société de navigation Mixte, Services maritimes des Messagerie Impériales puis Messageries Maritimes…) générait un important contentieux maritime devant le Tribunal de commerce ou nombre d'entre eux se sont portés candidats et ont été élus.

Le tribunal de commerce de Marseille, à l'instar de la cour d'appel d'Aix en Provence, s'est donc forgé une réputation « maritimiste » incontestable, destinée à perdurer - la plupart des armements français ayant leur siège social à Marseille. Le Barreau a suivi cette évolution puisque, à ce jour, la moitié des avocats français spécialistes de la matière sont inscrits à Marseille. Les décisions rendues par le pôle du Tribunal de Commerce de Marseille et la Cour d'Appel d'Aix-en-Provence représentent environ 40% de la jurisprudence maritime française reprise dans les ouvrages de référence.

La chambre transport a à statuer sur tout ce qui se rapporte à l'exécution d'un contrat de transport maritime ou terrestre, ou d'un contrat accessoire au transport, principalement : les litiges entre chargeurs/expéditeurs, transporteurs et réceptionnaires/destinataires ; les recours des assureurs contre les transports ; les litiges entre transporteurs et agents maritimes et/ou cosignataires ; les litiges impliquant ou concernant un ou plusieurs navires, même de plaisance, (abordage, naufrage, échouage…) ; les litiges impliquant ou concernant les manutentionnaires, transitaires, commissionnaires… ; les litiges relatifs à des opérations douanières à l'import ou à l'export ; les litiges relatifs à la construction et la réparation navales.

Sont également de leur compétence les litiges entre capitaine ou commandant et transporteur maritime, ainsi que la certification des rapports de mer.

Idéalement, le juge « maritimiste » doit connaître ou pratiquer le droit des transports, les contrats de vente internationale, les « Incoterms », le crédit documentaire et la navigation. L'expérience montre que la pratique de l'une de ces matières associées au bon sens et à la bonne volonté permet de faire un bon juge consulaire « maritimiste ». S'ils ne sont pas des juges « professionnalisés » ils n'en demeurent pas moins des juges professionnels du domaine concerné.

Premier port de France, Marseille abrite les sièges sociaux des armements comme Marfret, Chambon, Bourbon, Boluda, CMA CGM, Jifmar, LD Travocean, et une kyrielle de professionnels tels que agents maritimes, transitaires et manutentionnaires. La fibre maritime de Marseille trouve des ramifications également dans le monde judicaire avec une juridiction spécialisée dans les transports.

« *Sur les 3500 jugements prononcés en moyenne par le tribunal de commerce de Marseille, hors procédures collectives, 70 à 90 relèvent de la chambre transport* », explique Bernard Ordines, président de la chambre transport depuis 2013[344]. Interrogé sur les nouveaux types de conflits, il note une montée en puissance de la cybercriminalité allant de pair avec la dématérialisation. Fausses commandes, camions détournés, faux connaissements, l'imagination des criminels n'a pas de frontière et pas de limite.

§2. – La Cour maritime chinoise

222. Dans le système judiciaire chinois, les cours maritimes appartiennent aux juridictions d'exception. Elles ont été créées en 1984. À l'origine il y avait 6 cours maritimes chinoises installées à l'époque. Depuis 1999, plusieurs cours ont été créées. Aujourd'hui, il y a 10 cours maritimes en Chine. Toutes les cours se situent dans les villes littorales, sauf la cour maritime de Wuhan qui se situe à côté de la rivière Changjiang (appelée « Yangtsé» par

[344] N. BUREAU DU COLOMBIER, Une chambre trasnport unique en France au sein du tribunal de commerce, le 07 février 2018.

les occidentaux) dans le centre de la Chine. Le degré de toutes les cours maritimes chinoises est le même que les cours intermédiaires.

L'organisation intérieure de la cour maritime est différente de celle de la cour générale, parce que sa compétence est plus étroite. C'est à dire que la cour maritime a beaucoup moins de chambres d'affaires que la cour générale qui inclut la chambre pénale et la chambre administrative.

Les élections et mandats de juges maritimes sont similaires à celui du juge général. Mais ce sont tous des juristes qui sont spécialisés en droit de la mer, droit maritime et des transports qui connaissent bien les activités et les personnes liées au navire. Le nombre de juges dans la cour maritime est beaucoup moins important que dans la Cour générale.

La Cour maritime est compétente pour les contentieux liés au droit maritime et au droit civil. C'est la juridiction de premier degré pour les affaires qui incluent les conflits contractuels sur le transport maritime, le port ou le navire. Elle est aussi compétente par rapport aux atteintes sur des biens ou des personnes en mer ou sur un navire. Si les parties ne sont pas satisfaites du jugement de la Cour maritime, elles peuvent faire appel à la Cour supérieure de la région dans laquelle la Cour maritime se situe.

Dans les jugements de la Cour maritime, les traités et les coutumes internationaux sont souvent prioritairement appliqués, et après vient l'application du droit civil et du droit maritime.

La procédure de justice dans la cour maritime est pratiquement la même que celle de la Cour générale. Toutefois, la procédure sur la saisie et la vente aux enchères de navire ou des marchandises est spécialement prévue par le Code de procédure maritime[345].

223. En Chine, le nombre d'affaires diverses dans chaque cour maritime est d'environ 1000 par an[346]. Avec le développement de l'économie maritime en Chine ce nombre est effectivement enclin à augmenter d'année en année. Depuis leur fondation en 1984, jusqu'en 2013, les dix cours maritimes chinoises ont traité 225,283 contentieux maritimes. Elles ont rendu et exécuté 215,826 décisions dont la totalité a fait l'objet de procès ; ce qui correspond à plus de 146 milliards RMB.

Pour célébrer l'anniversaire des 30 ans de la fondation des cours maritimes chinoises, la Cour suprême a publié le 2 septembre 2014, un livre blanc en version anglaise-chinoise. Selon le livre blanc, la Chine a déjà atteint l'objectif fixé en 1997 par la cour suprême ; à savoir devenir le pôle

---

[345] Afin de réglementer la saisie et la vente aux enchères du navire, en se basant sur la « loi de procédure civile de la République de Chine populaire » et le « code procédure maritime », la Cour suprême a publié les « Dispositions sur plusieurs questions concernant la saisie et la vente aux enchères du navire », interprétation judicaire (2015) n°6, qui sont entrés en vigueur le 1er mars 2015.

[346] Selon livre blanc publié par la Cour suprême le 2 septembre 2014.

international des contentieux maritimes avant 2010. À l'heure actuelle, 570 magistrats chinois spécialisés dans les affaires maritimes sont engagés dans tout le pays. Ils ont été formés dans des établissements d'enseignement supérieur de droit, option commerce et transport maritime, avec pour particularité une bonne maîtrise des langues étrangères. Cette élite est apte à diligenter des enquêtes, en effectuant des recherches pertinentes, suivant une discipline, leur garantit une estime sociale considérable.

224. Mais les pensées chinoises se rapportant au concept de « *zone de non belligérance* » se trouvent de même chez les maritimistes. Les cours maritimes chinoises emploient plusieurs mécanismes, de règlement des différends pour maintenir l'harmonie sociale et la stabilité. Chaque cour maritime se renforce par la communication et la coordination de ses activités avec celle des Association des transitaires telles que : *Fisheries Association, l'Association des* armateurs, de l'industrie maritime, de la pêche et d'autres autorités administratives. Une commission d'arbitrage est mise en place pour réaliser l'équilibre entre la médiation et la juridiction. De 2010 à 2013, le taux des affaires maritimes nationales de première instance a atteint 57%. Les cours maritimes de Xiamen et de Ningbo ont même créé une « zone de pêche exempt de litige », et de même une « zone portuaire exempt de litige »[347].

225. La quatrième chambre civile de la cour suprême en Chine rassemble et veille particulièrement sur tous les jugements rendus par les cours maritimes. Comme nous l'avons évoqué précédemment que les jugements sont rendus comme une juridiction de premier degré par les cours maritimes qui se placent alors au deuxième échelon sur les quatre portant un caractère de tribunaux spéciaux. Cependant, les recours se dirigent vers les cours populaires supérieures. Aujourd'hui, certains experts proposent d'établir après la cour maritime une cour supérieure spécialisée en droit maritime pour garantir une unité et la cohérence. Il faudrait souligner un phénomène nouveau en Chine : les magistrats chinois ont tendance à prioriser le droit maritime en oubliant souvent les principes du droit civil.

En France, la cour d'appel peut siéger et trancher en cas de recours portant sur les jugements des tribunaux civil et de commerce. Par exemple : grâce aux facteurs géographiques, tel que la méditerranée unie, les contentieux maritimes sont d'abord portés devant le tribunal de Commerce de Marseille dans un premier temps et ensuite à la cour d'Appel d'Aix-en-Provence en cas de désaccord des parties.

---

[347] Le concept d'exempt de tout litige dans ce contexte signifie qu'on règle les différends par une résolution amiable et ne va pas au procès.

À l'instar de ce qui se passe en France, selon notre approche de la question, il n'est pas nécessaire de créer en parallèle des tribunaux populaires un deuxième degré de cour supérieure spécialisée en Chine pour les contentieux maritimes dès lors que le système est d'ores et déjà complexe.

226. En conclusion, nous pouvons dire que de grandes différences se dégagent, en analysant de manière plus approfondie et comparée, entre les institutions judiciaires chinoises et les institutions françaises ayant compétence en matière maritime et des transports.

Les deux institutions évoluent dans des ordres juridictionnels distincts. Le contentieux maritime français prend place au sein d'une chambre du tribunal de commerce, tandis qu'en Chine ce même contentieux fait l'objet d'un traitement particulier depuis 1984 avec la création d'une juridiction d'exception qui est la Cour maritime. Elle revêt le caractère d'une institution d'exception, car elle est à la fois située à l'écart du système juridictionnel unique chinois et se place au second niveau de juridiction sur les quatre que comprend le système chinois.

Alors que la France compte 191 tribunaux de commerce avec autant de chambre maritime et des transports, la Chine n'a institué que 10 cours maritimes pour tout le pays, dont 9 situées sur le pourtour du littoral et 1 dans la grande ville de Wuhan dans l'intérieur du pays.

L'écart de développement de ces juridictions « équivalentes » d'un pays à l'autre est frappant, d'autant plus lorsque que l'on compare la taille de ces deux pays. L'important maillage français contraste sérieusement avec le réseau chinois qui reste pourtant viable. Le second élément de base qui apparaît porte sur le contraste concernant l'ancienneté de l'existence de ces deux juridictions. Sans doute la création récente des cours maritimes chinoises fait écho au fort développement des « 30 glorieuses » chinoises et à la nécessité de spécialiser la matière maritime face à un contentieux devenant de plus en plus précis et complexes.

La conséquence s'illustre par des places différentes qu'occupent le tribunal de commerce et la Cour maritime dans leurs systèmes de droit respectifs. Les juges qui y siègent ont aussi des profils profondément dissemblables. La France a fait le choix de juges consulaires, élus par un collège de pairs, issus du monde des affaires et du commerce. *A contrario*, les juges chinois sont des magistrats professionnels.

227. La Cour suprême chinoise a tenu le 7 juillet 2015 une conférence de presse pour annoncer ses « Avis sur la fourniture de services judiciaires et de garanties pour la construction de la ceinture et de la route». Le président de la Cour, Luo Dongchuan, a présenté la situation de façon pertinente et a mis en avant huit exemples types de tribunaux fournissant des services judi-

ciaires et des garanties pour l'initiative chinoise du projet «One Belt one Road»[348].

À l'issue de cette conférence de presse, un texte intitulé « Avis de la Cour populaire suprême sur la fourniture de services et de garanties judiciaires pour la construction de l'initiative chinoise d'une ceinture, une route » a été communiqué aux tribunaux.

Ces avis exigent que les tribunaux populaires chinois, à tous les niveaux en tiennent compte pleinement et renforcent la crédibilité internationale de la protection judiciaire dans le projet d'«Une ceinture, une route». Les tribunaux doivent jouer leur rôle d'instruction criminelle, être attentifs aux contentieux qui sont étroitement liée à ce projet, qui concernent les affaires civiles, commerciales étrangères, ainsi que les affaires maritimes, ou connexes impliquant la zone de libre d'échange et une pleine protection des droits procéduraux des parties en cas de conflits. Il est nécessaire de renforcer la coopération internationale en matière d'assistance judiciaire avec les pays riverains, d'appliquer les traités ainsi que les pratiques internationales et les lois étrangères, de renforcer la crédibilité internationale du jugement et le contrôle judiciaire. En même temps, les tribunaux populaires de tous les niveaux devraient approfondir les réformes judiciaires, et accroître l'influence internationale et la crédibilité du système judiciaire chinois, continuer à répondre aux besoins judiciaires de la nouvelle politique chinoise « une ceinture, une route» et promouvoir la mise en place de mécanismes divers de règlement des différends. Il est nécessaire d'élargir le mécanisme international de communication et de propagande judiciaires, de renforcer la reconnaissance de l'état de droit dans les pays le long de la route, de participer activement à la formulation de règles internationales pertinentes et de promouvoir le pouvoir judiciaire chinois sur la scène internationale. C'est une évolution importante au regard d'un pays qui a longtemps été nommé « l'empire du milieu » et qui se distinguait par l'imperméabilité de ses frontières et son peu d'ouverture au monde extérieur. La « grande Muraille » appartiendrait elle à présent à l'histoire ?

228. Chaque système a ses inconvénients et ses avantages. Les juges français bénéficient d'une connaissance de la réalité de la pratique des affaires qui est indéniable, mais cela est contrebalancé par les suspicions d'intérêts croisés, voire leur méconnaissance du droit généraliste du fait des origines professionnelles de leur qualification. Quant à la Chine, s'il est indiscutable que les juges soient indépendants, sans doute parce que le jugement en Chine demande justement une plus grande transparence du fait de

[348] *Journal de la Cour du peuple* du Juillet 8, 2015, 《人民法院报》2015 年 7 月 8 日，n°6372, numéro d'émission CN11-0194, 总第 6372 期，刊号 CN11-0194。

l'existence des comités de jugement, voire une supervision des affaires individuelles. Ainsi, la place qu'occupent ces juges dans ces deux pays accroit la distinction des deux institutions pourtant chargées d'un même contentieux.

La clause de juridiction revêt de ce fait une importance non négligeable. Le choix de la juridiction doit en effet rassurer les deux parties sur l'interprétation des textes qui lui seront soumis et qui auront été retenus de façon consensuelle lors de la rédaction du contrat, mais bien plus le choix de la juridiction implique également le choix des voies de recours le cas échéant. L'objectif des deux parties étant d'arriver à un accord qui soit le plus rassurant pour elles. Un élément peut préalablement jouer un rôle en avant dans le choix d'une juridiction, c'est celui du choix des bases juridiques qui seront stipulées dans le contrat. Le choix d'une base juridique qui aurait reçu l'assentiment des deux États serait rassurant les parties quant au lieu ou siègeraient éventuellement la juridiction élue. Rappelons qu'il s'agit d'une clause de juridiction qui est donc un élément négociable du contrat. Le choix de la juridiction est donc forcément conditionné au montant du contrat et à son importance pour les parties.

229. L'affaire de l'*Erika*, qui a ému les médias et les juristes français a fait couler beaucoup d'encres. Cette affaire revêt une importance particulière, de par ses enjeux économiques et environnementaux et son écho médiatique[349]. Si nous évoquons cette affaire, ce n'est pas pour la compétence des juridictions, mais pour montrer qu'il y a plusieurs interprétations possibles d'une convention internationale en fonction de législation nationale et leurs intérêts respectifs.

Pour mémoire, le navire l'*Erika* battant pavillon de Malte, affrété par le groupe Total et appartenant à un armateur italien, chargé d'une cargaison de 30 884 tonnes de fioul lourd n°2, a sombré à une trentaine de milles nautiques au sud de la pointe de Penmarch en Bretagne, en Zone économique exclusive (ZEE), c'est-à-dire une bande de mer ou d'océan située entre les territoriales françaises et les eaux internationales. Le naufrage s'étant produit en ZEE[350], se posait alors la question de la compétence des juridictions françaises pour juger du litige, et des textes et conventions applicables.

---

[349] 'Erika' : « Un avis juridique avec des conséquences politiques ».
En savoir plus, sur le site :
http://www.lemonde.fr/societe/article/2012/04/06/erika-un-avis-juridique-avec-des-consequences-politiques_1681900_3224.html

[350] La Bretagne a subi de ce fait sur 300 kilomètres de ses côtes ce qui a été appelé une « marée noire ». Ce seul patronyme évoque encore de nos jours une catastrophe écologique dont l'ampleur a marqué à tout jamais les esprits. Tout le monde se souvient encore de ces images télévisées montrant des kilomètres de plages souillées de cette glue visqueuse et noire, de ces cadavres d'oiseaux méconnaissables et de celles de ces mêmes oiseaux, mourants, ct sc trainant recouverts de ce pétrole gluant. Ces images ont bouleversé le monde.

L'arrêt fait 300 pages[351]. Le problème qui se posait au juge suprême était de savoir si l'État français peut appliquer sa loi à tous les navires dans les eaux territoriales, mais aux seuls navires sous pavillon français en ZEE. Or, l'*Erika* se trouvait en ZEE lors du naufrage et battait pavillon maltais – les conventions internationales auraient ainsi dû primer pour faire appliquer la loi maltaise. De prime abord, l'avocat général[352] semblait l'avoir soutenue dans ses conclusions l'incompétence des tribunaux français. Cette analyse a été compatie par une partie de la doctrine : le Professeur Pierre BONASSIES qui considérait que « *souhaitons seulement que, dans la présente espèce, elle (la Cour de cassation) réaffirme la compétence de principe des tribunaux français. Nier cette compétence serait, dans notre opinion, nier cinquante années de progrès du droit international, comme du droit français ou du droit européen dans la lutte contre la pollution maritime.* »[353]. C'est la solution que la plus haute juridiction française, la Cour de cassation a finalement consacré de ses vœux de compétence du droit français en estimant que la France était compétente pour juger des responsabilités dans ce naufrage de l'*Erika* qui avait sombré en dehors des eaux territoriales françaises en 1999[354]. L'État maltais n'ayant jamais engagé de poursuites contre les res-

---

[351] « Procès Erika : la Cour de cassation maintient la condamnation de Total », l'Express, le 25 septembre 2012.
https://www.lexpress.fr/actualite/societe/justice/proces-erika-la-cour-de-cassation-maintient-la-condamnation-de-total_1165642.html

[352] Maître Patrice Spinosi, avocat de plusieurs collectivités parties civiles, s'était d'ailleurs adressé en ces termes à la Cour de cassation à l'audience du 24 mai 2012 : « *Il faut revenir à l'essentiel. Que sommes-nous venus chercher ? (...) La justice. Personne ne peut nier que les textes manquent de clarté et qu'il existe un manque cruel de jurisprudence sur le sujet. Tout reste encore à écrire. (...) Il n'y a pas de fatalité : c'est vous qui interprétez la loi. Vous êtes libre de vos choix* ».

[353] P. BONASSIES, Sur l'Erika, ou « avant qu'il ne soit trop tard… », *DMF* 736 mai 2012, p. 403.
Emmanuel DAOUD, Clarisse LE CORRE, Arrêt Erika : marée verte sur le droit de la responsabilité civile et pénale des compagnies pétrolières, *Lamy Droit pénal des affaires*, n°122, novembre 2012, p.1.

[354] En effet, la Cour de Justice des Communautés Européennes (CJCE, aujourd'hui Cour de Justice de l'Union Européenne), a déjà jugé, dans un arrêt « Mines de Potasse d'Alsace » du 30 novembre 1976 (C-21/76), que le requérant a le choix d'assigner le responsable d'un dommage au lieu où le dommage s'est produit, et que ce lieu peut être aussi bien celui de « l'événement causal » que celui « où le dommage est survenu ». En l'espèce, il s'agissait d'une pollution causée par une mine de potasse d'Alsace qui était remontée par le Rhin jusqu'aux Pays-Bas : la Cour a considéré que les tribunaux néerlandais étaient compétents, même si le dommage venait au départ d'une mine alsacienne : celui-ci avait été subi aux Pays-Bas, et le demandeur pouvait donc saisir les tribunaux néerlandais.
Cette règle est aujourd'hui bien établie et a été confirmée plusieurs fois par la CJCE, par exemple dans le cas d'une publication de presse portant atteinte à la vie privée : le demandeur a alors le choix de saisir les tribunaux de n'importe quel pays de l'Union Européenne où l'article litigieux est paru (affaire Fiona Shevill, CJCE, 7 mars 1995, C-68/93).

ponsables du sinistre, il s'avérait nécessaire de confirmer la compétence des tribunaux français pour statuer sur les infractions commises dans l'affaire de l'*Erika*[355].

Nous ne revenons pas sur ce qui a été déjà dit concernant la compétence des juridictions, mais ce qui nous semble substantiel dans cette affaire est de savoir si la convention internationale devrait nécessairement primer la loi nationale. Nous connaissons tous le principe de supériorité des traités sur les lois internes. Ce principe est également inscrit dans le droit chinois. Le code de procédure civile de la République populaire de Chine de 1982 a pour la première loi prévu cette disposition dans son article 189 aux termes duquel : « *Si les traités internationaux auxquels la République populaire de Chine a conclu ou participé ont des différents dispositions du présent code, les dispositions des traités internationaux s'appliqueront, à l'exception des dispositions de notre déclaration conservatoire* »[356].

La France étant un État signataire de la Convention de MARPOL, pourquoi la Cour de cassation a-t-elle fait appliquer la loi de 1983, mais pas la Convention que la France avait cependant ratifiée tout comme Malte. Selon

---

Par conséquent, dans l'affaire Total, même si le naufrage a eu lieu dans la ZEE, on peut considérer que les dommages ont été subis au niveau des côtes, ce qui fonde la compétence des juridictions françaises.

Cependant, une fois cette étape franchie, reste à déterminer la loi applicable, ce qui est une question distincte.

355 Plusieurs conventions peuvent intervenir dans cette affaire : la convention de Londres de 1969, la convention de Montego Bay et la convneiton Marpol.

Selon la convention internationale de Montego Bay sur les droits de la mer qui date de 1982, lorsqu'un accident survient hors des eaux territoriales du pays touché, c'est la loi de l'État du pavillon qui s'applique, en l'occurrence Malte. Une position assez surprenante : l'Erika ne s'est pas brisé en haute mer, mais dans la zone économique exclusive, la ZEE, où l'État côtier peut intervenir.

L'article 220 de la Convention de Montego bey : lorsqu'il y a une preuve chaussant un dommage important d'un état côtier,

Ainsi que l'article 228 de la Convention qui prévoit que l'état côtier a engagé pour une infraction commisse au delà de la mer territoriale, l'état côtier peut intervenir, si l'état du pavillon a engagé une procédure, l'état côtier doit donc suspendre ces poursuites.

La convention internationale pour la prévention de la pollution par les navires (convention MARPOL) de 1973 et son protocole de 1978.

356 Après les autres lois et règlements ont fait à peu près les mêmes dispositions en matière civile, procédure civile, procédure administrative, services postaux, protection des animaux sauvages, santé et immigration des étrangers etc. Cependant, Pour certains auteurs, par exemple CHEN Hanfeng, ces lois et ces règlements ne concernent cependant que des questions spécifiques telles que les affaires civiles et administratives et ne sont pas politiquement forts. Il souligne que l'on peut par conséquence dire avec prudence que la Chine n'a pas le principe général dans sa constitution que les traités internationaux dépassent le droit interne.

Voir Hanfeng CHENG, 陈寒枫等, La relation entre les traités internationaux et le droit internet ainsi que la pratique chinoise, 《国际条约与国内法的关系及中国的实践》, Guoji fatiao yu guoncifa dc guanxi jizhongguo de shijian, Zhengfa luntan, n°2, 2000, 《政法论坛》2000 年第 2 期。

l'avocat général, la loi française de 1983 n'est pas applicable, car ce sont les conventions internationales qui priment. La loi pénale française de 1983 réprime la pollution involontaire par hydrocarbures et permet de poursuivre le capitaine et tous ceux qui ont un pouvoir de gestion et de direction sur l'état et la conduite du navire. La convention Marpol est cependant moins sévère, elle ne réprime que les pollutions volontaires et n'incrimine que le capitaine du navire. En effet, la loi sanctionne la faute simple commise par le propriétaire, l'exploitant ou toute autre personne exerçant un pouvoir de contrôle ou de direction dans la gestion ou la marche du navire. Elle était donc plus sévère que la convention, punissant uniquement la faute intentionnelle ou inexcusable commise par le propriétaire ou le capitaine du navire à l'exclusion de toute autre personne.

Selon le principe de supériorité des traités sur les lois internes, la Convention Marpol aurait dû s'appliquer. Pourquoi ce choix de la loi française par les juges français et comment le justifier ? Selon le Professeur Philippe DELEBECQUE, il ne s'agit pas d'un problème de hiérarchie, mais de compatibilité entre les textes : « *Au regard de la hiérarchie des normes, la convention, seule, s'imposait. À quoi l'on pouvait objecter que le problème était ici un simple problème de compatibilité entre l'ordre juridique international et l'ordre juridique interne et que rien ne s'opposait à ce que la loi interne fût, dans le domaine de la protection de l'environnement, plus sévère que la convention.* »[357]. C'est aussi le point de vue le plus pertinent qu'a adopté le Professeur Pierre BONASSIES[358].

En effet, la Convention Marpol est un texte très technique qui établit un plancher en termes de sécurité, qui a été préparée dans les années 1960 où la question de la pollution n'était peu importante. Les États signataires doivent veiller au respect de la convention internationale en droit interne. La règlementation internationale minimum à respecter n'interdit pas pour autant aux législateurs nationaux de prendre des dispositions plus sévères.

La France respecte la Convention qui est un minima et répond à la situation actuelle d'établir le droit interne visant à prévenir, réduire et maîtriser la pollution du milieu marin[359]. La Cour de cassation a donc répondu que le droit français positif et la Convention internationale sur la pollution étaient compatibles. Elle considère que les préjudices écologiques sont susceptibles d'être pris en considération. La Cour de cassation prononce pour la première

---

[357] Naufrage de l' « *Erika* » : « L'avis de l'avocat général est contraire au bon sens ». http://www.liberation.fr/terre/2012/09/24/naufrage-de-l-erika-l-avis-de-l-avocat-general-est-contraire-au-bon-sens_848618

[358] Cf. P. Bonassies, La compatibilité de la loi du 5 juillet 1983 avec la Convention Marpol, *DMF* 2010. 892.

[359] Nous pouvons comprendre par un autre exemple. Il existe une convention européenne sur l'agrément des médicaments, mais tous les États européens se réfèrent aux exigences de la FDA qui est beaucoup dures.

fois la notion de préjudice écologique, l'atteinte directe ou indirecte sur l'environnement. Les préjudices écologiques sont aujourd'hui prévus par l'article 1246 du Code civil français. Cet article pose le principe selon lequel : « *Toute personne responsable d'un préjudice écologique est tenue de le réparer* ». L'article 1249 du Code civil précise que cette réparation s'effectue en priorité par nature et qu'en cas d'impossibilité, des dommages et intérêts pouvaient être affectés à la réparation. « *Une obligation de réparation de préjudice égologique, une atteinte non négligeable aux éléments aux écosystèmes* ».

Ceci étant dit n'y a-t-il pas une autre explication au fait que ce sont les juridictions françaises qui se soient déclarées compétentes en l'espèce ?

Comme nous l'avons évoqué précédemment, l'État maltais n'a engagé aucune procédure comme le lui imposait la convention Marpol dont il était signataire. Interrogeons-nous à ce sujet en abordant la question sous un autre angle.

Malte est un État peuplé d'environ 400.000 habitants, soit environ la moitié des citoyens de l'agglomération marseillaise. En France, son équivalent, serait la Corse. Son PIB, c'est-à-dire la richesse qu'elle produit chaque année est d'environ 11 milliards de USD.

Qu'avons-nous de l'autre côté ? Une multinationale employant plus de 100.000 personnes directement et bien plus encore indirectement, fournisseurs, partenaires, distributeurs etc. Mais surtout une compagnie dont le chiffre d'affaire est d'environ 130 Milliards de USD.

Premier constat : le rapport de force des parties en cause. Nous imaginons mal les instances judiciaires maltaises affronter les hordes d'avocats spécialisés au service de Total. Il aurait fallu que l'avocat général puisse « lutter » à armes égales et disposer de moyens à minima équivalents. Ce dont il est permis de douter. Et cela nécessite la mobilisation de ressources humaines et financières dont il est permis de douter également que Malte puisse les réunir.

Deuxième constat qui est sans doute le plus important. Malte est un « pavillon de complaisance ». C'est-à-dire un pavillon permettant à des armateurs, des propriétaires de contourner les législations fiscales, les conventions salariales, les règlements de sécurité, les obligations de contrôle et ou de suivi et bien d'autres choses encore. Il faut savoir que l'*Erika* était un navire construit par une société japonaise, qui a changé huit fois d'armateur (propriétaire), trois fois de pavillon (loi applicable au navire en haute mer), trois fois de société de classification (société qui gère les standards techniques applicables au navire), et quatre fois de gestionnaire nautique (organisme responsable de la maintenance et delà gestion du navire).

Malte est dans le top 5 des pavillons de complaisance[360], qui servent à contourner les lois, les règlements et autres, dans le domaine de la fiscalité, des contrôles, de la sécurité et dans à peu près tous les domaines. Il aurait été ainsi difficile à Malte de lancer une procédure contre Total, le propriétaire, ou la société de certification, car cela serait contre sa propre stratégie économique et fiscale.

Nous pouvons donc raisonnablement penser que Malte du fait de ses propres ressources juridiques et judiciaires internes, des moyens qui auraient pu être mobilisés pour ce procès d'exception, mais également du fait qu'une de ses ressources repose sur le « pavillon de complaisance » ne se soit pas pressé d'engager une procédure quelconque à l'encontre de son potentiel « client » de pavillon.

Cela nous amène, encore une fois, à réfléchir à l'efficience des conventions. Pouvait-on raisonnablement attendre ou espérer d'un État dont une partie des activités (et donc de son PIB) consiste à fournir un pavillon de complaisance permettant de contourner le droit, qu'il soit fiscal, social ou sur la sécurité et le contrôle des navires qu'il s'engage dans une procédure visant l'un ou l'autre de ses « clients » directs ou indirects ? La question mérite d'être posée. Mais c'est une nouvelle indication sur la réelle efficience des conventions internationales signées par des États qui à l'évidence ne sont pas « parties prenantes » de ces conventions. Signer est une chose, appliquer en est une chose autre, surtout quand les intérêts en cause sont pour le moins divergents.

Chercher une convention d'harmonie en matière de transport multimodal est une solution, hélas une telle convention serait difficile à être ratifiée par l'ensemble des États. Et de plus comme nous venons de le voir, même si la convention a été ratifié, il n'est pas prouvé que l'État en question souhaite au final la mettre en œuvre si elle va l'encontre de certains de ses intérêts. Une convention internationale, même si désirée, ne saurait être la seule solution possible et envisageable. Nous essayerons donc de montrer l'intérêt dans certains domaines du retour en force de l'arbitrage et de l'efficience de la médiation.

Le choix d'une juridiction purement étatique est un choix qui peut exposer les parties à des incertitudes quant au rendu du jugement. Le choix d'une juridiction type tribunal de commerce peut être une alternative satisfaisante. Les juges sont désignés certes, mais ils sont au nombre de trois, et bien que issus d'environnement professionnels distincts ils n'en restent pas moins des professionnels reconnus par leurs pairs. C'est par ailleurs une justice peu

---

[360] Certes Malte est loin de Panama qui détient à lui seul près de 28 % du marché du pavillon de complaisance mais Malte est un « pavillon de complaisance » reconnu et donc forcément apprécié. Par ceux qui y ont recours, directement ou indirectement. A ce propos, il est à noter que parmi les « pavillons de complaisance », on trouve la Mongolie dont la culture maritime n'est plus à démontrer.

dispendieuse ce qui peut se révéler intéressant. Mais cette voie peut être soumise à l'appel, ce qui peut fortement diminuer son efficience et son intérêt en allongeant la procédure via des recours toujours possibles. C'est la raison pour laquelle les professionnels ont tendance à avoir recours de plus en plus à des solutions plus rapide en se tournent vers une juridiction non étatique.

Chapitre II
La juridiction non-étatique

230. Une évolution récente fait apparaître que les parties préfèrent de plus en plus, dans un souci d'efficacité et de rapidité, avoir recours à des modes de solution des conflits non-étatiques, soit l'arbitrage (Section I), soit la médiation (Section II).

Cette tendance ne va pas sans poser beaucoup de difficultés quant à la validité de ces clauses dites aussi clauses d'arbitrage, et surtout quant à leur opposabilité aux différentes parties concernées dans l'opération de transport maritime.

Section I
L'arbitrage dans le domaine maritime

231. En matière internationale, l'arbitrage est devenu un mode de résolution des litiges prédominant. En effet, comparativement à la justice étatique, l'arbitrage offre un certain nombre d'avantages : la confidentialité, la rapidité et un coût moindre. Il s'agit sans conteste du mode de règlement des différends qui convient le mieux au monde des affaires en raison de son caractère « lénifiant ».

Comme le dit un proverbe français : « Un méchant accommodement vaut mieux que le meilleur procès ». Dans le contexte de l'accroissement des risques judiciaires mondiaux, un mécanisme alternatif de règlement des différends est né et a appelé une tendance sociale : les modes alternatifs de règlement des conflits (traduit d'anglais « *Alternative Dispute Resolution* » (ADR).

Les arbitres vont appliquer des droits nationaux, mais en même temps les compléter ou les interpréter à la lumière de conventions internationales ou d'usage du commerce international. L'arbitrage va se nourrir des sources matérielles internationales qui voient de plus en plus le jour sous des influences diverses.

L'arbitrage est plus ouvert qu'en matière interne et est surtout très liée à la promotion parallèle d'un droit des affaires international.

Dans le monde maritime, les parties recourent ainsi largement à l'arbitrage, ce qui est dû à la bonne réputation de l'arbitrage dans les milieux commerciaux maritimes. C'est pratiquement un usage dans les contrats d'affrètement ou encore de construction. Selon le bilan 2016 de la Chambre de commerce international de Paris (CCI)[361], nous verrons dans quels secteurs économiques il est fait le plus recours à l'arbitrage et quel pourcentage cela représente. Le transport occupe la 4ème place en termes de pourcentage de recours à l'arbitrage, il représente 6% juste derrière la construction & ingénierie (20%), la Finance & assurance (19%) et enfin l'énergie 13%.

La volonté des parties est primordiale dans la procédure arbitrale. Elle se manifeste dans la confiance dans l'acceptation des décisions rendues par les arbitres et dans la volonté des parties de régler de la sorte le différend.

L'arbitrage a un fondement essentiellement contractuel, parce qu'il tire sa raison d'être de la convention d'arbitrage. Les compromis sont rares et, le plus souvent, les arbitrages se fondent sur les clauses compromissoires proposées par les organisations professionnelles d'armateurs. L'arbitrage *ad hoc* se pratique, mais l'arbitrage institutionnel est, de loin, le plus répandu. À cet égard, la place de Londres a une influence essentielle. La LMAA est un rôle de premier plan. D'autres chambres font aussi leur place, notamment la CAMP.

L'arbitrage est ici professionnel : il fonctionne sur la base de listes d'arbitres reconnus pour leur expérience et leur compétence. Il est certain que dans le domaine maritime, la navigation, la technicité de l'ingénierie ou encore l'intelligence des chartes-parties qui sont au cœur des litiges requièrent de la « bouteille ». D'où une réelle spécificité de l'arbitrage maritime qui est généralement mal comprise par les non spécialistes. On doit en tout cas aux affaires maritimes une contribution précieuse au droit de l'arbitrage.

La clause arbitrale insérée dans un contrat recommandé par la CCI est la suivante :

« *Tout différend découlant au présent contrat ou en relation avec celui-ci seront tranchés définitivement suivant le Règlement d'Arbitrage de la Chambre de Commerce Internationale par un ou plusieurs arbitres nommés conformément à ce Règlement* ».

« *Toute partie désirant avoir recours à l'arbitrage selon le présent Règlement adresse sa demande d'arbitrage (la « demande ») au Secrétariat, qui notifie au demandeur et au défendeur la réception de la demande et la date de celle-ci* ».

L'arbitrage français est gouverné par le code de procédure civile français dans les articles 1442 à 1491, pour l'arbitrage interne et 1527, pour l'arbitrage international.

L'article 1442 du Code procédure civile dispose que « *La clause compromissoire est la convention par laquelle les parties à un contrat qui s'engagent à soumettre à l'arbitrage les litiges qui pourraient naitre relativement à ce contrat.* ».

---

[361] Voir l'annexe n° 2 tableaux de la CCI.

L'article 1476 précise l'autorité de la chose jugée. La sentence a ainsi la même force qu'une décision étatique ou encore qu'une transaction convenue entre les parties. Si donc, l'une des parties introduisait ensuite un nouveau procès, l'autre pourrait lui opposer l'exception de « la chose jugée », qui rendrait la demande irrecevable. La sentence arbitrale n'a pas en revanche d'elle même la forme exécutoire[362]. C'est une différence importante avec la décision étatique, parce que les arbitres ne statuent pas au nom de la République française. Ce caractère exécutoire qui permet de solliciter la force publique, et notamment l'huissier justice, n'est obtenu que par décision d'exequatur rendu par le président du TGI, quel que soit le litige (même commercial).

Il convient de souligner que le décret du 13 janvier 2011 a revisité de fond en comble le droit français de l'arbitrage et l'a recodifié. Il aura nécessité dix années de travaux pour que ce nouveau décret soit publié. Il a fallu, trois législatures, quatre Premiers ministres, six gardes des Sceaux, pour que le nouveau droit français de l'arbitrage tant attendu voit enfin le jour. Néanmoins, depuis 2013, les tribunaux jugent désormais majoritairement sur la base du décret de 2011, si bien que l'on peut considérer que l'année 2013 est celle de la bascule de l'ancien vers le nouveau régime.

Ce décret a apporté des modifications importantes. Avant la clause compromissoire devait être écrite et la désignation des arbitres ou les modalités de leur désignation devaient, à peine de nullité, figurer dans la clause. Désormais la réforme ne sanctionne plus par la nullité, l'absence de désignation ou de sa modalité de l'arbitre. La seule condition de validité sous peine de nullité est l'écrit.

En plus, la réforme a consacré le principe de l'autonomie de la clause compromissoire 1447 du Code de procédure civile. Autrement dit la clause n'est pas affectée lorsque le contrat est nul.

Concernant la question des recours pouvant être mis en œuvre concernant l'arbitrage, il convient de dissocier l'appel en annulation. L'article 1489 du Code de procédure civile prévoit que la sentence n'est pas susceptible d'appel, sauf volonté contraire des parties. Cet appel tend à la réformation ou à l'annulation de la sentence.

Les parties ont toujours la possibilité d'effectuer un recours en annulation, sauf si la voie de l'appel est ouverte conformément à l'accord des parties. Les hypothèses d'ouverture de ce recours sont strictement énumérées par l'article 1492 du Code procédure civile. Tel est le cas si le tribunal arbitral s'est déclaré à tort compétent, s'il a été irrégulièrement constitué, ou s'il a statué sans se conformer à la mission qui lui avait été confiée, mais également si le principe de la contradiction n'a pas été respecté, si la sentence est

---

[362] Concernant la force exécutoire de la sentence, voir l'article 1477 du code de procédure civil français.

contraire à l'ordre public ou si la sentence n'est pas motivée ou n'indique pas la date à laquelle elle a été rendue ou le nom du ou des arbitres qui l'ont rendue ou ne comporte pas la ou les signatures requises ou n'a pas été rendue à la majorité des voix. Lorsque la juridiction annule la sentence arbitrale, elle statue sur le fond dans les limites de la mission de l'arbitre, sauf volonté contraire des parties.

Selon l'article 1518 du Code de procédure civile, la sentence rendue en France en matière d'arbitrage international ne peut faire l'objet que d'un recours en annulation.

232. En Chine, l'arbitrage a été pendant longtemps très peu pratiqué. Mais, depuis l'avènement d'une évolution juridique de la RPC, il connaît un certain d'intérêt[363]. La Chine a adhéré, en décembre 1986, à la Convention de New York du 10 juin 1958 sur la reconnaissance et l'exécution des sentences arbitrales étrangères dans le but de se rapprocher des critères du droit d'arbitrage international. Cette adhésion est entrée en vigueur le 22 avril 1987. Mais il a fallu attendre 1994, pour qu'une loi spécifique relative à l'arbitrage soit promulguée : la loi sur l'arbitrage[364]. Cette loi s'applique à tout arbitrage soumis au droit chinois, avec des dispositions consacrées à l'arbitrage comportant un élément d'extranéité. Elle concerne l'ensemble du droit de l'arbitrage, qu'il s'agisse de l'arbitrage interne ou international.

En mai 1954, le gouvernement chinois a créé une « *Foreign Trade Arbitration Commission* » (Commission d'arbitrage pour le commerce extérieur) au sein du Conseil chinois pour la promotion du commerce international. Elle porte aujourd'hui le nom de « CIETAC » (*China International Economic Arbitration Commission*). Le choix du Conseil chinois pour la promotion du commerce international est en lui-même significatif. Il est clair, en effet, que ce choix énonce l'objectif qui le guide, la volonté de faciliter la promotion du commerce international et son développement. C'est un axe économique et la volonté est de trouver des solutions judiciaires qui soient, avant tout, facilitatrices de l'essor du commerce international et non des freins à ce dernier.

La Commission chinoise d'arbitrage a clairement établi dans ses règles le principe de l'autonomie de la clause compromissoire, même en cas d'absence de contrats, mais la loi chinoise sur l'arbitrage n'a pas formulé pour ce qui la concerne de dispositions aussi claires. Elle indique seulement que « la clause compromissoire est distincte du contrat, autrement dit la clause n'est pas affectée lorsque le contrat est nul. Si le contrat n'est pas valable, la clause compromissoire de convention d'arbitrage est indépen-

---

363 Voir Marie Goré, Ai-Qing Zheng, Le droit chionis, Que sais-je ?, 1e , éd., 2022.

364 « 中华人民共和国仲裁法» (*zhonghua renmin gongheguo zhongcaifa*), La loi sur l'arbitrage du 31 août 1994.

dante. La modification, la résiliation ou l'invalidité du contrat n'affecte pas la validité de la convention d'arbitrage. ».

Selon les articles 19, 20 et 58 du code d'arbitrage chinois, les parties peuvent choisir de rédiger la clause compromissoire en langue chinoise, anglaise ou une autre langue étrangère. Mais devant les tribunaux étatiques, seul la langue chinoise est acceptée selon l'article 240 du code procédure civile chinois.

Il est par ailleurs également possible de s'accorder au sein d'une procédure judiciaire en cours pour aller devant la justice arbitrale.

La réflexion menée ici est relative au principe dit « compétence-compétence », ainsi que la reconnaissance d'une clause compromissoire insérée dans le connaissement. La réforme du code maritime chinois est relancée par l'Université maritime de Dalian[365] et l'association d'arbitrage, par la Cour suprême.

Le déroulement d'une procédure arbitrale est assez souvent perturbé par des procédures engagées en parallèle devant une juridiction étatique ou d'autres arbitres par l'une des parties, ou encore par des tiers intéressés.

L'article 20 de la loi d'arbitrage de la République populaire de Chine comporte une disposition sur la compétence de l'arbitrage : *« Si les parties s'opposent à la validité de la convention d'arbitrage, ils peuvent demander à la Commission d'arbitrage ou au tribunal étatique pour prendre une décision. Si l'une des parties soumet sa demande à la Commission d'arbitrage, mais si l'autre saisit les juridictions étatiques, c'est au tribunal étatique de statuer. Si les parties contestent la validité de la convention d'arbitrage, l'objection doit être faite avant le début de la première audition du tribunal arbitral ».* Nous pouvons donc conclure qu'en Chine, le tribunal étatique et la Commission d'arbitrage ont tous deux le droit de se prononcer sur la validité de la convention d'arbitrage, mais si les deux parties saisissent deux juridictions différentes, c'est le tribunal étatique qui a le pouvoir de statuer. Autrement dit, les juridictions étatiques sont prioritaires. Cette disposition chinoise est contre le principe de compétence-compétence, car la Chine privilégie le pouvoir des tribunaux étatiques en cas de conflit de compétence de juridictions. Paradoxalement, la Chine fait partie des États-membres de la Convention de New York. L'article 142 des « Principes généraux du droit civil » prévoit que « *L'application de la loi dans les relations civiles avec les étrangers sera conforme aux dispositions de ce chapitre. Lorsqu'un traité international conclu par la République Populaire de Chine ou auquel elle a accédé comporte des dispositions différentes de celles dans les droits civils de la République Populaire de Chine, et hormis les cas de réserves annon-*

---

[365] L'Université maritime de Dalian (UMD) jouit d'une grande réputaiton à l'échelle internationale comme un excellent centre d'éducation et de formation maritime reconnu par l'Organisation maritime internationale.

cées par la République Populaire de Chine, les dispositions conventionnelles s'appliqueront. En cas de lacune des traités internationaux conclus par la République Populaire de Chine et auxquels elle a accédé, la pratique internationale s'appliquera. ». Il apparait nécessaire d'appliquer le principe compétence-compétence en Chine à propos de l'arbitrage international. La situation semble confuse pour les entreprises occidentales. Il est donc compréhensible qu'elles ne choisissent pas l'arbitrage en Chine pour éviter de quelconques risques.

La reconnaissance et l'exécution des décisions judiciaires étrangères sont très difficiles en pratique en raison des effets extraterritoriaux de la souveraineté judiciaire et du jugement des tribunaux étrangers. À cet égard, il n'y a pas de convention internationale qui ait une influence suffisante pour être efficace dans la mise en œuvre d'une décision d'un tribunal étranger dans un autre pays. Les sentences arbitrales sont plus susceptibles d'être reconnues et appliquées par les États.

Nous retrouvons là encore les limites des conventions internationales. Elles s'opposent en effet, pour de nombreuses raisons tant politiques que de droits internes, aux barrières établies aux frontières des États souverains. Une des raisons qui pourraient expliquer que les sentences arbitrales sont plus susceptibles d'être reconnues et appliquées par les États est que ces sentences n'interviennent pas dans les droits internes. De fait ce sont des décisions « extraterritoriales » qui ne font pas intervenir directement les droits internes, même si les arbitres, dans leur recherche de solution d'arbitrage s'y réfèrent. Ces décisions arbitrales naissent dans un « terrain neutre » où seuls les intérêts privés des parties de leur représentant mais également les arbitres interviennent. Il ne peut jamais y avoir une atteinte, même partielle à la souveraineté des États dont les parties sont membres. Les États ne sont en effet pas concernés.

233. Les sentences d'arbitrage ont pris une place prépondérante grâce à la Convention de New York de 1958. Celle-ci est une convention sur la reconnaissance et l'exécution des sentences arbitrales étrangères, largement reconnue par plus de 130 pays. La Convention de New York établit les conditions d'exécution des sentences arbitrales étrangères et les obligations des États. En tant qu'État-membre de cette convention, la Chine reconnaît et applique les sentences arbitrales commerciales internationales rendues par une institution d'arbitrage étrangère en Chine ou dans d'autres États-membres. Ceci vient en soutien à ce que nous évoquions précédemment. En effet, les États ne sont pas « impliqués » dans ces procédures. Ni leur souveraineté ni leurs institutions ne sont mises en cause. C'est « extraterritorial » comme nous l'évoquions et cela va dans le sens d'une recherche de solution qui soit favorable au développement des échanges et du commerce, ce qui est profitable à tous.

Toutefois, le rôle de l'arbitrage international en matière de droit du transport international de marchandises paraît assez modeste puisque l'arbitre ne bénéficie pas d'une autonomie totale. En effet, il se doit de tenir compte des droits internes. Il est obligé de recourir au juge étatique pour l'exécution forcée de la sentence. L'arbitrage international peut pourtant permettre aux parties d'échapper à un éventuel conflit des lois au profit des Conventions. Les conventions d'arbitrage peuvent en effet désigner le droit qui sera applicable à leur litige, et même si celles optent souvent pour le droit matériel international élaboré ou ratifié par les États, elles le font ici en dehors du cadre étatique. Ce qui nous permet à nouveau de mettre en avant la notion d'» extraterritorialité » que nous évoquons tout au long de cette partie.

Ce recours à l'arbitrage semble, par conséquent, simplement permettre aux parties d'assurer une prévisibilité suffisante du droit applicable à leur litige. C'est ce rôle qui vient d'être éprouvé. Cet instrument qui a été conçu comme juridictionnel possède une « juridiction limitée » puisqu'il dépend étroitement d'une part de la volonté des parties, d'autre part, de la réception qui en est faite en dehors de l'» institution ». La prévisibilité est également un élément important que nous abordons ici, prévisibilité et sécurité juridique. En effet, en faisant appel à l'arbitrage, les parties mettent en place une sorte d'assurance. Elles choisissent pour partie leurs juges, ces derniers sont généralement des professionnels reconnus du domaine d'activité mis en cause. Elles s'accordent au préalable sur les « règles du jeu » à savoir les textes juridiques auxquels les juges devront se référer pour trancher le différend. Par cette démarche, les magistrats reconnaissent le bienfondé des décisions qui seront prononcées et qu'ils s'engagent à accepter. Et les parties s'assurent que les États y seront étrangers, mais accepteront la décision et la feront appliquer. À l'évidence, cela représente en effet pour les parties ce qui ressemble le mieux à de la sécurité juridique et de sa prévisibilité. Ces règles contribuent à garantir la sécurité juridique indispensable écartant tout facteurs d'imprévisibilités.

234. Pour illustrer notre analyse, nous allons prendre un exemple récent connu de tous. Il s'agit de l'affaire dite Tapie et mettant en cause une banque Française, qui lors des faits était une banque nationalisée. Cette affaire, dont il ne nous appartient pas de traiter ici du détail, s'est déroulée sur des années. Tout le monde était paralysé par l'attente d'une décision, y compris par la banque du Crédit Lyonnais qui devait provisionner des sommes considérables et qui était de plus susceptible de condamnation à de lourdes amendes. Le ministre de l'économie madame Christine Lagarde, actuelle présidente du FMI, a décidé de sortir de cette situation et d'avoir recours à l'arbitrage. Rappelons en effet que l' « État » français était partie car actionnaire majoritaire de la banque au moment des faits, mais ne l'était plus au moment où madame Lagarde a fait appel à la décision d'arbitrage. L'arbitrage a donc été rendu et ce au profit de Monsieur Tapie. Et que s'est-il passé alors ? Des

hommes politiques français ont décidé, non de remettre en cause la décision d'arbitrage, mais d'intenter une action à l'encontre de la ministre qui avait eu recours à l'arbitrage. Les motifs étaient nombreux, mais peuvent se résumer sur deux thèmes, l'atteinte à la souveraineté et aux intérêts de l'État. Au final, les autorités judiciaires en charge de l'étude de ce dossier ont rendu une décision de « principe » excluant toute responsabilité de l'ancienne ministre et se contentant d'évoquer qu'il était possible pour la ministre d'avoir pris sa décision sans vraiment avoir pris en compte l'ensemble des éléments constitutifs de ce dossier oh combien épineux. Ceci nous permet de mettre en évidence le principe que nous évoquons à savoir la susceptibilité des États ou des politiques, dès lors qu'une possible atteinte à leur souveraineté peut être évoquée.

§1. – L'application du principe compétence-compétence en droit positif français aux contentieux maritime

235. Le *principe compétence-compétence* est une règle matérielle solidement ancrée dans l'arbitrage commercial international, reconnue de façon universelle. Initialement, le principe compétence-compétence permet au tribunal arbitral, comme à tout juge, de statuer sur sa compétence. Mais, progressivement en droit français, il s'est transformé en règle de conflit entre justice publique et justice privée. Ce principe est prévu dans l'article 1448 du code de procédure civile. Sur le fondement d'une convention d'arbitrage, le *principe compétence-compétence* consiste en un mécanisme composite se déployant dans le temps du procès arbitral et dans l'espace des deux ordres juridiques considérés. Ce principe présente en matière arbitrale à la fois un effet positif et un effet négatif[366]. L'effet positif est de permettre aux tribunaux arbitraux de juger de leur compétence. Mais l'effet négatif a pour incidence de paralyser le pouvoir des juridictions étatiques de statuer sur leur compétence.

236. En raison de ce principe, lorsqu'une partie conteste la compétence arbitrale, il revient à l'arbitre de statuer en priorité sur l'existence, la validité et l'étendue de la convention d'arbitrage. Ainsi, en présence d'une clause compromissoire, la juridiction étatique doit se déclarer incompétente, sauf si le tribunal arbitral n'a pas encore été saisi et que la convention d'arbitrage est soit manifestement nulle, soit manifestement inapplicable[367].

Aujourd'hui, les échanges internationaux n'ont cessé de croître, et l'arbitrage est de plus en plus sollicité pour juger les contentieux interna-

---

[366] Magali BOUCARON-NARDETTO, *Le principe de compétence-compétence en droit de l'arbitrage*, thèse de l'Université de Nice Sophia-Antipolis, 2011.
[367] C. pr. civ., art. 1448, al. 1er.

tionaux notamment en matière maritime[368]. L'*Anti-suit injunction* qui a été initialement utilisée, est à présent substituée par le recours à l'arbitrage.

237. Il est particulièrement intéressant de voir qu'en 2013, deux affaires maritimes jugées par deux chambres différentes de la Cour suprême mettent à nouveau en perspective le *principe* de *compétence-compétence* : l'arrêt du 9 juillet 2013 de la Cour de cassation[369], rendu par la chambre commerciale sur Navire Panama Express N°12.15515 et l'arrêt du 6 novembre 2013 de la Cour de cassation[370], rendu par la chambre civile N°11.18709.

Dans l'arrêt du 6 novembre 2013, une des deux parties a soulevé l'incompétence de la juridiction étatique en se prévalant de l'existence d'une clause compromissoire qui aurait été insérée dans ses conditions générales et rappelée au dos de ses connaissements. Les experts maritimes français discutent sur l'insertion dans un connaissement maritime d'une clause attributive de compétence. Une clause attributive de juridiction écrite sur le dos du connaissement peut-elle être opposable aux tiers en dehors du contrat de transport ?

La Chine continentale[371] n'a aucun système d'*anti-suit injunction* aux tribunaux arbitraux, de même que le principe de compétence-compétence n'a pas été clairement indiqué par la législation chinoise. L'*anti-suit injunction* est considérée comme le remède nécessaire dans les pays du *common law* pour empêcher une partie d'entamer ou de poursuivre une procédure devant un tribunal étranger.

Dans des différends commerciaux internationaux, une des parties peut demander au tribunal arbitral d'appliquer l'*anti-suit injunction* interdisant aux entreprises chinoises, qui ont déjà commencé les procédures internes, de suspendre, ou de retirer, les procédures internes. L'arbitrage commercial international est souvent très coûteux, les entreprises chinoises rencontrent beaucoup de problèmes à l'international en raison de leur méconnaissance de la procédure juridique étrangère. Comment protéger concrètement les droits et intérêts légitimes des entreprises chinoises à l'étranger dans le cadre d'une procédure d'arbitrage ? Peut-être que l'expérience de la France, qui est aussi membre de la » Convention de New York », sur l'application

---

[368] SCAPEL, « Le principe <compétence-compétence>limité », *DMF* N°755, P107, février 2014.
M. NIVIERE, Mémoire « Le principe <compétence-compétence> dans le contentieux maritime », CDMT 2007.

[369] L'arrêt du 9 juillet 2013 de la Cour de cassation (Ch.com.) Navire Panama Express N°12.15515.

[370] L'arrêt du 6 novembre 2013 de la Cour de cassation (Ch.civ.) N°11.18709.

[371] Le droit Hongkongais a hérité de la tradition britannique, mais les juges n'ont pas le même pouvoir. À Hongkong, l'arbitre peut appliquer l'*anti-suit injunction* temporaire ou définitive, le pouvoir donné aux arbitres est plus élevé qu'aux Royaume-Uni dans un tribunal arbitral. Tandis que la loi britannique de 1996 sur l'arbitrage n'a aucune précision sur cela.

du principe de compétence-compétence dans les cas maritimes pourrait nous inspirer.

La reconnaissance et l'exécution des décisions judiciaires étrangères sont très difficiles en pratique en raison des effets extraterritoriaux de la souveraineté judiciaire et du jugement des tribunaux étrangers. À cet égard, il faut déplorer l'absence d'une convention internationale qui soit d'une forte influence et d'efficacité de mise en œuvre d'une décision du tribunal étranger par un autre pays. Alors que les sentences arbitrales sont plus susceptibles d'être reconnues et appliquées par les États. La Convention de New York de 1958 sur la reconnaissance et l'exécution des sentences arbitrales étrangères, a été reconnue par plus de 130 pays. Cette Convention établit les conditions d'exécution des sentences arbitrales étrangères et les obligations des États membres. En tant qu'État partie à la Convention de New York, la Chine reconnaît et applique les sentences arbitrales commerciales internationales rendues par une institution d'arbitrage étrangère dans notre pays et dans d'autres États Parties conformément à la Convention de New York et au Code de procédure civile de la République populaire de Chine. Pour d'autres décisions d'arbitrage étrangères, conformément aux dispositions du code procédure civile de la RPC, selon le principe de la réciprocité devrait être reconnu et mis en œuvre.

Nous mettons ici en avant un constat. Les États ont du mal à signer une convention qui leur imposerait d'appliquer en interne les décisions rendues par des instances judiciaires étrangères. La notion de « souveraineté » et de sa protection apparaît assez clairement. À l'inverse, une décision prise en terrain « neutre » par une instance judiciaire indépendante et nullement liée de quelque façon que ce soit à un État est acceptée et appliquée. La question pourrait alors se poser de savoir si la volonté d'aboutir à une convention permettant à toutes les décisions prises par les institutions juridiques d'être reconnues et appliquées par tous les États est réaliste. À l'évidence non. À l'inverse la convention de New York n'a connu, elle, aucune difficulté et a été très facilement reconnue. Et qu'elle en est la « substantifique moelle » ? Elle repose sur le fait qu'aucun État n'est impliqué, aucune souveraineté n'est atteinte d'aucune façon que ce soit. Pour utiliser une expression du langage « populaire » nous dirions que ces décisions ne les « regardent » pas, ne les concernent pas. Elles peuvent donc d'autant plus être reconnues et appliquées.

Afin de refléter l'état actuel de l'arbitrage international en Chine, en résumant l'expérience historique et favorisant son développement, l'Académie chinoise de droit de l'arbitrage (China Academy of Arbitration Law) a notamment affirmé le principe de « Respecter la volonté des parties du choix de la juridiction arbitrale et de promouvoir l'internationalisation de l'arbitrage en Chine» dans son rapport annuel de l'année 2014.[372] Notre propos peut être illustré par une affaire entre la société chinoise Zhejiang Yisheng Petrochemical Co., Ltd et la société luxembourgeoise Invista Technologies Co., Ltd. Ces dernières ont demandé de confirmer la validité d'une clause d'arbitrage de leur contrat (2014).

En l'espèce, la société chinoise Yi Sheng et la société luxembourgeoise INVISTA ont respectivement signé deux accords de licence de technologie, le 28 Avril 2003 et le 15 Juin qui stipulaient que « *tous les différends, controverses ou réclamations doivent être soumis à l'arbitrage devant le tribunal arbitral de Pékin en Chine, China International Economic Centre d'arbitrage commercial, (CIETAC)* ». Les règles d'arbitrage de la Commission des Nations Unies devaient être appliquées. Cette clause originale a été rédigée en langue anglaise, à savoir, «*The arbitration shall take place at China International EconomicTrade Arbitration Centre (CIETAC), Beijing, P. R. China and shall be settledaccording to the UNCITRAL Arbitration Rules as at present in force* ».

Le 11 juillet 2012, INVISTA a déposé une demande d'arbitrage auprès de la Commission d'arbitrage économique et commercial international de Chine. Toutefois, la société chinoise a demandé le 29 octobre 2012 l'invalidité de la clause d'arbitrage devant le tribunal populaire intermédiaire de Ningbo (au niveau de la préfecture), au motif que l'arbitrage convenu par les deux parties dans le contrat était essentiellement un arbitrage *ad hoc* ce qui n'est pas autorisé par la loi arbitrale chinoise.

Après avoir consulté la Cour suprême chinoise, le tribunal populaire intermédiaire de Ningbo a rendu sa décision le 17 mars 2014. Il considère que l'expression « *take place at* », utilisée par les deux parties dans la clause d'arbitrage, signifie généralement le lieu d'arbitrage. Or, conformément à la méthode qui consiste à faciliter l'interprétation de la volonté d'arbitrage des parties, on peut comprendre qu'il inclut également la nomination de l'institution d'arbitrage. Bien que les noms chinois des institutions arbitrales acceptées par les parties soient inexacts, l'abréviation anglaise « CIETAC » peut présumer que l'institution arbitrale choisie par les parties est la China International Economic and Trade Arbitration Commission à Pékin. La clause d'arbitrage en l'espèce ne viole pas les dispositions de la loi chinoise sur l'arbitrage. Le tribunal de Ningbo a donc décidé de rejeter la demande faite par la société Yisheng d'invalidation de la clause d'arbitrage.

Cette décision a une signification symbolique. La clause convenue par les parties, qui indique que l'institution arbitrale permanente en Chine régirait les conditions de la procédure arbitrale conformément aux règles « de la Commission des Nations Unies pour le droit commercial international d'arbi-

[372] http://www.cnarb.com/Item/7525.aspx

trage », est, pour la première fois, reconnue. Elle affirme clairement que les termes de l'accord vise l'arbitrage institutionnel, plutôt que l'arbitrage *ad hoc*.

La juridiction chinoise confirme qu'en cas de désaccord entre les parties sur les termes employés dans le contrat, il faut prendre en compte l'interprétation en faveur de la volonté des parties du choix de l'arbitrage. Si les parties n'ont pas précisé dans leur clause d'arbitrage les fonctions de l'institution d'arbitrage, il faut considérer que le tribunal arbitral se prononce sur l'ensemble de la procédure conformément aux règles d'arbitrage. Cette affaire est d'une importance exemplaire pour la promotion de la mise en place d'un mécanisme diversifié de règlement des différends, pour soutenir l'internationalisation de l'arbitrage et pour renforcer la crédibilité de l'arbitrage en Chine.

§2. – Les entreprises chinoises et l'arbitrage international

238. Le recours à l'arbitrage devient, en Chine, le moyen favorisé de règlement des différends pour les entreprises chinoises dans les relations commerciales internationales.

Contrairement à la juridiction étatique, l'arbitrage a fait l'objet d'une attention particulière en raison de ses caractéristiques de confidentialité, d'efficacité de flexibilité, de mise en œuvre extraterritoriale et d'autonomie des parties, ce qui permet aux acteurs du marché de décider tant des juges, que des textes qui serviront de référence. Dans la clause compromissoire, les parties peuvent choisir la langue chinoise ou anglaise ou autre langue étrangère. Mais devant les tribunaux étatiques, seule la langue chinoise est acceptée selon l'article 240 du code procédure civile chinois. Dans l'arbitrage, les parties choisissent des personnes particulièrement compétentes en qui elles ont confiance. La pluridisciplinarité de la composition d'un tribunal arbitral et la complémentarité des points de vue sont des raisons de plus pour choisir l'arbitrage. En général, pour les dossiers complexes, la juridiction arbitrale se compose de trois arbitres. Chaque partie désignera un arbitre et ces deux arbitres désigneront à leur tour le troisième. À la différence de la France, où les deux arbitres s'entendent pour le chois du troisième, en Chine c'est chaque partie qui désigne un arbitre et qui choisit le troisième.

Dans les années 1950, la Chine a mis en place un système juridique concernant l'arbitrage lié à l'étranger qui est conforme à la pratique internationale et a formellement mis en œuvre en 1995 la loi sur l'arbitrage. La création de la CIETAC en 1954 au sein du CCPIT (*China Commission for the Promotion of the International Trade*) s'intégrait naturellement dans le cadre de cet organisme dévolu à la promotion du commerce international chinois. Cette création était nécessaire pour résoudre les différends qui surgissaient dans les échanges commerciaux de la Chine avec l'étranger.

Selon un rapport récemment publié par l'Association chinoise (*China Arbitration Law Research Association*), 244 cas ont été traités par 244 commissions d'arbitrage dans le pays en 2015, avec un total de 411,2 milliards de Yuans, soit respectivement 20% et 55% de plus qu'au cours de la même période de l'année précédente[373].

D'ailleurs, à l'heure actuelle, 156 pays ont signé et sont liés par la Convention de New York du 10 juin 1958. Cette Convention est entrée en vigueur en France le 24 septembre 1959 et en Chine le 22 avril 1987. Les gouvernements chinois et français ont signé le 4 mai 1987 l'« Accord d'entraide judiciaire en matière civile et commerciale ». L'article 25 de cet accord stipule également la reconnaissance et exécution des sentences arbitrales[374]. Dans les arbitrages commerciaux, les institutions arbitrales, le plus fréquemment choisies, se trouvent à Genève, Londres et Paris, donc dans des pays signataires de la convention.

En effet, le champ d'application de la Convention de New York pour la reconnaissance de l'exécution des sentences arbitrales étrangères, n'est évidemment pas limité au champ communautaire, mais s'étend à l'ensemble de la communauté internationale. Cette considération devrait amener la Cour de cassation française à reconsidérer l'application qu'elle donne au principe compétence-compétence. En effet, la Cour de justice rappelle que les tribunaux ne doivent pas priver le justiciable « d'une forme de protection juridictionnelle à laquelle il a droit », ce qui se produit s'il suffit à l'autre partie « pour se soustraire à la procédure devant la juridiction étatique d'exciper de la convention d'arbitrage ».

Le grand défi pour un investisseur étranger dans une situation litigeuse avec son partenaire chinois n'est pas d'obtenir une sentence, mais qu'elle soit appliquée. Il est évident que, dans la perspective de l'ouverture croissante aux investissements étrangers, la Chine ne peut pas se permettre indéfiniment d'adopter une attitude restrictive quant à la protection des intérêts étrangers qui dissuaderait les investisseurs de s'implanter. À cet égard, une affaire récente très importante confirme la position des juridictions chinoises.

Dans le cadre européen, le règlement de Bruxelles prévoit l'exception de litispendance. Il explique comment se règle le fait que deux litiges soient pendant devant deux juridictions. Lorsqu'il y a connexité, que ce sont deux procès différents mais qu'il y a des liens de connexité, un tribunal peut se dessaisir au bénéfice de l'autre.

---

[373] Lors du Forum du World Arbitration Summit 2016 qui s'est tenu à Pékin du 28 au 29 septembre 2016, des représentants d'institutions d'arbitrage de plus de 40 pays et régions ont échangé des points de vue avec des praticiens.

[374] L'article 25 de l'Accord : « Chacune des deux Parties contractantes reconnaît et exécute les sentences arbitrales rendues sur le territoire de l'autre Partie selon les dispositions de la Convention de New York du 10 juin 1958 pour la reconnaissance et l'exécution des sentences arbitrales étrangères.

239. Dans l'arbitrage où tout repose sur la volonté des parties, ces exceptions ne sont pas à la disposition des arbitres. Par ailleurs, souvent des procédures parallèles sont lancées pour bloquer, la procédure arbitrale. L'arrêt du 25 octobre 2005 est important car la Cour de cassation rappelle dans cet arrêt la règle que « le pénal tient le civil en l'état » ne s'impose pas aux arbitres, au moins en matière internationale ».

En 2013, l'affaire de *Longlide*, dans laquelle la nullité d'une clause compromissoire a été évoquée a fait polémique. La remise en cause d'une clause compromissoire dans un contrat touche aussi la sphère internationale. En effet, cette clause donne la compétence à la CCI de Shanghai. Cette affaire a une importance considérable car une institution d'arbitrage étrangère comme la CCI (ICC Arbitration) est-elle une institution d'arbitrage mentionnée dans la loi sur l'arbitrage chinoise ? Si une clause compromissoire désigne une institution d'arbitrage étrangère pour siéger en Chine continental, ce type de clause d'arbitrage devrait se référer à quelle loi pour déterminer s'il est légal qu'elle exerce sur le territoire national chinois ? Ces questions ont une incidence directe sur la possibilité pour les institutions d'arbitrage étrangères de mener des affaires en Chine et, si elles peuvent exercer leurs activités en Chine, elles auront inévitablement un impact sur les activités des institutions d'arbitrage nationales.

Les dispositions juridiques chinoises sur la reconnaissance et l'exécution des sentences arbitrales étrangères sont plus restrictives que la Convention de New York. En effet, selon la convention de New York, le fait de mentionner le recours à l'arbitrage en cas de différend est nécessaire et suffisant, alors pour la Chine, le droit chinois impose que l'institution arbitrale et le lieu où elle se tiendra sur le territoire chinois soient expressément mentionnés. D'ailleurs, cela est en opposition aux lois françaises et à la jurisprudence qui tendent à favoriser des accords libres et flexibles. En l'espèce, le demandeur la société *Longlide* Packing and Printing., Ltd connue dans la fabrication de cartons ondulés dans la province d'Anhui, a signé le 28 octobre 2010 avec le défendeur une entreprise italienne BP Agnati S.R.L ainsi que la société SUMEC international Technology Trade Co., Ltd un contrat de vente. Une clause compromissoire a été prévue au paragraphe 10.1 du contrat, qui stipule que « Tous différends découlant du présent contrat ou en relation avec celui-ci seront tranchés définitivement suivant le règlement d'arbitrage de la Chambre de commerce internationale par un ou plusieurs arbitres nommés conformément à ce règlement. Le lieu de juridiction sera Shanghai, l'arbitrage se déroulera en anglais, la décision prononcée par la CCI de Shanghai sera donc la décision finale. ».

La société *Longlide* estime que la validité de cette clause d'arbitrage doit être remise en cause, puisqu'elle n'est pas conforme aux lois chinoises. Cependant, selon les lois chinoises, la clause d'arbitrage est nulle pour les raisons suivantes: (1) la Chambre internationale d'arbitrage du commerce n'est pas conforme à la Loi sur l'arbitrage chinoise; (2) les activités de la CCI en

Chine sont contre l'intérêt public du pays, il y a violation de la souveraineté judiciaire chinoise; (3) Même si la CCI de Shanghai rend une décision arbitrale en Chine, c'est une sentence arbitrale nationale et ne peut donc pas être considérée comme une sentence arbitrale étrangère, donc ne peut pas recevoir la reconnaissance et à l'exécution conformément à la « Convention de New York. » .

La Cour populaire intermédiaire de Hefei a d'abord jugé cette clause compromissoire invalide. En effet, la loi d'arbitrage chinoise ne stipule pas si les institutions d'arbitrage étrangères situées en Chine comme la CCI de Shanghai peuvent mener des activités d'arbitrage en Chine. Toutefois, étant donné qu'il a choisi de procéder à un arbitrage en Chine continentale, l'arbitrage devrait légalement relever de l'arbitrage national et non d'un arbitrage étranger défini par la Convention de New-York. Cependant, l'article 10 de la loi chinoise d'arbitrage prévoit que la création d'une commission d'arbitrage doit être enregistrée par le département administratif judiciaire d'une province, d'une région autonome ou d'une municipalité relevant directement du gouvernement central. Nous pouvons constater que l'arbitrage en Chine est un service professionnel qui doit être fourni avec l'autorisation des autorités exécutives, et le gouvernement chinois n'a pas ouvert le marché d'arbitrage aux étrangers, tout comme la profession d'avocat d'ailleurs. Par conséquent, les institutions d'arbitrage étrangères ne peuvent pas arbitrer en Chine. Néanmoins, la Cour populaire supérieur d'Anhui, a ensuite validé cette clause compromissoire. L'affaire est allée jusqu'à la Cour populaire suprême. En ce qui concerne la loi applicable, la Cour populaire suprême a exprimé le même avis auprès de la Cour populaire intermédiaire de Hefei, ainsi que la Cour populaire supérieure d'Anhui considérant que la loi du lieu de l'arbitrage devrait s'appliquer aux litiges. Elle a confirmé pour la première fois la validité d'une telle clause d'arbitrage qui choisit une institution d'arbitrage étrangère en Chine. Il convient de noter deux points importants : Une clause d'arbitrage qui donne la compétence à la CCI de Shanghai en Chine, si les parties n'ont pas précisé quelle loi applicable pour déterminer la validité de cette clause, est soumise à la loi chinoise. Deuxièmement, la CCI de Shanghai fait partie des institutions d'arbitrage visée à l'article 16 de la loi arbitrage de la République Populaire de Chine. Pour être valide, la convention d'arbitrage doit posséder les trois éléments suivants : la volonté de la demande d'arbitrage, des questions relevant de l'arbitrage, une agence d'arbitrage spécifique et claire. Si ces trois éléments coexistent, cette clause est valable en Chine. La cour suprême estime donc que cette clause compromissoire reste valable.

240. Avec un commerce qui prend une dimension transnationale de plus en plus complexe, il est impératif que nos systèmes juridiques mûrissent également pour répondre aux besoins des hommes d'affaires. Dans ce nouvel environnement commercial, les hommes d'affaires ont plus que jamais be-

soin d'être assurés du caractère sacré de leurs contrats, de la bonne application de leurs droits et de la résolution effective de leurs différends. Et, naturellement, ce sera auprès des systèmes juridiques et des juridictions devant lesquelles ils se présentent qu'ils recherchent une telle assurance.

Aujourd'hui, de nombreuses entreprises chinoises acceptent, mais également sont demandeuses de clauses faisant référence à l'arbitrage dans un pays étranger. En effet, il s'agit d'un argument de négociation important du contrat à venir. Les industriels chinois envoient ainsi un message fort à leurs co-contractants. Ce message énonce « *ne soyez pas inquiets du recours à l'arbitrage, nous ne vous imposerons pas un arbitrage en Chine, bien au contraire nous sommes favorables à une solution étrangère que nous définirons ensemble* ».

241. Les litiges en matière maritime peuvent trouver leur résolution au sein des structures arbitrales. Sur le plan international, les entreprises chinoises peuvent solliciter les institutions arbitrales, comme la Cour d'arbitrage internationale de Londres (The London Court of International Arbitration, LCIA), le Centre d'arbitrage international de Hong Kong (HKIAC), la Chambre Arbitrale Maritime de Paris (CAMP) etc. La CAMP, créée en 1966 à l'initiative des professionnels, présidée actuellement par Monsieur Philippe Delebecque, a connu un essor et occupe une place déterminante parmi les autres instituions arbitrales. Sans doute, une place équivalente à la Cour d'arbitrage international de Londres, elle est compétente pour toutes les questions qui se posent en matière maritime, comme exemple, l'exploitation, la gestion de navires, la commission de transport, la logistique et toutes les activités connexes. Elle connaît les litiges à caractère tant national qu'international.

La CAMP propose davantage une liste d'environ 60 arbitres indépendants et expérimentés du fait de leur activité professionnelle. leurs honoraires sont raisonnables, c'est-à-dire moins élevés que certaines chambres arbitrales et une gazette sur les actualités régulièrement publiée offre toute une série d'information. La durée d'arbitrage est de six mois, ce qui est relativement rapide. Elle répond à l'attente des agents économiques qui recherchent un mode juste, efficace, flexible et discret de résolution des litiges dont le dénouement devrait intervenir dans un délai compatible avec le rythme des affaires pour un coût économiquement raisonnable.

Nous pourrions donc affirmer que le droit est devenu, du moins l'arbitrage, un élément commercial non négligeable. Cette notion prend une dimension d'autant plus importante que nous parlons ici de commerce, d'échanges internationaux et donc de croissance. L'arbitrage pourrait donc, de ce point de vue-là, être considéré comme un facilitateur, voire un accélérateur des échanges et du commerce international. Il serait intéressant d'étudier cet aspect dans le champ disciplinaire de l'économie du droit.

242. Si le monde peut s'accorder pour une convention multimodale qui donne un effet législatif incontournable sur le document multimodal négociable, de nombreuses suggestions faites dans ce chapitre seront évidemment optimales. Mais il est bien difficile d'avoir une vision prospective. Bien qu'il y ait eu des accords régionaux, la Convention des Nations Unies de 1980 sur le transport multimodal international des marchandises a été un échec, ne réalisant qu'une dizaine de ratifications sur les 30 nécessaires. Les Règles de Rotterdam de 2009 sont encore en cours de ratification. Tant qu'un tel accord mondial n'interviendra pas, la question de savoir jusqu'à quel point les lois sur les embarcations peuvent être étendues aux MMTD , demeurera importante. De même que la réponse suggérée ici ; à savoir que le connaissement n'est pas la solution miracle à tous les maux que l'on pouvait espérer. Sans doute, les avocats ne devraient pas nécessairement passer autant de temps qu'ils craignaient à étudier scrupuleusement la différence entre les documents de transport unimodal et multimodal.

Un transporteur réel dans la conception du droit commun (*common law*) est celui qui a effectivement assuré le déplacement de la marchandise. En cela, il se distingue du transporteur contractuel, c'est-à-dire celui qui a conclu le contrat de transport selon la conception civiliste. Il peut être un transporteur substitué ou apparent. La confusion est très apparente en ce sens que « (s)'il est vrai que peuvent se reconnaître la qualité d'armateur le propriétaire, l'affréteur à temps ou le transporteur, chaque terme renvoie à une fonction distincte, soumise à un régime juridique propre »[375].

La route reste le moyen le plus flexible, le plus fiable, et le plus réactif malgré son prix au km parcouru qui est de plus en plus onéreux compte tenu de l'augmentation du prix du gazole. Mais l'utilisation massive de ce mode de transport a entraîné la saturation de plusieurs axes majeurs de circulation qui sont devenus de véritables goulots d'étranglement.

Le Grenelle de l'Environnement a par ailleurs fixé comme objectif de réduire de 20% les émissions de CO_2 liées au transport à l'horizon 2020.

243. Il est donc important que les transporteurs et les chargeurs puissent le plus possible utiliser les modes de transport les moins émetteurs en CO_2. Il est évident que le transport routier est, et restera le mode de transport leader de par sa flexibilité et son atout à pouvoir livrer les marchandises destinées aux clients finaux sur le dernier kilomètre. Il est donc primordial de raisonner en termes de complémentarité des différents modes de transport et non en termes de concurrence ou d'opposition modale, puisque cette complémentarité entre les modes de transport est nécessaire afin de diminuer le coût économique et environnemental du transport de marchandises.

---

[375] Cour de Cassation, chambre commerciale, 26 octobre 1999, Navire Fatima, Observation de I. CORBIER, DMF 2000, n°601, p. 111.

Il faut souligner le fait que le choix d'une solution de transport multimodal est le résultat d'une démarche stratégique d'entreprise dans le cadre du développement durable, de même que la mutualisation, n'est en aucun cas une réponse à une problématique ponctuelle.

Or, le manque d'informations sur l'offre de services disponibles, sur le fonctionnement et sur les avantages des différentes techniques de transport multimodal, freine encore leur utilisation. Le transport multimodal correspond à l'acheminement des marchandises par au moins deux modes de transport différents dont les parcours principaux s'effectuent par rail, voies navigables ou mer, et dont les parcours initiaux et/ou terminaux, par route, sont les plus courts possible.

Chaque société possède un schéma logistique et des spécificités de gestion des flux qui lui sont propres, et il est nécessaire de connaître cette diversité et cette mosaïque d'organisation de flux avant d'envisager d'utiliser un mode de transport alternatif au mode routier.

Les différents modes de transport sont complémentaires et non-concurrents comme on a trop souvent tendance à le penser. En effet, il n'est guère possible d'imaginer que chacun disposera d'un terminal ferré à sa porte. Certes, le fluvial est en plein développement, mais il est impossible d'envisager de détourner la seine vers chacune des liaisons en région parisienne. On ne peut donc pas jouer l'opposition entre les modes de transport. On ne peut jouer que sur leur complémentarité car le transport routier est le mode de transport leader de par sa flexibilité et son atout à pourvoir livrer les marchandises destinées aux clients final sur le dernier kilomètre. Toute la question est de savoir comment utiliser au mieux chacun de ses modes.

Le coût du transport n'est plus très élevé, mais la marchandise exportée ou importée doit toujours arriver à destination, en bon état et dans les meilleurs délais.

La nature des choses reprend toujours ses droits et finit non pas par renverser les principes juridiques les mieux établis, comme peut l'être celui de la relativité des contrats, mais par en atténuer la portée. Les relations entre la vente et le transport n'échappent pas à ce phénomène.

Section II
La médiation

244. La réalité de la vie internationale n'est pas la paix, mais le conflit. Alors comment gère t'on le conflit ? L'objectif est d'objectiver le conflit et de le gérer, le « tiers » au conflit étant de moins en moins neutre et impartial. La résolution amiable des conflits peut se faire selon les deux voies de la médiation ou de la conciliation. À mi-chemin entre l'arbitrage et la procédure de droit commun devant le tribunal compétent, les opérateurs maritimes peuvent avoir recours à une résolution amiable : la médiation ou la conciliation[376].

Nous allons, tout d'abord, revoir en amont les deux termes que sont la médiation et la conciliation. Ensuite, nous étudierons dans un premier temps la situation des modes amiables mettant en cause des protagonistes de deux pays différents en général dans un premier temps, puis dans un second temps plus particulièrement celle ci dans le commerce maritime.

Le procès tranche un conflit, alors que la médiation et la conciliation favorisent la recherche d'un accord. Les modes amiables de résolutions des conflits, sont incontestablement devenus un sujet d'actualité et gagne toutes les branches du droit. Dans la langue chinoise, conciliation ou médiation, ces deux termes se traduisent tous en « 调解/和解, tiáojiě / héjiě». Avant de comparer la situation de ces méthodes amiables pratiquées dans deux pays, en l'occurrence la Chine et la France, il faudrait révéler en amont que même si les règles encadrant la médiation et la conciliation sont parfois similaires, il n'en demeure pas moins que ces deux régimes juridiques soient distincts en droit français.

Le titre VI du Code de procédure civile prévoit la conciliation et la médiation[377]. Ces derniers sont souvent confondus autant en langage courant que dans les systèmes juridiques[378]. Il est possible d'observer deux types de réaction des juristes français face aux difficultés que connaît le système juridique pour distinguer la médiation de la conciliation. Certaines questions se posent quant à l'opportunité de la distinction, en partant du postulat que ces deux notions sont trop similaires pour être différenciées. Toutefois, des au-

---

376 Ch. JARROSSON, « Médiation et conciliation : définition et statut juridique », Gaz. Pal. 1996, 2 Doctr., p.951. Pour Monsieur le Professeur Jarrosson « *la médiation n'est qu'une expression particulière de la conciliation* ».

377 Voir l'article 131-1 du Code de procédure civile français.

378 F. VERT, « La confusion terminologique entre médiation et conciliation : un frein à leur développement », *Gaz. Pal.* 31 janv. 2015 n°31, p.8.
Au cours de l'année 2015, la Cour d'appel de Paris ainsi que le Conseil d'État, comme bien d'autres juridictions françaises, ont consacré un colloque au thème de la médiation et de la conciliation.

teurs tendent à se persuader que la distinction est nécessaire, en critiquant l'importance de la confusion qui existe entre médiation et conciliation. Est-ce qu'une distinction plus nette entre médiation et conciliation est nécessaire ? Sans entrer dans les détails[379], il faudrait reconnaître une réelle différence entre médiation et conciliation. Le statut du tiers intervenant diffère selon qu'il s'agisse du conciliateur de justice ou du médiateur, ce dernier pouvant cumuler le statut d'avocat, notaire ou huissier, mais qui ne paraît plus justifier à lui seul, le maintien de ces deux modes de résolution amiable des différends.

Avec l'évolution impulsée par l'Union européenne, l'étude des modes amiables doit s'appréhender au-delà des frontières géographiques. Initialement, la conciliation était considérée comme la notion-mère, mais un revirement important va s'effectuer sous l'influence de l'Union européenne. En effet, la directive européenne du 21 mai 2008 établit une définition très large de la médiation. L'art. 3 de la Directive 2008/52/CE du Parlement européen et du Conseil du 21 mai 2008 sur certains aspects de la médiation en matière civile et commerciale définit celle-ci un: « *processus structuré, quelle que soit la manière dont il est nommé ou visé, dans lequel deux ou plusieurs parties à un litige tentent par elles-mêmes, volontairement, de parvenir à un accord sur la résolution de leur litige avec l'aide d'un médiateur* ». Progressivement, le terme de médiation devient à son tour une notion générique.

S'il a été insérée une clause de médiation – ou de conciliation – dans un contrat, la jurisprudence de la Cour de cassation[380] oblige à aller en médiation – ou en conciliation -, mais cela ne contraint pas à trouver une solution à tout prix. En ce sens, la clause de médiation est un bel outil qui peut être très bénéfique. En effet, la contrainte est assez faible. Elle oblige seulement les parties à se rencontrer, ce qui peut être décisif pour la suite de la procédure.

La médiation est un mode de résolution des conflits avec l'aide d'un tiers choisi, le médiateur, pour tenter d'éviter une action en justice et régler des litiges individuels entre les consommateurs, les entreprises ou les institutions.

Comparativement aux États-Unis, la résolution extrajudiciaire des litiges – qu'il s'agisse de médiation, de transactions entre les deux parties ou de conciliation – reste relativement faible en France. Alors que, ce ne sont pas les textes qui manquent car elle fut introduite formellement en France par la Révolution dans l'esprit d'épargner aux Français la « chicane »[381]. Une tentative obligatoire de conciliation fut ainsi instaurée avant chaque procès. « *C'est à l'Assemblée constituante que nous devons l'introduction en France*

---

[379] V. Ch. M.COURTAU, « Conciliation et médiation conventionnelles : solutions pour sortir de la confusion », village de la justice, le 1er avril 2015.
https://www.village-justice.com/articles/Conciliation-mediation,19358.html

[380] C Cass ch. mixte du 14 février 2003.

[381] Elle s'est en effet faite en partie contre les juges.

du préliminaire de conciliation, institution empruntée aux Anglais, et qui, exercée par des magistrats habiles, peut prévenir la foule des procès et d'inimitiés, mais ce n'est le plus souvent qu'une vaine et onéreuse formalité. » Ce commentaire d'un juriste du XIXe siècle reste largement vrai aujourd'hui.

Ce passage obligatoire fut néanmoins maintenu dans les tribunaux d'instance ainsi qu'en matière prud'homale ou de divorce, sans jamais produire les effets escomptés. De même aujourd'hui, le tribunal, saisi d'une instance civile par une partie, dispose du moyen de « suggérer » aux parties le recours à la médiation sans pouvoir l'imposer. De nos jours, la médiation n'est encouragée principalement que pour des raisons budgétaires. Un nouveau service de la médiation a même été créé en 2015 au sein de la CCI de Paris, mais les Français semblent demeurer attachés à la dimension symbolique de la justice et des juges, dimension qui paraît plus forte en France qu'ailleurs. Les Français « maudissent » volontiers leurs juges, mais ont du mal à s'en séparer. Toutes les tentatives de déjudiciarisation, y compris en matière civile, se sont soldées par des échecs[382] (en dehors de la Loi Bandinter sur les accidents automobiles).

L'affaire « EDF contre Société Shell française » a retenu toute notre attention. Un parallèle peut être fait ici avec le système français selon lequel les juges peuvent désigner un médiateur et envoyer les parties s'accorder avec l'assistance de ce médiateur. Dans cet espèce, la Cour d'appel de Paris avait demandé aux parties de conclure un accord sur le prix de l'électricité, sous l'égide d'un « observateur » désigné par la Cour. Il faut tout de même préciser qu'en l'espèce, le Tribunal de Commerce de Paris avait été saisi d'un commun accord des parties à la suite de l'échec d'une tentative de conciliation. La Cour d'appel donne pour mission à l'observateur désigné de « suivre les négociations ». Les termes « conciliation » ou « médiation » ne sont ni utilisés par la Cour ni par Jean Robert, auteur d'un commentaire de cet arrêt. Cependant, n'y a-t-il pas confusion dans les termes ? Les négociations en théorie, ne sont pas supposées inclure un tiers aux parties. Quand un tiers intervient, il s'agit, comme en l'espèce, d'une médiation ou d'une conciliation. Le juge aurait donc imposé une deuxième tentative de conciliation. Selon l'interprétation des termes, des approches différentes de cet arrêt peuvent être effectuées. Quand bien même il ne s'agirait pas d'une réelle médiation, le juge a pris l'initiative de proposer une résolution à l'amiable du conflit. Un rapprochement avec la conciliation judiciaire chinoise peut être fait ici sans pour autant que cela soit une réelle assimilation.

---

[382] Avec la réforme du droit des contrats, le juge français est désormais autorisé à modifier le contrat dans certaines circonstances, et non plus seulement à veiller à son respect ou à l'anéantir en cas d'inexécution ou s'il est vicié. Cela a été très critiqué par certains universitaires.

On constate que l'articulation de la médiation et de la conciliation en matière sociale[383] est particulièrement problématique en raison de l'existence d'une phase obligatoire de conciliation en première instance. La doctrine américaine est unanime : la distinction entre médiation et conciliation n'a pas d'intérêt en matière juridique. La doctrine se désintéresse de cette question et les débats sont inexistants. Quelle est la place du juge ? Cette question s'est de nouveau posée lors de la réforme du droit des contrats en France.

L'aspect satisfaisant qui en découle est qu'il ne soit pas question d'une uniformisation des procédures de médiation et de conciliation en droit chinois car ces deux termes employés sont identiques en langage courant. En revanche, la médiation populaire, procédure obligatoire, est un mécanisme juridique, propre à la Chine, utilisé pour résoudre les différends en matière civile. La Chine est l'un des pays dont le système de conciliation est le plus développé du fait de son histoire qui remonte aux mœurs antiques de la Chine. Dans le sillage de la révolution chinoise et de l'édification du système socialiste, ce mécanisme contribue dans une mesure très importante à maintenir la stabilité de l'État et de la société, à prévenir la criminalité et réduire le nombre des procès, construire la démocratie et la légalité socialistes, élever le niveau de la civilisation spirituelle, garantir la poursuite de la réforme et de l'ouverture en développant la construction économique.

Contrairement aux différents systèmes de médiation existant dans le monde et particulièrement en Occident, la médiation en Chine est spécifique par son origine ancestrale et son évolution subséquente. L'idéal confucianiste de l'harmonie dans la société consiste à maintenir constamment la stabilité sociale et cela sans nécessairement l'aide de lois- *fa*- ou de punitions[384]. Traditionnellement, le rôle du droit en Chine n'est pas fondamental. Le modèle chinois vise à présenter la négociation et la solution amiable. La philosophie de Confucius a eu une grande influence sur le système juridique et politique. Il ne faut pas oublier l'importance des coutumes dans la Chine ancienne. La philosophie de Confucius a trouvé sa projection dans le système juridique et politique. Cette philosophie explique que le bonheur repose sur l'harmonie entre les hommes. Tous les hommes ne sont pas égaux, la société est hiérarchisée. Le recours au juge est réprouvé par la société. On sait que la résolution du conflit passe par quatre phases successives, d'abord le sentiment d'humanité (*ch'ing*), puis les rites (*li*), la raison et en dernier lieu la fa, qui représente la loi ou le droit.

---

[383] A. AUDRERIE, « Médiation et conciliation : quelle distinction en matière juridique ? », mémoire de recherche, contribution à l'étude des modes alternatifs de règlement des conflits en droit social, Université Toulouse I Capitole, année universitaire 2014-2015.

[384] Nous retrouvons aujourd'hui cette notion si importante en Chine de la « face », ou l'expression « ne pas perdre la face ». Il s'agit de ne jamais en public se voir accusé d'avoir mal agi.

Tout au long de l'histoire de la Chine, la médiation a été un instrument nécessaire au maintien de l'harmonie de sa société. Inspirée par Confucius, la conciliation a été largement utilisée pendant la période Maoïste, alors que cette philosophie avait été bannie par le régime communiste de l'époque. Les conciliations populaire et judiciaire ont largement inspiré la conciliation commerciale internationale que nous allons maintenant aborder.

Dans la culture chinoise, en effet, une rupture de l'harmonie qui avait pour conséquence un règlement devant la justice était et est toujours vue comme un échec personnel. Il existe de nombreux proverbes chinois qui expriment cette idée, tels que par exemple « *Mort, mieux éviter l'enfer ; impliqué dans un procès* » ou bien encore « *mieux vaut entrer dans la gueule d'un tigre plutôt que d'entrer dans un Tribunal* »[385].

Il est important de noter que l'activité des Comités de conciliation n'a pas connu de relâchement puisque le Conseil d'État a promulgué le 17 juin 1989 le « Règlement sur l'organisation des Comités de Médiation Populaire » qui remplaça les Principes Généraux Provisoires. Les objectifs de ce Règlement étaient de renforcer l'établissement de ces Comités, de résoudre rapidement des litiges civils, de promouvoir l'unité populaire et de maintenir l'ordre social. Ce règlement s'appuie très fortement sur le texte antérieur et en reprend les principales dispositions. Il précise, cependant, que le compromis issu de la conciliation correspond à un contrat entre les parties et qu'en conséquence, si une des parties n'exécute pas cet accord, l'autre partie peut saisir notamment les Tribunaux populaires.

Dans la lignée des Comités de Médiation, le système judiciaire chinois prévoit que le tribunal, quel que soit son niveau, peut proposer aux parties une conciliation de leur litige. On parle alors de « combinaison de la procédure judiciaire avec la conciliation ». Selon la loi sur la Procédure civile de la RPC, la cour, lorsqu'elle prend connaissance d'un litige civil, doit mettre l'accent sur la conciliation et quand celle-ci est possible, doit trancher le litige selon la volonté des parties et selon la loi. En pratique, cette procédure est souvent employée. Le champ d'application de cette combinaison entre la procédure judiciaire et la conciliation se limite à des litiges civils, comme pour les Comités de Médiation, mais ils sont plus importants du fait qu'une cour ait été saisie. La cour ne pourra pas imposer aux parties d'arriver à une transaction, à partir du moment où elle n'est là que pour aider les parties. Elle se comporte comme un vrai conciliateur. De manière générale, elle essaye de concilier pendant la phase de préparation précédant le jugement. Cependant, si cette conciliation préalable échoue, une autre tentative sera effectuée après l'audition des parties. Le tribunal rendra un jugement si ce deuxième essai de conciliation est aussi un échec. Si une décision a été ren-

---

[385] V. THEROUX « Exporting to China : Practical Legal Problems » in Legal Aspects of Doing Business with China 124 Holtzmann, Ed, 1976.

due par un tribunal en première instance et qu'une partie a fait appel de ce jugement, la cour de deuxième instance peut concilier l'affaire. Le fait qu'une première décision ait été rendue par un tribunal n'empêche pas le tribunal de « casser » cette décision en effectuant une conciliation.

Si la conciliation menée par le tribunal est un succès, l'accord de conciliation aura la même force légale que le jugement du tribunal. De plus, aucun appel à l'encontre de cette transaction ne peut être fait, puisqu'elle est basée sur la volonté des parties. En cas de non-application par une partie de la transaction établie par le tribunal, l'autre partie peut agir devant les juridictions pour obtenir une exécution forcée de l'accord.

Le développement de la conciliation en Chine montre à quel point les chinois veulent rester dans la même ligne que dans le passé. Il s'agit de se pencher sur la question de savoir pourquoi de manière générale, la conciliation est une procédure nécessaire. Plusieurs raisons spécifiquement liées à la Chine, peuvent être données pour expliquer ce phénomène. Tout d'abord, aller jusque devant des juridictions, qu'elles soient judiciaires ou arbitrales est considéré comme un échec. Ensuite, les Chinois se méfient du contentieux en général car les juges ont souvent la réputation - ce n'est pas qu'une réputation apparemment - d'être corrompus. De même, cette procédure permet aux étrangers d'être moins désavantagés que les Chinois devant les tribunaux judiciaires. Cette procédure de conciliation permet aussi aux opérateurs du commerce international de poursuivre leurs relations commerciales dans une atmosphère détendue et non de conflits. Enfin, la longueur du système contentieux et son coût sont des raisons importantes du développement de cette procédure de conciliation, mais il convient de préciser qu'elles ne sont pas spécifiques à la Chine. Comme partout dans le monde, une telle procédure de conciliation est une économie de temps et d'argent.

245. Une autre question est de savoir pourquoi il y a eu un tel développement des centres de conciliation dans la Chine ? La réponse est que le développement du centre de conciliation de Pékin a été remis en cause par l'importance de la CIETAC établie à Pékin. Les centres de conciliation dans le reste de la Chine, quant à eux connaissent un essor important. En effet, le Secrétaire Général du Centre de conciliation de Pékin signalait que quelques cas de conciliation seulement avaient été recensés dans ce centre en 2000. La CIETAC jouit d'un monopole officieux qui joue de manière défavorable contre le centre de conciliation. Cette idée de monopole de la CIETAC et de sa procédure de conciliation combinée avec l'arbitrage à Pékin est confirmée par Monsieur ZHAO Shiyan. En effet, il fut conseiller d'une partie lors d'une conciliation sous l'égide d'un centre de conciliation. Il précise qu'il y a un Centre de conciliation à Pékin et qu'il lui « semble » que celui-ci a ses propres règles. L'importance et la renommée de ce centre n'apparaît pas très étendue. On comprend alors le développement des centres de conciliation dans le reste de la Chine. La concurrence avec le système arbitral est bien

moindre, d'où un développement plus rapide des cas de conciliation portés devant ces centres.

Sous la direction du gouvernement local, le juge chinois recherche à responsabiliser les instances de médiation à différents niveaux, en leur prescrivant d'appliquer dans leurs interventions le principe en cinq points : « justice, apaisement, rapidité, vue d'ensemble, habileté »[386].

Le système de conciliation en Chine est original du point de vue historique et institutionnel. Il s'agit maintenant de voir si ce système garde sa spécificité face à l'influence du monde international des affaires.

Mais les pensées chinoises se rapportant au concept de « *zone de non belligérance* » se retrouvent de même chez les maritimistes. Les cours maritimes chinoises emploient plusieurs mécanismes, de règlement des différends pour maintenir l'harmonie sociale et la stabilité. Chaque cour maritime se renforce par la communication et la coordination de ses activités avec celle des Association des transitaires telles que : *Fisheries Association, l'Association des* armateurs, de l'industrie maritime, de la pêche et d'autres autorités administratives. Une commission d'arbitrage est mise en place pour réaliser l'équilibre entre la médiation et la juridiction. De 2010 à 2013, le taux des affaires maritimes nationales de première instance a atteint 57%. Les cours maritimes de Xiamen et de Ningbo ont même créé une « zone de pêche exempte de litige », et de même une « zone portuaire exempte de litige ».

Le fait d'insérer la clause de médiation rend irrecevable l'action devant le juge : la clause de médiation constitue une fin de non-recevoir qui s'impose au juge si les parties l'invoquent. En revanche, une clause d'arbitrage insérée dans un contrat est moins souple et plus contraignante. Elle oblige les parties à avoir recours à l'arbitrage sans qu'elles ne puissent s'y soustraire jusqu'à la prononciation de la sentence de l'arbitre. En synthèse, ces clauses sont facultatives au moment de la rédaction, mais quand elles sont insérées dans un contrat, elles engagent les parties.

Comment prévenir et résoudre le risque juridique ? Lors de la rédaction du contrat initial, le choix d'une juridiction pour les parties semble important. Un élément va, de notre point de vue, jouer un rôle non négligeable dans le choix de l'ordre judiciaire devant lequel se présenteront, éventuellement les parties. Cet élément est un élément financier, en effet le coût « judiciaire » n'est pas anodin. Pour des « dommages » ou des « intérêts » restreints, la voie des tribunaux maritimes nous semble adaptée. Les enjeux sont de taille « raisonnable » pour les parties, les coûts minimes, s'il n'est pas fait appel des décisions prises et par ailleurs ces tribunaux de commerce

---

[386] Bangjun JIA, Professeur, Département des sciences politiques et juridiques de l'Université normale de Tianjin, « Du système de médiation populaire de la Chine », *Les Cahiers de droit*, vol. 37, n°3, 1996, p.739-751.

jouissent d'une assez bonne réputation et ce dans le monde entier. Pour des sommes « raisonnables » cette voie juridictionnelle semble être un bon choix.

Pour des enjeux plus importants ou la rapidité de la décision, son caractère irrévocable, mais également une forme de « sécurité juridique et d'indépendance judiciaire » sont des éléments primordiaux, la justice arbitrale certes, bien plus coûteuse, semble cependant être des plus indiquée au regard des enjeux des parties qui sont en demande tant de rapidité dans le traitement que de « prévisibilité » apportée par le fait que les parties choisissent chacune un des arbitres.

Mais avant d'envisager cette étape, les parties peuvent tenter de résoudre le différent par le biais de la conciliation qui reste le préalable le moins dispendieux et le plus efficace. La culture chinoise constitue en l'espèce, un apport à la fois philosophique et pragmatique des plus importants.

CONCLUSION DE LA SECONDE PARTIE

246. Il est intéressant de soulever le concept d'« air plus ». En 1929, les délégués français avaient déjà impressionnés les participants à la conférence de Warsaw par une excellente introduction : « ... *(T)he contract is formed as soon as the air carrier has received the goods, and he is responsible, therefore, up to the moment when he has delivered them... Suppose that after having been delivered to the air carrier, the goods are damaged during the period of transport from the hangar of the company to the airport: The Convention will apply all the same and the air carrier will benefit from the rules on the limitation of liability* »[387].

Plus près de nous, nous avons un exemple concret : « Des avions aux couleurs d'Amazon ». Aujourd'hui, le commerce en ligne explose. Le géant du commerce en ligne souhaite réduire sa dépendance à l'égard de ses actuels transporteurs. Un Boeing 767 aux couleurs d'Amazon a effectué le vendredi 5 août 2016 dans les airs son premier vol public aux États-Unis[388]. Baptisé Amazon One, cet avion-cargo illustre les ambitions du géant du commerce en ligne dans le fret aérien avec pour objectif d'effectuer des livraisons plus rapides. « La création d'un réseau de transport aérien augmente notre capacité à assurer des livraisons rapides à nos membres Prime pour les années à venir », explique Dave Clark, vice-président d'Amazon en charge des opérations mondiales. Le géant du commerce en ligne voit en effet ses ventes croître rapidement et la nécessité de la mise en œuvre d'un avion-cargo privé est alors apparue évidente.

En effet, Amazon a, depuis 2008, massivement investi pour quadriller les États-Unis. Amazon a longtemps entretenu le mystère autour de ce projet lancé en 2015 mais officiellement confirmé en mars 2016. Le distributeur

---

[387] « Carriage of goods by sea, land and air », Edited by Baris Soyer and Andrew Tettenborn, Informa law from Routledge, p. 86.
Le contrat est passé de façon aussi rapide que la prise en charge des marchandises par le transporteur aérien. Le transporteur aérien est responsable dès la prise en charge de la marchandise jusqu'à la livraison. Supposons qu'après la prise en charge, les marchandises soient endommagées pendant la période du hangar de l'entreprise vers l'aéroport: la Convention s'appliquera tout de même et que le transporteur aérien bénéficiera de limitation de responsabilité.

[388] « Le monde » du 8 août 2016.

compte aujourd'hui 180 entrepôts et centres de livraison dans le pays pour une surface totale de 6,6 millions de mètres carrés, selon les décomptes de Mwpvl[389]. Par ailleurs, plus de 30 nouveaux sites sont en cours d'ouverture. L'heure est désormais au renforcement du contrôle sur la chaine de livraison. Le système doit permettre d'envoyer des marchandises d'un entrepôt à un autre en une seule journée. De fait, en 2015, de nombreux colis n'étaient pas arrivés à temps pour Noël aux États-Unis. Grâce à ce système, Amazon gagne désormais en flexibilité et en contrôle. De surcroît, l'autre avantage est d'abaisser les coûts de livraison puisque les volumes sont probablement assez élevés pour qu'il soit plus rentable d'utiliser ses propres avions.

Amazon One n'est pas le premier avion d'Amazon, mais le premier à porter ses couleurs du e-commerce [390]. En amont, la filiale chinoise d'Amazon a récemment obtenu une licence auprès des autorités américaines, qui lui permet d'opérer en tant que transporteur maritime et de relier directement les usines chinoise aux entrepôts situés aux États-Unis. Le même phénomène peut s'observer avec Alibaba.

Quelle pourrait être le devenir de cette stratégie et pourquoi se développe-t-elle ? Nous avons observé que le contrat initial est un contrat de vente. C'est un contrat assez simple, le produit et le prix sont clairement établis. Et les recours juridiques sont somme toute assez simples. Là où les choses se compliquent c'est lors du transport, bien souvent international et de fait multimodal. Le nombre d'intervenants et leurs statuts juridiques ainsi que les interprétations de ces statuts par les différentes juridictions ne facilite pas les choses. Pour éviter ce chemin périlleux la solution ne passerait elle pas par une intégration par le haut. En s'appropriant le transport Amazon évite bien des écueils. Et au final il ne subsiste qu'un seul contrat, le contrat de vente qui peut également inclure le prix du transport puisque ce dernier est géré par Amazon. Bien entendu ceci ne peut s'entendre que pour des compagnies mondiales au chiffre d'affaire et au volume de transactions important. Grâce cette intégration totale : production, volume de stockage et transport, cette « voie » stratégique évite *de facto* la problématique du transport externalisé. C'est une hypothèse, comme pourrait l'être l'autre hypothèse qui verrait des groupes de transport de taille mondiale tel Fedex absorber tout ou une grande partie d'un industriel ou inversement ce qui là

---

389 Mwpvl est une firme d'experts-conseils dans le domaine de la logistique de la chaîne d'approvisionnement. Les services au cœur de son expertise incluent : stratégie du réseau de distribution, stratégie d'approvisionnement en produits, stratégie de sous-traitance en logistique, gestions des achats et des inventaires, conception de centres de distribution, système de manutention du matériel, évaluation des opérations de distribution, technologie de la chaîne d'approvisionnement, gestion des transports, accomplissement de l'excellence en logistique, développement de matériel de commercialisation de produits en rapport avec la chaîne d'approvisionnement.

390 Amazon dispose déjà de dix 767 *cargo* basés à son hub de Wilmington dans l'Ohio (États-Unis).

aussi aboutirait à une « intégration » du chainon transport. Nous posons la question et laissons au futur le soin d'apporter une réponse. La Compagnie des Indes n'était elle pas une compagnie … de « marchands » ?

CONCLUSION GÉNÉRALE

247. Le transport multimodal est très présent dans notre vie quotidienne. Le droit maritime et des transports, qu'il soit interne, européen ou international, a connu trop d'évolutions pour se contenter de mises à jour superficielles. Adapter les règles du transport multimodal aux besoins du développement du commerce international est devenu un impératif. L'une des questions sur laquelle nous nous sommes interrogés était de savoir pourquoi il était si difficile de ratifier une convention internationale en matière de transport multimodal, alors que l'objectif reste toujours de tendre vers une unification pour une meilleure efficacité. Le transport de marchandises est toujours lié au développement économique. Une simple énumération des textes, des structures et leur comparaison n'aurait pu satisfaire la réflexion. La configuration de la situation litigieuse pourrait s'avérer plus complexe qu'elle n'y paraît.

248. Pour ce faire et pour en avoir la meilleure vision, il était nécessaire de commencer par une étude historique. Elle nous amène à un premier constat: ce qui est transporté, ce ne sont pas seulement des matières premières ou des produits finis, mais aussi des technologies, modes de pensées, langues, histoires, cultures différentes, autant de richesses qui sont difficilement mesurables. C'est ce qui peut être à la source de nombreuses difficultés. Par ailleurs, deux entités très différentes entrent en jeu : les individus et les États.

Les individus sont les marchands, qui fournissent les matières premières et les produits manufacturés qu'ils souhaitent vendre dans des territoires nouveaux afin d'agrandir leur « marché ». Mais ce sont également des importateurs qui sont en recherche de gisements nouveaux pour les matières premières voire des produits finis qui leur sont nécessaires à leur production quand les ressources internes se trouvent limitées ou inexistantes ou qu'ils souhaitent développer leur offre sur leur marché intérieur. Mais les individus ce sont aussi les acteurs dans les opérations de transport qui prennent en charge le déplacement d'une marchandise en faisant le nécessaire pour livrer ou faire livrer la marchandise. Ces acteurs sont au départ les gens liés à la propriété du navire, mais ils se sont enrichis aujourd'hui des nouveaux opérateurs nés de la gestion du navire. Le *comprador* est la miniature d'un rôle d'intermédiaire qui n'avait pas de statut juridique dans l'histoire du commerce international mais ses activités d'intermédiaire continuent avec le temps à exister sous diverses nominations tels que *NVOCC*, commissionnaire, *freight-forwarder* ou transitaire dans les pays différents.

249. Le transfert des notions juridiques d'un droit étranger d'un État à l'autre ne s'est pas fait sans conséquences, car des notions juridiques peuvent être parfois différentes de celles connues dans les pays originaux, par exemple le *NVOCC*. Les aspects de la commission de transport ont une technique française forte. La méconnaissance des systèmes judicaires est aussi un des facteurs de l'incertitude relative à la sécurité juridique.

250. Le droit doit s'adapter à la réalité. La dématérialisation des documents de transport est, de notre point de vue inévitable, pas seulement l'utilisation du connaissement électronique. Son enjeu ne concerne pas que la fraude, car elle existait déjà dans les documents traditionnels. Mais il s'agit de savoir si le caractère représentatif de la marchandise du connaissement pourrait aussi s'étendre sur les autres documents ; pour nous la réponse est négative. Le besoin des consommateurs exige que la marchandise arrive en bon état, au bon endroit et à temps, le problème du retard est donc récurrent. Les questions amplifiées par le transport multimodal sont multiples : identification et qualification des acteurs, nature des documents de transport ainsi que responsabilité du transporteur et ses obligations.

Comme des découvreurs, des « défricheurs », des explorateurs, leurs découvertes de nouveaux mondes résultent de leur recherche de nouvelles voies de navigation, moins longues ou moins coûteuses et ce dans l'intérêt de tous.

Les États ont des ambitions différentes. Bien évidemment, les buts recherchés sont fondamentalement les mêmes du moins pour l'essentiel. Ils sont à la recherche de profit, de richesse, mais leurs moyens pour les atteindre sont différents. Ils agissent par la force et annexent des richesses, même si le fondement en reste économique. Les exemples en sont multiples et remontent à l'Antiquité[391]. Ces moyens vont parfois à l'encontre des intérêts du commerce mondial et de ses acteurs. Pour les États il n'y a pas, dans ce contexte, de place pour la négociation, pour le contrat, pour l'accord et bien plus encore pour l'intérêt ou le profit des parties. Les seuls accords

---

[391] Rome, a imposé son administration dans une grande partie de l'Europe, mais également ses dieux, ses lois par le biais de la Pax Romana. L'Espagne et le Portugal l'Amérique du sud pour ses richesses, richesses promises d'ailleurs par Christophe Colomb quand il a demandé son financement auprès de la reine d'Espagne, Isabelle « la Catholique ». L'évangélisation contrainte et forcée du continent sud-américain trouvant encore son écho dans la « controverse de Valladolid ». Mais ce ne sont pas les seuls, la France et l'Angleterre se sont livrées à une course effrénée pour agrandir leurs empires tant en Afrique qu'au Moyen Orient ou en Orient. Le japon a envahi la Chine, mais aussi ce que l'on appelait autrefois la péninsule indochinoise, incluant la Birmanie, afin d'étendre son territoire exigu et d'annexer des ressources de matières premières qui étaient absentes de son sol.

négociés sont les accords ou traités de paix ou il est d'usage d'identifier, la plupart du temps, les parties par les vocables de « vainqueur » ou de « vaincu »[392].

Comme nous le voyons, le commerce international fait intervenir des entités dont les modes d'action et les objectifs sont parfois opposés ou du moins peut-on dire que l'intervention des États s'oppose parfois aux intérêts des commerçants-entrepreneurs. De la même façon, force est de constater que les commerçants-entrepreneurs préfèrent avoir recours à l'accord, au contrat, à la négociation qu'à l'épreuve de force et que par-dessus tout ils n'ont aucune ambition territoriale et/ou de colonisation.

251. Le projet « Une ceinture, une route » introduit une opportunité extraordinaire pour permettre à la Chine d'occuper une place importante dans le transport international de marchandises. Dans le cadre des règles internationales du transport multimodal, les pays s'efforceront de reconnaître sans doute celles conformes à leurs propres pratiques législatives. Néanmoins, toute convention ne peut être parfaite et ce d'autant plus que chaque pays se recentre sur sa propre perspective.

Il est primordial à ce stade de prendre en considération que la démarche de rapprochement et d'uniformisation des droits est un chemin long et difficile. Les raisons en sont multiples. D'une part, comme nous l'avons évoqué dans ce travail, les fondements juridiques propres aux différents États sont extrêmement divers et pour certains reposent sur une structure extrêmement prolixe. Nous avons vu ce qu'il en était, lorsque nous avons abordé la comparaison entre le Code civil français et les « Principes généraux du droit civil Chinois ». Mais, également, lorsque on compare les procédures et les voies de recours possibles tant du point de vue du nombre que des délais. De plus, ces droits ne sont pas des droits figés, bien au contraire, les jurisprudences y jouent un grand rôle. Nous nous efforçons de relever comment maîtriser une telle réglementation en constante évolution et ainsi prévenir les risques de contentieux. À l'évidence, la structure serait fragile et instable car nous par-

---

[392] Nous pouvons donner deux exemples de ces actes d'États, en faisant intervenir le « segment maritime ». Pour le premier nous citerons ce que l'on a appelé « la course ». Des marins, entrepreneurs indépendants et propriétaires de leurs navires allaient demander au Roi une « lettre de course ». Celle-ci les autorisait à partir en mer sur les océans et à « courser » les navires marchands étrangers, à s'en emparer et à saisir bien entendu leur cargaison dont une partie était reversée au Roi. Surcous, le corsaire maloin, car basé à Saint Malo en est l'un des plus célèbres Français. Il n'était pas des pirates car ils agissaient avec la permission du Roi qui en tirait profit. On ne peut pas dire que cela allait dans les intérêts du commerce international, ni des commerçants. Le deuxième exemple est celui des embargos. La France a été très innovante dans ce domaine. C'est en effet sous le règne de l'empereur Napoléon 1er qu'un embargo fut décrété et mis en place, destiné à empêcher les produits manufacturés en Angleterre de venir concurrencer les produits fabriqués en particulier par ce que l'on appelait alors les « grandes manufactures » françaises. Bien entendu, ceci avait pour but d'appauvrir la « perfide Albion ».

lons de plusieurs structures unitaires correspondantes à autant de pays. Nous pensons que c'est difficile à mettre en œuvre.

La solution serait sans doute de créer une structure « conventionnelle » à minima. Plus la taille en serait réduite, plus les possibilités de conflits avec les autres structures de droits internes des États seraient par la même occasion réduites.

252. Le transport multimodal implique par ailleurs une variété de modes de transport. Il est très difficile même au sein d'un même pays d'arriver à un développement uniforme de ses règlements. Chaque mode de transport dans chaque pays suit une législation spécifique qui de plus est mouvante. Multiplions les modes de transports impliqués, les législations qui les régissent dans chaque pays, et intégrons-y le paramètre évolutif et nous sommes en présence d'un imbroglio juridique. Aucune formule mathématique ne permettrait de trouver le plus petit dénominateur commun, ne serait-ce qu'à l'instant « T ». Nous imaginons l'obstacle d'une uniformisation entre tous les États. C'est ce qui a conduit sans doute aux échecs successifs des différentes tentatives destinées à établir une convention internationale du transport multimodal et leur ratification par les différents États.

253. Ceci étant posé, nous avons abordé la sécurité juridique. Si nous considérons que le transport multimodal doit être abordé sous l'aspect économique ce qui est son essence même, et ce depuis son origine, nous pouvons faire le rapprochement avec l'activité boursière. Ce qui fragilise particulièrement l'activité boursière est ce que l'on appelle l'incertitude, l'imprévisibilité. L'histoire récente nous en donne deux exemples : les deux dévaluations de la monnaie chinoise, le Yuan, en 2015 et en 2016 et la sortie des États-Unis de la COP 21. Le monde a besoin de stabilité. Ces deux exemples nous ont appris que l'ambition d'avoir une convention mondiale destinée à régir l'activité économique du transport multimodal ratifiée par l'ensemble des États relevait probablement de l'utopie. Mais quand bien même nous y parviendrions cela n'en assurerait pas la pérennité si l'on se réfère à l'expérience de la COP 21.

Depuis quelques temps, certaines mesures permettent de réduire les risques. Les risques majeurs et ceux que personne ne peut maîtriser, par exemple, les cas de force majeure et les bouleversements politiques sont généralement couverts par une assurance, et il est possible de se prémunir contre la plupart des risques de change. Les formules visant à réduire ou supprimer les risques imputables aux autorités du pays d'accueil prêtent davantage à controverse. On s'intéresse de près aux clauses de « *statu quo* » et de « stabilisation » incluses dans certains contrats tel que le contrat de fourniture d'infrastructures par exemple. Ceci pourrait protéger efficacement le partenaire privé contre les risques de changement politique et réglementaire.

Les hommes et les pouvoirs ne sont pas éternels. Le commerce, les transports existent depuis la nuit des temps. Les bourses n'ont pas été créées il y a trente ans. La première bourse a probablement été une simple poignée de main entre deux humains scellant un transfert de bien dont la valeur avait été déterminée d'un commun accord. Le droit qui régissait cet accord était un droit humain qui ne faisait intervenir aucune notion de race, de culture ou d'appartenance à une tribu avec ses lois internes. C'est de ce droit dont nous parlons. Ce droit qui a permis tant et tant d'aventures, d'échanges tant commerciaux que d'idées, de cultures ou d'inventions. Ce droit est l'héritage des Marco Polo, de la Pérouse, Zheng He, Christophe Colomb et autres Charcot.

Bien entendu les États y ont joué un rôle important, majeur même. Ils en ont été les financiers, les facilitateurs. Christophe Colomb a eu le soutien de Marie la Catholique, l'amiral Zhen He, celui de l'empereur Ming. Ces hommes, explorateurs, marins, n'avaient ni ambition politique, ni volonté de conquête pour eux même, ni ne voulaient convertir même si dans leurs soutes voyageaient aussi des idées et des ambitions parfois de nature différente. Ce qui les animait c'était la nouveauté, la création de richesses, pour eux même bien entendu mais aussi pour que le monde puisse les échanger, les partager. Marco Polo dans ses bagages a rapporté à Venise le billet de banque découvert en Chine[393]. La recherche du profit, l'activité commerciale, un transport multimodal des temps anciens a permis le déploiement au niveau mondial connu à l'époque d'un outil qui sera plus tard la base d'une grande partie de l'économie et facilitera les échanges internationaux.

254. La mise en œuvre du droit maritime chinois en 1993 a permis de réglementer pour la première fois le transport multimodal en y intégrant le contrat de transport maritime. Ensuite, la loi des contrats de 1999 a inclu le contrat de transport multimodal comme un contrat nommé. Toutefois, depuis dix-huit ans, très peu d'amélioration et d'évolutions ont été apportées. Seul dix articles dont cinq dans le code maritime chinois et cinq dans la loi des contrats y ont été inclus. Cela reste très insuffisant aujourd'hui pour être en mesure de répondre aux besoins du développement économique. Il y a encore un espace de réglementation en matière de transport multimodal qui doit être amélioré. Si la Chine ne s'y attelle pas rapidement, la situation pourrait vite devenir chaotique. Il est essentiel pour la Chine, en profitant du projet « Une ceinture, une route » d'introduire dans une économie de marché tout ce qui peut s'y interpréter, d'ôter toutes les réglementations inutiles, afin de participer plus activement au plan international. La commission française de transport et les Règles de Rotterdam en sont les sources d'inspiration pour

---

[393] le Grant Kaan fait prendre pour monnoie escorces d'arbres qui semblent chartres (Le Livre des merveilles, chapitre XCVI).

résoudre les contentieux qui seront à l'issus de la promotion de la nouvelle route de la soie avec ses pays voisins.

Les contentieux se multiplient depuis la mise en œuvre du projet des « Routes de la soie ». En 2018, une commission au sein de la Cour suprême de Chine a été crée pour résoudre spécifiquement les litiges intervenant dans le cadre de ce projet. Deux chambres de commerce international ont été crées, l'un à Shenzhen, l'autre à Xi'an, sous la direction de la Cour suprême de Chine pour recevoir les différents soulevés par les parties. Le premier jugement rendu par la chambre de Xi'an a été publié pour la première fois au travers de la plateforme Wenshu. Les expériences pourront peut-être servir à l'élaboration d'une jurisprudence utile à une pratique harmonisée des conventions internationales dans domaine du commerce mondial.

255. Le principe de liberté contractuelle conduit au contraire à considérer comme nécessaires et suffisantes les règles relatives à chaque espèce de contrat telles que les définissent et les mettent en œuvre les parties. Règles négociées et admises lors de la phase précontractuelle. Elles s'appliqueront alors chaque fois qu'elles n'auront pas été expressément écartées, ce qui leur confère une portée pratique considérable. Ne perdons pas de vue, que nous avons à faire à des contrats de droit privés négociés et établis entre acteurs économiques de ces contrats multimodaux de transport, du fournisseur initial, ou vendeur, au destinataire final ou acheteur. Leur objectif principal se situe bien au-delà de toute considération de suprématie, qu'elle soit politique, territoriale ou idéologique, pour n'être centré que sur l'efficacité économique, la rentabilité et la confiance instituée et créée par le biais de ces contrats entre ces acteurs.

256. Les conventions sont importantes, nul ne peut le contester, mais cela n'est pas tant leur ratification, ni leur signature, mais le respect par les États qui importe. En effet, elles constituent le terreau des articles de droit qui sont validés par les États. Dans le cadre de la démarche contractuelle de la rédaction des contrats de transport, il reviendra aux parties d'y puiser les sources du droit auxquelles elles décideront de se référer dans l'hypothèse d'un règlement de conflit. La signature d'une convention par un État leur apportant un label de certification qui leur assure que l'État a vérifié que ladite convention n'allait pas à l'encontre des intérêts de ses citoyens, sans pour cela l'intégrer à son droit interne ni porter atteinte à sa souveraineté. Nous avons par ailleurs défini le concept du « conteneur de droit » qui n'est finalement qu'un « connaissement » étendu transportant en son sein les ressources juridiques nécessaires et suffisantes à la résolution des conflits potentiels résultant du transport multimodal. Dans ce conteneur nous préconisons d'inclure non seulement les sources de droit, mais également la structure juridique devant laquelle les parties se présenteront en vue de la résolution des litiges et notre analyse nous porte à encourager le recours à la conciliation et à

l'arbitrage ou aux tribunaux de commerce en fonction du montant des préjudices subis. De notre point de vue, une telle structure répond aux attentes des parties. Cette structure est indépendante des États, et n'en subit pas, de fait, les influences. Les « juges » sont eux-mêmes experts du domaine concerné, et leur impartialité tient au fait que les juges sont désignés paritairement par les parties en questions. Cette voie de recours préférentielle c'est la voie de l'arbitrage pour autant que les textes juridiques aient clairement été définis et les conventions apportent une garantie, quand bien même elles n'auraient été que signées et non ratifiées par les États, facteur supplémentaire de « sécurité juridique ». Cette pratique existe depuis les temps anciens sous d'autres formes créées par les guildes en particulier. Elle subsiste pour partie dans l'esprit des chambres de commerce et des prud'hommes.

Il nous semble possible de concilier les différentes voies: celle d'une convention universellement signée par tous les États, source de droit, et celle de l'arbitrage déjà reconnu par tous par la convention de New York, sans qu'il soit nécessaire pour autant qu'elle soit ratifiée par ces derniers, ce qui préserve leur souveraineté. Le rôle des États devrait être réorienté vers un rôle facilitateur des échanges en investissant dans les infrastructures. C'est la voie que nous montre la Chine avec le projet de la nouvelle route de la soie. Et nous n'oublierons pas la médiation ou la conciliation si chère à notre Chine qui évite parfois le procès.

POSTFACE

Dans cette postface nous rendons, fort modestement, hommage aux professeurs Pierre BONASSIES et Christian SCAPEL qui, par la diversité et la richesse de leurs contributions ont fait vibrer la matière du droit maritime, qui sont mes maitres du départ, qui m'ont immergé dans le monde maritime et m'ont transmis leur passion pour le droit maritime. J'associe à cet hommage le professeur Philippe DELEBECQUE, qui a été pour moi un maitre exceptionnel qui est un homme rare d'une grande humanité.

Nous regrettons qu'il manque la participation des étudiants chinois formés par le CDMT dans l'ouvrage récent[394], pour le « *droit positif d'un ou de plusieurs pays laissant souvent la porte ouverte au jeu de la confrontation indispensable des idées que le droit comparée apporte.* ».

La vie est un voyage. La vie est une rencontre.

En tant qu'étudiante chinoise, il m'a fallu apprendre de nouvelles manières de faire. Abandonner le « je » et présenter mes recherches par le « nous ». Rédiger en deux parties et deux sous-parties là où toutes les thèses chinoises sont découpées en cinq parties. Et surtout découvrir l'esprit critique, mais pas l'esprit *de critique*.

Faire de grandes études est une chose luxueuse. D'autant plus, quand mes camarades sont tous occupés de faire de l'argent, que moi je suis encore sur les bancs de la Faculté, dans les salles et les bibliothèques pour écrire ces lignes.

J'adresse toute ma gratitude à mes parents, mes sœurs pour leur compréhension et leur soutien.

Enfin, c'était un exercice difficile d'écrire en langue française qui n'est pas ma langue maternelle pour élaborer une question juridique. Mais cette langue est pour moi magnifique, à la fois précise et musicale. J'apprends tous les jours avec grand plaisir.

« Demain, dès l'aube… »
Victor HUGO (1802-1885)

Demain, dès l'aube, à l'heure où blanchit la compagne,
Je partirai. Vois-tu, je sais que tu m'attends.

---

[394] « Le droit maritime dans tous ses états- Hommage méditerranéen à Pierre Bonassies, Philippe Delebecque et Christian Scapel », 2016.

J'irai par la forêt, j'irai par la montagne.
Je ne puis demeurer loin de toi plus longtemps.

Je marcherai les yeux fixés sur mes pensées,
Sans rien voir au dehors, sans entendre aucun bruit,
Seul, inconnu, le dos courbé, les mains croisées,
Triste, et le jour pour moi sera comme la nuit.

Je ne regarderai ni l'or du soir qui tombe,
Ni les voiles au loin descendant vers Harfleur,
Et quand j'arriverai, je mettrai sur ta tombe
Un bouquet de houx vert et de bruyère en fleur.

Quand j'entendais pour la première fois ce poème *« seul, inconnu, le dos courbé, les mains croisées»*, c'est l'image des doctorants qui revenait toute suite dans ma tête. Une de mes camarades avec qui je travaille régulièrement à la Faculté me disait: C'est triste car « *le jour pour moi sera comme la nuit* ». Je répondais : « Non, c'est demain qui compte ».

Je ne sais pas pourquoi les Chinois essaient toujours de positiver[395]. Les chemins d'une doctorante postulant au titre de docteur en droit comme celui de projets des réformes à un code promulgué sont tous deux difficiles. Mais je sais que quand j'écris ces mots, un chapitre de ma vie se termine et un autre s'ouvre.

J'étais un petit navire battant pavillon chinois qui n'avait jamais navigué. Il est parti du Sud-est de la Chine pour un long voyage jusqu'en France : neuf ans d'études en Droit français. Il a découvert que l'ancre, ce n'était pas l'encre qu'il connaissait et que le bâtiment n'était pas le même que celui où l'on vivait.

Durant ces neuves années passaient en France, surtout l'année de mon Master II de droit maritime et des Transports, j'ai fait de très belles rencontres.

Le petit navire a quitté la tranquillité d'Aix-en-Provence en juillet 2013 pour rejoindre à la modernité internationale de la capitale de la France. Je remercie l'Université Panthéon-Sorbonne de Paris I qui m'a ouvert la porte pour construire ma vie professionnelle et développer mes compétences.

---

395 'Quand on va en Chine pour la première fois, on ne peut qu'être frappé par la façon dont les gens rient tout le temps. Ce rire perpétuel est l'un des signes de la quête du bonheur pratiquée par les Chinois depuis des millénaires, et qui a maintenu soudé cet immense empire…' José Frèches: « Quand les Chinois cesseront de rire, le monde pleurera », Essai. Un écrivain français avec son regard différent observe pourquoi les Chinois rigolent tout le temps et montre son inquiétude sur le changement suite à la consommation qui se passe dans le pays.

Aujourd'hui, ce petit navire se présente devant vous afin de vous montrer ce qu'il a appris grâce à vous. N'importe quelle vision sur laquelle elle est bâtie ma thèse, je n'oublie pas mon identité chinoise.

BIBLIOGRAPHIE

Ouvrages:

AUDIC Olivia, Les fonctions du document en droit privé, préf. Ph. DELEBECQUE, LGDJ, Bibliothèque de l'Institut André Tunc, t.3, 2004.

KAMELIA KOLLI, Droit du transport intermodal international de marchandises: une perspective « supply chain managment », Les éditions thémis, 2016. (Présenté à l'origine comme thèse de Doctorat, Université de Montréal, 2014).

BAUCHET Pierre, Le transport international de marchandises – Air, Mer, Terre, Economica.

BLAISE Jean-Bernard, Droit des affaires commerçants concurrence distribution, Manuel 7e édition.

GARAPON Antoine, SCHIMMEL Daniel, BALME Stéphanie, BIN Li et LANGLOIS Jean-Louis, Le procès civil en version originale - Cultures judiciaires comparées France, Chine, États-Unis, Institut des hautes études sur la justice, LexisNexis.

BELOTTI Jean, Le transport international de marchandises, 5ème édition, Vuibert, 2015.

CHATILLON Stéphane, Le contrat international, 4ème édition, Vuibert, 2011.

CHATILLON Stéphane, Droit des affaires internationales, 5ème édition, Vuibert, 2011.

RÉMOND-GOUILLOUD Martine, Droit maritime, 2e édition, Pedone, 1993.

RÉMOND-GOUILLOUD Martine, Traité « Droit maritime », 1988.

FRECHES José, « Quand les Chinois cesseront de rire, le monde pleurera », Essai.

DELEBECQUE Philippe, « Droit maritime », 13ème édition, Dalloz 2015.

« Annales IMTM 2012: Mer, terre, air… Vers l'a-modalité », Université d'Aix-Marseille CDMT.

« Annales IMTM 2011: Les autoroutes de la mer, quel avenir ? », Université d'Aix-Marseille CDMT.

HU Weibo, « A guide to the latest foreign economic law and regulations of the people's republic of china» (Chinese and english version), Publishing house of law, 1995.

Sous la direction de Madeleine Brocard, « Transports et territoires- Enjeux et débats », ellipses, 2009.

YANG Yuntao, « Guoji duoshi lianyun falv guanxi yanjiu », (Recherche juridique sur le transport international), China Communications Presse, 2006.

CHEN Yumei, « Duoshi lianyun zhong de chengyunren falv diwei yu quanliyiwu yanjiu », (Obligations et responsabilités du transporteur dans le transport multimodal), août 2010.

GUO Ping, « Comparative Study on Multimodal Transport Legal System », Dalian Municipal Government, décembre 2012.

PIQUET Hélène, « La Chine au carrefour des traditions juridiques », Bruylant, 2005.

Weimin Yang, « Traduction juridique », Chenzhong Shuju, Janvier 2013.

RAMBERG Jan, traduit par YANG Yuntao, DING Ding et WANG Ning, « The law of transport operators in international trade », China Commerce and Trade Press, avril 2014.

Edited by Baris Soyer and Andrew Tettenborn, « Carriage of goods by sea, land and air: Unimodal and multimodal transport in the 21st century », informa law from Boutledge, 2014.

« Mélanges en l'honneur de Christian Scapel » sous la coordination de Cyril BLOCH, Presse Universitaires d'Aix-Marseille,

« Les mutations de l'activité ferroviaire Aspects juridiques » sous la direction de Jean-Christophe VIDELIN, LexisNexis

« Mobilité, transport et environnement », rapport de la Commission des comptes et de l'économie de l'environnement, La documentation Française, 2006.

« Droit chinois des affaires », LI Bin, Robert Guillaumond, LU Jianping, Groupe Larcier s.a., 2013, Edition Larcier.

<u>Thèses, mémoires et rapports :</u>

FARHANA Frank, « Le commissionnaire de transport en droit comparé », Thèse, Université d'Aix-Marseille, 2011.

BRANELLEC Gurvan, « La coexistence des règles applicables au contrat de transport international de marchandises par mer: contribution à l'étude de l'uniformité du droit », Thèse, Université de Bretagne Occidentale, 2007.

WANG Wanguang, « Une recherche juridique sur les pratiques de *NVOCC* en Chine », Mémoire Université d'Aix-Marseille, 2006.

LI Junting, « Le régime de la responsabilité de l'entrepreneur de transport multimodal en Chine », Mémoire, Université d'Aix-Marseille, 2012.

NGAMKAN Gaston, « Le cadre juridique du transport multimodal international de marchandises - L'exemple du Cameroun Contribution à la mise en place d'une législation applicable au Cameroun », Thèse, Université d'Aix-Marseille, 1993.

Guillaume TATTEVIN, « La loi applicable au contrat de transport international multimodal de marchandises », Thèse, Université Panthéon-Assas, 2001.

RITA Herro, « Vente et transport : indépendant ou interdépendance ? », Thèse, Université d'Aix-Marseille 2011.

Diego Ramirez Vincent, « La limitation de responsabilité dans le transport multimodal », Mémoire, Université de Montréal, 2006

NIVIERE Marie, « Le principe « compétence-compétence »dans le contentieux maritime », Mémoire, Université d'Aix-Marseille, CDMT 2007.

MORINIERE Jean-Michel, « Les *NVOCC* du concept de transporteur maritime contractuel », Thèse ????

SEKA ABA Clément, « contribution à l'étude juridique des concessions portuaires », Thèse, Université de Nantes 2015.

Dialogue on deepeningall -Round reform », China Academic Journal Electronic Publishing House, 2015.

« China's Maritime Adjudication(1984-2014) », The supreme People's Court, the People's Republic of China, septembre 2014.

CIPOULOUX François, « La Méditerranée asiatique - Villes portuaires et réseaux marchands en Chine, au Japon et en Asie du Sud-Est, XVIe - XXI e siècle », CNRS EDITIONS.

BEAUTÉ Betty, « La vente à distance et l'organisation du transport des

0RIMABOSCHI Massimiliano, « L'unification du droit maritime- Contribution à la construction d'un ordre juridique maritime », Thèse, Université d'Aix-Marseille, 2006.

KOZUBOVSKAYA-PELLE Anastasiya, « De la qualité juridique de transporteur maritime de marchandises : notion et identification », thèse, Université de Nantes 2008.

ANCEL Bertrand, « Le contrat de transport maritime de marchandises en France et en Tunisie ; théories et pratiques », thèse, Université de Paris 2, 2011.

ROYER-FLEURY Agnès, Essai d'une théorie juridique du connaissement et des autres titres de transport, thèse, Nantes, 2004.

Rapportée par G. SCHWOB in Les contrats de La London Corn Trade Association, thèse Paris, 1928.

Peter Howard Corne, « Création and Application of Law in the PRC » 2002.

GUERIN Pierre, « Le port et la protection de l'environnement ».

Hind Adil, Le régime juridique international de la responsabilité du transporteur maritime de marchandises sous connaissement : un échec ?, Thèse de l'Université de Montréal, 2009.

Articles :

DELEBECQUE Philippe, « *La responsabilité du chargeur dans ses relations avec le transporteur* », Actes du colloque franco-belge, Marseille, 18-19 octobre 2007, DMF, février 2008, p.112.

SEE H, « *Histoire économique de la France*», tome 2, Les temps modernes (1789-1914), éd. Librairie Arnmand Colin, 1942, p.209.

RENOUARD D, « *Les transports de marchandises par fer, route et eau depuis 1850* », éd. Librairie Armand Colin, coll. Recherche sur l'économie française, 1960, P.11.

CADIET Loïc, « Interrogations sur le droit contemporain des contrats », Paris, Economisa, 1987, p.90.

CHAO (A), « sur le statut des *NVOCC* : A la recherche d'une identité », in BTL 1993, P320.

LAAZIZI M, « Le retard à la livraison et la responsabilité du transporteur international de marchandises par mer » , Annuaire de droit maritime et aéro-spatial, Etudes en hommage à M. MATEESCO-MATTE, 1993, p.325.

TILCHE M, « Le retard dans les différents modes: mémento récapitulatif », BTL, 1994, p.819.

LAPOYADE-DESCHAMPS C, « La réparation du préjudice économique pur en droit français », RIDC, 1998, p.367.

CATHELINEAU A, « Le retard en droit civil », LPA, 28 et 31 août 1998.

DELEBECQUE Ph, « *La responsabilité du chargeur dans ses relations avec le transporteur* », Actes du colloque franco-belge, Marseille, 18-19 octobre 2007, DMF, février 2008, p.112.

BASTID-BRUGUIERE Marianne, « L'esprit de la codification chinoise » (1998) 26 Droits 129 à la p. 138.

DELEBECQUE Philippe, « *Le droit positif français en 2008* », DMF, juin 2009, Hors série n°13, p.72.

DELEBECQUE Philippe, Projet de réforme du Code civil notamment le projet de réforme du droit des contrats, la Gazette de la Chambre Arbitrale Maritime de Paris N°37.

SCAPEL Christian, « Le principe 'compétence-compétence' limité », DMF février 2014 N°755, P107.

PEERENBOOM, China'aa Long March, supra note 1 à la p.239.

DELEBECQUE Philippe, « Le particularisme des contrats maritimes », in Etudes de droit maritime à l'aube du XXIème siècle, Mélanges offerts à P. BONASSIES, éd. Morceaux, 2001, p. 127, spéc. p. 151: « La clientèle est devenue plus pressante et pressée ».

L'Harmattan, « Manuel de gestion portuaire - Conférence des nations unies sur le commerce et le développement », Nations unies, UNCTAD/Ship/P. 133.

BLOCH Cyril, « La responsabilité des chargeurs entre eux », Mélanges en l'honneur de Christian SCAPEL.

FEDI Laurent, « La logistique des opérations de commerce international: de la vente au transport », ICC Haute-Alpes, juin 2007.

FEDI Laurent, « Le régime de la responsabilité des opérateurs de terminaux pétroliers en droit français », Annales de l'IMTM, Institut Méditerranéen des Transports Maritimes 2009, p. 109-131.

FEDI Laurent, « Note de synthèse sur 'la réforme des grands ports français: l'urgence marseillaise' », Septembre 2007. Synthèses note relating to the CCI-Provence's survey about the reform of the leading French port& the critical situation of Port of Marseilles.

FEDI Laurent, « Le port face aux infrastructures de transport environnantes », e-learning module created for M.Sc. Port Management & Shipping Administration, University of Mauritius- university Paul Cezanne, April 2005.

« Etude comparée du statut juridique de l'entrepreneur de manutention en droit français et en droit communautaire de l'Afrique », DMF N°768, page 343.

« Une clause de juridiction dans le contentieux des transports maritimes », DMF N°768, page 325.

« Le droit anglais applicable n'exige pas d'acceptation expresse du connaissement par le destinataire de la marchandise », DMF N°768, page 331.

« La haute Cour de justice de Londres « caractère probant suffisant », DMF n°768, page 341.

Stanley B. LUBMAN, Bird in a Cage. Légal Reform in China After Mao, Stanford, Stanford University Press, 1999, aux pp. 284-285

Raphaëlle André, « La Chine à la conquête des 'nouvelles routes de la soie' », « Le Figaro », le 8 juin 2015.

« Ségolène Royal demande à la SNCF de revoir sa hausse des tarifs » du lundi 5 janvier 2015.

Yen-p'ing HAO, « The Comprador in Nineteenth Century China- Bridge between East and West », Harvard esat asian series, Harvard University Press, 1970.

Sites :

http://www.cndp.fr/crdp-reims/fileadmin/documents/preac/patrimoine_mediatheque_troyes/16-_Shanghai.pdf

http://article.chinalawinfo.com/ArticleHtml/Article_35320.shtml

https://www.federalregister.gov/articles/2000/05/08/00-11338/ocean-common-carriers-subject-to-the-shipping-act-of 1984

http://www.chinacourt.org/article/detail/2014/09/id/1431025.shtml

http://court.gmw.cn/html/article/201409/02/163168.shtml

http://rmfyb.chinacourt.org/paper/images/2014-09/04/04/2014090404_pdf.pdf

http://www.developpement-durable.gouv.fr/Les-atouts-du-secteur-portuaire.html

http://paper.people.com.cn/rmrb/html/2014-01/03/nw.D110000renmrb_20140103_1-03.htm

http://www.en84.com/nonfiction/remarks/201506/00016375.html

http://www.lesechos.fr/journal20150615/lec1_france/021133433219-la-reforme-des-tribunaux-de-commerce-sur-les-rails-1128257.php?5KGez9iYqs4iAUyJ.99

http://www.lemonde.fr/economie/article/2015/05/11/les-tribunaux-de-commerce-en-greve-contre-certaines-dispositions-de-la-loi-macron_4631244_3234.html

ANNEXES

Annexe 1 : Lettre

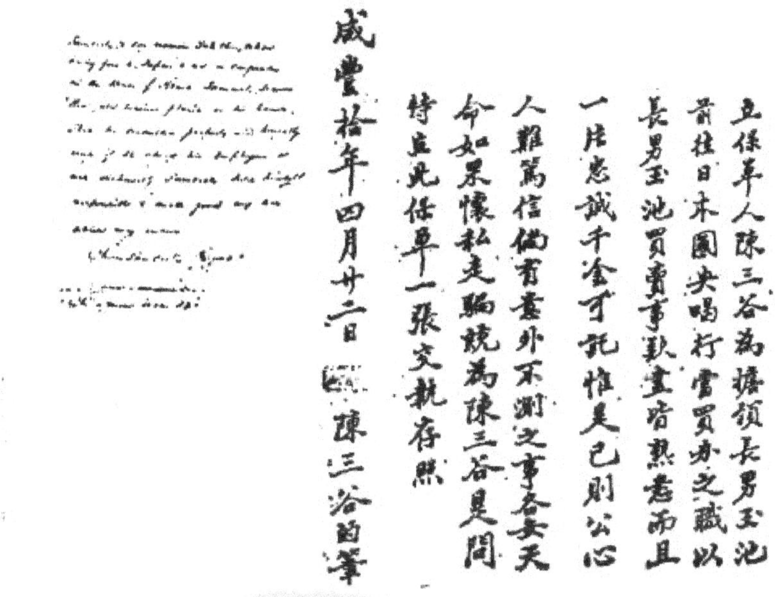

立保單人陳三谷為擔保長男玉池
前往日本國英喝打雲買辦之職以
長男玉池買賣事款盡皆熟悉而且
一片忠誠千金可託惟是己則公心
人難篤信倘有意外不測之事各安天
命如果懷私走騙就為陳三谷是問
特立此保單一張交執存照
咸豐拾年四月廿二日 陳三谷的筆

上图为附有意译的英文本的买办保单：香港琼记洋行1860年。琼记洋行横滨买办阿九由其父亲作保。资料来源：协议书，1846—1861，琼记档 I，实例9。

Annexe 2 : Tableaux de la CCI

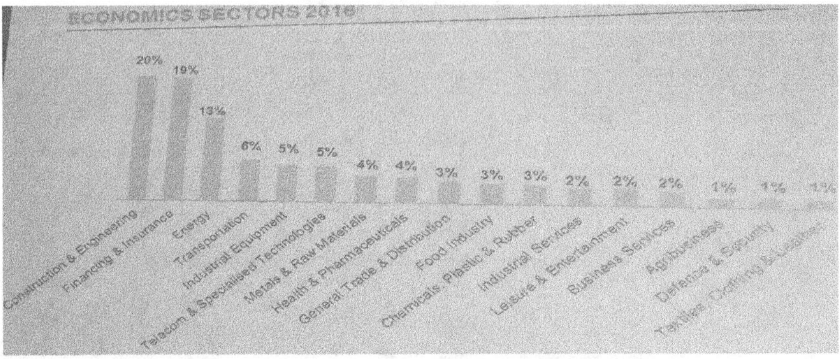

(Ressources offered by ICC International court of arbitration,
ICC International Centre for ADR

Annexe 3 :

Le nombre de décisions rendues en l'année 2014 s'élève à 34 au total. Les sentences ont été publiées sur Internet pour faire reconnaître et exécuter les sentences arbitrales étrangères. Parmi eux, il y a eu 28 cas de reconnaissance et d'exécution de sentences arbitrales étrangères, 2 demandes de retrait, 2 cas rejetés pour manquement aux procédures de notarisation et de certification et 2 cas de refus de reconnaissance ou d'exécution des sentences arbitrales étrangères. Les juridictions chinoises ont refusé l'exequatur à deux sentences arbitrages étrangères. Les motifs de refus portaient que, l'un est sur l'invalidité de clause compromissoire et l'autre que l'arbitre a statué sans se conformer à la mission qui lui avait été conférée.

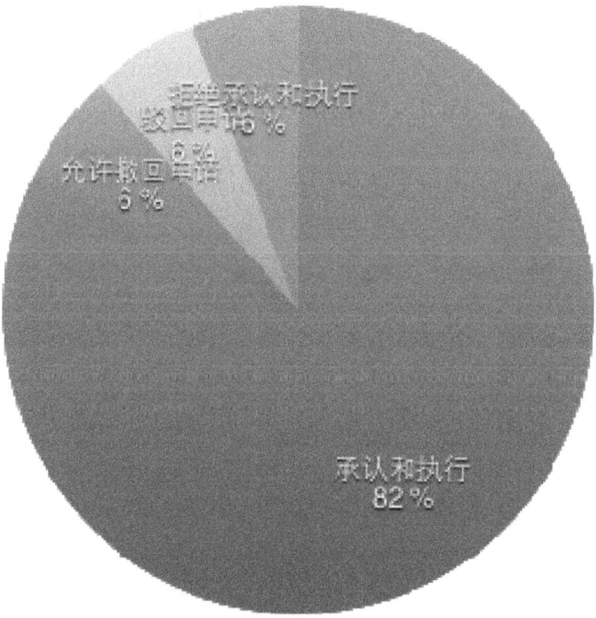

L'exequatur des sentences arbitrales étrangères en Chine pour l'année 2014

INDEX

TABLE DES MATIÈRES

www.ingramcontent.com/pod-product-compliance
Lightning Source LLC
LaVergne TN
LVHW011448061026
849535LV00004BA/997
* 9 7 8 2 1 4 0 2 7 2 5 0 9 *